방법으로서의 종교

이양호 지음

이문출판사

지은이 이양호

이양호는 칸트 연구로 석사학위를, 막스 셸러 연구로 철학박사 학위를 받고 영남대학교 민중생활사연구단 연구교수를 역임하였다. 현재 현대종교문화연구소의 상임연구원을 맡고 있으면서 대학에서 학생들을 가르치고 있다.
지은 책으로는 『막스 셸러의 철학』·『초월의 행보』·『방법으로서의 윤리』·『오늘의 철학적 인간학』(공저)·『한국민중열전13 여기원』·『한국민중열전26 황태순』·『한국민중열전38 정해주』·『흙과 사람』(공저)이 있고, 옮긴 책으로는 『중세철학입문』(C.H. Patterson)·『서양철학입문』(J. Hessen, 공역) 등이 있다. 그 외 철학적 인간학, 종교철학, 중세철학에 관한 논문이 있다.

방법으로서의 종교

펴낸곳 / **이문출판사**
발행인 / 지경원
지은이 / 이양호

변경 등록 / 1994년 6월 3일 제7-20호
초 판 발행일 / 2003년 8월 25일
개정판 발행일 / 2010년 3월 8일

주 소 / 122-010 서울시 마포구 성산동 114-15
전 화 / 02) 359-8250, 053) 624-3113
팩 스 / 02) 359-8251
홈페이지 / www.yimun.com

값 12,000 원

ISBN 978-89-7334-146-7 93200

방법으로서의 종교

개정판 지은이의 말

종교는 세상에서 가장 취급하기 어려운 주제 중의 하나이다. 왜냐하면 믿음이 없는 사람에게는 종교가 아무것도 아닐 수 있지만 믿음을 가진 사람에게 그것은 일생을 건 절실하고 필연적인 정진이자 '내가 그것을 위해 죽을 수도 있고 또한 그것을 위해서 살아야 하는' 참된 진리이기도 하기 때문이다. 그러나 우리에게 비춰지는 것을 보면 그것은 분명 심리현상이며 사회현상이고 나아가 문화현상의 하나이다. 이것은 곧 우리가 종교현상을 객관적 현상으로서 공정하게 관찰하고 해석하는 것이 가능하다는 것을 의미한다.

종교에 대한 이와 같은 중립적 접근은 물론 직접적으로 특정한 종교를 심오하게 이해시켜 주지는 못한다. 그러나 적어도 현존하고 있는 종교들을 열린 눈으로 편견 없이 이해할 수 있게 하는 바람직한 전제가 될 수는 있을 것이다. 또한 인간에 의해 왜곡된 진리를 넘어서서 '영원한 것 그 자체'로 나아가게 하는 길잡이가 될 수도 있을 것이다. 이 책의 제목을 <방법으로서의 종교>라고 정한 것도 바로 이러한 이유 때문이다.

2003년에 초판이 출판된 이후 7년이 지나 다시 개정판을 내게 된 것은 지은이의 <종교사상> 강의를 매학기 마다 진지하게 들어 준 대구교육대학교 예비교사들 덕분이다. 그들의 강의에 대한 애정 때문에 이 책은 나오게 된 것이나 다름없다. 그리고 한동대 지승원 교수님께도 진심으로 감사드린다. 이 경제성 없는 전문서적의 출판을 흔쾌히 맡아 주신 그 마음을 잊을 수 없다.

2010년 경인년을 맞으며

이양호

방법으로서의 종교

차 례

■ 제3부 신앙으로서의 종교

○ 기 독 교

○ 불 교

○ 이슬람교

방법으로서의 종교

이양호 지음

이문출판사

방법으로서의 종교

제1부
문제로서의 종교

나는 인간에 관한 것이라면 무엇이든,
나와 무관하다고 생각하지 않는다.
humani nihil a me alienum puto.

Terentius, *Heautontimorumenos*. I, 1, 25.

종교의 말뜻 우리가 일상적으로 사용하고 있는 말 중에 종교라는 말만큼 그 내포나 외연에 있어 다의적인 용어는 아마도 없을 것이다. 그리하여 일부 학자들 중에서는 종교라는 말이 학술 용어로 적절하지 않다고 하여 다른 용어로 대체하려고 할 정도였다. 그러나 인류의 역사 속에서 가장 영속적이고 보편적인 현상에 대한 지칭이라는 특수성 때문에 그 말을 사용하고 있는 사람 자신조차도 자기가 특별한 의미로 그것을 엄밀히 한정하여 사용하지 않는 것이 보통이다. 하지만 종교에 대해 진지하게 생각하는 사람들일수록 '종교'라는 말을 더욱 신중하고 엄밀하게 해명하여 사용해야 한다.

우리가 현재 사용하고 있는 한자어 <宗教>는 으뜸 · 근본을 의미하는 '종'(宗)자와 가르칠 '교'(教)자로 이루어져 있다. 따라서 글자 그대로 해석하면 '으뜸 되고 근본 되는 가르침, 세상에서 제일 먼저 가르쳐야 할 도리'라는 뜻을 지닌다. 그러나 종은 허신(許愼)의 『설문해자』(說文解字) 등에 의한 한자의 기원설에 따라 살펴보면 다음과 같이 설명되고 있다. 종은 면(宀)자와 시(示)로 구성되어 있는데 면은 집을 의미하고 시는 단상 혹은 책상(=T) 위에 바쳐진 희생제물(犧牲祭物)로부터 피가 흘러내리는 모습을 하고 있다. 이처럼 시는 신에게 제물을 바친다는 의미였으나 이후 의미가 바뀌어 신 그 자체를 지칭하게 되었다. 그래서 시는 통상 <보일 시>라고 하지만 <땅의 신 기>라고도 발음한다. 이러한 경과로 종의 원래 의미는 '신을 모시고 있는 집'이라는 의미가 된다. 중국에서의 신이란 조상신이기 때문에 결국 종은 바로 조상을 모시는 영묘(靈廟)인 것이다.

그런데 중국에서 <宗>이라는 글자가 보다 고차원적인 종교적 의미로 사용된 것은 위(魏)나라의 보리유지(菩提流支; Bodhiruci, 535~?)가 산스크리트어를 한자로 번역한 불교경전인 『능가경』(楞伽經, *Lankavatara-sutra*)에서였다. 보리유지가 宗으로 번역한 산스크리트 원어는 싯단타

(siddhanta, 悉檀)로 이 말은 성취되고 완성되어 확립된 진리를 의미하는 싯다(siddha)와 극치와 종극을 뜻하는 안타(anta)라는 말의 합성어이다. 따라서 종은 사유 · 언어 · 문자를 초월한 근본 무분별지(無分別智)인 반야(般若, prajna)라고 할 수 있는데, 말하자면 불교의 근본 진리를 파악함으로써 도달한 궁극적인 최고의 경지를 일컫는 것이다. 이에 대해 교는 사람들을 인도하여 종에 이르도록 하기 위해 문자나 언어로 표명된 것이며, 이 점에서 종과 교는 엄격하게 구별되고 있다. 따라서 하나의 종에 이르기 위한 많은 교가 있을 수 있고 이로부터 종교(宗敎)는 '종에 이르기 위한 가르침들'이라고 규정되는 것이다.

우리의 종교에 해당하는 서양어는 Religion인데 이 말은 라틴어 렐리기오(religio)에 그 기원을 둔 파생어이다. 종교라는 용어가 서구에서 어떻게 사용되어 왔는가를 역사적으로 고찰한 대표적인 사람은 캔트웰 스미스(W.C. Smith, 1916~2000)다. 그는 『종교의 의미와 목적』(*The Meaning and End of Religion*, 1963)에서 종교라는 단어가 가진 네 가지 용법을 지적하여 첫째는 개인적 신앙으로서, 둘째는 그 신앙의 공동적 조직화가 이루어져 형성된 이상적인 신학적 체계로서, 셋째로는 남이 바라보는 사회적이고 역사적인 현상으로서, 넷째는 잠재적인 가능성으로서 인간의 종교성을 지칭하여 예술 경제 등과 구별하는 의미에서 쓰였음을 지적하였다.

이러한 주장은 대체로 다음과 같은 배경을 가지고 있다. 일찍이 서양에서는 렐리기오를 둘러싼 어원학적 연역에 있어 두 가지의 주장이 있어 왔다. 먼저 키케로(M.T. Cicero, 106~43 B.C.)는 『신의 본성에 관하여』(*De natura Deorum*) 가운데서 렐리기오가 re(다시 · 거듭)와 legere(수습하다 · 읽다)가 결합된 렐레게레(relegere, 다시 수습하다 · 재독(再讀)하다 · 어떤 것에 마음을 집중하다 · 정리하다)라는 동사로부터 명사화된 렐레겐도(relegendo, 정돈 · 삼가함)라는 말에서 나온 것이며 이로부터 신들을 위한 또는 신들을 숭배하는 일을 위한 배려로서, 신들에 대한 엄숙한 의례를 의미한다고 주장하였다. 그런데 그 후 황실의 교사였던 호교가 락탄티우스(C.F. Lactantius, 250~325)는 전혀 다른 어원학적 설명을 하였다. 즉 그는 『신의 가르침』(*Institutiones divinae*) 가운데서 렐리기오의 어원이 re와 ligare(결합하다 · 묶다)가 결합된 렐리가레(religare, 재결합하다 · 다시 묶다)이며 따라서 종교는 인간과 신의 재결합이라고 정의하였다. 이를 지지했던 아우구스티누스(A. Augustinus, 354~430)는 기독교가 하는 방식대로 하느님을 예배하는 것은 옳으며 전통적인 의례의 행위들과 예식들을 준수하는 것은 악하고 헛되며 잘못된 것이라는 그의 확신을 표현하기 위해 참된 종교(vera religio)와 거짓 종교(falsa religio)라는 표현들을 도입하고 있다.

그러나 어원에 관해서는 그것이 로마 시대부터 이미 일치하지 않고 또 언어는 시대와 사회에 따라 말뜻이 변하기 때문에 어원만으로는 충분히 종교를 정의할 수 없다. 따라서 시대적으로 이 용어가 어떻게 사용되고 변화되었는지를 라틴 문헌을 통해 살펴볼 필요가 있다.

우선 최초의 라틴 문헌에서 렐리기오는 초자연적인 것을 대할 때의 외경 · 공포 · 불안의 감정을 의미하였고, 기원 전후에는 이상과 같은 감정을 일으키는 초자연적인 존재나 이 감정이 외적으로 표현된 의례(儀禮)를 의미하였다. 2세기에 들어 당시 로마의 종교들, 종파들의 신앙과 교리에 대한 논쟁이 야기된 후에는 조직적인 신앙 · 교리 · 의례의 체계를 가진 기독교와 같은 실정종교(實定宗教, positive religion)를 의미하게 되었고, 기독교 세력이 중심이 된 중세에는 세간(saecularis)에 대한 출세간적인 수도원생활을 의미하기에 이르렀다.

이처럼 서구문화에서 '종교'라는 말은 어느 특정한 의례적인 예배 행위를 가리키던 원래의 의미로부터 후에 점차 어떤 사회의 신념과 관행의 체계 전반을 가리키는 것으로 중요한 의미전환을 하게 된다. 종교가 그렇게 새로운 의미로 사용되는 것은 기독교의 교부들(Pater Ecclesiae)이 쓴 저술에서 이미 나타나고 있고 종교개혁의 시기에 이르러서는 몇몇 개혁자들, 특히 칼뱅(J. Calvin, 1509∼1564)이 '기독교적인 종교'(Christian Religion)라는 말을 하나의 신념과 관행의 체계를 가리키는 용어로 사용하면서 다른 '종교들' 또는 다른 신념과 관행들의 체계와 대비시켰다. 18세기 계몽주의 사상가들이 이러한 용법을 더욱 발전시켰는데 그들이 전개한 종교의 의미는 다음과 같은 세 가지 유형으로 분류될 수 있다.

첫째로 추상적인 '종교일반'이 아니라 구체적인 '여러 종교'를 가리키는 말로 사용되었다. 이러한 용법은 지금도 종교연구에 많은 도움을 주고 있다. 종교를 특정한 신념 · 상징 · 의례 및 도덕적 규범으로 구성되는 구체적인 전통으로 본다면 그것은 곧 관찰이 가능한 문화형태로서 시야에 드러나게 되고 그 문화형태가 역사적으로 전개되는 과정에 따라 연구할 수 있게 되는 것이다.

둘째로 대부분의 혹은 모든 현존하는 종교는 미신이라고 단정 짓고 이상적인 모습의 종교, 즉 일련의 바람직한 신앙과 도덕규범을 설정하고 그것을 올바른 종교라고 규정하는 사고방식이 있다. 올바른 종교는 어떠해야 하는가 하는 규범적인 문제는 철학자나 종교사상가들이 다룰 문제이다. 종교를 과학적으로 연구하려는 입장에서는 어떤 특정한 가치기준에 입각하여 종교는 어떤 모습을 해야 한다고 규정짓는 것보다는 종교가 인간 역사 속에서 실제로 어떤 모습으로 나타나 왔는가를 이해하는데 관심을 둔다.

셋째로 '종교'라는 말을 현존하는 모든 종류의 종교들을 포괄하는 유개념으로 사용하는 입장이 있다. 그러나 이러한 입장은 이율배반적인 요소를 내포하고 있다. 우리가 여러 '종교'에 대해 언급할 때 우리는 그러한 개개의 체계와 전통들을 추상적인 '종교일반'의 범주로 분류하는 기본 개념을 이미 가지고 있는 것이다. 바로 여기에서 종교정의의 문제가 여전히 남아있게 된다.

◆ 생각하기 ································

1. 종교의 말뜻에 대한 고찰로부터 획득된 종교정의는 종교의 온전한 정의인가? 만약 그렇지 않다면 그 이유는 무엇인가?

종교의 정의와 유형

통상 우리가 종교라고 부르는 것이 뚜렷한 윤곽을 가지고 있고 그것이 언제나 동일한 성격의 문화현상을 보여주고 있다면 종교의 정의(定義)는 별로 어려운 문제가 아닐 것이다. 그런데 서로 다른 사회와 문화 전통 속에서 살고 있는 사람들 사이에는 종교에 대한 커다란 입장 차이가 존재한다. 똑같이 종교라는 말을 쓰면서도 내용적으로는 성격이 판이한 것이 대부분이다. 따라서 학문적인 입장에서 연구를 하고자 할 경우에는 종교의 정의가 우선 필요하게 된다.

특정한 종교의 신앙인은 처음부터 종교가 무엇인가에 대해 명확하게 결정짓고 있는 경우가 많다. 그러나 이것은 신앙의 입장에서일 뿐이고 학문적인 관찰의 경우에는 그러한 전제가 없을 뿐만 아니라 있어서도 안 된다. 연구자는 자기 손으로 혼미한 문화 현상 속에서 종교를 가려내어야만 하는데 그 선택의 근거가 되는 것이 바로 종교에 대한 정의이다. 지금까지 종교의 정의를 규정해온 여러 시도는 '종교'라는 용어로 신적인 것에 대한 인간의 관계가 공언된다는 사실에만 동의하고 있을 뿐이다. 이 두 계기와 그것들의 관계를 종교라고 부를 수 있으려면 그것들이 어떤 성질을 가져야 할 지에 대해서는 물론 논쟁의 여지가 있다.

그러므로 종교의 정의 문제를 다룰 때에는 열린 시야와 유연한 태도로 임하는 수밖에 없다. 종교를 정의하는 문제는 옳고 그름을 따질 수 있는 어떤 사실에 관한 문제가 아니다. 그것은 종교라는 용어를 어떻게 사용할 것인가에 대한 선택의 문제이며 그 선택은 그 용어를 사용하려는 사람의 목적과 관심에 따라 달라진다. 여기에서는 오늘날 학자들 간에 종교의 정의에 대한 해답으로 널리 사용되는 세 가지 종교의 정의를 컴스탁(W.R. Comstock)의 논의에 따라 다음과 같이 고찰해 볼 수 있을 것이다.

우선 첫째로 경험적 자연의 존재질서와 초경험적 혹은 초자연적 존재

질서 간의 차이점을 많은 종교인이 구분했다는 점에서 종교의 정의가 만들어지곤 한다. 로버트슨(R. Robertson)은 그의 『종교에 대한 사회학적 해석』(*The Sociological Interpretation of Religion*)에서 종교문화는 경험적 존재와 경험의 영역을 넘어서는 초월적 존재를 구분하면서 경험적인 것이 비경험적인 것에 종속된다고 믿는 일련의 신앙과 그러한 신앙을 표현하는 일련의 상징 그리고 그러한 신앙으로부터 직접 형성되는 가치라고 정의한다. 또한 '종교행위'에 대해서는 "경험적인 것과 경험을 초월하는 것을 구분하여 인식하는데서 비롯되는 행위"라고 정의를 내렸다. 이를 신 관념에 의한 종교정의라고 부를 수 있는데 아마도 현대의 대부분의 종교학 연구자들은 이러한 견해를 어떤 형태로든 받아들이고 있을 것이다.

이 정의의 장점은 말하고자 하는 점이 명확하다는 것이다. 즉 이러한 정의를 사용하여 물리적인 자연의 영역을 초월하여 다른 곳을 지향하는 것과 같은 종류의 인간 행위와 상징화를 명쾌하게 서술할 수 있으며 또한 그러한 것을 다른 문화 행위 및 상징과 확연하게 구분해 준다는 것이다. 더욱이 그러한 정의는 우리가 상식적으로 생각하는 종교의 의미와도 부합된다. 왜냐하면 우리는 종교라는 말을 통상 신이나 자연계 바깥의 세계에 속하는 힘에 대한 신앙을 의미하는 것으로 사용하고 있기 때문이다. 타일러(E.B. Tyler, 1832~1917)가 그의 『원시문화』(*Primitive Culture*)에서 종교에 대한 최소한의 정의를 정령숭배(animism)에 대한 신앙—주물숭배보다 앞서서 강 · 나무 · 달 · 해 등에 정령이 있다고 믿는—이라고 제시한 것도 어떤 면에서 보면 상당히 정확한 것이었다.

둘째로 종교의 존재를 성(聖)과 속(俗)을 구분하는데서 찾으려는 정의가 있다. 이러한 성과 속의 구분은 원시사회나 고대문명에서 흔히 찾아볼 수 있다. 이러한 정의의 전형적인 예로 에밀 뒤르켕(E. Durkheim,

1858~1917)이 그의 『종교생활의 원초형태』(*Les formes élémentaires de la vie religieuse*)에서 제시하는 다음과 같은 종교의 정의가 있다. "종교 현상의 진정한 특성은 언제나 세계의 모든 것을 두 가지 서로 근본적으로 대립하는 영역으로 구분한다는 점이다. 성스러운 것은 금기에 의해 보호·격리되는 것이고 속된 것은 이러한 금기가 적용되어 성스러운 것들로부터 멀리 떨어져 있어야 되는 것이다. 성스러운 것들의 본질 그리고 그것들 상호간의 관계 또는 성스러운 것과 속된 것의 관계가 표현된 것이 바로 종교 신앙이다."

이러한 정의는 성과 속을 구별하는 근거가 외경(畏敬)과 경이(驚異)의 감정을 특징으로 하는 근원적 종교체험에서 발견된다는 루돌프 오토(R. Otto, 1869~1937)의 명제와 연결될 수 있다. 오토는 『성스러움』(*Das Heilige*, 1917)이라는 그의 책에서 이러한 근원적 경험에 대해 서술하고 있다. 이 책에서 그는 성스러움의 체험을 다루면서 그러한 체험의 특징을 세 가지로 들고 있다.

그 첫 번째는 두려운 감정의 의미하는 '외경'(tremendum) 및 압도적이고 강력한 힘을 가리키는 '장엄함'(majestas)의 감정이다. 두 번째 특징은 '신비스러움'(mysterium)인데 그것은 불가사의함과 오묘함의 감정을 말한다. 세 번째로 성스러움의 체험은 '매혹'(fascinans)의 요소를 지닌다. 그것은 어떤 궁극적 가치를 지향하려는 열망에 참여하는 경험이다. 이를 통해 성스러움의 체험에 내포되어 있는 감정은 이중적인 것임을 알 수 있다. 두려운 신비(mysterium tremendum)의 성격이 위협과 반발이라는 수동적이고 부정적인 것인 반면 매혹적 신비(mysterium fascinanosum)는 적극적으로 접근하려고 하는 특징인데 이 두 가지가 공존하는 것이다. 오토는 그러한 상태의 경험을 누미노제(Numinose)라는 말로 표현한다.[1] 종교문헌에서 누미노제를 나타내고 있는 예는 수없

1) 성스러움의 의미에 대한 논의는 다른 장에서 다시 논의될 것이다.

이 많이 찾아볼 수 있다.

오토는 누미노제를 정서의 일종이라고 부르지는 않았다. 그러나 많은 학자들은 반드시 오토의 주장에 따르지 않고서도 종교의 특징에 대한 정의를 그러한 종류의 정서적 반응에서 찾았다. 예컨대 로위(R.H. Lowie, 1883~1957)는 『원시종교』(*Primitive Religion*)라는 그의 책에서 종교적 반응은 "경이와 외경이며 그것은 초자연적인 것 · 비범한 것 · 불가사의한 것 · 성스러운 것 · 신비한 것 · 신성한 것에서 비롯된다."고 하였다. 이런 이유로 이 정의를 정서에 의한 종교정의라고 부를 수도 있는 것이다.

다른 한편으로 성스러움을 인간 행동이나 문화적 행위의 일종으로 생각하는 것도 가능하다. 기어츠(C. Geertz)의 말을 빌리자면 "여러 가지 형태의 상징을 만들고 이해하며 사용하는 것은 결혼하는 것만큼이나 보편적이고 또 농사를 짓는 일만큼 잘 알려진 하나의 사회적 사건(social event)이다." 이렇게 볼 때 우리는 성스러움을 인간이 행하는 의례 행위에서 발견할 수 있다.

이와 같이 성과 속의 개념을 사용한 종교정의는 몇 가지 장점을 가지고 있다. 우선 성과 속을 구분하는 것이면 무엇이든 종교에 범주에 포함될 수 있으므로 여러 다양한 신앙과 관행들이 그 범주에 포섭될 수 있다. 더욱이 이 정의도 '종교'라는 용어의 상식적인 용법에 부합된다. 왜냐하면 우리가 통상 종교적인 신앙 또는 종교적 관행이라고 하는 것은 신성하다는 감각을 수반하는 신앙 그리고 외경감과 심원한 가치를 전달해 주는 관행을 일컫기 때문이다.

세 번째로 인간에게 궁극적인 가치와 권위를 갖는다고 인정되는 것과 그렇지 못하고 부수적이고 이차적인 중요성만 갖는다고 여겨지는 것을 구분한다는 점에서 종교의 정의를 찾으려고 하는 입장이 있다. 철학적 신학을 추구했던 파울 틸리히(P. Tillich, 1886~1965)는 『기독교와 세계

종교의 만남』(*Christianity and the Encounter of the World Religions*)에서 다음과 같은 유명한 말을 남기고 있다. "종교는 궁극적 관심(ultimate concern)에 사로잡힌 상태이다. 궁극적 관심 그 자체는 삶의 의미에 대한 해답을 지니고 있으며 그 밖의 관심들은 모두 그 궁극적 관심을 위한 준비에 불과하다."

틸리히의 이러한 주장에 대해 많은 학자들이 궁극적 관심이라는 개념을 종교에 적용하는 것이 유용함을 인정하고 이를 사회전체와 연관시켜 생각하였다. 예컨대 레사(W. Lessa)와 보그트(E. Vogt)의 다음과 같은 주장이다. "종교는 사회의 '궁극적 관심'을 지향하는 신앙과 관행의 체제라고 규정될 수 있다. 파울 틸리히가 사용한 '궁극적 관심'이라는 개념에는 의미와 힘이라는 두 가지 요소가 들어있다. 즉 궁극적 관심에는 어떤 사회의 중심이 되는 가치의 궁극적 의미와 그 가치의 배경이 되는 궁극적이고 성스러운 또는 초자연적인 힘이 내포되어 있는 것이다." 이 정의는 윤리에 의한 종교정의와도 일맥상통한다.

그런데 인간은 궁극적인 것과 성스러운 것을 유사한 것으로 받아들인다는 점에서 이 세 번째 정의는 두 번째 정의와 밀접하게 연관된다. 그리고 이 정의도 역시 우리가 종교에 대해 상식적으로 쓰는 용법과 일치된다는 이점을 지니고 있다. 대부분의 사회는 인간의 행동에 대해 어떤 규범을 정하는 것만으로 그 사회를 유지하는 장치가 완비되는 것이 아님을 잘 알고 있다. 그 규범이 효과적이라든가 관습적으로 이미 고착되어 있다는 식의 실용적 차원의 정당화를 넘어서서 그 규범과 관습에 대해 궁극적인 정당화 혹은 합법화가 이루어져야 할 필요가 있는 것이다. 이와 같이 궁극적 정당화의 기능을 하는 신앙과 상징을 우리는 '종교적인 성격의 것'이라고 인정하는 경향이 있다.2)

2) 종교를 정의함에 있어 이처럼 어떤 일면적 관점에서 종교를 정의하기보다는 차라리 하나의 문화적 현상을 종교라고 부를 수 있도록 다소 완전하게 주어져

◆ 생각하기 ································

1. 이상과 같은 세 가지 종교정의들은 매우 유용한 것들이기는 하지만 한편으로는 모두 문제점들을 가지고 있다. 그렇다면 그 문제점들은 무엇인가?
2. 종교에 대한 비판적 정의들을 카우프만(W. Kaufmann)은 종교에 대한 '사이비 정의들'(Pseudodefinitionen)이라고 부르고 있다. 그렇다면 사이비 정의들에는 어떤 것이 있는가? 마르크스의 말처럼 과연 종교는 '민중의 아편'(Opium des Volks)인가?
3. 종교의 필요충분조건을 모두 충족시키는 종교정의는 존재하는가?

있는 일련의 특징을 열거하는 것, 즉 기독교철학자인 윌리엄 올스턴(W.P. Alston, 1921~2009)처럼 '종교를 형성하는 특징들의 목록'(The List of Religion-making Characteristics)을 작성하는 것이 더 나을 수도 있다. ① 성스러운 대상(초자연적 존재)과 권능에 대한 믿음, ② 성스러운 대상과 세속적인 대상에 대한 구별, ③ 성스러운 대상을 중심에 두는 의례적 행위, ④ 성스러운 것이 정리하고 재가한 도덕률의 승인, ⑤ 성스러운 대상과 의례의 실천을 마주할 때 싹터서 성스러운 것과 결합되는 특수 감정(신성감 · 경외감 · 청정감 등), ⑥ 기도 및 성스러운 것과 의사소통하는 다른 형식, ⑦ 인생에 대한 의미부여, ⑧ 세계 안에서 개인이 차지하는 위상과 그의 (현세적 또는 내세적) 행복이나 불행, 그의 구원이나 저주의 가능성을 미리 보여주는 표상, 즉 이야기 · 그림 · 개념으로 이루어진 자연과 역사 전체에 대한 표상, ⑨ 이 모든 것의 승인과 실천으로 구성되는 공동체의 특정한 양식(교회, 종교 공동체). 물론 이러한 특징들 중 어느 것을 강조하느냐에 따라 상이한 역사적 종교의 특성이 드러나게 될 것이다.

종교의 진리

은폐되어 있지 않고 드러나 있는 것을 의미하는 그리스어 알레테이아(alētheia) 라는 말에서 유래한 진리(眞理)는 철학적으로는 스콜라철학 이래로 존재론적 진리(veritas ontologica)와 논리적 진리(veritas logica)로 구분되어 왔다. 예컨대 <참된 독서>라고 할 때는 '독서'와, 독서를 단지 독서로서 표상하는 것만이 아닌 '참된' 독서라는 판단이 포함되어 있다.

이 경우 독서라는 사실은 그 근저에 있는 독서의 본질과 비교된다. 즉 <참된 독서>는 독서의 본질개념을 완전히 실현한 독서인 것이다. 이와 같이 본질개념을 완전히 실현한 것으로 판단되는 진리가 존재론적 진리이며 이 경우 진리는 사실 그 자체에 존재하고 있어서 반드시 우리의 인식과 일치할 필요가 없다. 우리는 이 진리를 사실의 진리(Sachwahrheit)라고 부를 수 있다.

그러나 통상 진리라고 할 경우에는 논리적 진리 혹은 인식의 진리를 말하는 것이다. 예컨대 '그는 저 책을 읽고 있다.'는 명제가 진리인 것은 어떤 사람이 어떤 책을 읽는다는 특정한 행동을 하고 있을 때이다. 즉 명제에 표현되어 있는 사유 내용과 객관적으로 존재하는 현실의 사태가 일치하고 있을 때—사물과 지성의 일치(adaequatio rei et intellectus)—우리는 그 명제가 참이라고 말하는 것이다.

이처럼 진리를 사실의 진리와 인식의 진리로 구별할 수 있다면 그것은 종교적 진리에도 적용될 수 있으며, 따라서 사실의 진리로서의 종교진리와 인식의 진리로서의 종교진리가 구별될 수 있을 것이다.

사실의 진리로서의 종교진리는 '종교의 본질을 순수하게 실현하고 있는 것'이 기준이 되고 있는데 반드시 우리의 인식과 일치할 필요는 없다. 사실로서 존재하는 종교는 진리이며 참된 종교는 사실로서 존재하는 것이다. 따라서 사실의 진리라는 점에서 생각해 보면 종교가 순수한가? 혼합된 것인가? 심오한 것인가? 천박한 것인가? 하는 정도의 차이가 문제일 뿐이다.

이에 반해 특별한 한정 없이 일반적으로 진리를 논할 때에는 논리적 진리라는 의미에서의 종교 진리가 문제된다. 여기에서는 종교인의 의식 내용이 객관적 현실의 사태에 대응하는가 하는 것이 문제된다. 이 경우 특히 주의해야할 것은 종교인이 신앙내용에 대해서 품고 있는 확신과 그 내용에 의거하여 내린 판단에 대해서만 종교진리가 언급되는 것이다. 예컨대 '신은 인간을 고통에서 구원하신다.'는 명제가 진리인 것은 이 확신의 내용이 신앙에 의해 고통으로부터 구원받은 인간이 있다는 현실상황과 일치할 때이다.

그러나 이 명제에서 신 · 인간 · 고통 같은 개념이 지닌 의미에 따라 그 명제는 참이 되기도 하고 거짓이 되기도 한다. 따라서 이러한 변수를 확실히 규정해야만 한다. 그래서 이 명제를 '그리스도는 루터의 종교적 고통을 구원하셨다.'는 명제로 바꿔 쓴다면 여기에 대해서 진위를 결정할 수 있다. 이 명제가 루터의 종교 개혁의 체험에 대응하고 있다고 믿고 또한 사실상 그대로의 상황을 지시할 수 있기 때문에 이 명제는 참이다. 그런데 어떤 영화배우가 고사(告祀) 때문에 영화가 홍행에 성공했다고 믿는 극단적인 경우를 생각해 보면, 비록 그 배우가 '돼지머리에 절을 잘 했기 때문에 영화가 홍행에 성공하였다'고 믿는다 해도 이 명제와 실제 상황이 일치한다고는 말할 수 없기 때문에 이 명제는 '잘못된 생각'이며 오류라고 해야만 한다.

이와 같이 종교의 진위가 문제되는 것은 엄밀히 인식의 진리의 경우뿐이다. 즉 종교가 진리인가 어떤가는 명제에 대응하는 객관적 현실이 있는지 어떤지, 명제와 상황이 일치하고 있는지 어떤지를 확정할 수 있는 인식의 진리로서만 문제가 되는 것이다.

그러나 우리의 인식은 감성으로 파악되는 현상 세계에 한정되기 때문에 원리적으로는 이 현상을 초월한 세계를 인식할 수 없다. 그런데 종교는 초월의 세계와 관계하고 있다. 인식은 어디까지나 인간의 이성에 기초하여 세계 내의 현상을 인식하는 것이기 때문에 우리가 초월적 세계를 인식하려고 해도 기껏 현상 세계를 설명하는 개념을 사용하여 접근할 수밖에 없다. 따라서 그 인식은 필연적으로 불완전하다. 우리는 다만 막연히 단편적으로만 종교의 진리를 인식할 수 있는 것이다.

따라서 종교인의 입장에서 보면 종교라는 현실의 세계와 관계를 가지는 측면의 인식을 넘어서서 절대타자(das Ganz Andere)의 완전한 인식까지도 가능하다고 여기는 영지주의자의 태도는 경건치 못하고 비종교적인 태도이다. 신앙의 입장에서 보면, 인간에 의해 '이해된 신'은 참된 신도 살아있는 신도 아니다. 왜냐하면 종교인은 종교의 진리를 완전히 이해할 수 없고 다만 단편적으로 이해할 수 있을 뿐이기 때문이다. 종교에서 진리를 인식하는 것과 진리를 '완전히' 인식하는 것은 다른 문제이다. 종교적 인식은 불완전함을 피할 수는 없지만 그럼에도 불구하고 진리가 아니라고도 할 수 없는 것이다.

어쨌든 인식의 진리가 성립되려면 그 진리는 객관적 현실과 일치하는 것이기 때문에 그 인식의 진리가 표현되는 명제는 <보편적 정당성>을 지닌다. 그러므로 종교에서 인식의 진리가 성립하려면 그 명제를 기준으로 하여 종교의 진위가 결정된다. 즉 명제에 기술된 사태와 일치하는 것은 진리이며 일치하지 않는 것은 거짓이라는 의미의 인식의 진리가 성립하는 것이다. 이 진리를 정당성으로서의 진리라고 부를 수 있을 것이다. 멘싱(G. Mensching, 1901~78)은 두 종류의 진리를 '현실성으로서의 진리'와 '정당성으로서의 진리'로 나누고 있다. 여기에서 비로소 인식의 진리가 표현된 명제 그 자체를 기준으로 하여 <바른 믿음>과 <미신> 혹은 <정통>과 <이단>의 구별이 이루어질 것이다.

◆ 생각하기 ································

1. 그렇다면 '존재론적(사실의) 진리'라는 의미에서 <참된 종교>라고 할 경우 이에 대립되는 <참되지 않은 종교>에는 어떤 것이 있을 수 있는가?

종교의 절대성

대부분의 종교들은 모두 자기 종교만이 가장 완전하고 정당한 참된 종교이며 다른 종교들은 모두 불완전하고 그릇된 거짓 종교라고 여기는 경향이 있다. 이러한 생각을 가지게 되는 것은 우리 속에 두 가지의 사고방식이 충돌하기 때문일 것이다.

하나는 인간의 생활을 가능한 한 널리 객관적으로 고찰하려는 사고방식이며, 다른 하나는 자신의 삶의 중심이 되는 목표를 확립하고 싶다는 사고방식이다. 이 두 가지의 사고방식, 즉 역사적 · 과학적으로 사유하려고 하는 '이론적 생활 태도'와 궁극적 가치를 규범으로 확립하려고 하는 '실천적 생활 태도'가 충돌하는 곳에 모든 종교들 중에서 절대적인 종교를 선택하려는 문제도 생긴다고 할 수 있다. 왜냐하면 이론과 실천을 깊이 내적으로 결합하여 궁극적으로 통일하려는 것이 바로 종교이기 때문이다.

통상 각각의 종교가 절대성을 주장할 때에는 다음과 같은 두 가지의 기본적인 사고방식이 있다. 첫 번째 사고방식은 어떤 특정한 종교가 특수한 기적 가운데 직접적으로 계시되는 누멘적 실재 그 자체에 의해 절대성이 부여된다는 사고방식이다. 두 번째 사고방식은 어떤 특정한 종교가 종교의 본질을 최고로 실현하고 있기 때문에, 아직 충분히 본질을 실현하지 못한 다른 종교와 달리 절대성을 가지고 있다는 사고방식이다. 헤겔(G.W.F. Hegel, 1770~1831)이 기독교를 '절대적' 종교로 규정한 것은 이러한 사고방식의 대표적인 경우이다.

그러나 이 두 사고방식은 성립하기 어렵다. 전자의 사고방식이 주장하는 기적은 모든 종교에 나타나는 것으로 어떤 특정 종교에만 일어나는 것이 아니다. 또한 누멘적 실재는 인과율을 초월해 있어서 합리적으로 증명될 수 없고, 따라서 비교 자체가 무의미할 수밖에 없다. 유한한 인간존재가 무한자의 우열을 어떻게 파악할 수 있을 것인가?

후자의 주장이 인정되기 위해서는 모든 종교가 질적으로 동일한 것으로서 통일적이고 보편적인 종교의 실현을 목표하고 있음이 전제되어야만 한다. 그렇지만 그것은 불가능하다. 왜냐하면 각각의 종교는 모두 독자적인 개성을 지니며, 전혀 다른 특수한 상황 속에서 생겨나 독자적인 역할을 행하면서 자기 종교 자체의 진리와 구원을 목표로 삼고 있기 때문이다. 그러므로 어떤 특정한 종교가 모든 종교의 통일 목표라고 주장하는 이 사고방식도 성립될 수 없다.

◆ 생각하기 ································

1. 그렇다면 각 종교들은 어떤 입장에서 자기 종교의 절대성을 근거 짓고 있는가?
2. 자기 종교의 정체성(正體性)을 주장하면 타종교에 배타적일 수밖에 없고, 타종교에 대해 관용적이면 자기 종교의 정체성이 흔들릴 수밖에 없는 것이 종교의 현실이다. 그렇다면 자기 종교에 대한 정체성과 타종교에 대한 관용성(寬容性)을 조화시키는 것은 불가능한 것인가?
3. 자기 종교의 정체성을 해치지 않으면서 다른 종교와 협력한 사례들을 주변에서 찾아보라.

성스러움의 의미

일반적으로 '성스러움'(holiness)이라는 말은 신의 절대적인 존엄을 나타내는 말인데 넓은 의미로는 인간을 포함한 모든 세계로부터의 '간격'을 의미하고 있다. 따라서 신의 존재를 전제하지 않는 경우에도 그것은 세속적인 인간 세계로부터의 간격과 초월을 의미하는 것으로서 널리 사용되고 있다. 그리고 종교에 대한 가장 광범위한 개념적 규정으로서 성스러움 및 성스러운 것(das Heilige)이라는 말이 사용되고 있다. '성스러운 것'이라는 말은 신의 성질인 '성스러움'을 나타낼 뿐만 아니라 신에 속한 사물이나 인간—성소(聖所) · 성당 또는 성자 · 성도 등—에게도 적용되고 있다.

이처럼 성스러움은 인간에게서도 관찰할 수 있는 성질인데 다만 신에게는 본질적으로 소유되고 있는 성질인 '속성'인데 반해 인간의 경우에는 '성인'이나 '성도'에게서 볼 수 있는 것처럼 비본질적 · 분유적 · 우연적으로 소유될 수 있는 '특성'일 뿐이다. 특히 「이사야서」(Isaiah)에서는 신을 '이스라엘의 성스러운(거룩한) 분'으로 부르고 '성스러움'이 인간적인 표상인 '성스러운 분'으로서 상징적으로 언급되고 있다. 이것은 신이 원래 대상적으로는 이해될 수 없다는 데 유래하고 있다. "너희는 … 우상을 만들지 못한다."(「출애굽기」(Exodus), 20:4)는 십계명의 제2계명은 신을 어떠한 형태로든지 대상화하는 것을 금하고 있다. 그 때문에 신의 속성인 성스러움은 '성자'라는 인간적인 표상에 의해 유비적으로 이해될 수밖에 없었던 것이다.

실제로 신은 인간의 감각으로는 파악할 수 없고 다만 '무'(無)로서 부정적인 방식으로 언급할 수 있을 뿐이다. 따라서 '신은 존재적으로는 무'라고 하더라도, 인간이 감각적인 존재를 넘어선 초월적 · 무제약적 · 절대적인 실재를 어떠한 형태로 감지하고 있다면 감각을 넘어선 초월적인 실재는 존재적(ontisch)으로가 아니라 '존재론적'(ontologisch)으로만 파악 가능할 것이다. '존재론적'이라는 것은 '존재'에 의식이 관계하는 방식을 학문적으로 반성하는 것을 의미하고 있다. 그것을 최초로 시도했던 것은 슐라이어마허인데 그는 영원자를 '절대 의존감정'(schlechthin Abhängigkeitsgefühl)에서 파악하려고 하였다.

이에 반해 오토는 '피조물 감정'(Kreaturgefühl)을 대치하여 피조물을 절대적으로 초월하며 무한한 존경과 위력으로써 감지되는 '절대타자'에 직면했을 때 인간이 느끼는 비천함과 허무감을 표현하고 있다. 이러한 피조물 감정의 전제에는 인간이 신과 직면했을 때에 감지되는 '성스러움'의 이해가 존재하고 있다. 이 이해는 개념이나 논리가 통하지 않는 비합리적인 것이며 '성스러운 것'이라는 말도 '성스러운 의무'나 '성스러운 법'이라는 형태로 합리화되고 있기 때문에 오토는 이성적으로 개념화할 수 없는 '잔여'(Residumm)에만 종교의 본질이 있다고 보아 라틴어로 신성을 의미하는 누멘((numen)으로부터 '누미노제'라는 용어를 만들어 낸다. 그는 신관에 표출되고 있는 이러한 비합리적 요소를 도출하여 그것을 토대로 성스러움의 고유한 특질을 파악하려고 한다.

그는 신의 속성인 성스러움을 개념과 논리를 넘어선 '이해 불가능한 것' 또는 '규정 불가능한 것'이라고 말한다. 나아가 그것은 인간에게 있어 어디까지나 '신비'이며 '절대타자'이기도 하다. 이러한 일반적 특징에 나아가 '장엄함', '힘', '숭고함', '어마어마함' 등의 특질을 부가하고 있다. 그는 누미노제가 우리들에 대해서 무엇보다도 '거리끼는 것'으로서 나타나고, 공포와 전율을 일으켜 종교적 외경이 되고 있는 것에서 그것을 '두려운 신비'라고 규정한다. 이 신성의 데몬적인 측면의 또 다른 한 면으로, 인간을 불가사의한 힘으로 끌어당기고 매혹하여 그것과의 교통이나 일체화를 바라게 하는 '매혹적 신비'를 대치시키고 있다.

그렇다면 여기에서 신의 속성인 성스러움을 이사야의 신관에 따라 고찰해 보기로 하자. 「이사야서」에서는 27번이나 '이스라엘의 성스러운 분'이라는 말이 사용되고 있다. 물론 「제2이사야서」가 이 말을 더 많이 사용하고 있고(15번), 내용적으로도 이스라엘을 '심판하는 자'로부터 '속량하는 자'로 바꾸어 사용하고 있다. 그것은 아시리아와 바빌론에 의한 멸망과 재건이라는 역사적 대 사건이 그 사이에 일어났던 것에 연유한다. 이사야는 아모스와 마찬가지로 공의의 신에 의해 선택된 민족은 그 선택에 걸맞게 정의를 실현해야 한다는 윤리에 서 있다. 그 때문에 "이스라엘의 거룩한 분을 업신여겨서, 등을 돌리고 말았"다고 그는 책망하고 있는데(1:4), 그 배경에는 정의 · 선 · 진실 · 지혜라는 합리적 요소가 누멘적인 것에 더해지고 있음을 알 수 있다. 이것은 「제2이사야서」에도 계승되고 있고, 공의를 위반한 죄에 대한 신의 속량의 행위가 '고난 받는 종'(53장)을 통해 강조되고 있다. 그런데 누멘적인 것의 특질은 '신의 진노' · '질투' · '꺼지지 않는 불'이라는 정서적인 말로 표출되고 있다.

> 이스라엘의 빛은 불이 되며 '이스라엘의 거룩하신 분'은
> 불꽃이 되셔서 가시나무와 찔레나무를
> 하루에 태워서 사르실 것이다(10:17).

이러한 신에 대한 인간의 올바른 태도는 외경이다. 그러므로 "너희는 만군의 주 그분만을 거룩하다고 하여라. 그분만이 너희가 두려워할 분이시고, 그분만이 너희가 무서워할 분"(8:13)이라고 선포된다. 이러한 외경과 동시에 강조되고 있는 것은 신의 속량(贖良)의 은총이다.

> 만군의 주께서는 공평하셔서 높임을 받으시고,
> 거룩하신 하나님은 의로우셔서
> 거룩하신 분으로 기림을 받으실 것이다(5:16).

특히 「제2이사야서」는 신의 속량의 행위를 역설하고 있다. 이스라엘

의 성스러운 분은 동시에 '속량자', '구세주'로 불리고 다음과 같이 말하고 있다. "이스라엘의 속량자, 거룩하신 주께서, 남들에게 멸시를 받는 사람, 여러 민족들에게 미움을 받는 사람, 통치자들에게 종살이하는 사람에게 말씀하신다. '왕들이 너를 보고 일어나서 예를 갖출 것이며, 대신들이 또한 부복할 것이니, 이는 너를 택한 이스라엘의 거룩하신 하나님, 신실한 나 주 하나님 때문이다.'"(49:7)

이리하여 「이사야서」의 신관인 '이스라엘의 성스러운 분'이라는 명칭에는 두려워해야 할 공의의 신과 사랑해야 할 은총의 신이라는 대립적 요소가 동시에 발견된다. 따라서 우리는 여기에 오토가 '누멘적인 것'을 도식화하여 서술한 '두려운 신비와 매혹적 신비'라고 부른 것과 같은 내용의 사태가 존재하고 있음을 알 수 있다. 이러한 것은 예수의 '하늘에 계신 우리 아버지'(our Father in heaven)라는 신에 대한 호칭에서도 발견된다(「마태복음」(Matthew), 6:9). 왜냐하면 '하늘'은 '땅'으로부터 격리된 두려운 신비를 표현하고 '우리 아버지'는 우리와 가까운 매혹적 신비를 나타내고 있기 때문이다.

성스러운 것 그 자체는 형이상학적 대상이며, 우리는 감각이나 이성으로써 그것을 파악할 수 없다. 그러나 비합리적 실재라도 인간의 정서나 감성을 특별한 방식으로 촉발하면서 의식에 현현하고 있다. 이 현현의 구체적인 상태 혹은 형식은 성서와 같은 종교적인 문서에 다양한 방식으로 기술되고 있다. 사도 요한이 "지금까지 하나님을 본 사람은 없습니다. 그러나 우리가 서로 사랑하면, 하나님께서 우리 가운데 계시고, 또 하나님의 사랑이 우리 가운데서 완성되는 것입니다."(「요한1서」(1John), 4:12)라고 말하고 있는 것처럼, 성스러운 존재 자체는 볼 수 없다 하더라도 인간 서로 간의 사랑 안에 성스러움은 나타나고 성도의 교제인 교회 안에 현현하게 된다.

◆ 생각하기 ··································

1. 그렇다면 성스러운 것의 구체적인 현상 형태가 어떻게 기술되고 있는가를 성서에 한정하여 살펴보기로 하자.
2. 개신교가 성지·성물·성인 등에 대해 소극적인 이유는 무엇인가?

키르케고르의 실존의 3단계

19세기 합리주의적 관념론, 특히 헤겔의 객관적 정신을 배격하고 주체적 존재인 실존(實存, Existence)의 본질과 구조를 밝히려는 철학적 입장이 실존철학인데 그 선구자는 바로 덴마크의 철학자 키르케고르(S.A. Kierkegaard, 1813~55)이다. 그에 의하면 실존은 객관성이 아니라 주체성이며 외면성이 아닌 내면성이다. 그리고 보편자가 아닌 단독자이며 영원한 필연성이 아닌 시간적 우연성이다. 이를 토대로 키르케고르는 인간의 자기생성의 문제를 실존의 세 단계에서 전개시키고 있다. 그의 실존의 세 단계는 불안과 절망 그리고 죄의 난관을 돌파하면서 개인의 주체적 진리를 탐구하여 자기의 완성을 향해 나아가는 실존의 변증법적 운동을 표시하는 도식인데 그 단계로는 심미적 단계 → 윤리적 단계 → 종교적 단계가 있다.

① 심미적(감성적) 실존의 단계(aesthetic stage of existence) 실존의 가장 낮은 단계로서 쾌락을 삶의 지배 원리로 삼는 실존이다. 즉 쾌락을 초월하여 쾌락과 대결하려는 자기가 아직 없는 실존이다. 심미적 실존의 자기는 육체적 욕망과 분리되어 있지 않고, 감각적 쾌락의 충족을 자기의 과제로 의식한다. 이 단계도 돈 주앙(Don Juan)으로 대표되는 직접적 쾌락주의자와 『이것이냐 저것이냐』(*Either/Or*, 1843)의 「유혹자의 일기」(The Seducer's Diary)에 나오는 요한네스 클리마쿠스(Johannes Climacus)로 대표되는 반성적 쾌락주의자—직접적인 쾌락 추구에서 좌절하여 쾌락의 대상을 반성적으로 조정하는 것—로 구분된다.

그러나 이 둘의 공통점은 양자의 관심이 욕구 충족 자체에 집중되어 있고, 욕구 또는 욕구 대상에 대한 주체적 결단이나 책임 의식이 전혀 없다는 것이다. 그런 이유로 이 실존은 곧 절망에 빠진다. 심미적 실존은 유한한 외적 조건들이 그에게 쾌락을 줄 수 없음을 깨달을 때에 공상(空想)으로 도피해 버린다. 이 실존은 현실성과 가능성의 양극 중의 하나에만 치우쳐 결국은 존재의 불균형에 빠진다. 여기서 실존은 결국 순간적인 향락만을 좇아 인격의 동일성을 파괴하고 비본질적인 존재로 남는다.

② 윤리적 실존의 단계(ethical stage of existence) 이러한 심미적 실존의 반성을 통해 임의적이고 불연속적인 실존을 거부하고 지속적이고 통일적인 실존을 추구한다. 즉 심미적 실존과는 달리 현실성과 가능성의 두 양극 중의 어느 하나에도 치우침이 없이 현실성과 가능성의 통일을 스스로의 자유의지에 구하여 구성하려고 노력하는데 이것이 곧 윤리적 실존의 단계이다. 이 실존의 특징은 유한한 자기의 현실에서 도피하여 현실과 유리된 무한한 공상 속에 자기를 가두어 버리는 심미적 실존과는 달리, 자기의 유한한 현실을 자기의 피할 수 없는 부분으로 인정하고, 유한한 현실의 제약 속에서 실현 가능한 자기를 삶의 과제로 선택한다는 것이다. 그는 이를 위해 일생 동안 일관된 노력을 기울이는데, 윤리적 실존의 선택과 결단은 심미적 실존에서처럼 자기중심적인 쾌락의 원리를 따르는 것이 아니라, 보편타당한 도덕적 의무의 원리를 따른다. 이것은 윤리적 결단을 통해 이루어지며 이때 양심과 가치의 보편성을 인격성 안에 구현한다.

윤리적 실존은 현실에 기반을 둔 가능성의 탐구를 통하여 삶을 구체적으로 실현할 수 있고, 하나의 일관된 과제를 위한 지속적인 헌신을 통하여 통일된 자기의식을 가질 수 있다. 그래서 윤리적 실존은 역사를 가질 수 있고 통일된 중심으로서의 자기를 획득할 수 있다. 결국 심미적 실존은 윤리적 실존에 의해 극복된다. 그렇다고 그것이 윤리적 실존 안에서 소멸하는 것은 아니고, 윤리적 실존의 구체적 인격 속에 통합됨으로써 보다 완전한 단계로 발전한다는 것이다. 그런데 심미적 실존으로부터 윤리적 실존으로의 발전은 전자가 자기 상실의 딜레마에 절망하여 스스로 자기의 존재 양식을 윤리적 실존의 존재 방식으로 변혁시키는 결단을 스스로 감행하느냐 않느냐에 따라 가능하기도 하고 불가능하기도 하다.

그렇다고 해서 윤리적 실존이 최고의 단계는 아니다. 윤리적 실존은 사실 그 출발에서부터 실패이다. 윤리적 실존의 단계에서 종합으로서의 자기는 스스로의 자유로운 결단을 통하여 구체적인 자기의 통일을 실현할 수 있기는 하지만, 윤리적 실존에 있어서의 현실성과 가능성의 통일은 절대적으로 완전한 것이 되지 못한다는데 문제가 있는 것이다. 즉 윤리적 실존은 보편적인 도덕법칙에 따라서 인격의 구체적인 자기실현을 꾀하지만, 보편적인 원리의 요구와 현실 사이의 무한한 거리에 직면할 때, 오히려 현실적인 자기의 나약함을 절실하게 깨닫고 도덕적인 투쟁의 가능성에 대한 회의와 절망에 빠지기 때문이다.

도덕법칙의 엄숙한 명령은 인간의 약함을 해결해 주는 것이 아니라 오히려 인간의 약함을 드러내고 그를 저주할 뿐이다. 따라서 윤리적 실존의 종말도 절망이다. 윤리적 실존의 절망은 스스로 할 수 있다고 생각하고 결단한 것을 실제로 성취할 능력이 자기에게는 없다는 것을 깨닫고 고민하는 절망이다. 필연적으로 이러한 절망에 이르게 된 이유는 <유한한 실존의 자기는 자기 자신의 자유에만 의존하는 것이 아니라 자기를 설정한 타자(他者), 즉 신에 의존하여 존재하는 자기>이기 때문이다. 윤리적인 실존은 이와 같은 실존의 이중적인 의존 관계를 위반하고 자기 자신의 자유에만 의존하려고 하기 때문에 실패할 수밖에 없다.

③ 종교적 실존의 단계(religious stage of existence) 윤리적 실존의 절망은 윤리적 실존으로 하여금 허망한 자기주장을 버리고 자기를 설정한 신에 의존하는 종교적 실존의 존재 양식으로의 비약을 결단할 수 있게 한다. 종교적 실존의 단계는 질적으로 다른 두 개의 차원으로 구분된다.

ⓐ 종교성 A(Religiousness A): 소크라테스적 · 내재적 종교성.

ⓑ 종교성 B(Religiousness B): 기독교적 · 초월적 종교성.

이 둘의 공통점은, 자신에 의존하는 존재 양식에서 영원한 존재인 신의 가능성에 의존하는 존재 양식을 선택한다는데 있다. 그리고 그 관심을 이 세상에서의 자기완성, 이 세상적인 행복이 아니라 영원한 행복인 영생에 두고 있다. 이 세상에 대한 전적인 포기는 신과의 관계를 강화시킨다.

그러나 양자는 먼저 영원한 신과의 관계 방식에 있어서, 다음으로 영원한 행복의 이해에 있어서 차이를 나타내고 있다. 종교성 A는 신과의 절대적인 관계를 윤리의 목적론적 중지(teleological suspension of ethics)를 통해서 실천한다. 어떤 절대적인 목적을 위해 윤리를 중지하는 것에서 무한한 자기 부정의 희생을 감행하고, 이로써 실존의 자기의식은 한층 더 강화된다. 종교성 A는 단순히 보편적 · 종교적인 것을 목표로 하는 종교적 실존이며 개인이 신 앞에서 자기부정을 통해 내면을 향하여 변증법적으로 규정되는 경우이다. 이를 내면화의 변증법(Internal Dialectics)이라고 부를 수 있을 것이다.

그런데 결정적으로 종교성 B와 구별되는 점은 종교성 A가 인간의 자기는 본래 영원하며 인간의 행복, 즉 구원은 인간이 영원한 자기를 상기하여 깨닫는 데 있다고 본 것이다. 소크라테스의 상기설(想起說)이 불멸하는 영혼의 존재를 상정하듯이 종교성 A도 인간을 불멸하는 영혼의 소유자로 전제하며 인간 속의 이 불멸하는 영혼이 영원한 신과 관계하는 참된 자기라고 생각한다. 이 불멸하는 영혼은 유한한 실존과 영원한 신과의 접촉점이다. 그런데 종교성 A도 결국 절망에 빠진다.

종교성 B는 모든 내재적 입장에서의 단절이며 따라서 역설 변증법(Paradoxical Dialectics)이라는 특징적 성격을 지닌다. 여기에서 신앙은 영원한 신이 시간 가운데서 성육신했다는 불가사의한 역설을 주체성의 정열로써 고수하는 일이다. 종교성 B에서는 인간이 단순히 일반적으로 신과 관계하는 것이 아니라 개별적인 실존자 한 사람 한 사람의 자기가 신과의 관계에 놓이고 신과 대결하게 되는 것이다. 키르케고르는 이때의 개별성을 심미적 단계에서의 **개별자**(Individuum)와 구별하여 **단독자**(單獨者, Der Einzelne)라고 부른다. 단독자는 오직 자기 자신만으로 신 앞에 선다.

이처럼 종교성 B는 종교성 A와 달리 인간 속에 있는 어떤 영원한 것도 인정하지 않고, 신과 인간 사이의 절대적 단절을 주장하는 종교성으로서 초월적 종교성이라고 할 수 있다.

◆ 생각하기 ································

1. 프랑스의 실증철학자이자 사회학의 창시자인 콩트(A. Comte, 1798~1857)는 인간지성의 단계를 신학적 단계(Theological stage)·형이상학적 단계(Metaphysical stage)·실증적 단계(Positivity stage)로 분류하고 있다. 신학의 단계는 인간지성의 출발점이고 실증의 단계는 인간지성의 궁극적인 지향점이며 형이상학의 단계는 이 둘 사이의 과도기이다. 콩트는 이러한 단계가 사회의 진보 단계처럼 진화론적으로 진행된다고 주장하는데 이를 키르케고르의 실존의 3단계설과 비교해 보라.
2. 종교성 A는 무엇 때문에 절망에 빠져 종교성 B로 이행하려는 결단을 하게 되는가?

니체의 르상티망론 탁월한 생철학자이자 키르케고르와 더불어 실존철학의 선구자로 간주되는 독일의 철학자 프리드리히 니체(F.W. Nietzsche, 1844~1900)에 의하면 세상을 지배하고 있는 다양한 도덕에는 주인도덕(Herrenmoral)과 노예도덕(Sklavenmoral)이라는 기본적인 구별이 있다. 니체는 도덕법칙에 대한 무조건적 신뢰를 부도덕한 태도로 간주하고 도덕법칙을 맹종하는 태도를 노예적 굴종이라고 비난한다.

주인도덕은 선도 악도 알지 못하고 약한 것을 경멸하고 자기 자신에게 강함을 적용하는 탁월한 인간의 도덕이다. 그리하여 선악의 피안에서 행위 할 수가 있고 나아가 스스로를 가치의 결정자로 여기는 <고귀한 인간>의 도덕인데 반해 **노예도덕**은 생명력이라는 점에서 열등한 <천민>의 도덕이다. 그것은 본질적으로 약한 것을 선으로 느끼고 강한 것을 두려워하여 악으로 느끼는 유용성의 도덕이라고 주장된다.

따라서 전자에서는 강함과 고귀함을 의미하는 '우량한' 성질과 경멸적인 것을 의미하는 '열악한' 성질의 대립이 문제인데 반해 공리도덕으로서 강한 것을 증오하는 후자에서는 '선한' 성질과 '악한' 성질의 대립이 문제이다. 즉 후자는 무능하고 열등한 노예의 **르상티망**(Ressentiment)에 의한 가치의 전도에 기초한 것으로 니체에 의해 기독교 도덕과 등치되는 서양의 근대 시민사회의 도덕은 바로 이러한 노예도덕의 승리를 나타내는 것이다.

사실 니체의 이러한 사상은 **막스 셸러**(Max Scheler, 1874~1928)에 의하면 "도덕적 가치 판단의 기원에 대해 근대에 이루어진 아주 약간의 발견 중에서 … 가장 심원한 것"이기도 하다. 셸러는 내적 체험 및 작용의 통일체의 하나인 르상티망을 "전적으로 특정한 원인과 결과를 수반한 혼의 자기 중독"으로 성격 짓고 있다. 니체는 르상티망의 형성에 복수충동이 중요한 역할을 한다고 주장한다. 그는 『도덕의 계보』(*Zur*

Genealogie der Moral, 1887)에서 다음과 같이 말하고 있다. "도덕에서 노예의 반란은 르상티망 자체가 창조적인 것이 되어 가치를 산출함으로써 시작한다. 그것은 본래의 반응, 즉 행위에 의한 반응이 거부되고 있고 상상의 복수에 의해서만 그 보충을 하는 자들의 르상티망이다."

복수충동은 선제공격 혹은 침해에 대한 반응적 충동의 하나인데, 그것이 반격이나 방어 충동과 일치하지 않는다는 것이 중요하다. 즉 복수라는 사태에는 첫째로 "직접적으로 생기는 적대 충동의 … 적어도 순간적인 혹은 일정한 시간의 제지 및 억제, 또한 그와 관련하여 이러한 적대 반응의 다른 때 및 보다 적절한 상황으로의 연기"가, 둘째로 "끊임없이 '그것 대신에 이것'이라는 의식을 포함하고 있는 것"이 본질적이다. 이러한 복수충동은 르상티망이 형성되기 위한 출발점을 이루고 있는데 그것만으로는 아직 충분조건이 되지 못한다. 왜냐하면 르상티망은 복수충동으로부터 앙심 · 질투 · 시기 · 음흉의 단계를 거쳐 비로소 형성되기 때문이다. 예를 들면 복수충동은 복수가 실행되거나 참된 용서가 생길 경우에는 자연히 해소되어 버리며 그 경우에 그것은 르상티망으로 형성되지 않는다. 르상티망이 되는 것은 뚜렷한 '무력감' 때문에 자신의 정서를 적절히 표현하는 행동이나 표현이 제지받고 있을 때뿐이다. 그러므로 르상티망은 항상 약자의 태도이며 "그때마다의 '봉사자' · '피지배자'"에 한해서 형성된다.

셸러는 이러한 복수감정이 르상티망으로 이행하는 특정 상황을 드러내려고 시도하는데 그 예로서 첫째로 어떤 집단의 관습적인 지위와 사실적인 권력의 괴리가 큰 경우를 제시하고 있다. 이 관점에서 보면 카스트 제도가 지배하고 있는 인디아 같은 고정적 신분 사회나 혹은 그와 반대로 정치적 · 사회적 소유의 평등을 지향하는 민주주의에서 르상티망의 부담은 약간에 그친다. 이에 반해 공적인 정치적 측면에서는 형식적으로 평등함에도 불구하고 실제로 재산이나 권력의 측면에서는 다양한 불평등이 존재하고 있는 사회에서 복수감정에 기초한 르상티망은 확실히 강력해 진다. 둘째로 굴욕적인 상태가 운명이라고 느껴지면 느껴질수록 복수감정은 르상티망으로 이행하게 된다. 그 예로서 자연적 소질 부분에서 결함을 가진 사람이나 유대인의 르상티망이 제시되고 있다. 복수감정은 또한 노동자 운동에서도 강력한 동인이 되고 있다. 따라서 정치인들의 비판을 위한 비판은 적극적인 목표를 가지지 않는 '르상티망 비판'이며 그러한 비판을 하는 자들은 만약 자신들의 비판 일부가 실현되면 오히려 불만을 가지게 된다.

복수감정 다음으로 르상티망을 형성하는 출발점을 이루는 것은 셸러에 의하면 **선망 • 질투 • 경쟁** 노력이다. 선망은, 좋은 것을 소유하고 싶어도 소유하지 못하는 단순한 '무력함'에 불과한 것을 우리의 노력에 <반대하는> 적극적인 작용성이라고 생각하는 착오인데, 이 착오 때문에 좋은 것을 획득하려는 의지가 오히려 이완되어 버린다. 그러므로 선망은 가장 무력한 것이며 문명을 추진하는 힘이 될 수는 없는 것이다. 그런데 선망 가운데서 가장 강력한 르상티망 형성의 원인이 되는 것은 실존적 선망인데 이 선망에서는 다른 인격의 단순한 현존이 자신의 인격에 대한 비난으로 여겨진다. 그러나 이러한 실존적 선망은 드물며 대체로 아름다움, 종족의 고귀함 및 유전적 성격 가치에 대한 선망이 르상티망의 형성에 중요하다.

나아가 셸러에 의하면 **자기 자신과 타자의 가치를 비교하는** 것이 르상티망의 근원에 존재하고 있다. 문제는 모든 인간이 똑같이 행하고 있는 비교 자체가 아니라 자기 가치와 타자 가치의 파악이 비교를 통해 비로소 체험되는 비속한 태도이다. 즉 '고귀한 자'는 비교에 앞서 자신의 자기 가치를 <무반성적으로 의식>하고 있어서 타자의 적극적인 가치를 안심하고 수용할 수 있는데 반해 '비천한 자'는 "타자를 자기에 맞추어 자기를 타자에 맞추어 헤아리지 않고서는 … 타자의 가치를 파악할 수 없다." 비천한 자는 비교하는 태도에 <강함>이 결부되면 타자보다 더 나아야 한다는 것을 자기 노력의 목표 내용으로 삼는 야심가가 되고 이와 반대로 <약함>과 결부되면 르상티망 유형이 된다.

그러나 르상티망의 작용에서 보다 중요한 것은 니체의 표현에 따르면 '**가치표의 위조**'이다. '가치표의 위조'에서는 특정한 대상의 적극적 가치가 부정되는 것이 아니라 "표준적 가치 감지 및 노력에 대해 적극적이고 선취된 가치인 사물이나 인간의 가치가 … 소극적 가치로 전도되는 것"이며 여기에서 노예의 반란은 완성되는 것이다. 니체와 셸러는 이 전도를 단지 타락으로서만 파악하고 있다. 즉 그들은 서양의 근대를 긍정적으로 보고 있지 않는 것이다. 그렇다면 근대 노예도덕의 기본적 특징을 개괄해 보기로 하자.

① "도덕적 가치는 개체로서의 인간이 그 힘과 노동을 통해 획득한 특성들이나 행위에만 귀속한다."는 법칙. 말하자면 인간의 소질에 기초한 윤리적 가치의 차이를 인정하지 않는 것이다. 이로부터 개개인은 윤리적으로 평등하다는 이론이 생긴다. 여기에는 보다 높은 위치에 있는 자를 자신의 위치까지 끌어내린다는 르상티망적 소망이 은폐되어 있다.

② "가치일반, 특히 도덕적 가치는 인간의 의식에서의 주관적 현상일 뿐이고 그로부터 독립해서는 어떠한 실존이나 의미도 갖지 못한다."는 전제. 윤리적 평가에서 보편타당성의 강조는 르상티망의 결과인데 여기에서도 르상티망은 중요한 역할을 하고 있다. 즉 르상티망을 품은 인간은 객관적 가치 서열이라는 이념을 감당할 수 없기 때문에 그것을 자신의 현실적 상태까지 끌어내리고 그 대신에 가치 파악의 보편성을 찾게 된다. 그러나 가치의 객관성과는 전혀 무관하며 이러한 시도는 근본적으로 전도되고 있다.

③ "약함이 공로이고 보복하지 않는 무력함은 '선'이며 소심한 비열

함은 '겸손'이라고 …" 꾸며대는 사태.

또한 니체는 『도덕의 계보』에서 "복수와 증오의, 유대교적 증오의 … 저 나무의 줄기로부터 똑같이 비교할 수 없는 무엇이, 하나의 새로운 사랑이 모든 종류의 사랑 가운데서 가장 깊고 숭고한 사랑이 생겼다."고 서술하고 그러한 사랑의 화신인 <예수 그리스도>를 통해 이스라엘은 그 복수를 달성했다고 여기고 있다. 그러나 이것은 셸러에 의하면 완전히 잘못된 것이다. 즉 박해받은 유대인의 복수를 원하는 르상티망이 기독교의 사랑이라는 형식으로 정당화되었다는 니체의 설명에 대해 셸러는 기독교 윤리의 핵심이 르상티망의 토대 위에서 성장한 것이 아니라고 주장한다.

그는 기독교의 사랑의 이념을 그리스의 사랑의 이념과 비교함으로써 자신의 견해를 확인하려고 한다. 그것에 의하면 그리스의 사상가들은 사랑을 '보다 낮은 것'이 '보다 높은 것'으로, '보다 불완전한 것'이 '보다 완전한 것'으로 … 향하는 노력 · 경향이라고 여기는데 반해, 기독교사상에서는 사랑의 운동이 방향 전환을 하고 있다. 즉 기독교는 그리스 사상과 반대로 고귀한 자가 비속한 자에게 내려간다는 운동 방향을 취하고 있는 것이다.

무엇보다도 기독교의 사랑에서 가치의 증대는 사랑하는 자 쪽에 있기 때문에, 기독교의 사랑의 이념은 결코 르상티망에 기초할 수 없다. 즉 이러한 사랑의 태도에서는 보다 완전한 삶이 보다 불완전한 삶에 대해 자신의 생명의 충만함에 기초하여 그 풍부함을 자유로이 베풀고 그리하여 자신이 보다 풍부해 진다. 따라서 그것은 삶의 쇠퇴와는 전혀 무관한 것이다. 아니 오히려 최대의 생명성을 가지는 자는 오히려 생명에 대해 무관심하며, 반대로 이기주의나 자기 보존의 본능이 그것에 집착하는 것이다.

이와 같이 본질적으로 르상티망과 무관한 기독교의 사랑이, 일면적으로 유사하기는 하지만 실제로는 르상티망에 기초하고 있는 '이타주의'(altruism)와 혼동되기 쉬운 점을 셸러는 또한 지적하고 있다. 이타주의는 근대적 인간애의 기본적 특징인데 그것은 기독교 안에도 부분적으로 스며들어 있다. 이러한 태도는 자기의 생명력의 충만함에 기초한 것이 아니고 자기 도피를 정당화하는 것에 불과하다. 즉 자기의 약함에 대한 증오 때문에 타자가 요구되고 있는 것이지 타자의 적극적 가치가 통찰되고 있는 것은 아니다. 마찬가지로 르상티망에 기초한 윤리적 태도에서 약자에 대한 사랑은 강자에 대한 증오의 위장이며 그러한 태도를 취하는 기독교인은 실제로는 자기가 할 수 없는 복수를 신에게 맡기고 있음에 불과한 것이다.

셸러는 이처럼 기독교의 사랑이 그 진정한 형태에서는 르상티망에 기초한 것은 아님을 보인 후에 니체가 왜 기독교 도덕의 근원에 대해 이러한 잘못된 이론에 도달하게 되었는지를 밝히고 있다. 셸러는 그 첫 번째 이유로 니체가 기독교의 에토스를 그 종교적 의식으로부터 분리해 버리고 있음을 들고 있다. 즉 셸러에 의하면 기독교에는 모든 삶의 영역을 초월한 '하나님의 나라'로서의 정신의 영역이 상정되고 있기 때문에 기독교인에게 생명 가치의 실현은 결코 최고선이 아니다. 그런데 니체는 이 점을 간파해 내지 못했던 것이다. 더욱이 기독교에서 말하는 '하나님의 나라'는 현실의 국가나 사회와 무관하기 때문에 니체처럼 예수를 삶의 발전에 봉사하는 일종의 사회주의자로 보는 것도 또한 있을 수 없다. 기독교 도덕을 단지 '최대의 생명량'이라는 기준에 의해서만 파악하고 그 가운데서 쇠퇴하는 가치만을 보는 것은 셸러에 의해 전적으로 거부된다.

니체가 범한 오류의 두 번째 원인으로 셸러는 "이미 일찍부터 전혀 다른 역사적 기반을 가진 가치들과의 역사적 상호 작용을 통해 생기기 시작하고 그 이후의 역사에 대해 다양하게 규정적으로 되고 있었던 기독교 도덕의 사실적인 훼손"을 들고 있다. 즉 르상티망에 기초한 근대적 인간애의 이념과 본질상 이와 전혀 근원을 달리하는 기독교의 사랑 이념이 역사적으로 혼합되어 나타난 탓에 니체는 참된 사태를 오해했던 것이다.

◆ 생각하기 ····································

1. 그렇다면 근대적 인간애와 기독교의 사랑의 이념은 본질적으로 어떻게 다른가?

유사종교 오늘날은 종교라는 말의 용법을 확장하여 생각하는 경향이 일반화되고 있다. 숄츠(H. Scholz, 1884~1956)의 말처럼 "스스로를 종교라고 부르지 않는 것이 있었던가? 세계관 · 자연숭배 · 고급의 또는 저급의 에로티즘 · 자기 신화(神化) · 공동체 의식 · 산 자 혹은 죽은 자에 대한 충성 · 천재숭배와 영웅숭배—이 모든 것들이 종교라고 불린다." 이들 중에서도 특히 문제가 되는 것이 유사종교(類似宗教, quasi-Religion)이다. 유사종교란 사전적으로는 종교와 비슷하나 사회 일반의 상식으로는 종교로서 인정하기 어려운 것, 공인되지 않은 종교이기 때문에 흔히 사교(邪教)라 부르며 일제강점기에 총독부가 종교단체를 감독 · 통제하기 위해 만든 용어이다. 최근까지 종교는 아니지만 종교와 비슷한 특징을 지닌 단체를 이르는 데에 사용하였다.

한마디로 유사종교는 미개사회에서 흔히 볼 수 있는 우상숭배(偶像崇拜, idolatry)나 주물숭배(呪物崇拜, fetishism) 현상으로부터 근대사회의 파시즘(fascism) · 나치즘(Nazism) · 공산주의와 같은 이데올로기에 이르기까지 광범위하게 현상으로서 본래의 종교 대신에 인간의 종교적 욕구를 만족시키는 것이다. 그런 의미에서 과학 · 예술 · 자연 · 국토 · 돈 · 생명 · 기술 같은 세속적 가치를 절대화한 것은 모두 유사종교 혹은 사이비종교(似而非宗教, pseudo-Religion)라고 부를 수 있다.

따라서 나치즘 · 공산주의뿐만 아니라 민족주의나 제국주의 같은 것도 기독교에 도전하는 유사종교로 보는 경우가 적지 않다. 또한 현대에 들어와 미국에서는 이른바 도시화 과정의 진전에 따라 종교가 현저히 세속화되고 있다. 그리고 거대한 자본주의 체제에 속해 있는 대중의 처세술이나 사고 형식으로서, 마음가짐을 바꾸어 행복을 추구하는 적극적 사고방식(positive thinking), 자본주의 사회의 엘리트 의식에 기초한 자본주의 예찬의 독선적 낙천관(사업신조business creed), 새로운 사회 상황에 적응하지 못하는 사람들의 소수자 의식에 기초한 낙오자적 고립관(근본주의fundamentalism) 등이 생겨나고 있다. 이러한 처세법은 대중사회의 종교적 사고 양식으로서 파악할 수가 있다.

이처럼 신으로 떠받들어지고 신의 자리를 점하는 대상에는 무수한 종류가 있다. 어떤 사람은 권력을 우상시하고, 어떤 사람은 예술을 신의 자리에 모신다. 국가를 최고의 신으로 삼는 국가숭배자도 있고 금전이 유사종교가 된 맘몬(Mammon)의 노예도 있다. 이상적인 미래사회 건설의 이념이 마르크스주의의 구세종교이며 무한한 지식이 파우스트(Faust)와 같은 인간의 절대목표이고 나날이 새로운 여성의 정복이 돈 주앙의 마음을 사로잡는 이상이다. 이처럼 우상화 · 신격화의 예는 일일이 예로 들 수 없을 만큼 많은데 모두 하나의 특징을 공통적으로 가지고 있다. 즉 유한한 목표가 신의 자리를 점하고 인간은 어떤 우상에 얽매여 '마치' 그 우상이 신 그 자체인 것처럼 행동하고 있다는 것이다.

결국 요한네스 헤센(J. Hessen, 1889~1971)의 말처럼 "인간은 신을 믿거나 우상을 믿지 제 3의 길은 있을 수 없다." 환언하면 "이러한 재화를 가지는가, 가지지 않는가 라는 선택은 성립하지 않는다. 성립하는 것은 다만 자신의 절대 영역 안에 신을, 즉 종교적 작용에 어울리는 재화를 가지는가 그렇지 않으면 우상을 가지는가 하는 선택뿐이다."

◆ 생각하기 ································

1. 종교적 행위를 윤리적 행위나 유사종교적 행위로부터 구별하는 특징은 무엇인가?

종교적 대상 절대적인 종교적 대상은 그것을 어떤 방법을 사용하여 표현하면 한정되어 버리고 절대성을 상실하기 때문에 본래 표현할 수 없는 것이다. 그러나 인간은 사유하는 존재(homo cogitans)로서 근본적으로는 언표할 수 없는 것을 어떤 개념으로 나타내려고 한다. 이것은 이성에서는 전적으로 비합리적인 것이지만 종교적 체험에서는 의심의 여지가 없는 것을, 가능한 한 이성으로 파악될 수 있는 합리적 개념으로 표현하려는 시도에 불과하다.

예일대학교의 종교철학 교수였던 에드윈 버트(E.A. Burtt, 1892~1989)는 그의 책 『신을 찾는 인간』(*Man Seeks the Divine,* 1957)에서, 종교적 사실을 구성하는 요소들을 생각할 때에는 언어학적인 구조(linguistic framework)가 필요하다고 말한다. 그는 우리가 사용하게 된 용어를 모든 상황에 맞추기 위해 확장하는 것은 좋지 않으므로 그것을 피하기 위해 여러 가지를 연상시키는 용어를 거부한다. 또한 전혀 다른 전문 술어를 사용하는 것도 오히려 그 전문 이론의 타당성을 가정하기 때문에 좋지 않다고 생각하였다.

그리하여 같은 류의 전체를 나타내는 총칭적 정의(generic definition)를 사용하면 종교적 체험의 모든 형식에 공통되어 이로써 체험간의 차이가 분명히 되는 용어가 파악되고, 다른 한편 그것을 종교적 유산에서의 연상이 적합할 때에는 다른 형식에도 응용하며 상황이 악화될 때에는 배후를 멀리할 수가 있다고 하였다. 예컨대 종교적 대상을 기술하기 위해서는 성스러운 힘이 총칭적 용어(term)가 된다고 말하는 것이다. 그리하여 류(類)와 종(種) 간에 가정되는 논리적 관계를 다음과 같은 표로 제시하고 있다.

Divine Power
유일신 - 모든 신(다신교) - 최고신 - 조상 - 토템 - 주물 - 마나

버트의 표에 나타나 있는 관계는 순수 논리적인 것이며 결코 가치적인 것이 아니다. 같은 원리로 기도(prayer)라는 개념도 류를 나타내는 종교적 언명(religious address)이라는 표현이 적합하다고 하였다. 이러한 용어를 사용하여 파악한다면 모든 종교에 대해 심정적으로 접근하면서도 나아가 공평한 이해를 하는 것이 가능케 된다는 것이다. 이런 이해를 토대로 종교적 대상에 대한 논의를 진행하기로 하자.

종교적 체험에서 만나는 성스러운 존재는 실재와 가치라는 두 가지 요소를 가지고 있다. 따라서 이 실재의 요소는 '존재 개념'에 의해서, 가치의 요소는 '가치개념'에 의해서 합리화된다. 존재의 측면에서 말하면 이 세상에 존재하는 모든 것은 이 실재에 의존하고 있기 때문에 '타자에 의한 존재'(ens ab alio)이지만 종교적 체험에서 성스러운 존재는 '절대타자'로서 자기 자신에 의한 존재(ens a se; ens per se)이며 전능한 활동성이다. 즉 세속적 존재는 무엇이든 모두 유한하며 다른 원인에 의해서 정초되는 것이지만 성스러운 존재는 전적 · 무조건적으로 독립된 자기에게만 원인을 가진 무한자이다. 우리 인간의 종교적 체험에서는 자립 존재성에 대해서 우리가 모두 유한하고 무력하다는 것이 체험되며 전능한 활동성에 대해서는 우리가 피조물이라는 것이 체험된다.

가치의 측면에서 말하면 성스러운 존재는 '성스러움'이라는 가치를 가지지만 이것은 결코 다른 가치로부터는 전개할 수가 없는 가치이다. 루돌프 오토는 임마누엘 칸트(I. Kant, 1724~1804)의 '도식화' 개념을 사용하여 '두려운 신비'의 비합리적인 요소를 정의(正義) · 도덕적 의지라는 합리적 개념으로 도식화하고 '매혹적 신비'의 비합리적 요소를 사랑 · 자비라는 합리적 개념으로 도식화하였다. 그리고 이러한 도식화에서 두 가지 요소가 결합되었을 때 '성스러운 존재'의 개념이 성립한다고 하였다. 따라서 성스러운 존재는 존재의 측면에서는 자립 존재, 가치의 측면에서는 성(聖)으로서 개념화할 수가 있다.

종교적 체험에서 파악되는 성스러운 존재는 각인각색이다. 즉 성스러운 존재는 시대 · 문화 · 교리 · 개인에 따라 다양하다는 것이다. 그렇다면 성스러운 존재를 어떻게 분류하여 파악할 수 있는가? 현존하는 종교들에게 성스러운 존재는 두 가지 파악 방법으로 이해되고 있다. 한편으로는 비인격적 · 원리적인 것으로 파악되며 다른 한편으로는 인격적인 존재로 파악된다.

비인격적으로 파악된 성스러운 존재는 우선 미개 사회에서의 마나(mana)가 있다. 코드링턴(R.H. Codrington, 1830~1922)이 멜라네시아 사람들이 사용하고 있는 말에서 명명한 마나는 마치 자기장처럼 우주 전체에 널리 퍼지는 눈에 보이지 않는 비물질적 · 비감각적 위력이며 비록 정도의 차이는 있지만 인간은 물론 자연 현상이나 자연물에도 포함되어 있고 더욱이 사물에 본래 고유한 것은 아니고 이리 저리 옮겨 다닐 수 있는 초자연적인 힘이다. 말하자면 마나는 전이성(transmissibility)과 전염성(contagiousness)을 가진다는 것이다.

마나관념 이외에도 유동적 생명의 근원인 **영질관념**(soul-substance[3])이 있다. 때로는 인격으로서 취급되는 것도 있지만 사후에 존속될 수 없기 때문에 본래 인격관과는 무관하다. 이러한 비인격적이면서도 초자연적인 힘은 문명사회에서는 법(法) · 진여(眞如) · 로고스(logos) · 일자(一者, to hen) · 정신(nous) · 제1원인(prima causa) · 도(道) · 리(理) 등의 관념으로 전개되고 있다.

인격적으로 파악된 성스러운 존재 가운데서 산이나 강의 영(靈)과 같이 개성이 확실치 않고 특정한 자연 현상이나 자연물과 떨어질 수 없는 관계에 있는 것을 **정령**(spirit), 악마처럼 현실 세계에 속하면서도

3) 영혼 관념의 하나로서 독립된 개성을 가진 개체적 · 인격적인 제2존재로서의 영혼과는 달리 인간과 물(物)의 생명 및 삶의 활동을 가능케 하는 기능적인 비인격적 영혼을 말한다.

초감각적인 것을 영귀(靈鬼, demon), 야웨나 제우스처럼 개성이 명확하여 현세를 초월하고 있는 것을 신(神, god)으로 일컫고 있다. 이들은 원래 구별될 수 있는 것이 아니다. 동식물 · 산천 · 암석 · 별 · 번개와 천둥 · 바람과 비 등의 자연물과 자연 현상은 인간 생활과 밀접한 관계를 지니고 있으며 이것들은 인격이나 의지를 갖는 것으로 표상되기 때문에 이것들을 일괄하여 신령(the Divine)이라고 부를 수 있다.

신이라는 말에는 기독교적인 색채가 비록 있기는 하지만 그렇다고 해도 여전히 그리스철학의 영향을 받은 '정신적 존재'라는 의미가 포함되어 있다. 그런데 미개 사회에서는 정신적인 것과 물질적인 것의 구별이 없다. 예컨대 자연 숭배의 경우에 숭배의 대상은 구체적인 사물이면서도 그것이 사물 이상의 초자연적인 힘을 지니는 인격적인 정령을 간직한다고 믿어지는 것이다. 그리하여 이 생각이 더욱 발전하면 어떤 현상을 지배하는 초월적인 인격신으로서 그 물 자체가 표상된다. 따라서 영과 신은 구별되는 것이 아니며 확실히 그런 한 신령이라는 말이 적합한 것이다.

신령은 그야말로 다양한데 그 유형은 다음과 같다. ① 본체(本體) · 성질 및 있는 곳에 따라 자연신(태양신 · 달의 신 · 물의 신 · 바람의 신 · 산신 · 동물신 · 식물신 등)과 인격신(조상신 · 영웅신 등), 선신과 악신, 천상신과 지상신 · 지하신 등으로 분류된다. ② 기능에 따라 농업신 · 수렵신 · 상업신 · 풍요의 신 · 결핍과 빈곤의 신 · 사신(死神) · 무신(武神) · 문신(文神) · 감시신 · 창조신 · 수호신 등으로 분류할 수 있다. ③ 모습에 따라 인간형태신 · 식물형태신 · 동물형태신 · 반인반수신 · 무형의 신 등으로 분류할 수 있다. ④ 신령의 수에 따라 종교 체계를 다령교(polydemonism) · 다신교(polytheism) · 이신교(dualism) · 일신교(monotheism) · 범신교(pantheism) 등으로 부르고 있다. 다신교의 범주에 드는 것으로 하나의 주신(主神)을 주로 숭배하는 단일신교(henotheism),

배타적 단일신교라고 불리는 배일신교(monolatry), 시간과 장소에 따라서 주신이 서로 교체하는 교체신교(kathenotheism) 등이 있다.

◆ 생각하기 ································

1. 법·진여·로고스·일자·정신·제1원인·도(道)·리(理) 등은 어떤 방식으로 종교적 대상의 역할을 하고 있는가?
2. 종교의 대상인 성스러운 존재가 인격적인 것에서 비인격적인 것으로 이행되는 경우와 비인격적인 것에서 인격적인 것으로 이행되는 경우가 있다. 그 구체적인 예를 들어 보라.

종교의 사회적 기능

종교가 성립하는 터전은 구체적으로 개인적이고 사회적인 현실적 삶의 터전을 벗어나지 않는다. 그렇다면 종교에서는 어떠한 기능이 수행되는 것일까? 우선 개인적 차원에서의 첫 번째 기능은 삶의 현실에 존재하는 불안의 해소와 극복을 목적으로 하는 **보상**(compensation) 기능을 들 수 있다.

두 번째 기능은 현실의 여러 가지 가치들의 통일을 목적으로 하는 **통합**(integration) 기능일 것이다. 이 두 가지 기능은 비일상적 사건에 의해 일어난 고통이나 불안이 사라지는 기능과, 비일상적 사건에 의해 파괴된 질서를 재통일하여 새로운 질서를 창조하는 기능이라고 말해도 좋을 것이다. 마지막으로 종교는 항상 자기 정화를 수행하면서 끊임없이 종교 본래의 가능성을 불러 일으켜 근원으로 복귀토록 하는 기능을 수행한다.

동전에 양면이 있는 것처럼 종교가 사회적 삶 속에서 갖는 기능도 존재하고 있다. 거기엔 **순기능**(順機能)과 **역기능**(逆機能)이 있는데 사회적 삶과 종교의 관계를 올바로 정립하기 위해서는 이 두 측면을 함께 고찰할 필요가 있다. 종교는 사회적 삶의 양태로서 역사적으로나 사회적으로 실재하는 것이다. 그렇다면 일단 우리는 종교와 사회적 삶에 관한 논의에 그 순기능의 고양에 더 많은 관심을 기울여야 할 것이다. 종교의 순기능으로는 다음과 같은 기능을 들 수 있다.

① 종교는 초월적인 존재에 대한 기원을 통해 인간의 운명과 안녕과 관련된 **위로와 화해**를 제공해 준다. 종교를 통해 인류는 초월적인 존재와 관계를 맺고 그 존재에 대해 응답할 수 있다. 인간이 불확실하고 고통스러운 상황에 직면했을 때 중요한 감정적인 도움을 제공함으로써 기존의 확립된 가치와 목표를 지원하고 사기를 북돋우며 불만을 최소한으로 줄인다.

② 종교는 의례와 예배 의식을 통해 초월적인 관계를 제공해 준다.

그러므로 종교는 인간 조건의 불확실성과 불가능성 가운데서도 새로운 안정성과 더욱 굳건한 정체성을 위한 확고한 기반을 제시해 준다. 이러한 종교의 사제적 기능은 개인 및 사회의 안정과 질서에 공헌한다.

③ 종교는 개인의 소망보다는 공동체의 목표, 개인의 충동보다는 공동체의 원칙을 우위에 둠으로써 확고한 사회의 규범과 가치를 신성화한다. 우발적으로나 사회구조적 모순으로 실수를 저지르고 죄책감에 시달리는 사람들의 죄를 용서해 주고, 개인이 죄책감의 속박으로부터 벗어나서 사회 공동체와 재통합될 수 있는 제의적 방법을 제시해 준다.

④ 종교는 제도화된 규범들을 비판적으로 검토해 주며 결함이 발견되는 가치에 대해 새로운 기준을 제공해 줄 수 있다. 이것은 위의 기능과 모순될 수도 있다. 이런 기능은 초월성과 권위의 우월성 혹은 무오류성에 대한 확고한 신앙을 토대로 이루어진다. 이러한 종교의 기능을 종교의 예언자적 기능이라고 한다.

⑤ 종교는 중요한 정체성(正體性)의 기능을 수행한다. 종교 의례와 예배에 참여함으로써 사람들은 그들 자신의 정체성의 중요한 요소를 연출해 낸다. 이러한 방법으로 종교는 인간이 무엇인가에 대한 개인 신념 형성에 영향을 준다. 특히 사회 변화가 급격히 이루어지는 시기일수록 인간에게 정체성을 주는 종교의 역할은 더욱 강하게 부각된다.

⑥ 종교는 개인의 성장과 성숙 그리고 인간 행로에 관계한다. 종교는 인간의 성장을 위한 사회적 훈련을 지원하고 개인의 사고와 느낌, 심리적 기질 형성에 영향을 미친다.

◆ 생각하기 ································

1. 이상과 같은 순기능과 달리 종교는 사회의 보수성을 지원하거나 기득권

층의 관점과 행태를 정당화시켜 줌으로써 '보수 반동 기관' 혹은 '민중의 아편'이라는 비난을 받기도 한다. 앞서 살펴본 순기능과 대응하는 종교의 역기능에는 어떤 것들이 있는가?

중국의 근대과학기술과 유교

중국은 고대 과학 기술이 일찍부터 발전하여 오랫동안 엄청나게 서양에 앞서 있었다. 잘 알려진 것처럼 중국이 발명한 인쇄술·화약·나침반은 서양에 전해져서 유럽의 문예부흥과 부르주아 계급 혁명을 돕기도 하였다. 그런데 왜 근대과학은 오히려 서양에 뒤쳐지게 되었는가? 무엇 때문에 중국 본토에서는 서양과 같은 작용을 일으키지 못하였는가? 서양의 과학 기술이 이미 충분히 발전한 근대에 이르러 어째서 똑같이 서양으로부터 배우려 했으면서도 일본의 서양에 대한 학습은 순조롭게 발전했는데 중국은 오히려 강력한 저항을 받았는가? 이에 대해 중국의 학자들은 『중국문화전통대화』(中國文化傳統對話, 1990)에서 다음과 같이 말하고 있다.

강광휘(姜廣輝) 근대 중국 과학 기술이 뒤떨어지게 된 원인을 찾는 탐구가 오늘날 이미 나라 안팎에서 과학사 전문가들의 폭넓은 주의를 불러일으키고 있지만, 이것은 분명히 간단한 문제가 아니다.

장대년(張大年) 중국 근대과학기술에 영향을 준 요소는 매우 많다. 이 같은 요소들은 고립적이거나 우연적인 것이 아니다. 그러므로 중국 근대과학기술이 뒤떨어진 원인을 찾는 일은 간단히 이런 정책, 또는 저런 정책의 잘못으로 돌려버릴 수 없다. 마땅히 중국의 정치, 경제와 사상 체계를 전체적으로 살피면서, 중국 봉건시대 정치, 경제, 사상 체계의 특징으로부터 결론을 이끌어 내야 한다.

강광휘 동서양을 막론하고 자본주의 사회는 모두 봉건사회에서 생겨났다. 이것이 인류 사회 발전의 일반 법칙이다. 그러나 이 법칙이 서양에는 자본주의의 발생과 발전을 비교적 빨리 가져왔으면서도 중국에서는 자본주의의 출현과 발전을 특별히 어렵게 했던 까닭은 무엇인가? 중국과 서양의 봉건사회를 비교해 보면 중국 봉건사회는 정치 · 경제 · 문화 등 여러 방면에서 모두 엄청난 발전을 이루었었고, 더욱이 봉건주의 제도 면에서는 2,000여 년의 발전을 통해 상당히 치밀하고 완전한 정도에 이르렀음을 알 수 있다.

중국 봉건사회는 하나의 뚜렷한 특징을 지니고 있었다. 그것은 봉건독재 정치이다. 이 같은 형태의 국가정권이 갖는 힘은 작은 나라들로 나누어진 정권의 힘보다 매우 강하다. 유럽 여러 나라들과 일본은 자본주의 사회로 들어가기 전에는 모두 작은 나라들이 난립한 국가였다. 따라서 봉건군주의 정치적인 힘이 약했다. 그러므로 도시시민과 '제3계급'이 동맹을 맺어 흩어져 있는 군주들의 세력에 타격을 줌으로써 민족통일을 이룰 수 있었다. 이것이 객관적인 면에서 자본주의의 발전에 적극적인 촉진 작용을 했다.

장대년 명나라 중엽 중국에 자본주의 싹이 나타났을 때의 상황은 매우 달랐다. 중국은 이때 이미 2,000년의 봉건독재 정치의 역사를 가지고 있었다. 봉건독재 정치가 중국 과학 문화 발전에 한 역할은 이중적이다. 첫째로 봉건군주 전제국가가 상승기에 있을 때는 과학기술 발전을 촉진했다. 예컨대 진시황(秦始皇)은 여섯 나라를 통일하고 나서 만리장성을 쌓았으며, 정교한 인공수로를 뚫고 수레가 다닐 수 있는 길을 닦았으며 문자와 도량형을 통일했는데, 이것들은 생산과 과학기술의 발전에 적극적인 영향을 주었다. 또 한 무제 때는 북으로 흉노를 치고 남방을 개발했으며 비단길을 열어 나라 안의 각 민족 사이와 중국과 다른 나라 사이의 문화교류를 촉진시켰다. 한나라는 여전히 황하를 다스리는데 주의를 기울였고 수리사업을 일으켰으며, 선진적인 농경기구와 경작방법 등을 넓혀 갔다. 이 같은 조치는 경제를 발전시키고 정치를 안정시켰으며 또 문화와 과학사업을 대단히 발전시켰다.

한나라 이후에는 사회사상 가운데에서 유학이 통치적인 자리를 차지했다. 유학자들은 다른 지식은 모두 윤리도덕 같은 학문의 중요함만 같지 못하다고 생각했다. 유학이 해결하려 한 것은 대경대법(大經大法: 모든 법칙들의 최고 원리가 되는 도덕법칙)이었다. 그러나 당시 유학이 모든 것을 대치할 수는 없었다. 그럼에도 봉건국가는 유학자만을 중용했을 뿐 다른 방면에서는 몇 사람만을 맞아들였다.

전국(戰國)을 통일한 정치적 환경과 문화문제에서 내용이나 방식이 달라도 모든 것을 받아들이는 방침은 중국고대 과학기술의 발전과 창조에 유리한 조건을 주었으며, 발전이 너무 빨라서 유럽 여러 나라가 도저히 따라잡을 수 없을 만큼의 성과를 이루게 했다. 그러나 둘째로 우리는 봉건군주 전제국가가 오래도록 쌓아 온 풍부한 통치경험이 하나같이 역대왕조들이 답습만 하고 고치지 않는 기본적인 국가 정책을 마련케도 했다는 사실을 알아야 한다. 이 같은 기본적인 국가정책이 봉건사회 후기에는 자본주의 생산관계의 탄생과 발전에 심각한 걸림돌 역할을 했고 또 과학문화의 발전에도 불리한 영향을 가져왔다.

그 같은 정책들 가운데 무엇보다도 중요한 것은 농업을 중히 여기고 상업을 억누르는 정책이었다. 전국시대 이전의 고대서적에는 아직 공업이나 상업을 가벼이 보는 사상은 없었다. 이 같은 사상은 전국시대 말기에 나타난다. 그 뒤로 봉건 대통일의 실현에 힘입어 농업을 중히 여기고 상업을 억누르며, 근본을 강조하고 끝을 억누르는 것이 기본적인 국가정책으로 확정되어 2,000여 년 동안 거의 바뀌지 않았다.

강광휘 봉건지주 계급은 농민을 땅에 묶어 놓고 세금을 받는 것으로 통치를 유지했다. 그리고 공·상업의 발전이 바로 공·상업자와 지주계급 사이에 노동력의 쟁탈이라는 모순을 가져와서 일부 농민들이 통제를 벗어나 지주계급의 통치근거를 파괴할 수도 있기 때문에,

봉건국가는 언제나 공·상업의 진행을 억제하는 정책을 취했다. 예컨대 명나라 중엽 이후 중국의 상품경제는 이미 뚜렷한 발전을 이루었지만, 이때 명나라 조정은 광산감독과 세금관리를 공·상업 발달 지구에 대규모로 파견하여 무거운 세금을 내렸다. 실제로 이것이 자본주의 경제의 어린 싹을 짓눌러서 상처를 주었다. 그 밖에도 봉건통치계급은 주요 상·공업 부분에 대해 국가독점 정책이나 관리가 민간상인을 감독하는 정책을 썼는데 이것이 공·상업 내부경쟁 기능의 형성을 어렵게 했다.

다음은 문화전제 정책의 실행이다. 원래 제후들이 제각기 다스리고 온갖 사상가들이 다투던 전국시대에는 각 정권 사이의 생존투쟁이 통치자들로 하여금 지식인을 중시하고 존중하지 않을 수 없게 했다. 그러나 봉건 대통일이 실현된 뒤로는 지식인에 대한 통치자들의 태도가 달라졌다. 봉건 중앙집권제는 여론이 한결같기를 바랐으며 다시는 사상의 자유를 주장하지 않았다. 최고 통치자는 언제나 문화정책의 결정에 직접 참여하였고, 또한 교묘하게 과거시험이라는 방법을 이용하여 지식인의 학술활동을 국가정통 사상의 궤도에 끌어들임으로써 드러나지 않는 방식으로 사상통제 정책을 실행했다.

장대년 봉건사회 후기에는 이런 문제가 더욱 두드러진다. 송나라 이후는 이학(理學)이 사상계에서 주도적인 자리를 차지하기 시작했다. 이학은 유가 윤리도덕을 절대화했으며, 그 밖의 학문에 대해서는 가벼이 보거나 배척하는 태도를 취했다. 많은 지식인들이 부질없이 성명의리(性命義理)를 말하고 이학에 관한 어록을 외워 댔으며 과학기술에 대해서는 아주 드물게 물었다. 예컨대 원나라 이후에는 『구장산술』(九章算術, 아홉 권으로 된, 산술의 산법을 수록한 가장 오래된 수학 책. 저자 미상) 같은 책을 찾기가 매우 어렵다.

명나라 초에 이르러는 군권신수 관념을 강화하기 위해 백성들 사이에 천문역법의 연구를 엄격히 금지시켰다. 몰래 역법을 배우면 귀양을 보내거나 군대에 보냈고 새로운 역법을 만들어 내면 처형하였다. 명나라의 통치자들은 여전히 팔고문(八股文, 원나라 때부터 형성되기 시작하여 명나라 때 확정된 과거 시험 답안지에 쓰이던 문체) 시험제를 행했으며 몇 권의 고대경서가 시험 내용이었다. 글을 지을 때는 반드시 옛사람들의 말투를 생각하고 찾게 했으며, 고정된 격식을 지키게 함으로써 조금이라도 어기거나 자유를 발휘하지 못하도록 했다. 이러한 시험제가 한층 더 과학기술에 대한 사회의 경시와 무관심을 만들어 냈다. 많은 지식인들이 팔고문을 공을 세우고 이름을 내는 출세 수단으로 여겼으며 평생의 귀중한 시간을 모두 팔고문을 배우는 데 써 버렸다. 청나라에 이르러 통치자들은 한편으로는 과거시험이라는 방법을 계속 행하면서 지식인을 농락했고 다른 한편으로는 문자옥(文字獄)을 크게 일으켜서 사상을 통제했다. 이러한 방법들이 과학문화 발전에 심각한 영향을 주었다.

그리고 중국이 무엇보다도 근대적 과학체계를 만들고 발전시켜 낼 수 없었던 데는 봉건 대통일의 정치, 경제 및 문화정책 같은 원인 외에 중국 과학체계 자체의 원인도 있다. 중국고대 과학기술은 실용에 치우쳐 과학지식의 체계화와 이론화에 무게를 두지 않았으며 논리 · 논증의 방법을 빌려서 과학을 발전시키는 일에 뛰어나지 못했기 때문에 오랫동안 경험적 단계에 머물렀다.

강광휘 중국 과학기술에 들어 있는 이 같은 실용위주 경향은 직접 혹은 간접적으로 봉건 대통일 정치에서 온 영향이다. 한나라 때 이후의 사상가와 철학자들은 경전공부를 주로 삼았기 때문에 인문을 중시하고 자연을 경시했으며 윤리를 중시하고 과학을 경시했다. 그들의 사상이나 학설은 주로 사회정치적 문제와 밀접한 관계를 가졌으며 자연과학 문제를 생각하는 일은 드물었기 때문에 자연과학적 이론

체계를 세울 수 없었다. 또 다른 점에서는 과학기술에 종사하는 사람들 대다수가 장인계층에 속했기 때문에 문화적 소양이 부족해서 구체적인 과학기술을 이론적인 높이로 끌어올리기가 매우 어려웠다. 또 몇몇 중요한 생산기술 부문은 직접 정부의 통제를 받으면서 봉건군주 전제국가를 위해 이용되었다. 정부는 다만 일의 효율과 이익을 요구했을 뿐 누가 어떤 이론에 대해 말하는 것도 바라지 않았다. 이것이 개별과학의 독립적 발전을 가로막았다. 그 밖에 장인의 경험과 기술은 주로 대를 이어 입과 귀를 통해 전해졌다. 이러한 방법은 비록 느리게나마 많은 양의 실제적인 지식을 쌓기는 했지만 이론을 개괄하는 데는 부족했다. 장인들은 이 같은 지식에 대해 늘 "다만 그런 줄 알뿐이지 왜 그러한지는 모른다."고 했다. 이러한 점들이 모두 중국고대 자연과학이 경험적 단계를 뚫고 근대 실험과학의 문으로 들어가는 것을 가로막았다.

장대년 봉건 대통일은 중국 자본주의 싹이 정상적으로 자라지 못하도록 얽어맸으며 근대과학기술이 남보다 앞서 중국에서 생겨나는 것을 가로막았다. 또한 근대과학기술이 유럽에서 먼저 생겨나 발전했을 때에도 여전히 서양에서 배우는 것을 대대적으로 방해했다. 여기서 특별히 말해야 할 것은 청나라가 실행한 폐관쇄국(廢關鎖國) 정책이다. 이것이 중국과 외국 사이의 경제적 · 문화적 교류를 중단시켰고 유럽에서 18~19세기에 비약적으로 발전한 선진 과학기술이 때맞추어 중국에 전파되는 것을 막았다. 당시 통치자들은 일종의 국가주권을 지킨다는 생각에서 이렇게 했지만 그렇다고 해도 소극적인 폐관쇄국 정책을 취하는 것은 훌륭한 방법이 아니었다. 중국 사람들이 외래문화에 대해 반대하고 배척하게 된 것은 대체로 외국 제국주의의 공공연하고 노골적인 침략행위와도 관계가 있다. 그러므로 중국 근대 과학 문화가 뒤떨어진 것은 봉건주의의 압박에도 원인이 있고, 제국주의의 압박에도 원인이 있다.

강광휘 비슷한 때 일본도 봉건쇄국 정책을 행했다. 1840년 영국의 함대가 중국의 대문을 열게 한 지 얼마 안 되어 미국의 함대도 일본의 문을 두드려 열었다. 엇어맞는 상황 아래서 두 나라는 똑같이 서양을 공부했다. 일본의 명치유신(明治維新)은 성공했지만 중국의 양무(洋務) 운동과 변법자강(變法自疆) 운동은 모두 실패했다. 여기에는 정치상의 저항 이외에 여전히 문화심리상의 저항이 있다. 중국 봉건시대에는 높은 수준의 문명이 주변 여러 나라에 영향을 주었으며, 중국의 등에 '하늘이 낸 큰 나라' 라는 부담을 지워 주었다. 이것이 망령되이 스스로를 높이면서 제 자신이 가장 크다고 여기는 심리를 만들어 주었으며 하늘이 낸 왕조의 제도는 완벽하기 때문에 그 강상(綱常)의 질서는 불변의 진리이며 아무리 오래되어도 바꿀 수 없다고 믿게 했다. 즉 서양 근대과학기술의 진보를 인정할 수밖에 없게 되었을 때도 오히려 중국이 제도 면에서 우월하다고 강조하였다. 그래서 "중국의 학문을 체(體)로 하고 서양의 학문을 용(用)으로 한다."는 방침을 주장하면서 봉건 전제주의 체제를 유지 옹호하려고 했다.

지금까지 우리는 중국 근대과학기술이 뒤떨어지게 된 원인을 찾아보았다. 오늘날 우리의 사회제도는 이미 엄청난 변화를 겪어 왔다. 그러나 지금까지의 탐구는 우리에게 몇 가지 도움 되는 계시를 준다. 첫째로 중국은 넓은 땅과 많은 인원을 가진 통일국가이며 각 지역의 상황은 모두 일정한 특수성이 있다. 따라서 경제와 문화를 발전시킬 때 획일적인 정책을 취해 융통성 없이 다스릴 수 없으며 마땅히 정치를 간편히 하고 권력을 개방해야 한다. 각 지역이 엇비슷한 자주권을 가지고 있어서 지역의 특수성에 맞게 적절한 대책을 세울 수 있기 때문에 지역에서 우세하게 발전해 온 경제와 문화를 이용해야 한다. 둘째로 학술의 자유가 과학기술 발전의 중요한 조건이므로 해방사상을 제창하여 인민 군중 속에 들어 있는 거대한 창조력을 발휘하도록 해야 한다. 또한 과학 작업에서는 탐험정신과 창조정신을 높여야 한다. "질그릇 냄비를 깨 버리고 끝까지 묻는" 태도를 가져야 하며 깊이 이해하려 하지 않고 대충대충 일하는 습관을 반대해야 한다. 셋째로 개방정책을 지켜야 한다. 제 잘났다고 우쭐대는 것을 반대한다. 과학에는 국경이 없다. 마음을 비우고 다른 나라와 다른 민족으로부터 배우면서 좋은 것을 쫓아 물처럼 가야 한다.

◆ 생각하기 ································

1. 중국의 근대과학이 서양에 뒤쳐지게 된 원인을 정치, 경제, 과학 자체의 측면에서 검토해 보라.
2. 유교가 중국 근대과학에 끼친 부정적인 영향은 무엇인가?
3. 근대과학의 문제에서 중국과 우리나라는 어떤 연관을 가지고 있는가?

공자와 묵자의 제사관

유교(儒教)는 중국 춘추시대에 공자(孔子, BC 551~479)의 가르침을 중심으로 하여 성립한 실천적 윤리사상으로 유학(儒學)이라고도 불린다. 유교는 학문인가 종교인가 라는 물음은 오래전부터 문제되어 왔는데 천(天)을 숭경하고 조상숭배를 받든다는 의미에서는 종교라고 할 수 있다. 말할 것도 없이 유교는 중국의 국학으로 중국인의 정신을 형성해 온 대표적인 중국철학이다. 그 기본을 간단하게 말하면 '자기를 완성하여 먼저 군자가 된 후 다른 사람에게 덕행을 베풀고 다스린다.'는 수기치인(修己治人)의 이념으로 이는 위정자를 위한 가르침이다.

공자의 가르침에서 종교적으로 특기할만한 내용은 그렇게 많지 않다. 공자가 제자들에게 가르친 것은 인(仁)과 예(禮)를 중시하는 윤리사상이었다. 인은 '사람을 사랑하는 것'이고 예는 '사회적 규범'이다. 즉 가족윤리를 국가와 천하를 다스리는 원리로 삼으며 예로써 사회질서의 회복을 지향하고 배움을 통해 덕을 쌓아 인을 행하도록 가르쳤던 것이다.

일찍이 유교에서는 조상숭배가 행해졌는데 불단(佛壇)에 봉헌되는 위패도 유교에서 유래한 것이다. 공자 사후에는 맹자(孟子)가 유교를 발전시켰는데 '공맹(孔孟)의 도'가 가르치고 있는 것은 신·불(佛)·인간존재의 진리라기보다는 '군자(君子)는 경세가로서 어떻게 행동해야 하는가?' 라는 일종의 처세학(處世學)이다.[4] 『논어』의 「선진」(先進) 편에 다음과 같은 대화가 있다.

> 계로가 귀신 섬기는 것을 물으니 공자께서 말씀하시기를 "능히 사람을 섬기지 못하면서 어떻게 귀신을 섬기겠느냐?" "감히 죽음을 묻습니다." 하자 "삶을 알지 못하면서 어찌 죽음을 알겠느냐?" 하셨다.

---

4) 공자는 군자와 소인을 다음과 같이 구별하고 있다.

요컨대 공자의 관심은 오로지 이 현실의 인생을 어떻게 올바로 살아야 하는가에 있고 신의 세계나 사후의 세계와 같은 종교적인 문제에 대해서는 매우 냉담하였던 것이다. 그럼에도 불구하고 여전히 남겨진 문제는 유교가 예를 중시하는 가르침이며 그 예 중에서도 신에게 제사를 드리는 의식인 제례(祭禮)를 매우 존중한다는데 있다. 공자의 본심은 「옹야」(雍也) 편의 다음과 같은 말에서 잘 나타나고 있다.

> 백성을 의로 나아가게 하는데 힘쓰고 귀신을 공경하되 그것을 멀리하면 지(知)라고 할 수 있을 것이다.

그 의미는 인간으로서 행해야 할 것에 전념하고 신을 존경하면서도 이를 멀리하는 것이 지자(知者)에게 어울리는 태도라는 것이다. 이른바 경원(敬遠)이라는 말이 이로부터 나오게 되는데 신을 경원하는 것이 지성인의 태도라는 의미를 포함하고 있다. 또한 공자가 천지신명께 기도하기를 거절하는 내용도 「술이」(述而) 편에 있다.

> 공자께서 병이 심하시므로 자로가 신에게 기도할 것을 청하였다. 공자께서 말씀하시기를 "이런 이치가 있느냐?" 자로가 대답하기를 "있습니다.

군자(君子)	소인(小人)
전체의 조화와 통합을 지향하며 파벌을 만들지 않음	즉시 파벌을 만들고 전체를 생각하지 않음
덕과 약속에 따름	안주하면서 은혜만 바람
정의(正義)를 추구함	이익을 추구함
공명정대함	탐욕과 획책을 일삼음
장점을 보며 험담은 하지 않음	결점을 보고 남을 험담함
마음이 넓고 겸손함	마음이 편협하며 교만함
책임을 다함	타인에게 책임을 떠넘김
궁지에 몰려도 평정심 유지함	궁지에 몰리면 당황함

> 「뇌문」(銇文)에 '너를 도와 달라고 천지신명께 기도하였다'는 기록이 있습니다." 하니 공자께서 "그렇다면 나는 기도한 지가 오래이다." 하셨다.

이것은 평생 예를 지켜 행하면 일부러 신에게 기도할 필요가 없음을 말한 것이다.

공자 이후에 등장한 묵자(墨子, c. BC 470∼390)는 이러한 유가를 비판하면서 『묵자』(墨子), 「공맹편」(孔孟篇)에서 다음과 같이 말한다.

> 유가는 귀신이 없다고 하면서도 제례를 행한다. 이것은 마치 손님도 없는데 손님 접대를 배우는 것과 같고, 물고기도 없는데 그물을 만드는 것과 같다.

그런데 묵자는 공자와는 달리 귀신의 존재를 인정하는 유신론자이면서도 공자와는 달리 제사를 극히 간소하게 지내기를 주장하였다.

◆ 생각하기 ································

1. 공자와 달리 묵자는 귀신의 존재를 인정하는 유신론자이면서도 제사를 간소하게 지내기를 주장하였다. 그 이유는 무엇인가?
2. 중국에 논리적 구성을 가진 철학이 드물다는 것은 잘 알려진 사실이다. 그리하여 베버(M. Weber, 1864~1920)도 그의 『유교와 도교』(Konfuzianismus und Taoismus, 1920)에서 『논어』를 보고 "그 표현의 형식에서만 본다면 아메리카 인디언 추장의 말과 유사하다."고 평하였다. 즉 단편적이고 비논증적임을 지적했던 것이다. 그렇다면 무엇 때문에 중국에서 논리적 사유가 발달하지 못했던 것일까?

인간은 신을 어떻게 생각해 왔는가? 신을 생각하는 인간의 능력은 자신의 사유를 글로 기록하는 능력보다 앞선다고 볼 수 있다. 현존하는 역사시대 이전의 종교들은 초자연적 존재에 대한 신앙의 풍부한 형태들과 초자연적 존재에 대한 의례를 중심으로 한 신앙생활이 성스러운 문서의 지지 없이도 번영할 수 있다는 사실을 증명한다. 그러한 상황이 기원전 4,000년 초기에 시작된 메소포타미아와 이집트의 문자 발명 이전에 이미 존재했었다는 것은 선사시대의 고고학의 연구 성과로부터 명확하게 파악할 수 있다.

비록 인간의 사유와 신앙에 대한 고고학적 데이터의 해석이 기록된 텍스트에 의해 지지를 받지 못해 필연적으로 사변적일 수밖에 없다고 하더라도 유물이 인간 정신의 활동기록임에는 틀림이 없다. 예컨대 선사시대에 만들어진 돌도끼 하나만으로도 우리는 그 제작자의 사회적·경제적 환경 및 그에 대처하는 제작자의 수완에 대해 많은 것을 말할 수 있는 것이다.

로셀의 비너스(Venus of Laussel) 구석기 문화는 신 관념에 대해 인류에게 알려진 가장 오래된 자료로서 주목할 가치가 있는 몇몇 증거를 보여주고 있는데 가장 두드러진 것이라고 한다면 바로 '로셀의 비너스'를 들 수 있을 것이다. 이것은 바위에 조각된 여성의 모습으로 프랑스 도르도뉴(Dordogne) 지방의 로셀에서 발견되었다. 발견 당시 이 조각상은 다른 일련의 조각 중에서 중심부를 차지하고 있었고 그들이 위치한 장소가 성역이라고 여겨지도록 배열되어 있었다. 이 비너스 상을 보면 그 모성적 속성은 뚱뚱하게 과장된 반면 얼굴 모습은 묘사되어 있지 않은 나부(裸婦)의 모습이다. 또한 이 상은 오른 손에 들소의 뿔을 들고 있다.

구석기 유적에서는 이외에도 로셀의 비너스보다 훨씬 형태가 작고

환조(丸彫)의 형태를 띠고 있는 다양한 조각상들이 발견되었는데 대체로 로셀의 비너스와 동일한 동기가 그러한 조각상들을 제작하게 했음을 보여주고 있다. 왜냐하면 대부분의 조각상들이 얼굴 모습은 항상 공백임에 반해 모성의 특징은 뚜렷하게 묘사되어 있기 때문이다. 이러한 사실은 확실히 의미심장하다. 이것은 그 조각상들이 한 여성의 초상으로서 디자인된 것이 아니라 어머니 혹은 새로운 생명의 원천으로서의 '여성'을 상징적으로 디자인 한 것을 나타내고 있는 것처럼 보인다. 이 조각상을 제작한 구석기인들에게 생물학적인 출산은 그들의 새로운 동류가 여성의 몸에서 출현한다는 시각적인 증거를 제공하였다. 구석기인들에게 생식의 과정이 적절히 이해되었을 리는 없기 때문에 이 현상은 더욱 더 인상적이었을 것이다. 따라서 이 조각상들, 특히 로셀의 비너스로부터 현재 알려진 '여성원리의 신격화'에 관한 가장 오래된 증거를 도출하는 데는 이유가 있다. 물론 이러한 구석기 시대에 이루어진 '신격화'는 주의 깊게 한정되어야만 한다. 왜냐하면 원시시대 사람들의 정신적 능력에 대한 우리의 지식은 필연적으로 고고학적 추론에만 의존하고 있기 때문이다.

로셀의 비너스가 원래 있었던 장소는 그것이 예배의 대상이었음을 시사하고 있다. 말하자면 이 조각상을 제작하고 숭배한 사람들은 그것을 통해 여성원리를 묘사하려고 시도했을 뿐만 아니라 또한 자신들과 새로운 생명의 원천 혹은 창조자라고 생각했던 존재 간의 특수한 관계를 설정하려고 시도했던 것이다. 그들이 어떻게 해서 공동체의 일원인 한 여성에게서 관찰된 출산의 모습으로부터 풍요와 생명의 원천인 초월적인 대모(Great Mother)를 추상해내었는지는 명확하게 알 수 없다. 그러나 이 비너스 상들이 모신(Mother Goddess) 혹은 대 여신(The Goddess)의 구석기적 원형을 이루고 있다는 사실은 틀림이 없다. 이 모신 혹은 대여신의 숭배는 이후 신석기 시대를 거쳐 고대 근동의 대부분의 여신들에게까지 광범위한 영향을 미치게 된다.

이런 이유로 로셀의 비너스는 예배를 목적으로 한 신 관념의 가장 오래된 묘사로 간주될 수 있을 것이다. 주목해야 할 것은 구석기인들이 그 공동체의 죽은 구성원이 새로 태어난 다른 구성원에 의해 대체된다는 출생이라는 현상을 신비적인 힘의 작용으로 받아들이고 있다는 사실이다. 구석기 시대의 동굴예술에서 임신한 동물의 묘사가 이에 대한 유사한 취지의 증거를 제공한다. 즉 그들은 자신들의 삶의 유지를 위해 동물의 재생산에 깊은 관심을 품고 있었다. 이처럼 원초적 신 관념은 인간의 기본적 필요와 밀접하게 연관되어 있다.

여성원리의 신격화 이처럼 구석기 시대는 여성원리의 신격화가 남성원리의 신격화보다 더 확실하게 증명된다. 신에 관한 가장 오래된 사유는 새로운 생명의 출산에 대한 인간의 관심에 의해 생기를 얻는다는 구석기 문화에 의해 주어진 것인데 이는 신석기 문화에서 현저하게 드러나게 된다. 예컨대 아나톨리아(Anatolia) 혹은 소아시아(Asia Minor)라고도 불렸던 터키의 챠탈 휴육(Çatal Hüyük)에 있는 신석기 시대 촌락의 발굴 유적은 대 여신에 대한 성대한 숭배를 보여준다. 기원전 7,000년까지 소급할 수 있는 이 유적의 대 여신은 탄생과 죽음 모두에 관여하고 있다. 탄생과 죽음이라는 대립적 요소의 병존(ambivalence)은 기묘한 방식으로 입증된다. 여신의 성역은 여성의 가슴에 두르는 띠 모양의 석고 프리즈로 꾸며져 있다. 이 물건들은 독수리나 여우의 두개골 및 수퇘지의 턱뼈를 담고 있었다. 유감스럽게도 이 기묘한 심볼리즘을 설명하는 문서는 존재하지 않는다.

그러나 모성적인 양육 및 보존이라는 상징과 죽음이라는 상징의 통일은 시사하는 바가 크다. 그리고 이것이 의미하는 것은 성역에서 발견된 다른 상징물—인간의 두개골과 황소의 뿔, 머리가 없는 인간의 시체를 위협하는 거대한 독수리 벽화—에 의해 보강된다. 이 상징들의 해석은 필연적으로 사변적일 수밖에 없다. 그러나 생명의 원천이며 또한 그에게 모든 것이 죽어서 돌아가는 대 여신의 관념은 다른 후대의 종교들, 예컨대 크레타(Creta)나 그리스의 엘레우시스(Eleusis)의 밀의(密儀, mystery)에 나타나고 있다. 이러한 대립적 요소의 병존이라는 문맥에서 대 여신은 대지의 모신(Earth Mother Goddess)으로서 대지와 동일시되거나 혹은 연관된다. 대지의 모신의 자궁은 생명의 원천 및 죽은 자의 안식처(혹은 소생처) 모두로 여겨지고 있다.

이처럼 구석기 시대와 신석기 시대를 통해 추적할 수 있는 여성원리의 신격화 전통은 고대 근동 및 인더스 강 유역의 초기 문자문화에서 나타나고 있다. 이 전통은 다양한 형태를 띠고 이슈타르(Ishtar)라고도 불리는 메소포타미아의 이닌나(Innina), 시리아의 아스타르테(Astarte), 이집트의 이시스(Isis)와 하토르(Hathor), 아나톨리아의 키벨레(Cybele), 크레타의 대 여신, 키프로스의 아프로디테(Aphrodite)라는 유명한 여신들에게서 구현되고 있다. 이 여신들의 대부분은 처녀와 어머니 역할을 겸비하고 있고 또한 종종 젊은 남신과 깊은 관계를 맺고 있는데 그 남신은 여신의 자식 혹은 연인 중 어느 한쪽이며 식물이 신격화된 영(靈)이었다.

이집트인의 신 관념 이집트 및 메소포타미아에서 기원전 4,000년으로 추정되는 가장 오래된 기록은 양쪽 모두 다신교적 종교형태를 보이고 있는데 이러한 종교형태는 이미 그 이전부터 성립하고 있었던 것이다. 이집트 쪽이 글과 그림으로 보다 더 잘 기록되어 있으므로 먼저 이집트의 신 관념을 살펴보기로 한다.

『피라미드 텍스트』(*Pyramid Texts*)라는 이름으로 집성된 종교문헌—제 5~6왕조 파라오들의 피라미드 매장실과 안쪽의 벽화에 기록되어 있는 매장문서—에는 남신과 여신들의 많은 이름이 나온다. 이 신들의 특징은 신성한 상형문자(hieroglyph, nṯr)에 의해 지시되고 있는데 이 문자는 도끼 또는 깃대에 수평으로 매달려 펄럭이는 깃발의 형태를 하고 있다. 이 상징을 통해 우리는 고대 이집트인이 이미 신 혹은 신성을 추상적인 형태로 파악하고 있었음을 알 수 있다. ntr이라는 상형문자가 원래 무엇을 나타내는 것인가는 불행히도 수수께끼로 남아있다. 이 상징의 기원이 무엇이든 이집트인이 가장 오래된 이 문헌에서 이미 신성(神聖)을 신으로 간주되는 어떤 특별한 존재자에게 귀속시킬 수 있는 특별한 속성 혹은 성격으로 여겼다는 점이 중요하다.

이집트인은 이처럼 이미 신성을 파악하고 있었는데 더욱이 덕(德)까지도 다양하게 인격화 된 존재로 표현되거나 구현될 수 있다고 믿고 있었다. 그들에게 인격적 본성과 지위는 태양과 같은 우주 차원의 것으로부터 따오기나 전갈 같은 기묘한 동물이나 곤충 종류에 이르기까지 광범위하게 걸쳐 있다. 이들은 여러 지역에서 숭배되었는데 어떤 신들은 추상적인 것의 인격화였다. 예컨대 슈(Suh, 공기) · 마트(Maat, 진리) · 아툼(Atum, 곧 완성할 수 있지만 아직 완성되어 있지 않은 것) 등이다.

이집트인이 남긴 도해(iconography)는 그들이 다양한 종류의 구체적 형태를 가진 것—즉 이집트인의 의상을 걸친 남녀, 인간의 몸과 동물의 머리를 가진 것, 전적으로 동물인 것(포유류, 조류, 파충류, 곤충)—으로 상상했음을 보여주고 있다. 대부분은 원시적 기원을 가지고 있지만 어떤 것은 복잡한 발상의 변환에 의해 생기기도 하였다. 이에 대한 두드러진 사례는 태양신 라(Ra, 혹은 Ré)를 쇠똥구리(scarab beetle)로 나타낸 것이다. 고대 이집트어에서 쇠똥구리는 kheprer로 불렸는데 이것은 '존재하게 된' 혹은 '존재하는'이라는 의미의 말 khepe와 유사하다. 그런데 태양신은 독립적으로 존재하는 것으로 간주되고 그 결과 khepri로 불리고 있기 때문에 쇠똥구리가 상징으로 연관된 것은 이해할 수 있다. 그러나 이집트인에게 이 상징은 그 이상의 의미를 지니고 있었다. 쇠똥구리는 수컷만 존재한다고 여겨지고 있었고 또한 쇠똥구리는 먹이가 되는 변을 공으로 만들어 이리저리 굴리고 다니는 습성이 있다. 그런데 고대 이집트의 우주 발생 신화가 생물학적 생식이라는 발상에 의해 구성되었다는 사실을 생각해 보면, 독립존재인 태양신이 우주 창조를 자위를 통해 개시한 것으로 생각하는 이집트인의 사유는 당연한 것으로 보인다. 또한 태양신은 매일 하늘을 횡단하여 태양을 돌고 있다고 여겨지고 있다.

이와 같이 쇠똥구리 상징은 이집트 종교의 불가사의한 도해의 배후에 형이상학적으로 특기할만한 가치가 있는 관념이 존재할지도 모른다는 것을 보여주고 있다. 고대 이집트의 신들에게 나타나 있는 신성의 정수는 대체로 '힘' 혹은 '능력'이라는 관념으로 정의할 수 있을 것이다. 물론 그것은 개별 사건을 일으키거나 행하는 능력이다. 생명 · 풍요 · 번영을 주고 우주의 질서를 유지하며 초자연적인 주술적 지식을 가지는 이집트의 모든 신들 중에서 몇몇 신은 특별한 능력을 가지고 있었다. 또한 각 지역의 신들은 일종의 단일신교(henotheism)라는 느낌을 줄 만큼 국가 차원 혹은 우주 차원의 위대한 신들과 결부되는 경향이 있었다. 또한 위대한 신(Grande Deus)을 뜻하는 nṯrc라는 표현이 고유명 없이 사용된 확실한 증거도 있는데 그 경우 이 표현은—드물게 오시리스(Osiris)를 지칭하는 경우도 있었으나—일반적으로 태양신 라를 언급한 것이었다.

이집트인의 신 관념의 주된 성격은 라 · 오시리스 · 세트(Seth) 라는 삼신(三神)으로 표현되고 있다. 이 중 라는 태양신으로 다른 신을 뛰어넘는 탁월한 최고신이었다. 파라오(Pharaoh)는 '라의 아들'이자 지상에서의 라의 대리인으로 간주되었다. 라는 우주의 창조자이며 모든 생명과 힘의 원천이었다. 라는 세계의 질서를 유지하고 있고 진리와 정의와 질서의 상징인 여신 마트는 라의 딸로 간주되었다. 그 결과 라는 종종 인류의 심판자라고 생각되었다. 도덕률과의 이러한 결합에는 독특한 의미가 있다. 이 결합이 이집트인의 문서에 최초로 표현된 것은 기원전 2,400년경인데 이것은 심 관념이 윤리와 연결된 가장 오래된 증거이다. 물론 이러한 관련은 필연적인 것이 아니다. 왜냐하면 종교의 역사는 비도덕적이고 부도덕한 신들의 예를 무수히 제공하고 있기 때문이다.

이집트의 기록들을 통해 다행히 우리는 라가 어떻게 도덕적 질서와 결부되었는지를 볼 수 있다. 즉 마트라는 관념은 기본적으로 혼돈과 대립적인 우주의 질서라는 관념이었다. 예컨대 이집트인은 어둠의 괴물인 아포피스(Apophis)를 생각하고 있었는데 이것은 매일 태양이 뜨고 질 때마다 태양을 파괴하려고 위협하는 것이었다. 라의 아들인 파라오에 의해 유지된 이집트의 사회질서는 세계의 마트의 일부였다. 따라서 수용되고 있는 관습과 조화되지 않는 행동을 하는 것은 사물의 좋은 질서이자 라가 옹호하고 있는 마트를 악용하는 것이다. 이는 곧 현세 혹은 내세에서 라의 복수를 야기하는 것이기도 하다.

오시리스: 죽음과 부활 오시리스는 전혀 다른 종류의 신으로 종교 역사상 매우 독자적인 의의를 가지는 신으로 간주된다. 왜냐하면 라를 비롯한 다른 신들은 모두 그 본성상 불멸의 존재임에 반해 오시리스는 죽음에서 다시 살아난 신이기 때문이다. 이 독특한 사유의 기원에 대해서는 전문가들 사이에서도 크게 논란이 되어 왔으나 일치된 결론을 도출하지는 못하였다. 확실한 것은 『피라미드 텍스트』에서 오시리스가 옛날의 신적인 왕—그는 사악한 동생 세트에 의해 살해된 후 부활한다—으로 처음 등장한다는 것이다. 그 텍스트가 보여주고 있는 것은 파라오의 시체를 미라로 만드는 것과 주술적인 재생의 의례적 수법이 일찍이 오시리스에게 행해졌던 방식에 따라 실시되었다는 사실이다. 공감주술(sympathetic magic)의 원칙 위에서 왕은 의례를 되풀이함으로써 일찍이 오시리스가 살아났던 것처럼 새로운 생명으로 소생할 수 있다고 믿어졌다. 이 장례는 점점 그것을 행할 여력이 있는 모든 이집트인들에게

까지 확산되었다.

오시리스는 그와 연관된 신화와 구원론적 의의 때문에 인간에게 깊은 호소력을 가지고 있었다. 이로 인해 이집트의 신들 가운데 가장 높은 인기를 얻어 이집트 이외의 지역에까지 그 숭배가 널리 보급되었다. 그는 점점 세계 차원의 속성을 획득하고 토지를 비옥하게 하는 나일강의 범람 및 식물, 특히 곡물의 해마다 되풀이 되는 생애 주기(life cycle)와 결부되었다. 그러나 그는 또한 다른 역할도 맡았다. 『피라미드 텍스트』에서 오시리스는 이미 죽은 자를 통치하는 자로 숭배되고 있었는데 기원전 1580~1085년 신 왕국시대에 이르러서는 두려운 심판자가 되었다.

'죽음에서 부활한 신' 그리고 사람들이 의례를 통해 그와 동화되기를 원하는 신이라는 관념은 참으로 주목할 만한 가치가 있는 관념이다. 오시리스는 그리스도가 출현하기 이전에 죽음에서 다시 생명으로 소생한 신적인 구원자라는 카테고리를 가진 가장 두드러진 사례이다. 비록 오시리스처럼 정교하게 구성되어 있지는 않지만 고대 근동의 다른 종교에도 이와 유사한 사례가 존재한다. 즉 메소포타미아의 신 담무즈(Tammuz) 및 프리기아의 아티스(Attis)나 시리아의 아도니스(Adonis)라는 비교적 잘 알려진 신들이 그러하다. 이 신들은 각각 어떤 식물의 생애 주기와 관련되어 있다. 말하자면 그 죽음과 소생은 의례적으로 해마다 식물의 죽음 및 재생과 연관되어 있었던 것이다. 그러나 오시리스와 그리스도의 신화에 비록 곡물의 죽음과 재생이라는 발상이 있기는 하지만 그들의 죽음과 부활은 역사적 사건으로 간주되고 있다.

이집트인의 신 관념의 또 하나의 특징적인 면을 구현하고 있는 제3의 신은 '세트'이다. 원래 이 신은 사막 · 폭풍과 결부되어 있는데 이 때문에 그는 가혹한 성격을 띠게 되었다. 『피라미드 텍스트』에서 그가 가장 두드러지게 등장하는 것은 오시리스의 살해자로서이다. 이 역할이 의미하는 것은 오시리스 숭배의 증대하는 인기와 반비례하여 세트는 서서히 사악한 신으로 변형된다는 것이다. 후대의 종교사상에서 세트는 세계 무질서의 상징이 되기에 이르고 태양을 소멸시키려고 끊임없이 위협하는 혼돈의 괴물인 뱀 아포피스와 동일시되었다. 이로써 이집트 신학은 점진적으로 이원론적 성격을 띠게 되었다. 다만 그 이원론은 페르시아(Persia, 현재의 이란)의 조로아스터교에서 나타난 것만큼 극단적이지는 않았다.

메소포타미아인의 신 관념 메소포타미아의 신 관념은 이집트의 신 관념과 몇 가지 점에서 차이가 난다. 비록 메소포타미아인(수메르인 · 바빌로니아인 · 아시리아인)의 종교가 다신교적이기는 했지만 그 신들은 우주를 구성하는 부분들과 주의 깊게 연관된 계층을 형성하고 있었다. 고대 메소포타미아의 우주론에 의하면 세계는 네 부분—하늘 · 대지 · 대지를 덮은 물 · 죽은 자가 사는 명계(冥界)—으로 되어 있었다. 이들은 각각 신에 의해 지배되고 있었다. 즉 아누(Anu)는 하늘을 통치하는 최고의 신이다. 아누를 따르는 것이 대지를 관장하는 엔릴(Enlil)과 물의 신인 엔키(Enki 혹은 Ea) 그리고 명계의 주인인 네르갈(Nergal)이다. 이 세계 차원의 계층 아래에 삼신이 있는데 이들은 주된 천체와 결부되어 있다. 즉 달의 신인 신(Sin), 태양신인 샤마쉬(Shamash), 금성인 이슈타르(Ishtar)이다. 식물은 두무지(Dumuzi)라는 수메르 이름으로 신격화되었다. 두무지는 담무즈라는 헤브라이 이름으로 널리 알려져 있고 『구약성서』, 「에스겔」(Ezekiel) 8장 14절은 그의 죽음을 애곡하는 연례 의례를 언급하고 있다. "그가 다시 나를 야웨의 성전 북문 입구로 데려가셨는데 여자들이 그 곳에 앉아서 담무즈 신을 위해 울고 있는 모습이 보였다." 신화에서 담무즈는 풍요의 여신 이슈타르와 연인 관계이며 그녀에 의해 명계로부터 구조되었다고 한다.

메소포타미아의 판테온(pantheon)은 그 이외의 수많은 저급 신들을 포함하고 있는데 그 중에는 바빌로니아의 마르두크(Marduk), 아시리아의 앗수르(Assur) 같은 민족 신이 있다. 이들은 그들의 백성에 의해 다른 신들에 대한 지도성을 부여받았다. 이러한 다양한 기능을 가진 신들이 많음에도 불구하고 메소포타미아에는 일정하고 명확한 신 관념이 보존되어 있는데 그것은 신들과 인간의 관계를 서술한 여러 신화나 전설에 표현되어 있다. 그 관계는 말하자면 인간을 창조한 이유가 신들을 부양하고 신들이 거처할 집을 찾게 하기 위해서였다는 것이다. 따라서 인간의 일은 신전을 건축하고 그 신전에 희생을 바치는 것이 된다.

그러나 신들은 자신들이 누리고 있는 불사성(Immortality)을 그들의 종인 인간에게 주지는 않았다. 인간이 영생을 바랄 수 없다는 이 신념은 메소포타미아인의 세계관에 깊은 영향을 미치고 있는데 예를 들면 『길가메쉬 서사시』(*Epic of Gilgamesh*)의 중심 테마도 이 사실을 토대로 하고 있다. 이 신념과 관련된 것이 바로 이에 상응하여 품게 된 '운명'이라는 생각이다. 신의 섭리상 인간은 각각의 운명, 즉 저마다 만족해야 할 부분 혹은 목적을 가지고 있다고 주장되었다. 신들이 어떤 개인을 더 이상 소용없는 존재로 여길 때 그는 운명을 가지지 않고 죽었던 것이다. 신들은 통상 그 종에 대해 자비롭고 또한 그 종이 격식을 차려 자신을 계속 섬기는 한 그 종을 악마의 공격으로부터 수호한다고 생각되었다.

메소포타미아인의 신 관념은 결국 현대사상을 통해 이해 할 수 있는 세계의 현실적 평가였다. 즉 신들의 계층은 혼돈의 악마적 힘과 대립하는 우주질서를 표현하고 있다. 이 관념은 『에누마 엘리쉬』(*Enuma Elish*)로 알려져 있는 바빌로니아 창세 서사시에서는 신들과 태고의 혼돈이 인격화된 티아마트(Tiamat)의 투쟁이라는 신화로 묘사되고 있다. 따라서 인류의 목적과 행복은 신의 질서와 융화하고 그것을 유지하는 데 있는 것이다.

야웨숭배 그 이외 고대 근동의 문화가 가진 종교들 가운데 특히 헤브라이(Hebrew) 종교는 이후 서양사상과 문화에 깊은 영향을 주게 된다. 야웨(Jaweh)에 대한 숭배의 기원은 학자들 사이에서도 큰 논란이 된 주제였다. 그러나 적어도 헤브라이의 전통이 야웨숭배가 과거의 어떤 확정할 수 있는 기회에 이스라엘(Israel) 선조에 의해 특별히 채용되었다는 자각으로부터 시작되었다는 사실만은 일반적으로 동의하고 있다. 즉 헤브라이의 문헌에서는 일찍이 야웨와 이스라엘 간에 계약이 맺어졌다는 관념이 항상 언급되고 있다는 것이다. 계약은 시나이산(Mt. Sinai)에서 야웨가 모세에게 율법(십계명)을 수여한 기사를 통해 극적으로 서술되고 있다(「출애굽기」, 19:1 이하). 야웨숭배가 이스라엘에 의해 수용되기 이전에 원래 이루어졌던 장소에 대해서는 다양한 설명이 있었지만 어느 쪽도 일반적으로 받아들여지지 않고 있다. 그러나 최소한 야웨가 전쟁과 밀접하게 관련된 사막의 신으로 여겨지고 있음은 인정하고 있다.

「출애굽기」의 한 구절(3:13～14)을 살펴보면 헤브라이인들이 '야웨'라는 명칭에 호기심을 가지고 그것을 어원학적으로 설명하려고 시도했음을 볼 수 있다. 불타는 가시나무 안에서 모세(Moses)에게 나타나고 그에게 당시 이집트의 포로가 되어 있던 이스라엘 민족에게 가도록 지시했던 이 신은 다음과 같이 표현되었다. "나는 나다, 나는 스스로 있는 자이다." 그리고 그는 말하였다. "너는 이스라엘 백성에게로 가서 스스로 있는 분이 나를 너희에게 보내셨다고 말하여라." 이 불가사의한 언명은 '야웨'라는 명칭—영어로는 Jehovah—이 '있음'을 의미하는 헤브라이어 어근 하야(hạyah) 혹은 하와(hāwāh)에서 도출되었음을 시사하고 있다. 최근 학자들은 이 문제를 중점적으로 다루어 왔는데 이에 대해 올브라이트(W.F. Albright)는 3장 14절의 언명이 '존재하게 된 것을 창조한 것은 그이다.' 라는 명제에서 도출되었다고 주장하였다.

야웨라는 이름의 의미가 무엇이든 이 신이 이스라엘의 유일신으로

견고하게 확립되기까지는 몇 세기가 필요하였다. 더욱이 포로기 이전(Pre-Exile)의 성서 내용을 통해 이스라엘 족속들이 가나안에 정착하여 채택한 농경문화의 영향과 요구에 상응하여 야웨에 대해 원초적으로 품었던 생각을 점차 조정할 수밖에 없었음은 짐작할 수 있는 일이다. 왜냐하면 야웨가 가나안의 주신인 엘(El)의 속성을 어느 정도 수용한 증거가 있기 때문이다.

포로기 이전 시대 야위스트(Yahwist) 예언자들의 주된 관심은 이스라엘을 이집트의 속박에서 해방하고 가나안을 제공해 준 야웨를 제시하는 데 있었다. 그들은 야웨를 '질투하는 신'(jealous God), 자신이 선택한 백성들에게 "너희는 나 외에 다른 신을 섬기지 말라"(「출애굽기」, 20:3)고 명령하는 신으로 묘사하였다. 이스라엘 야웨의 전능함이 거의 절대적으로 강조되고 있는데 실제로 야웨는 선악 모두의 창조자로 묘사될 정도였다. 예컨대 「사무엘상」(1Samuel) 16장 14절에서 사울(Saul)을 공포에 떨게 한 것은 야웨가 보낸 악령이며, 「사무엘하」(2Samuel) 24장 1절 이하에서 야웨는 다윗(David) 왕에게 이스라엘과 유다(Judah) 백성의 수를 세게 하고 그런 후 다윗 왕이 그것을 이행했다는 이유로 질병을 내려 많은 백성을 죽이기도 하였던 것이다.

야위스트 예언자들은 야웨의 전능함을 강조함과 동시에 또한 야웨를 그 백성에게 수준 높은 도덕적 행위를 요구하는 정의의 신으로 제시하였다. 이러한 야웨의 대립적 모습이 양립하지 못한다는 것은 공적 및 사적 측면에서 곧 명백해 졌다. 야웨종교는 본질적으로 민족종교였다. 그 주된 관심은 야웨와 그 선민 이스라엘의 관계를 지향하고 있다. 시나이 계약의 논리를 간단히 요약하자면 야웨는 그의 백성이 그에게 신실하다면 그들을 지켜주고 번영시킨다는 것이었다. 기원전 586년 바빌론 유수(Babylonian Captivity)보다 앞선 시기에 이스라엘이 인접국가에 의해 입었던 다양한 피해를 예언자들은 배교행위에 대한 야웨의 정당한 벌이라고 설명하였다.

그러나 포로기 이후 새로운 자세가 나타나기 시작하였다. 다른 나라들과 마주하고 있었던 이스라엘의 불행은 이스라엘이 보다 큰 부정을 범하고 있어서 그렇다는 설명으로는 납득이 되지 않았으므로 다른 메시지가 필요했던 것이다. 이 메시지는 이 시기(기원전 200년부터 기원후 100년경까지)의 묵시문학에 표현되고 있다. 이때 예언자들이 선포한 것은 야웨가 언젠가는 고통 중에 있는 백성을 보호·위로하고 이방인 압제자들을 벌할 것이라는 것이었다.

이 당시 야웨는 확고하게 이 세계의 유일신이며 지배자라고 간주되었기 때문에 이 묵시신앙은 초월적 성격을 취하는 경향이 있다. 더욱이 그것은 어느 정도는 페르시아의 이원론적 영향에 의해 이루어졌다. 이 이원론과 이스라엘이 최초로 만난 것은 바빌론유수 직후인 기원전 538년 아케메네스왕조(Achaemenian dynasty)가 페르시아제국에 병합되면서 이다. 그리하여 야웨가 언젠가는 이스라엘을 보호·위로한다는 것과 이스라엘에 대한 이방인 압제자의 신들—그리고 그 신들이 관계하고 있는 악마적 힘들—에 대한 야웨의 궁극적 타도가 동일시되었던 것이다.

종말론(Eschatology) 이러한 생각은 종말론적 발상에서 드러난다. 이 종말론적 발상은 현존하는 세계질서의 파국적인 타도로 나타나기도 하고 현 세계를 초자연적으로 대체한 '신국'(神國)이나 '천국'(天國)으로 나타나기도 하였다. 이것은 '야웨의 날'에 이루어지는 것으로 제시되었다. 이러한 묵시문학적 종말론의 한 형태가 바로 메시아(Messiah) 신앙이다. 즉 야웨의 초자연적인 대행자인 메시아(기름부음을 받은 자)가 악의 힘들을 폐하고 나라들을 다스린다고 기대되었다. 이와 같은 강렬한 민족주의적인 야웨관은 논리적으로 계약이라는 생각에 유래하고 있고 다양한 변용을 수반하면서도 유대인의 신 관념의 특징으로 자리 잡았다.

야웨의 섭리에 대해 보다 보편적인 판단이 이루어졌을 때조차도 이스라엘의 특별한 영적 지위는 이미 전제되고 있었다. 「스가랴」(Zechariah) 8장 23절의 다음과 같은 평화적 환상은 이를 의미심장하게 묘사하고 있다. "전능한 나 야웨가 말한다. 그 날에는 언어가 다른 열 명의 외국 사람들이 유대인 한 사람의 옷자락을 붙들고 '우리도 같이 가게 해 주시오. 하나님께서 당신들과 함께 계시다는 말을 들었소.' 하고 말할 것이다."

이렇게 해서 전능함과 동시에 정의롭다는 이스라엘의 신 관념과 그럼에도 이스라엘 자신은 불행한 운명에 처해 있는 이 모순은 묵시문학의 종말론에 의해 적절히 해명되었다. 야웨가 각 개인에게 관여하는 문제도 같은 방식으로 해명된다. 이 문제는 인간의 본성에 대한 야위스트 원래의 이론에서 생긴 것이었는데 그것은 한 인간에게 의미 있는 사후의 삶에 대한 희망을 배제한 것이었다. 그 대신 야웨는 경건한 자에게는 현세에서의 장수와 번영으로 보답하고 불경건한 자에게는 불행과 단명으로써 벌한다는 것이다.

죽은 후 인간의 영혼은 스올(Sheol)이라는 깊고 어두운 곳에 비참한 존재로 떨어진다고 여겨졌는데 이 스올은 메소포타미아의 쿠르누기아(Kurnugia, 다시는 돌아올 수 없는 땅)에 상응하는 헤브라이의 개념이다. 그러나 때로 불행과 단명으로 괴로움을 당하는 것은 경건한 자이며 또한 반대로 우리가 현실에서 직접 경험하듯이 불경건한 자가 「잠언」(Proverbs)의 표현처럼 푸른 월계수와 같이 번성할 수 있기 때문에 이스라엘에 있어 이 개별 의식의 출현은 야웨의 정의(正義)에 관한 물음을 초래했던 것이다.

이 문제는 헤브라이 문학의 최고걸작의 하나인 「욥기」(Job)에서 논의된다. 욥의 삶에서 그 수많은 불행은 의미심장한 테스트 사례로 제시된다. 왜냐하면 욥은 고결하고 경건한 인물인데 그러한 인물에게 수많은 고난이 주어진 것은 논리적으로 부당하기 때문이다. 드라마는 여기에서 신이 전능하며 또 정의롭다는 욥의 신앙과 그럼에도 불구하고 자신에게 부당한 고난이 닥쳤다는 모순된 현실에 대한 논의로 전개된다. 욥의 고민은 그가, 죽음은 사실상 소멸이라는 정통 견해를 수용함으로써 보다 절실한 것이 된다. 문제가 예리하게 논의되었음에도 불구하고 이 논점의 한계 안에서 「욥기」의 저자는 적절한 해결책을 찾지 못하였다. 실제로 이스라엘의 다른 어디에서도 그 해결책은 발견되지 않았고 그리하여 야웨의 정의는 만약 현세에서 입증되지 않으면 사후에 입증되는 것으로 생각되기에 이르렀다.

역사를 주관하는 신 유대인의 신 관념은 신이 야웨라는 이름으로 아브라함(Abraham)의 자손을 특별한 운명으로 선택했음을 확신하고 있다는 점에서 종교사적으로 주목할 가치가 있다. 즉 아브라함의 자손은 야웨의 거룩한 백성이 됨으로써 가나안 땅에 터 잡고 야웨가 지정한 곳에 세워진 예루살렘(Jerusalem) 신전에서 그를 예배해야 한다는 확신이다. 이 신념은 유대인의 독특한 형태의 관념, 즉 '역사를 주관하는 신' 혹은 '역사의 주'라는 관념이다. 이 타이틀은 야웨의 이스라엘에 대한 섭리가 어떻게 역사적 사건에 점진적으로 계시되었는가를 기술하기 위해 학자들에 의해 사용되어 온 것이다.

그 계시는 직선적인 시간관을 포함하는데 이것은 통상적인 것이 아니다. 왜냐하면 고대인은 대개 시간적 경과를 순환적으로 파악하고 있기 때문이다. 유대인에게 역사는 항상 '구원사'(Heilsgeschichte)인데 말하자면 그것은 이스라엘에 대한 야웨의 목적이 점진적으로 드러나고 성취되어 가는 목적론적 과정이라는 것이다. 이러한 목적론적 관념은 시간이 흐름에 따라 기독교를 통해 서양문화에 이입된다. 그러나 기독교의 신 관념을 정당하게 고찰하기 위해서는 먼저 페르시아 및 그리스의 신 관념을 살펴볼 필요가 있다. 왜냐하면 그것들은 각각 기독교의 세계종교 성립에 토대가 된 그리스-로마 세계의 종교형성과 연관되어 있기 때문이다.

조로아스터교(Zoroastrianism) 기원전 6세기 이전의 페르시아의 신관념은 크게 알려진 바가 없다. 왜냐하면 제일 먼저 기록된 사료는 기원전 570년경에 태어난 조로아스터(Zoroaster)[5]에 의한 것이기 때문이다. 조로아스터교 신앙의 가장 성스러운 시가인 『가타스』(*Gāthās*)는 그가 쓴 것인데 여기에는 페르시아의 종교 전통에 깊은 영향을 미친 종교개혁을 기록하고 있다. 페르시아 연구의 전문가들은 조로아스터 이전의 종교라는 문제에 특히 주목해 왔다. 페르시아에 정착한 초기 아리안족은 인도 대륙 북서부에 정착했던 아리안족과 공통의 문화전통을 가지고 있음이 밝혀져 브라만교(Brahmanism)의 경전인 『리그베다』(*Rig-veda*)도 페르시아 연구에 참조되었다.

이러한 문헌들로부터 페르시아 원시종교는 다신교적이고 대립적 요소가 병존하고 있는 신들이며 『리그베다』에 표현되어 있는 것과 유사하다는 것이 밝혀졌다. 예컨대 미트라(Mithra)와 바유(Vāyu)로 불리는 바람의 신에 대한 예배가 암시되어 있는데 이들은 각각 현실의 좋은 면과 나쁜 면을 표현하고 있다. 또 다른 예는 주르반(Zurvan)인데 이 신은 이후 페르시아의 종교에서 중요한 역할을 담당하였다. 이 신비적인 신의 명칭은 시간을 의미하고 있고 이 이름의 한 형태가 기원전 1,200년 누지(Nuzi)에서 발견된 점토판에 이미 나타나고 있다.

조로아스터는 '지혜의 주'를 뜻하는 아후라 마즈다(Ahura Mazda)를 유일하고 참된 신이라고 주장하고 아후라 마즈다를 배타적으로 아르타(Arta, 정의의 질서)와 동일시함으로써 페르시아인의 대립적 요소의 병

---

5) 조로아스터의 본명은 스피타마 차라투스트라(Spitama Zarathustra)이며 '조로아스터'는 차라투스트라의 그리스식 발음이다.

존 관념을 거부한 것처럼 보인다. 많은 학자들은 아후라 마즈다의 기원을 조로아스터가 『리그베다』의 바루나(Varuna) 신에 대응하는 페르시아의 신으로부터 도출했다고 생각한다.

신의 이원론적 파악: 빛과 어둠의 기원 조로아스터의 '지혜의 주'의 기원이 무엇이든 그는 우주의 이원론적 성격을 초자연적인 원천에 이르기까지 추적하고자 하였다. 이를 위해 그는 『가타스』에서 두 개의 원초적 영을 정립하였다. 즉 스펜타 마이뉴(Spenta Mainyu, 자비로운 영)와 앙그라 마이뉴(Angra Mainyu, 사악한 영)이다. 이들 영은 빛과 어둠, 삶과 죽음, 선과 악이라는 우주의 서로 대립적인 모습 혹은 힘을 표현하고 있다. 그러나 조로아스터가 역점을 두었던 아후라 마즈다와 선한 질서(Arta)의 단호한 동일화 및 드루이(Druj, 거짓)에 대한 철저한 단죄에도 불구하고 이전 신들의 대립적 요소의 병존의 흔적이 『가타스』에 나타난다. 왜냐하면 조로아스터는 아후라 마즈다를 세계의 유일한 창조자로 보았는데 그에게는 빛과 어둠 양쪽의 기원이 모두 귀속되기 때문이다. 세계의 대조적인 두 현상을 단일 신의 원천에서 도출하는 전통적인 방식이 여기에 나타나는 것은 페르시아 신 관념의 이후 역사에 매우 중요한 시사가 된다.

조로아스터교의 고전적 전통에서 아후라 마즈다는 오르마즈드(Ohrmazd) 및 스펜타 마이뉴와 동등하게 생각되고 선의 원리를 나타내고 있다. 이에 대립하는 악의 원리는 아리만(Ahriman)으로 불렸다. 이러한 등식은 결과적으로 선과 악을 동일한 것으로 보게 만든다. 그리고 조로아스터교의 종말론이 선(오르마즈드)의 악(아리만)에 대한 궁극적 승리를 예고한다고 해도 논리적으로 두 원리는 그 지위상 동등하며 각자 창조되지 않고 항상 존재해 왔던 것이다. 이러한 함축적인 동등성은 선이 궁극적으로는 악을 이길 것이라는 신념에 어떠한 근거도 제공하지 않는다는 것을 의미한다. 실제로 양자 간의 대립이 영속적이라고 기술되고 있기도 하다.

조로아스터교의 이 정통적인 형이상학적 문제는 페르시아 사산왕조(Sāsānian dynasty, 208~651) 시대에 이르러 오르마즈드와 아리만 양자가 함께 주르반(시간)에서 도출된 것으로 묘사함으로써 해결하려는 시도가 이루어졌다. 물론 아리만을 보다 열등한 지위에 두고 그런 이유로 아리만의 배제를 정당화한다는 방식이었다. 그러나 불행히도 주르반교(Zurvanism)의 참된 성격은 기록이 불충분하여 자세히 알 수 없다. 다만 아리스토텔레스(Aristoteles)의 제자인 에우데모스(Eudemos of Rhodes)에 의해 페르시아인은 '선신과 악령'을 공간(topos)과 시간(chronos)으로부터 도출한다는 사실이 알려져 있을 뿐이다. 후대 페르시아의 제의서인 『팔라비 리바야트』(*Pahlavi Rivayat*)에서는 다음과 같이 정언적으로 언명되고 있다. "시간을 제외하고 다른 모든 것은 창조되었다. […] 그로부터 그것(시간)은 물과 불을 창조하였고 그것들이 혼합되었을 때 오르마즈드가 생겼다. 시간은 창조자이고 피조 된 만물의 주(主)다."

이러한 이유로 페르시아에는 대립적 요소가 병존하는 창조신으로서의 주르반에 대한 전통이 존속하였고 이것이 사산왕조 시대에 정통 조로아스터교의 형이상학적 기초를 불만으로 여기던 일단의 사상가들에 의해 이용되었다고 여겨진다. 주르반교 이단에 대한 정통의 반응은 주르반교의 창세신화가 기록된 『분다히쉰』(*Bundahishn*)에 표명되어 있다. 이 문서에서 오르마즈드는 다음과 같이 시간과 동일화 된다. "그리하여 선한 종교에는 그렇게 계시되고 있다. 오르마즈드는 전지(全知)와 전선(全善)에서 높은 위치를 차지한다. 왜냐하면 그는 빛에 있어 무한의 시간이기 때문이다."

페르시아인이 시간을 두 가지 형태로 생각하고 있었음을 알 수 있는 사료가 있다. 즉 주르반 아카라나(Zurvan Akarana, 무한한 시간)와 주르반 다레고-크바다타(Zurvan Daregho-Chvadhata, 오랜 지배의 시간)이다.

오르마즈드는 무한한 시간으로 전자와 동일시된다. 주르반 다레고 크바다타는 쇠퇴 · 노년 · 죽음을 모든 생물에게 초래하는 시간의 파괴적인 모습을 묘사하고 있다. 이러한 시간의 형태는 아리만과 결부되었고 미트라교(Mithraism)에 혼입되어 충격적인 도해로 표현되기에 이르렀다. 미트라교의 수많은 성역에는 인간의 몸에 사자의 머리를 가진 날개달린 괴물상이 있다. 이 괴물의 몸에는 커다란 뱀이 휘감겨 있고 나체에는 십이궁(zodiac)이 그려져 있다. 괴물은 구(球) 위에 서 있고 긴 막대기와 키를 가지고 있다. 이 상의 상징들은 확실히 모든 것을 지배하고 파괴하는 시간의 신을 표현하려고 한 것이다. 이 아리만 상으로부터 우리는 미트라교가 이 세상에 대한 주권을 아리만에게 부여하고 있음을 알 수 있다.

페르시아에서 신을 이원론적으로 파악했다는 사실은 이후의 신 관념에 상당히 중요한 영향을 미쳤다. 그 영향의 흔적은 영지주의(Gnosticism)와 마니교(Manichaeism) 및 유대교(Judaism)와 쿰란(Qumran) 교단의 신앙, 심지어 기독교에서도 찾을 수 있다. 이 영향은 의심의 여지없이 모든 이신교적 신앙의 기본적인 토대를 이루는 악의 기원과 성질을 설명하는데 유용하다는 사실에 기인하였다. 페르시아의 이원론은 논리적으로는 절대적인 이원론적 현실해석은 아니었다는 것이 지적되어 왔다. 그런 의미에서 그것은 일종의 윤리적 종말론이었다. 왜냐하면 언젠가는 오르마즈드가 승리하고 아리만은 근절될 것이라고 말하고 있기 때문이다. 이것은 인간을 악(아리만)에 대항하여 선(오르마즈드) 쪽의 전열로 소환하는 근거가 되고 있다.

그리스인의 신 관념 그리스의 신 관념은 두 가지 상이한 전통을 포함하고 있다. 즉 종교적 전통과 철학적 전통이다. 실제로 그리스철학은 오랫동안 그리스문화의 가장 위대한 소산의 하나로 간주되어 왔기 때문에 신의 관한 사유가 당연히 사상가들의 주목을 받기는 하지만 그리스 민중이 실제로 반영하고 있는 것은 종교적 신앙과 실천에 함축된 신 관념 쪽이다. 신적인 것에 대한 플라톤(Platon)과 아리스토텔레스의 철학적 사유는 중세 기독교 및 이슬람신학에 커다란 영향을 주게 된다. 그렇다고 해서 그것이 당대 그리스인의 생활과 사상에까지 영향을 미친 것은 아니었다. 왜냐하면 철학자들조차도 전통적인 종교의 가르침과 관습에 순응하고 있었기 때문이다.

호메로스(Homeros)의 신들 그리스인의 신 관념이 최초로 표명된 것은 호메로스의 『일리아스』(Ilias)와 『오디세이아』(Odysseia)에서 이다. 이 서사시들은 그리스의 교육과정에서 독자적인 위치를 가지고 있기 때문에 호메로스의 견해는 정평 있는 평가가 되었다. 그의 생각에 의하면 우주는 제우스(Zeus)가 관장하는 일련의 계층적 신들에 의해 지배되고 있다. 대부분의 신들은 거의 인도 유럽어족의 기원을 가진 것으로 인도와 페르시아에 침입한 아리안족의 신들과 유사하다. 이 신들을 그리스에 들여온 것은 이곳의 원주민인 에게인을 정복한 그리스인 부족들이었다. 이 에게인들의 종교는 대 여신숭배에 기초한 것으로 여겨진다. 호메로스의 문헌에 표명되고 있는 종교는 인도 유럽어족과 에게문명(Aegean civilization)의 융합을 나타내는 것이다. 다만 이 융합은 그리스의 우위 하에서였다. 왜냐하면 제우스는 본질적으로 아리안족의 천공(天空) 신이기 때문이다.

호메로스는 신의 본질을 초자연적인 힘으로 생각하는데 그것은 일반적으로 세계 현상들의 극히 두렵고 공포스러운 면과 결부되어 있었다. 예컨대 제우스는 천둥과 번개를 휘두르며 포세이돈(Poseidon)은 바다 · 지진과 결부되어 있고 또한 아폴론(Apollōn)의 화살은 흑사병(pest)과 동일시되었다. 그러나 그것은 물론 제어된 힘이었다. 즉 신의 지배는 우주를 카오스가 아닌 코스모스(Cosmos, 질서)로 만드는 것이다. 이러한 사실은 신을 의인화하여 묘사하고 있는 호메로스의 시에서 생생히 표현되고 있다. 왜냐하면 그리스인은 본능적으로 그들의 신에 대해 '대서특필된 사람'이라는 생각을 가지고 있기 때문이다.

이를 잘 드러내고 있는 사례가 『일리아스』 15권 31~61행에 나온다. 여기에는 트로이전쟁 중에 일어났던 한 사건에 대한 제우스의 반응이 서술되고 있다. 그리스의 영웅 파트로클로스(Patroklos)는 제우스가 죽을 수밖에 없는 인간 여성들과의 간통에 의해 낳은 자식인 사르페돈(Sarpedon)을 죽일 운명이었다. 호메로스는 제우스를 진정으로 자식을 구하고 싶어 하는 신으로 묘사한다. 제우스는 그의 의도를 아내인 헤라(Hērā)에게 전하는데 이에 대해 그녀는 만약 제우스 자신이 운명 지어진 것을 방해한다면 다른 신들도 그러한 선례에 따르게 될 것이라고 경고한다. 제우스는 비통해 하면서도 그녀의 말이 진실임을 인정하고 사르페돈이 그의 운명으로 향하는 것을 허락하기에 이른다.

이 일화에서 그리스인들이 사물에는 고유한 질서(moira)가 있고 그것이 우주의 힘들의 균형을 유지하고 있는 것이라고 믿고 있었음을 알 수 있다. 제우스는 바로 이 질서의 상징인데 그것은 이집트 태양신 라가 마트의 상징이며 페르시아의 아후라 마즈다가 아르타의 상징인 것과 마찬가지이다.

그러나 만약 그가 운명 지어진 것을 넘어서(ὑπὲρ μόρον) 행위 한다면 그는 우주의 질서를 파괴하여 그의 지배하에 있는 다른 신들(그들은 힘의 신격화이다)을 같은 방식으로 행위 하도록 고무시키게 되고 그 결과 혼돈이 질서정연한 우주를 대신하게 될 것이다. 그리스신화는 우주에 존재하는 혼돈의 힘을 매우 의식하고 있고 그것을 거인들이나 티탄(Titan)의 모습으로 인격화했던 것이다. 이들을 올림포스(Olympos)의 신들은 일찍이 참으로 치열한 투쟁을 통해 정복했던 것이다.

호메로스의 시에서 제우스는 '신들과 인간들의 아버지'로 서술되고 있다. 이 타이틀이 제우스가 우주의 창조자로 간주되고 있다는 의미는 아니다. 이것은 오히려 그의 최상의 지고성(至高性)을 내포하고 있다. 호메로스의 시에는 또한 신과 비교되는 인간의 상태에 대한 그리스적 평가의 고전적 패턴이 최초로 나타난다. 신들, 특히 제우스는 인간을 다룸에 있어 변덕스러운 존재로 묘사된다. 이러한 제시는 의심의 여지없이 그리스인의 신 관념이 자연세계의 실제적 힘들을 경험한 데서 영감을 얻었다는 사실에 유래한 것이다.

세계의 현상들이 조화를 이루고 있다는 것은 통상 신의 질서 있는 지배를 시사한다. 그러나 인간 운명의 비합리적 다양성은 신의 변덕스러움을 보여준다. 『일리아스』 24권 527~33행에서는 이러한 인상이 생생한 발상으로 묘사되고 있다. 즉 제우스는 올림포스의 식탁에 놓여 있는 두 개의 항아리로부터 임의로 인간에게 행운과 불운을 주는 것으로 묘사된다. 보통은 행복과 불행이 균형 있게 조합되어 할당되는데 때로는 뚜렷한 이유 없이 악에게만 배당되는 불운이 주어진다.

호메로스의 종교는 현생에서의 불평등이 사후 신에 의해 조정될 것이라는 희망을 전혀 주지 않는다. 『오디세이아』에서는 이 신념이 희화적으로 묘사되는데 그것에 의하면 인격의 심신의 구성이 완전히 파괴된다는 것이며 망령과 같은 인격의 모사만이 의식 없이 살아남아 하데스(Hades)의 명부로 내려간다고 한다. 이 하데스는 플루토(Pluto)와 그의 아내인 여왕 페르세포네(Persephone)가 지배하는 곳이었다. 몇몇 소수의 변화를 제외하고 호메로스의 신 관념은 그리스－로마 시대까지 그리스의 신학적 전통의 주류를 형성하였다. 그것은 시나 극에서 혹은 소극적인 방식으로 묘지의 장식예술에서도 표현되고 있다.

스토아학파(Stoicism)의 신 관념 전통적인 신을 우주와 우주 안에서의 인간의 지위를 합리적인 도식을 통해 설명하려는 시도가 이루어진 것은 삶의 철학으로서 많은 사람들에게 설득력이 있었던 스토아학파에 의해서였다. 키케로는 다음과 같이 간결하게 스토아학파의 신학을 정의하고 있다. "제논 및 스토아학파는 신이 정신을 타고 난 에테르이며 신에 의해 우주는 지배되고 있다고 주장하였다." 그러므로 인간은 신과 개인적인 관계를 가질 수 없었다. 그러나 그는 '자연에 따라'(kata physin) 살도록 권고되었다. '자연에 따라서'란 자기 자신을 우주의 질서 있는 과정에 통합하고 그 과정 밖에 있는 운명에 열망을 품지 않는 것이다.

스토아학파는 우주의 질서 있는 과정은 합리적이며 신의 섭리(πρόνοια)의 표현이 되고 있다고 주장하였다. 그러나 이 신념을 경험의 논리에 대항하여 유지하기는 곤란한데 그 이유는 스토아학파의 가르침대로 살고자 노력했던 **마르쿠스 아우렐리우스**(Marcus Aurelius Antoninus, 121~180)의 『명상록』(Τὰ εἰς ἑαυτόν, *Meditations*) IX:39에 나오는 다음의 말이 잘 드러내 주고 있다. "모든 것은 단일한 합리적 원천에 기인하고 정합적인 전체(ἑνὶ σώματι)에 있어 서로 결부해 있거나 […] 혹은 다만 원자(ἄτομοι), 즉 형태 없이 분산하는 덩어리만 존재한다." 마르쿠스 아우렐리우스는 전자가 진실이기를 바랐지만 그의 이성은 후자에도 동등한 개연성이 있다고 그에게 경고했던 것이다.

고대 그리스의 신들 및 후에 이 신들과 동일시된 로마의 신들이 4세기에 기독교인 황제에 의해 이교(異教)로 탄압되기 전까지 계속 예배되었던 것은 주로 그 정치적 중요성 때문이었다. 그리스의 도시국가나 로마의 신들은 사회질서와 번영의 신적인 보호를 나타내고 있고 모든 시민은 그들의 성실성과 고결함의 증거로 신들에 대한 공공의 예배에 참여하기를 기대하였다. 이 정치적 신앙의 힘을 과소평가해서는 안 된다. 의미심장하게 이 힘은 410년 그리스도를 위한다는 이유로 로마의 전통적인 신들이 버려지고 로마가 고트족의 아라리크(Araric)에 의해 약탈당할 때 기독교에 대해 극히 비관적으로 나타났다.

밀의종교(mystery religion) 이러한 국가종교에서의 신 관념은 민중 대부분의 영적인 필요를 나타내지 못하고 또한 그것을 채워주지 못하였다. 그래서 그들은 밀의종교에 의지하였다. 이것은 초심자들에게 어떤 종류의 구원—통상 죽음으로부터의 재생이라는 구원—을 약속하는 것이었다. 이러한 밀의종교의 신들은 '인간으로부터' 멀리 떨어져 있는 우주질서를 다루는 신이 아니었다. 즉 그 신화는 어떻게 그 신들이 죽었고 그럼에도 또 다시 살아나는지가 주된 내용이었다. 오시리스가 고전적인 사례이다. 비록 오시리스와 결부되어 있는 의례의 본래 형태가 장례와 관계된 것이기는 하지만. 그 외에 주목할 만한 밀의종교의 신은 아티스 · 아도니스 · 디오니소스(Dionysos)라고 불리기도 하는 자그레오스(Zagreus) 등이 있다. 그리스-로마 세계에서 밀의종교의 의의는 오늘날의 문맥에서 보자면 고난과 죽음을 당한 후에 새로운 영생으로 위풍당당하게 부활한다고 여겨지는 신을 도입한데 있다.

혼합주의적 경향 그리스철학의 신 관념은 철학자들마다 사용한 용어나 발상이 다양함에도 불구하고 탈레스(Thales) · 아낙시만드로스(Anaximandros) · 아낙시메네스(Anaximenes)로 대표되는 밀레토스학파(Milesian School)에서부터 시작하여 하나의 공통된 의도를 보여주고 있다. 그 의도란 존재자의 완성을 나타낸다고 생각된 형이상학적 속성들에 의해 실재의 유래를 정의하는 것이었다. 즉 플라톤은 신을 영원불변하고 부동하는 선의 본질 혹은 이데아(Idea)로 보았다. 또한 아리스토텔레스에게 신은 부동의 원동자(primum movens immobile)였다. 즉 그것은 모든 사물의 제1원인 또는 목적인(目的因)인 것이다. 신플라톤주의(Neo-Platonism)의 창시자인 플로티노스(Plotinos, 204~70)가 가졌던 생각은 형이상학적으로 보다 복잡한 성격이 되었다. 그는 신을 삼위(三位)로 구별하였다. 즉 우선 신 혹은 선과 동일시되는 일자(τό ἕν)는 초월하면서 또 내재하는 것이다. "일자는 어디에도 존재하지 않기 때문에 그것이 존재하지 않는 곳은 어디에도 없다." 다음으로 누스(Nous, 정신)는 일자의 이미지이다. 세 번째로 영혼은 누스로부터 나온 것이며 우주의 창조자이다.

그리스-로마 사회에서는 종교적 주장에 깊은 관심이 있었고 그에 따라 전통적인 신화체계의 난점을 해소하고 다른 종교의 신들을 융화시키려는 많은 시도가 이루어졌다. 예컨대 플루타르코스(Plutarchos, 46?~120?)는 신과 인간의 중간에 위치하는 다이몬(Daimon)이라는 플라톤의 관념을 이용하여 다신교와 일신교의 융화를 꾀하였다. 또한 350년경에 활동했던 살루스티오스(Sallustios)는 현세계의 신들과 초현세계의 신들을 구별하였다. 혼합주의(Syncretism)도 또한 유행하였다. 즉 그것은 이집트의 여신 이시스를 '모든 원소의 주인,' '죽은 자의 여왕,' '하늘에 있는 모든 것의 원리,' '모든 신 및 여신 가운데서 다만 홀로 그리고 하나의 형태로 현저한 것' 등으로 고상하게 제시하는 결과를 낳았던 것이다.

기독교(Christianity)의 신 관념 기독교의 신 관념은 두 가지 전통에 유래하고 있다. 즉 헤브라이와 그리스이다. 두 전통 이외에 역사적으로 기독교적 사유를 형성하고 기독교를 다른 종교와 차별화시킨 요소는 다양하다. 이 요소들을 평가하는 것은 기독교 신 관념을 이해하기 위해 반드시 필요한 작업이다. 기독교의 기원이 되는 운동은 나사렛 예수를 중심으로 일어난 것인데 1세기 초 60여 년간 팔레스타인에서 일어났던 수많은 메시아 운동의 하나였다. 이 운동들은 이스라엘이 신권국가여야 한다고 믿는 유대인이 기원전 6년 로마제국 지배 하에서 로마제국이 부과한 세금에 대해 일으킨 반발에 유래하여 생긴 것이다.

나사렛 예수(Jesus of Nazareth) 복음서를 살펴보면 예수의 목적이 그의 동포인 유대인을 신의 나라의 설립을 위해 준비시키는 것이었음을 알 수 있다. 이 의도는 앞서 서술한 것처럼 당시 유대의 묵시적 희망에 의해 영감을 받고 있었다. 그의 의도의 성취에는 로마제국 지배의 철폐도 포함되었을 것이다. 그러므로 로마에 의한 예수의 처형은 그들에 의해 선동죄라고 판결된 자에 대해 가해진 불가피한 형벌이었다. 그가 십자가에 못 박혀 죽은 후에도 예수의 제자들은 그가 메시아였고 또한 "이스라엘 나라를 회복하기 위해"(「사도행전」(Acts), 1:6) 초자연적인 능력으로 즉시 되돌아온다고 계속 믿었다. 로마제국에 의한 그의 죽음은 이스라엘을 위한 순교로 간주되고 「이사야」(Isaiah) 51장 1절 이하에 기록되어 있는 야웨의 고난의 종으로 해석되었다. 이 신념의 배경은 일신교의 강한 전통을 가진 유대교였다. 그런 이유로 예수는 메시아라고 간주되긴 했으나 그 기원과 성격은 본질적으로 인간이라고 간주되고 있었던 것이다.

사도 바울(Paul)은 예수와 예수의 십자가 처형에 관해 근본적으로 다른 평가를 도입한 책임이 있다. 바울은 예수의 직접적인 제자가 아니었다. 그는 유대인이기는 했지만 디아스포라(Diaspora) 유대인 출신이며 그리스-로마문화와 친밀하였다. 실제로 그는 로마시민권자이기도 하였다. 바울은 신이 그를 특히 이방인을 위해 준비된 '복음'을 설교하기 위해 파견했다고 믿었다. 그 복음은 예수의 본래 제자들의 복음과는 철저하게 다른 것이었다. 바울은 그 복음에서 예수를 이미 존재하고 있었던 신적인 존재자로 생각하였다. 그 예수를 신은 인류의 구원을 위해 이 세상에 파견했다는 것이다.

바울은 인류를 천체를 조종하는 악마적 힘들의 노예가 되고 있는 것으로 보았다(「갈라디아서」(Galatians), 4:3~4). 이러한 파멸의 상태로부터 인류를 구하기 위해 선재하고 있었던 '영광의 주'는 인간 예수라는 인격 안에 성육신(成肉身, incarnation)했던 것이다. 이 세상 통치자들(archontes)은 예수의 참된 모습을 깨닫지 못하고 그를 십자가에 못 박았다(「고린도전서」(1Corinthians), 2:7~8). 그들의 잘못은 그들로 하여금 인류에 대한 그의 지배권을 잃게 하였다. 왜냐하면 그들은 부활한 그들의 신의 희생을 믿을 수 없었기 때문이다. 기독교인은 세례를 통해 의례적으로 그리스도와 동화하여 그의 대속(代贖)의 죽음과 함께 함으로써 그리스도의 부활(Resurrection)에 참여한다고 바울은 가르쳤다(「로마서」(Romans), 6:33ff.).

그리하여 바울은 예수 그리스도를 성육신 · 대속의 죽음 · 부활을 통해 구원의 방법을 제공한 인류의 구세주로 제시하였다. 이 해석은 기독교의 확립된 정식이 되었는데 그것은 기원 70년 로마제국의 예루살렘 파괴 때문에 본래의 유대인 기독교 공동체가 소멸되어 버렸기 때문이었다. 그러나 바울은 신과 그리스도의 관계를 규정한 것이 아니라 다만 후자를 다양한 타이틀로 언급하였다. 그 타이틀이 내포하는 내용에 대해 바울은 구체적으로 논하고 있지 않다. 종종 사용된 타이틀은 '신의 아들'이라는 것인데 이것은 유일한 아들의 관계를 함의하고 있다.

기독교사상가들은 곧 그리스도의 신격화 속에 포함된 문제를 알아차리게 되었는데 그 문제는 바로 만약 기독교가 유대교로부터 계승한 일신론이라는 기본원칙을 유지하고자 할 때 부딪치지 않을 수 없는 불가피한 문제였다. 문제는 결과적으로 이중적인 것이었다. 즉 그리스도가 절대적인 의미에서 신적 존재이면서도 신(성부)과 구별되는 존재라면 결국 두 신이 있게 되는 것이고 결국 일신론이 아니라 선악 이신론(二神論)의 형태를 취하는 것이 된다. 다른 한편 아들이라는 관계를 글자 그대로 해석한다면 아버지인 신은 아들인 신의 창시자가 될 것이다. 그러나 이러한 관계논리는 그리스도가 완전한 신일 수 없다는 것을 의미한다. 왜냐하면 아들은 존재하지 않고 다만 아버지인 신만이 존재했던 때가 있었을 것이기 때문이다.

삼위일체(Trinity) 따라서 그리스도의 신격화에 포함된 문제는 4세기 무렵 교회에 큰 소동을 일으켰던 아리우스파(Arianism)와의 대 논쟁으로까지 이어졌다. 그 해결은 325년 니케아공의회(Concilium Nicaeum)에서 발견되고 황제의 교령에 의해 제정되었다. 즉 그리스도는 아버지인 신과 동등하고 영원히 공존한다고 선언되었다. 즉 **동일실체**(본질)를 의미하는 그리스어 **호모우시오스**(ὁμοούσίος)가 그 아버지와의 관계를 정의하는 것에 사용되었다. 그 때 이 말은 아들로서 성부 아버지와의 구별을 유지하면서도 그리스도의 본질적 · 무제약적 신성을 서술하는 것으로 생각되고 또 그러한 의미로 사용되었던 것이다.

니케아공의회에서의 정통신앙을 정의한 니케아신조(Symbolum Nicaenum) 가운데 성령에 대한 간단한 언급도 이루어졌다. 이 신앙은 성령(Spiritus Sanctus)을 성부(Deus Pater) 및 성자(Filius)와 구별되는 신적인 존재자로 제시하는 『신약성경』의 몇몇 구절에서 도출된 것이다. 381년경에 형성된 콘스탄티노플신조에서 이 신앙은 공적인 정의를 획득하고 그리하여 성부 · 성자 · 성령으로 이루어진 삼위일체라는 정통적 신 개념이 만들어졌다. 이 교설은 381년과 428년 사이로 연대가 추정되는 아나타시우스신조(Symbolum Athanasianum, 혹은 '누구든지 원하는 자는'이라는 뜻의 Quicunque Vult라고도 부른다)에서 다음과 같이 언명되고 있다. "보편신앙이란 이것이다. 즉 우리가 한 분인 신을 삼위로 또한 삼위를 일체로 예배하는 것이다. 즉 위격(Persona)을 혼동하지도 않고 또한 실체를 분할하지도 않고 (예배하는 것이다)."

신을 삼위일체로 파악하는 것은 본질적으로 말해 기독교 **구원론**(soteriology)의 산물이다. 바울은 그리스도의 죽음을 인류를 영적인 파멸에서 구하기 위해 신이 계획한 수단이라고 해석함으로써 예수의 신격화를 필요로 하게 되었고 그런 이유로 신과의 관계가 문제되었던 것이다. 성서의 대부분의 문맥에서 신의 속성으로 간주되는 성령의 실체화가 이 과정을 완성시켰다. 이와 관련하여 유의해야 할 것은 기독교가 그리스-로마문화에서 발전되었고 따라서 신 관념도 그리스 형이상학을 교육받았던 사람들에 의해 이루어졌다는 것 그리고 그것이 그리스의 철학적 사유의 범주에서 도출한 용어에 의해 공식적으로 정의되었다는 점이다.

신을 삼위일체로 파악하는 것은 기독교의 전통으로 확립되어 오늘에 이르기까지 지속되어 왔다. 중세를 통해 삼위일체론을 철학적으로 정당화하고 언명하는 것에 엄청난 노력이 집중되었다. 대표적인 것으로 안셀무스(Anselmus Cantaberiensis, 1033~1109)가 『모놀로기온』(*Monologion*)에서 논한 존재론적 증명과 페트루스 아벨라르두스(Petrus Abaelardus, 1079~1142)가 1220년경 『최고선의 신학』(*Theologia Summui Boni*)에서 해설한 삼위일체론이 있다. 스콜라철학의 가장 유명한 대표자인 토마스 아퀴나스(Thomas Aquinas, 1225~74)는 아리스토텔레스의 영향을 받고 있었는데 특히 신을 다른 사물들과 관계에서 '부동의 원동자' 혹은 '순수 현실태'(actus purus)로 정의한 것은 그 영향을 나타내는 것이다.

그러나 이러한 형이상학적 규정들은 일반 기독교인들이 이해하기 어려운 것이었다. 민간에 보급된 신 관념은 중세의 성상(聖像) 등에 구체적으로 묘사되어 있는데 '성부'는 로마 교황의 삼중관(Tiara Papale)과 같은 것을 쓴 고귀한 모습의 표현되었고 '성령'은 빛난 비둘기의 모습으로 그려졌다. 그러나 기독교의 기도문이나 예술문학 작품들은 '성자'가 중대관심사임을 보여주고 있다. 그의 성육신한 모습은 보다 간단하게 시각화될 수 있었고 보다 깊이 감정에 어필했기 때문이다.

기독교의 구원론적 성격은 또한 그 신 관념에 대한 지속적인 문제를 제공했다. 이 문제는 신의 예정과 인간의 자유의지(libero arbitrio) 간의 기본적인 긴장관계에서 표현된다. 기독교회가 일찍이 어떻게 그리스도의 죽음이 인간의 죄에 대한 대속 혹은 화해로서 신에 의해 수용되었던가를 공식적으로 규정하지 못했던 것은 의미심장한 것이다.

힌두교(Hinduism)의 신 관념 힌두교의 신 관념은 두 가지의 특색 있는 전통을 결합한 것이다. 말하자면 '통속적' 전통과 '철학적' 전통이라고 부를 수 있는 두 가지 특색이다. 전자는 기원전 2,000~3,000년의 인더스문명 및 기원전 1,400년경 인도대륙 북서부에 침입했던 아리안족에까지 소급된다. 인더스문명 사람들의 종교에 대해서는 고고학상의 사료에 의존할 수밖에 없는데 그것이 매우 불충분하다. 그러나 몇몇 신들이 예배되어 왔고 또한 그들 중 어떤 신은 이후 힌두교 신들의 원형을 이루고 있는 것처럼 보인다. 아리안족의 종교 신앙은 『리그베다』의 다양한 신들에게 바쳐진 찬가에 기록되어 있다. 그 신들은 주로 우주현상을 신격화한 것이었다. 가장 탁월한 것은 인드라(Indra)인데 이 신은 승승장구하는 전사의 왕으로 상상된 폭풍신이다. 다른 중요한 신들로는 천신으로 우주의 질서(rta)와 결부된 바루나, 불의 신으로 희생제물을 다 태워버리는 아그니(Agni), 질병을 가져오는 두려운 신 루드라(Rudra), 죽음의 신으로 지하계의 지배자인 야마(Yama)가 있다. 이 신들은 종종 대립적 성격을 함께 가지고 있다. 예컨대 루드라 신은 고통을 줄 뿐만 아니라 치유도 하기 때문이다.

『리그베다』의 신들 및 인더스문명의 신들 중에서 어떤 신들이 어떻게 힌두교의 신이 되었는지는 아직 확실하지 않다. 힌두교의 복잡하게 얽힌 신들 가운데서 두 신이 두드러진 중요성과 특징을 가지고 있다. 즉 비슈누(Vishnu)와 시바(Shiva) 신이다. 두 신은 각각 대립적 성질을 함께 가지고 있고 경험세계의 창조적 측면과 파괴적 측면의 전형이 되고 있다. 즉 힌두교의 기본적인 기록인 『바가바드기타』(*Bhagavad-gītā*)에서 비슈누 신은 먼저 그 존재의 다양하고 복합적인 성격 가운데서 우주의 창조자 및 보존자로 계시된다.

그런데 다음으로 또 하나의 시각이 있다. 즉 이 신은 무서운 괴물로 나타나는데 무시무시한 어금니가 박혀 있는 수많은 입을 가지고 있고 살아 있는 모든 것이 스스로의 악운에 따라 그 입으로 나아가게 된다. 이 소름끼치는 신은 다음과 같이 외친다. “나는 세계를 멸망시킬 수 있는 ‘시간’임을 알라! 그리고 세계를 파괴하기 위해 도래한 줄을 알라!” 이 시간과의 동일시는 매우 중요한데 페르시아의 시간의 신 주르반을 연상시킨다. 이 동일시는 힌두교의 실재 해석과 관계하고 있다. 즉 그것에 의하면 현상세계의 모든 실재는 생사의 부단한 과정을 포함한다. 왜냐하면 시간은 이 세계와 그 안에 포함된 모든 것을 지배하고 있고 그 과정은 순환적이기 때문이다. 다만 이 비슈누 신의 두려운 모습의 계시에도 불구하고 『바가바드기타』는 이 신이 개인적인 깊은 헌신(bhakti)을 가지고 예배하는 자에게는 자비롭다고 가르치고 있다.

힌두교의 또 하나의 위대한 신인 시바 신은 만물에 충성을 요구하는 신인데 이 신도 마찬가지로 현상세계의 창조적 측면과 파괴적 측면을 표현하고 있다. 그의 창조적인 힘은 링검(Lingam), 즉 남근상(男根像)으로 상징된다. 그리고 신성한 그림에서는 나타라자(Naṭarāja, 댄서들의 왕)로 묘사된다. 나타라자는 우주의 활력을 상징하는 우주적인 춤을 추는데 이 활력은 자신을 드러내는 여러 형태를 항상 창조 · 보존하고 또한 파괴한다. 바이라바(Bhairava), 즉 두려운 파괴자로서의 시바 신은 화장터에 출몰하는 뱀에 의해 휘감겨 있고 두개골로 목걸이를 한 것으로 상상된다.

시바 신은 또한 모든 것을 삼켜버리는 시간인 칼라 루드라(Kala-Rudra)로 불린다. 발상의 기묘한 변형을 통해 삭티(Sakti), 즉 시바 신의 활동적 활력은 시간을 인격화한 칼리(Kali)라는 여신의 관념으로 구체화되고 있다. 이 여신은 종종 그를 발출한 모체인 시바 신의 시체와 같은 몸을 짓밟고 있는 것으로 묘사된다. 칼리 신은 자연계에 현현하고 있는 삶과 죽음의 부단한 순환을 표현하고 있다.

힌두교의 철학적 신 관념은 『우파니샤드』(*Upanisad*)에 표명되고 있는데 이것은 정의하기 곤란한 것이다. 왜냐하면 그 표명이 복잡다단한 발상과 용어로써 제시되고 있어 기본적으로 명확하지 않기 때문이다. 브라흐마(Brahma)는 궁극적 실재로 참된 자기인 아트만(Atman)과 동일시되는데 나중에는 개개인의 아트만(atman)이 이 초월적인 아트만과 동일시되는 것이다. 이 등식의 미묘함은 『샤타파타 브라흐마나』(*Shatapatha Brahmana*)의 다음과 같은 구절에 보인다. "브라흐마를 참된 것으로 존경해야만 하고 […] 마음으로 이루어진 자기(Atman)를 존경해야만 한다. 그것은 하늘 · 공간 · 이 대지 · 모든 존재자보다 위대한 것이다. 그것은 호흡(생명)의 자기이다. 그것은 나 자신의 자기이다."

이 브라흐마라는 개념에 유래하여 인격적인 창조신 브라흐마라는 개념이 생겼다. 나아가 힌두교의 다른 두 위대한 신 비슈누와 시바를 브라흐마와 연관시키려는 시도가 이루어졌다. 그 연관은 트리무르티(Trimurti), 즉 '세 형태를 가진 하나의 신'—브라흐마(창조자) · 비슈누(보존자) · 시바(파괴자)—으로 이루어졌다. 그러나 이러한 관념은 통속적 힌두교인들에게 큰 관심거리가 되지 못하였다.

불교(Buddhism)의 신 관념 불교는 종종 무신론저긴 것으로 기술되어 왔다. 상세한 한정이 없는 이러한 평가는 오해를 불러일으킬 소지가 있다. 왜냐하면 이러한 평가는 '신이 무엇인가'에 대한 무언의 가정에 의존해 있기 때문이다. 불교의 본질적인 성격이 규정될 수 있는 한에서 말한다면 그것은 우주의 창조자인 신 관념과는 무관한 종교라고 할 수도 있을 것이다. 붓다(Buddha)는 사람들로 하여금 이 세계가 실재이며 또한 실재로 둘러싸여 있다는 생각으로부터 해방시키려고 하였다. 그러나 불교도의 열반(涅槃, nirvana) 관념은 진리 · 실재 · 선 혹은 '불사'(不死) · '불변'(不變) · '불성'(不成)이라는 형용사로 기술되고 있기 때문에 그것이 신의 본질을 이루고 있다고 생각하는 것도 일리가 있는 것이다.

그 통속적 형태상 불교는 두 가지 점에서 유신론적이다. 즉 힌두교의 대부분의 신들은 초인적인 것으로 인정되었다. 비록 인간과 마찬가지로 초인적인 그들도 노쇠와 죽음 또는 윤회(輪廻, saṃsāra)와 업(業, Karma)에 종속된다고 주장되기는 하지만 보다 중요한 것은 붓다 자신의 신격화였다. 사찰에 있는 불상은 성스러운 것으로 취급되고 예배의 대상이 되고 있다. 또한 일찍이 존재했던 것 혹은 앞으로 곧 존재할 것으로 붓다의 성격을 가진 다른 형태, 예컨대 본초불(本初佛)이나 아미타불(阿彌陀佛) 그리고 관세음(觀世音)과 같은 보살(菩薩)도 또한 신격화되고 예배되었다. 그러나 불교도에게 후자와 같은 신 관념에서 중요한 것은 구원론적 의의이다. 즉 다른 종교들이 관심을 가지는 우주론적 · 형이상학적 속성에 대해서는 별로 관심이 없는 것처럼 보인다.

중국(中國)의 종교 기원전 1,000년경 주(周)왕조의 왕들은 종교적 변혁을 실행하였는데 그것은 장기간에 걸쳐 영향을 주었다. 그들이 찬탈했던 은(殷)왕조의 시조신인 '제'(帝)에 대한 숭배를 회피하려고 주나라 왕들은 이 상고의 신을 '상제'(上帝), 즉 높으신 제 · 지고의 제로 부르고 이것을 하늘의 신격화인 '천'(天)과 동일시하였다. 이 새로운 신은 최고신이며 중국 민중의 번영 및 행복과 관계되어 있다. 천은 이러한 목적을 위해 선한 통치를 요청하고 그것을 제공하는데 실패한 통치자를 그가 은왕조를 제거한 것처럼 제거할 준비가 되어 있다고 여겨졌다. 상제숭배는 천의 아들, 즉 천자(天子)가 되는 황제를 카리스마적인 대 사제로 하는 국가종교가 되었다. 국가적 예배의 최고행사는 매년 동지(冬至) 때에 북경의 천단(天壇)에서 황제에 의해 행해진 제천의식으로 교사(郊祀)라고 불렸다.

이처럼 이 신은 공공의 예배를 받기도 했지만 신격화된 천은 개인적인 숭배를 받는 대상이기도 하였다. 그것은 기원전 400년경에 활동했던 위대한 철학자인 묵자(墨子)의 가르침에도 잘 나타나 있다. 묵자는 천의 길인 천도(天道)를 신의 일종의 섭리에 의한 세계의 배열로 생각하였다.

존재의 영원한 원리인 '도'(道)라는 용어는 초기 도가(道家)에 의해서 우주의 기초를 이루고 그것을 보존하는 것을 서술하는 것으로 사용되었다.

『도덕경』(道德經) 에 의하면 도는 "형(形)은 없지만 완전하며," "천지에 앞서 존재하고 있고," "만물의 어머니와 같다." 현인은 이 도와의 조화를 완성하려고 노력하는 것이다. 이 자연주의는 고대 중국사상의 특징을 보여주는 것인데 이는 또한 삶의 모든 부분에 현현하고 있는 음양(陰陽)—교대하는 원리—이라는 관념에서 표현되기도 한다. 그러나 일원론적이기도 하고 때로는 이원론적이기도 한 이러한 경향이 보다 낮은 신들을 인정하는 것을 방해하지는 않았다. 그래서 중국의 종교는 조상숭배 및 다수의 잡다하고 소소한 신들 및 영(귀신)에 대한 믿음까지도 포함할 수 있었다.

이슬람교(Islam)의 신 관념 알라(Allāh)는 신을 뜻하는 아라비아어 alilah의 축약형으로 이슬람 신 관념의 정수를 표현하고 있다. 『코란』(Qur'an)에서 최대의 강조점이 두어지는 것은 알라의 유일성이며 이 점은 종종 기독교의 예수 및 마리아 신격화와 관련하여 언급된다. 무함마드(모하메드)는 알라의 신성에 관해 다음과 같이 선언한다. "알라—살아계시고 자존하는 그 분 이외에는 어떠한 신도 없다. [···] 그는 지고자이며 힘 있는 자이다." 『코란』의 모든 곳에서 알라는 창조자 및 이 세상 종말 때에 용서 없이 심판하는 심판자로 제시되고 있다. 알라의 전지('Ilm) · 전능(Qudrah)을 강조함으로써 모하메드는 자신이 신의 예정과 인간의 자유의지라는 유대-기독교신학자들의 난감한 고민거리를 자신도 떠안게 되었다는 사실을 알게 되었다.

모하메드는 모순적이게도 한편으로는 알라를 인간을 구원 혹은 단죄의 대상으로 엄격하게 예정하는 존재로서 제시하면서도 다른 한편으로는 또한 그를 '동정심 있고 자비로운 존재'로 표사하고 있다. 이 부정합의 대부분은 모하메드 자신의 영적인 체험에서 생긴 것인데 사실 그가 원래 예언자이지 사상가는 아니었기 때문이기도 하다.

시간이 지남에 따라 이슬람에서 알라에 대한 관념은 크게 진보하였다. 알라의 전통적인 99가지 이름은 그에게 귀속되는 속성을 광범위한 영역의 리스트에까지 확장시켜 이루어진 것이다. 또한 『코란』에서 사용된 의인화된 관념과 용어를 교묘히 변형하여 만들어내기도 하였다. 그러나 이러한 기교적인 억지에도 불구하고 이슬람의 신 관념은 근본적으로 모하메드가 그 자신의 독특한 영감에 자극을 받아 주장했던 내용을 크게 벗어나지 않는다.

지금까지의 논의를 통해 우리는 신 관념이 그 관념을 산출한 사람들 혹은 문화의 성격을 반영하고 있다는 사실을 알 수 있었다. 통상 불멸·영원성·권능 같은 속성들이 신성을 구성한다고 여겨지는데 이 개념들은 빙산의 일각일 뿐이다. 그만큼 신 관념의 형태는 매우 다양하다. 이러한 사실은 고대 이집트의 종교, 힌두교 및 기독교의 신을 언급한 것만으로도 충분할 것이다.

◆ 생각하기 ································

1. 중세시대 이후의 각 종교의 신 관념은 어떻게 변화되었는가?
2. 인간의 신 인식은 발전하고 있는가 아니면 퇴행하고 있는가?

신은 정말 죽었는가?

신의 존재를 전제하는 유신론자들과 달리 니체는 그의 책 『차라투스트라는 이렇게 말했다』(*Also sprach Zarathustra*, 1883~85)에서 한 미치광이의 입을 통하여 '신의 죽음'을 선포하였다. 이에 대한 수많은 반론에도 불구하고 니체의 선언은 이른바 '종교 이후의 시대'를 열었다. 그의 말을 들어보자.

> 백주 대낮에 등불을 켜고 시장 바닥을 이리 저리 뛰어 다니면서 '나는 신을 찾고 있습니다! 나는 신을 찾고 있습니다!' 하고 외치는 미치광이의 이야기를 들은 일이 없습니까? 그러나 거기 서 있는 많은 사람들은 신을 믿지 않기 때문에 그는 제법 흥밋거리가 되었습니다. … '신은 어디에 있습니까?' 하고 그가 외쳤습니다. '그대들에게 말하노니 우리가 신을 죽였습니다. 그대와 내가! 우리들 모두가 그를 살해한 자들입니다. 그런데 어떻게 그 짓을 했을까요? … 신이 부패하는 악취가 나지 않습니까? 신들은 썩고 있습니다. 신은 죽었습니다. 우리가 죽인 것입니다.

그런데 아무도 이 미치광이의 말을 이해하지 못한다는 것이 명백해지자 니체는 이 미치광이로 하여금 이렇게 말하게 한다. "나는 너무 일찍 왔습니다! 나의 때는 아직 오지 않았습니다. 이 무서운 사건은 아직도 오는 도중에 있습니다."

루터교(Lutheran) 목사의 아들로 태어났던 니체의 신은 죽었다는 이 선언이 바로 우리 시대에 입증되고 있는 것은 아닐까? 이 때문에 신은 현대인에게 무의미해졌다는 신학적 태도가 등장하는데 이러한 조류를 가리켜 사신신학(死神神學, Death of God Theology)이라고 부른다.

미국의 사상가 가브리엘 바하니안(G. Vahanian, 1927~)은 니체의 선언을 연상시키는 『신의 죽음』(*The Death of God*, 1961)이라는 책을 내놓는다. 이 책에 의하면 기독교회의 신 관념은 원시 기독교와 그리스

문명 사이의 항전에서 생긴 것이라고 한다. 그러므로 그 신의 표상은 하나의 우상이며 더욱이 그것은 현대의 세속적인 문화 앞에서 무의미한 것이 되었다고 한다.

그는 또한 『다른 신은 없다』(*No Other God*, 1966)에서 현대를 기독교가 종교적으로나 문화적으로 사멸한 기독교 이후 시대라고 했다. 그는 신의 죽음이란 문화적 사실이라고 말한다. 신은 그 표상의 과도한 노출로 인해 중성화되어 사실상 제거되고 죽었으며 현재도 죽은 채로 있다는 것이다. 이 시대에 기독교가 물려줄 유일한 유산은 기독교의 자기 무효화밖에 없다고 하면서 그는 과학과 기술로 기독교를 대체하려 했다.

신의 죽음이라는 명제는 또 다시 같은 해 미국의 신학자인 윌리엄 해밀턴(W. Hamilton, 1924~)의 저서에 나타난다. 그에 따르면 신이 죽었다는 사실은 신이 인간의 고난과 고통에 대해 무관심하다든지 신이 인간문제의 해결자로서 무능해졌다는 등 소극적인 것만이 아니다. 오히려 신의 죽음은 인간의 새로운 출발, 적극적인 출발을 의미한다. 신의 죽음이야말로 인간해방의 위대한 사건이다. 세계가 성숙함에 따라서 자신의 문제를 해결하는데 있어서 신에게 의지하는 대신 인간 상호간의 의존가능성을 더 높일 수 있게 되었다는 것이다. 해밀턴의 사신주의는 세속화된 현대인에 대한 극단적인 낙관주의에 기초하고 있다. 과학기술 사회에 사는 현대인에게 신은 이미 죽었으며 종교는 이미 필요 없어졌다는 것이다.

1963년엔 토마스 얼타이저(T.J.J. Altizer, 1927~)라는 신학자가 마찬가지로 '신의 죽음'을 들고 나왔다. 그는 다음과 같이 주장하였다.

> 종교 이해의 새로운 양식을 위한 극단적인 탐구에 몰두할 시기가 다가왔다. 이러한 탐구의 첫째 조건은 신의 죽음을 솔직히 인정하는 것이다.

> 우리는 신의 죽음이라는 것이 역사적인 사건임을 인정해야만 한다. 즉 신은 우리 시대, 우리 역사 그리고 우리 실존 속에서 죽은 것이다.

얼타이저와 해밀턴에게 신의 죽음이란 문화적 사실일 뿐만 아니라 신학적인 사실이었다.

끝으로 특기할 만한 사람은 반 뷰렌(P. van Buren, 1924~)이다. 반 뷰렌은 현대인의 문제를 직접적으로 다루면서 신의 죽음을 선포하지는 않았지만, 현대의 철학적 방법인 분석철학의 입장에서 오히려 더욱 예리하게 논하고 있다. 그는 언어 분석철학의 방법을 자신의 신학 방법으로 원용하여 '신은 죽었다'는 표현 대신에 '신이라는 말은 죽었다.'고 선언한다. 즉 언어분석을 통해 신이란 말을 죽은 언어로 규정한 것이다. 왜냐하면 '신이 존재한다.'는 명제는 분석명제도 종합명제도 아니며 검증도 반증도 허용하지 않아 의미를 상실했을 뿐 아니라 현대인에게 존재할 수 없는 초자연적인 세계를 생각하게 함으로써 오해를 일으키기 때문이다.

그리하여 그는 역사적 예수를 발견하여 복음을 세속적으로 이해하게 할 수 있는 새로운 기독교신학을 전개하려고 했다. 즉 그는 다른 사람들을 위해 희생적 삶을 살았던 인간 예수에 근거하여 유신론적 형태가 아닌 휴머니즘적 형태의 기독교신학 형성을 자신의 과제로 삼았다.

지금까지 살펴본 것처럼 사신신학은 신 상실의 경험과 역사적 예수에 대한 재발견을 토대로 현대 미국의 낙관주의적인 사고에 의해 인간의 문제를 신이 아닌 세계를 무조건적으로 신뢰함으로써 해결하려고 한 급진적인 신학운동이다. 우리는 우리들의 욕구 충족자와 문제 해결자로 신을 믿지 않고 세계를 믿는다. 사신신학자들의 핵심적인 주장은 다음 두 가지로 요약된다.

첫째로 기독교 전통의 초월자와 창조주로서의 신은 죽었으며 이것은 역사적인 사실이다. 둘째로 신의 죽음은 또한 전통적 기독교의 죽음을 의미한다. 따라서 예수의 윤리적 교훈에 근거하여 새로운 윤리종교로서 기독교를 재조직해야 한다. 이러한 주장은 경험적 사실의 배후에 있는 초경험적인 실재를 인정하지 않고 인간의 이성과 경험에 신뢰성을 두려는 실증주의적인 태도로부터 나온 것이다. 그런데 이러한 주장은 종교의 본질적 측면에서 보면 그 출발점에서부터 잘못된 것이 아닌가 생각된다.

◆ 생각하기 ································

1. 그렇다면 현대인에게 종교란 전적으로 불가능한 것인가? 반 뷰렌은 신이라는 말이 무의미해졌다는 것을 인정하면서도 종교를 포기하지 않는다. 반 뷰렌이 종교를 살리기 위해 제시한 대안은 무엇인가?
2. '니체는 죽었지만 니체가 죽인 신은 살아 있다.'는 반론이 사신신학에도 적용될 수 있는가?

기독교와 그리스사상의 만남 서구문화의 가장 중요한 원천인 기독교사상과 그리스사상의 만남에 대해서는 두 가지의 문제점을 명확히 하면서 문제를 시작해야만 한다. 우선 여러 가지 상이한 지적 · 사회적 수준들의 논쟁이 있었다. 그것은 오리게네스(Origenes, 185~254)와 포르피리오스(Porphyrios, 232/33~304) 같은 교양 있는 학자들의 정력을 소비시킨 바 있다. 그러나 그것은 또한 그리스 도시들의 회의실에서, 북아프리카 촌락들의 시장에서, 그리고 수천의 초라한 가정들에서 수시로 격렬하게 논의되었음에 틀림없다. 기독교와 그리스철학은 둘 다 지속적인 변화와 발전과정에 있었고 따라서 이 양자들 사이의 관계도 변화하였다. 우리는 그 같은 발전의 단계를 세 단계로 구분할 수 있을 것이다.

그들의 만남의 초기에 있어 그리스철학과 기독교사상은 둘 다 정밀하거나 통일된 체계를 형성하지 못하였다. 그리스철학은 플로티노스(Plotinos, 205~270)가 한 세기 후에 성취하게 될 종합을 향하여 암중모색하고 있었으나, 점점 풍미하게 되는 플라톤주의의 고수자들 사이에서조차도 아직까지 어떤 합의점에 이르지는 못하였다. 켈수스(Celsus, 2세기경 활동)에 의하면 기독교인들도 서로 적대적인 많은 교파로 분리되어 기독교인이라는 명목을 제외하고는 거의 혹은 전혀 공통점을 지니지 못하였다. 따라서 이 시기에 어떤 권위 있는 기독교 신경(信經)도 그리고 성경에 대한 어떤 정해진 기준도 없었다는 것은 확실하다.

180년경에 쓰여진 것으로 알려진 「무라토리의 단편」(Muratorian fragment)[6]에 「히브리서」(Hebrews)는 수록되어 있지 않고 「베드로 계

---

6) 1740년 L. 무라토리가 발견한 것으로 Muratorian Canon이라고도 한다. 현존하는 가장 오래된 신약성서 관련 서적이다. 2세기 후반의 것으로 간주되며 「헤브라이인들에게 보내는 편지」, 「베드로의 편지」, 「야고보의 편지」 이외에 모든 항목이 실려 있어서 신약성서의 정경 성립과정을 이해하는데 중요한 자료이다.

시록」(The Revelation to Peter)이 수록되어 있다. 로마의 일부 신자들이 「요한복음」(John)을 배척하고 세계의 많은 신자들이 「요한계시록」(The Revelation to John)을 배척하였다. 반면 헤르마스(Hermas)는 오리게네스에 의해서조차도 성령을 받은 사람으로 간주되었고, 매우 다양한 계시적인 복음·행전(行傳)·묵시록들이 신자들 사이에 회람되었다. 이 시기의 말엽 무렵에 이르러 사도 요한이 가장 존경받는 복음주의자인 것처럼 보인 것은 의미가 있는 것이다. 그의 로고스설은 철학자들에게 설득력이 있었다. 플로티노스의 제자인 아멜리오스(Amelios)는 그것을 시인하고 이를 인용하였다. 그리고 아우구스티누스가 인용한 플라톤주의자는 「요한복음」의 서언들이 "금속활자로 인쇄되어 모든 교리의 숭고한 장소에서 읽혀져야 한다고 생각하였다."

복음주의자들의 원문조차도 여전히 멋대로 수정될 수 있었다. 예를 들면 마르씨온(Marcion, c. 160)은 「누가복음」(Luke)을 개정하였고 클레멘스(Clemens ho Alexandria, 150?~215?)는 비록 영지주의자들이 그들 자신의 사악한 목적을 위해서 삽입한 것이지만 클레멘스 스스로는 기본적으로 진짜라고 생각한 「마가복음의 비밀」 해석판을 소문으로 알고 있었다. 켈수스는 일부 기독교인들이 복음의 원문을 3, 4차례 혹은 수차례에 걸쳐 바꾸고 그 성격을 변질시켰기 때문에, 비판에 직면해서도 어려움을 극복할 수 있었다고 말하고 있다. 아직까지 정설(正說)과 이단설은 확실히 구별되지 않았다. 즉 순교자 유스티노스(Martyr Justinos, c. 125~165)의 제자였던 타티아노스(Tatianos, 120?~173)가 정설로부터 대표적인 영지주의(Gnosticism) 사상인 발렌티노스설(Valentianism)로 기울고 테르툴리아누스(Tertulianus, c. 160~222)가 성령체험과 예수 재림을 강조하는 예언운동인 몬타누스설(Montanism)로 각각 기울었듯이 어느 한 쪽의 설에서 다른 설로 빠지는 경향이 있었다. 오리게네스가 주장하는 것처럼 켈수스(Publius Juventius Celsus, 67?~

130?)가 때때로 기독교와 영지주의를 혼동했던 것은 동시대의 수많은 기독교인들도 켈수스처럼 혼동했기 때문일 것이다.

그리스철학과의 대화가 시작되는 곳은 바로 이 점에 이르러서이다. '호교론적인 교부들'은 그들의 동료인 기독교인들을 위해서만 글을 썼었다. 이제 '호교론자들'이 그들의 이념적인 울타리로부터 밖으로 나와서 교육받은 그리스-로마 철학의 세계에 기독교 옹호론을 처음으로 피력하였다. 이것은 그리스철학자들을 개종시키려는 기대에서보다는 그 당시에 교회가 당하고 있던 간헐적인 지방적 박해들을 중지하라고 설득하려는 희망에서였다. 그리고 또한 어떤 그리스 철학자가 처음으로 기독교를 진지하게 고려한 것도 2세기 후반이었다.

초기 로마의 해군사령관이자 자연철학자였던 젊은 플리니우스(Gaius Plinius Secundus, 23~79)에게 행정적으로 귀찮은 존재였던 그리스도가 그리고 루치우스황제(Lucius Aurelius Verus, 130~69)와 심지어는 그리스철학에 정통했던 로마의 자연학자인 갈레누스(Aelius Galenus, 129~99)에게는 심리적인 호기심의 대상에 불과했던 기독교가 로마의 법학자였던 켈수스에게는 로마제국의 안정과 안보에 현실적인 위협세력으로 보였던 듯하다. 그는 주목할 만한 통찰력으로써 교회를 국가 내의 잠재적인 국가로 보았는데, 그의 견해에 따르면 교회의 그 같은 지속적인 성장은 사회의 유대를 파괴할 위험이 있으며 사회가 야만상태로 빠지게 될 것이라고 언급하였다. 그는 이 같은 자신의 견해들을 『참된 설교』(*True Teaching*)이라는 저서에서 밝혔는데, 이것은 기독교의 전파를 억제하고 기독교인들로 하여금 더 충실한 시민이 되도록 설득하는 것을 목표로 하였다. 그것은 마르쿠스 아우렐리우스 치세에, 아마도 178년 무렵에 출간되었던 것으로 여겨진다. 만일 그 연대가 옳다면 그것은 분명히 아무런 반박도 받지 않고 2세대 동안 풍미하였을 것이다.

제2단계는 젊은 오리게네스가 알렉산드리아에서 설교하기 시작했던 203년부터 그가 노인으로 『켈수스 반박론』(*Contra Celsum*)을 발표한 248년 무렵에까지 이른다. 때는 바야흐로 제국의 시민에게 있어서는 곤경과 불안이 증대하고 교회에서는 박해로부터 상대적인 해방이 증대되는 동시에 교회의 수도 꾸준히 증가하고 특히 지적인 발전이 급속히 이루어지던 시기였다. 알렉산드리아의 클레멘스는 기독교가 종교 이상의 것이 되기 위해서는 그리스철학 및 과학과 화해해야만 한다는 것을 간파하였다. 순수한 기독교인들이라면 "아이들이 허수아비를 두려워하는 것처럼 철학을 두려워" 해서는 안 되며 "예수 그리스도를 따르는 데 있어 우리에게 호기심이란 필요 없다"고 한 테르툴리아누스의 경구는 지식인들의 개종에 치명적인 장애 요인인 것으로 생각되었다.

오리게네스는 훗날 플로티노스의 스승이었던 그리스철학자 암모니우스 삭카스(Amonius Saccas, c. 175~242)와 함께 교육에 전념하였다. 그는 자신의 제자들에게 철학은 물론 수학과 자연과학도 가르쳤다. 그의 교육계획은 플라톤의 교육계획에 기초하였으며 본질적인 점들에서는 플로티노스의 그것과 다를 바가 없었다. 따라서 그리스철학과의 대화는 지적인 동료들 사이의 대화일 수밖에 없었다. 사실 『켈수스 반박론』에서 오리게네스가 지적으로 탁월한 논조를 취한 것은 어느 정도 정당화될 수 있다.

이교 쪽에서 그렇게도 많은 초기의 신들을 흡수하였듯이 기독교를 기존 사회체제 내에 흡수하거나 어떤 식의 평화로운 공존이 고려될 수 있는 조건을 언명하고 싶은 욕구의 조짐이 나타난 것도 이 무렵이었다. 황후인 율리아 마메아(Julia Mamaea)가 오리게네스를 궁정에 초대한 것도 이 같은 목적을 어느 정도 염두에 두었기 때문일 것이다. 그녀의 아들인 황제 알렉산더 세베루스(Alexander Severus)는 그의 교회에 아브라함 · 오르페우스(Orpheus) · 그리스도 · 투아나의 아폴로니우스

(Apollonius ho Tuana) 등 4명의 훌륭한 예언자들—그는 이들 모두에게 동일한 존경심을 표시했다—의 동상을 갖추고 있었다고 한다. 그만이 이러한 태도를 취한 것은 아니었다. 거의 같은 시기에 영지주의자인 카르포크레테스(Carpocretes)도 이와 유사한 포괄적인 예배로써 설교하고 있었다.

이레네우스(Irenaeus, 140?~202?)와 아우구스티누스의 말에 의하면 심지어 그의 추종자들도 호머 · 피타고라스 · 플라톤 · 아리스토텔레스 · 그리스도 · 바울 등의 조상(彫像)들에게 예배하고 있었다고 한다. 이와 동일한 정신이 세라피온(Serapion)이라는 이름을 가진 시리아인의 편지에서도 드러나는데, 그는 부당한 박해에도 불구하고 설교가 오늘날에까지 남아있는 전형으로서 소크라테스 및 피타고라스와 함께 예수를 '유대인의 현명한 왕'으로서 인용하였다. 포르피리오스가 그의 초기 작품 『신탁철학론』(*On the Philosophy of Oracles*)에 인용한 헤카테(Hecate)의 두 개의 신탁들도 아마 이와 같은 시기에 속할 것이다. 그리스도가 신인지 아닌지의 여부에 대한 응답에서 헤카테 신탁은 실제적으로 그리스도가 신심(神心)이 두터운 사람이라 대답하고, 그러나 그의 추종자들이 그를 신으로 오해한 것은 큰 오류였다고 대답하였다. 이로부터 포르피리오스는 "우리가 그리스도를 비방하는 것이 아니라 인간의 어리석음을 가엽게 여겨야 한다."고 결론지었다.

제3단계의 성격은 매우 달랐다. 제3단계는 기독교의 지도자들을 제거함으로써 기독교를 몰살시키려는 최초의 조직적인 기도로 생각되고 있는 데치아누스(Decianus) 황제의 박해와 함께 시작되는데, 그 박해는 데치아누스의 전사로 인해 중단되었지만 그렇지 않았더라면 계속되었을 것이다. 고대에서 가장 악독한 박해일지라도 물론 히틀러의 유태인 살해보다는 비교적 덜 가혹하였다. 주로 기독교 성직자와 세속의 저명인사들이 희생되었다. 그러나 예외적인 상황을 제외하고는 기독교인은 공개적으로 "신앙고백을 하지 않을 경우에는 박해의 희생자가 될 가능성이 전혀 없었다." 이 같은 박해의 배후 동기에 대해서는 명확한 증거가 거의 없다. 역사가들 중에서 혹자는 그것이 대체로 혹은 전적으로 정치적인 동기에서 나왔다고 주장하고, 혹자는 주로 종교적인 동기였다고 한다.

이 제3단계는 디오클레티아누스(Gaius Diocletianus, 245?～312?)와 갈레리우스(Valerius Maximianus Galerius, 242?～311) 치세의 대 박해와 함께 끝나는데, 이것은 수많은 배교자들을 속출케 했지만 신자들—이들은 비록 10년 동안 법의 보호를 받지 못했지만—의 정신적 기반을 뒤흔들지는 못했다. 그러던 중 250년에서 284년에 이르는 기간에 사회적 · 경제적인 조건들이 악화되자 교회 수와 영향력은 급격히 증대하였다. 포르피리오스가 후대에 다수의 모방자들을 배출시키고 기독교 측으로부터 많은 응답들이 나오도록 자극을 준 그의 원한 맺힌 저서 『기독교 반박론』(*Against the Christian*)을 저술한 것은 이 같은 시기에 해당되는 270년 무렵이었을 것이다. 그는 이 저서에서 종교적 열정이 높은 모든 그리스철학도들이 그 당시 느꼈던 놀라움을 언급하였다. 그는 로마에서 예수의 숭배가 아스클레피우스(Asclepius)의 숭배를 어떻게 대체했는가에 주목하였다. 그리고 그는 기독교인들의 신념과 부(富)에 대한 새로운 조짐에도 주목했다. 기독교인들은 도처에 많은 건물들을 짓고 있었다. 그는 박해를 주장하지는 않았다. 사실 그는 교회의 가르침 때문에 "비인간적일 만큼 학대를 받았던" 수많은 기독교인들에 대하여 연민의 정을 가지고 있었던 듯하다.

포르피리오스의 후계자들은 그보다 덜 신중하였다. 『진리의 애호자들』(*Lovers of Truth*)—여기에서 투아나의 아폴로니우스는 그리스도의 맞수로 찬양되고 있다—이라는 논문을 쓴 히에로클레스(Hierocles)는 또한 대 박해를 부추긴 인물들 중 하나였으며 속주 총독으로서 대 박해의 실시에 적극적이었다. 그는 기존 사회체제와 그리스-로마 철학자들의 결합뿐만 아니라 신플라톤주의가 그 자체의 성인(聖人)들과 기적 수행자들을 갖는 종교로 변질되는 과정도 아울러 밝혔다. 이 두 가지는 기독교의 발전에 대한 방어적인 반작용이었다. 이것은 또한 황제 율리아누스의 짧은 통치기간에 대규모적인 것이 되리라 예상할 수 있는 것이었다.

타키투스(Publius Cornelius Tacitus, 55?~117?)에서 오리게네스에 이르는 모든 대가들은 기독교가 이교 대중에게 불러 일으켰던 쓰라린 적대감을 증언하고 있다. 타키투스는 기독교인들이 "그들의 악덕 때문에 증오를 받았다"고 말했다. 그들은 인류의 적이라고 간주되었다. 그러하기에 대재앙에 그들이 책임이 있다는 이야기가 놀랍게도 쉽사리 받아들여졌다고 타키투스는 말했다. "기독교인들은 모든 민족으로부터 심지어는 세계의 가장 구석진 곳에 거주하는 사람들로부터도 증오를 받고 있다"고 오리게네스는 어느 정도 자신 있게 말하였다. 그러나 이러한 적대감이 보편적인 것은 아니었다. 왜냐하면 대 박해가 일어나고 있는 동안 알렉산드리아에서는 많은 이교도들이 기독교 피신자들을 당국의 색출에 걸리지 않도록 숨겨주곤 하였기 때문이다.

177년 리용에서 모든 기독교 사회는 만일에 당국이 개입하여 사적인 처벌을 합법적인 고문으로 대체하지 않았더라면 그들의 집으로부터 끌려나와 폭도들에게 타살 당하였을 것이다. 2세기의 많은 지방적 박해들은 대중의 감정 때문에 속주 총독들에 의해 울며 겨자 먹기 식으로 부득이 수행되었던 듯하다. 청년 플리니우스는 많은 인명록을 포함한 익명의 협박편지를—트라야누스 황제는 그것에 개의치 말라고 그에게 아주 적절히 충고하였다—받았다. 리용에서는 이교 노예들이 기독교인 주인들을 비난·협박하였다. 데치우스 치하의 조직적인 박해가 있기 이전에도 알렉산드리아에서는 폭도들의 폭력적인 박해가 있었다.

그렇다면 기독교인들은 왜 그렇게도 악평을 받았을까? 비록 인정되지는 않았지만 강력하게 작용한 요인으로서, 비난할 어떤 사람에 대한 일반적인 필요성이 인간 본성에 내재하고 있었는지도 모르겠다. 그러나 그 외에도 기독교의 비인기성에 대한 많은 이유들을 제시하는 증거들이 있다.

① 먼저 기독교인들이 유대인들에 대한 고질적인 악평을 공유하였음은 의심할 여지가 없다. 이교의 기록들에서 처음으로 비친 그들의 모습은 어떤 그리스도(Christos)를 선동하여 그들의 동료 유대인들과 로마의 거리에서 당파싸움을 하는 파당적인 유대교 종파였던 것처럼 보인다. 그들은 유대인들처럼 조각상들과 신전들에 적절한 존경심을 전혀 표하지 않는 "신(神) 없는" 사람들처럼 보였다. 그러나 유대인들이 역사 깊은 민족이었기 때문에 종교문제에 대해 조상 전통의 관습들을 따를 수 있는 자격을 합법적으로 갖추고 있었던데 반해 기독교는 출생지가 혼합된 신흥종파로서 그러한 특권을 주장할 수 없었다. 더욱이 그들은 오늘날의 집시들처럼 그 구성원들끼리만 서로 알아볼 수 있는 비밀표지를 달고 다녔고 어떤 비밀 친교에 의해 결합된 비밀단체였던 것처럼 보였다. 미누치우스(Minucius) 지역의 이교도들은 "기독교인들은 숨어 다니는 일종의 동물이다. 그들은 대낮의 햇빛을 피한다."고 말하였다.

그들은 이교도들을 외면한 채 꽉꽉 걸어 잠근 문 안에서 무엇을 하였을까? 비밀 단체의 주변에서 항상 느껴졌던 뿌리 깊은 어두운 의혹이 기독교인들에 대해서도 쉽사리 일어날 수 있었다. 기원전 186년에 박해받았던 디오니소스적인 단체들처럼 그들은 근친상간의 난행에 탐닉하였고, 카틸리나인들(Catilinarians)처럼 어린아이를 잡아먹는 의식을 집행하였다. 이것들은 아마도 타키투스가 염두에 두었던 "추행들"(flagitia)이었을 것이다. 기독교인들이 신의 육체를 먹고 신의 피를 마셨다는 풍문이 이러한 비난의 원인이 되었을 것이다. 순교자 유스티노스는 여러 영지주의 종파들에 관한 그러한 이야기를 들었지만 명예스럽게도 그 이야기들이 사실이 아니라고 주장하였다. 그는 기독교인들에 관한 비방들이 기독교의 명예를 실추시키려는 악령들에 의해서 퍼뜨려졌다고 생각하였다.

플리니우스는 이 같은 비난들을 조사하는 것이 그 자신의 임무라고 생각했으며 고문이라는 제재를 가하면서까지 그 같은 비난의 증거를 찾아내려 했지만 헛수고였다고 보고하지 않을 수 없었다. 그럼에도 불구하고 그러한 비난은 마르쿠스 아우렐리우스의 가정교사인 수사학의 대가 프론토(Marcus Cornelius Fronto, c. 100～170)에 의해서 사실로 인용되었고, 우리들은 안티오크의 테오필루스(Theophilus of Antioch, c. 183)로부터 그 같은 비난들이 180년까지 지식인들에게서조차도 여전히 널리 믿어지고 있었다고 전해 듣고 있다. 모든 호교론자들은 그 같은 비난에 대하여 해명할 필요가 있다고 생각하였고 오리게네스는 그의 생존시에 그러한 비난들 때문에 어떤 사람들은 기독교인들과의 관계가 원만치 못하였다고 우리들에게 전해주고 있다. 그러나 켈수스와 포르피리오스는 그러한 비난을 무시해 버릴 만큼의 분별력을 갖고 있었다.

② 기독교 윤리들에 대한 오해 이외에도 기독교 정책들에 대한 오해가 팽배해 있었다. 기독교의 성경은 로마제국의 즉각적인 종말과 지상에서의 그리스도적 신정(神政)에 의한 로마제국의 교체를 예언하지 않았던가? 호교론자들은 예언된 왕국이 순전히 영적인 것이라고 해명하였다. 예컨대 유스티노스는 이교도에게 “우리가 왕국을 기다린다는 것을 듣고 당신들은 성급하게 그것이 반드시 인간적인 의미에서의 왕국이라고 결론짓는다”고 말하고 있다. 그러나 그것이 과연 믿어질 수 있었을까?

기독교인들은 충성스러운 시민들처럼 행동하지 않았다. 평범한 이교도들이 보기에 기독교인들이 황제의 생일에 약간의 촛불조차도 밝히기를 거절했던 것은 마치 국가가 연주될 때 차려 자세 동작을 거부하는 것처럼 의도적이고 무례한 반역행위로 보였다. 호교론자들은 그들이 국가적인 의례에 무례를 범할 의도가 없었고 황제를 위해 흔쾌히 기도하고 그를 신 다음가는 존재로 인정하였다고 해명하려 애썼다. 그러나 이 같은 해명은 대중에게나 법에게나 충분한 설득력을 갖지 못하였다. 현대인이 보기에 이것은 약간의 호의만 있으면 적절한 타협에 이를 수 있는 문제인 것처럼 보일 수도 있을 것이다.

그러나 이 같은 문제에 대해 기독교인들은 그들의 가장 무례한 특징이라는 인상을 보여준 그 같은 "굽힐 줄 모르는 고집"을 플리니우스에게 여실히 보여주었다. 의심할 바 없이 그들의 대변인들은 이교의 예배에 약간의 형식적인 양보라도 하게 되면 결국 기독교가 동방의 여타 종교들처럼 그리스 · 로마의 이교주의라는 포용적인 입 속으로 집어삼켜질 것이라고 느꼈다. 그리하여 켈수스가 비난한 것처럼 "그들은 다른 인간들과 담을 쌓는다"는 비난이 나오게 되었다. 켈수스는 또 비난하기를, 제국이 야만족들로부터의 심각한 위기에 처해 있을 때 기독교인들은 군복무나 심지어는 비전투적인 직무를 거부함으로써 시민의 의무를 회피하였다고 한다.

기독교와 달리 영지주의자들은 일반적으로 보다 적응력이 있었기 때문에 비교적 박해를 덜 받았다. 로마제국을 돕는 데 기독교인들이 실제로 전투를 하고 있는 것처럼 보이는 사람들보다 기도를 통하여 더 많은 일을 하고 있다는 오리게네스의 대답은 세상 사람들에게 결코 감동을 주지 못하였을 것이다. 그리고 기독교인들이 그들의 교회에 봉사함으로써 사회에 봉사하고 있다는 그의 주장은 고무적인 것이 못 되었다.

그러나 이러한 문제에 관하여 교회의 추종자들은 교회에 대해서 어떤 조치를 취하도록 강요하였다. 기독교인들은 생계를 유지해야만 했다. 오리게네스의 평화주의는 비현실적이었으며 많은 직업들, 심지어 설교 직에서도 기독교인들을 배제하였던 테르툴리아누스의 엄격주의는 훨씬 더 비현실적이었다. 3세기 초의 군대 내에는 이미 기독교인들이 있었다. 3세기 말경의 군대 내에는 기독교인들이 너무 많았으므로 디오클레티아누스는 정화작업을 하지 않을 수 없음을 느꼈다. 포르피리오스의 시대에 이르러 애국심이 결여되어 있다는 비난은 시대에 뒤떨어진 것이었으며 분명히 그것은 사라져 버렸던 것이다.

③ 모든 자연의 재앙이 기독교인들 때문이라는 관념은 더 지속되었다. 그리고 덜 합리적이었기 때문에 근절하기가 더 어려웠다. 기독교인들의 '무신론'은 신들의 비위를 상하게 하였다. 테르툴리아누스는 잘 알려진 구절로 그것을 재미있게 표현하였다. "티베르 강이 범람하여 도시에 홍수가 발생하거나 나일강에 홍수가 일어나지 않을 경우, 기근이 일어날 경우, 하늘이 정지해 있거나 땅이 흔들리는 경우, 질병이 만연하는 경우에 제일 먼저 일어나는 반응은 '기독교인들을 사자에게 던져라!'는 것이다." 당시의 기록에 의하면 무엇보다도 지진이 종교적인 공포를 고무시켰다.

3세기 전체를 통하여 재앙이 빈번하였던 반면 구제 사업은 불충분하거나 전혀 실행되지 않을 때 기독교인들은 편의적인 희생양으로서 졸렬한 행정에 협조하였다. 235년 소아시아에서 일련의 지진이 일어나자 지방적인 박해가 시작되었다. 248년 내란에 의한 인위적인 재앙에 대해서도 혹자는 기독교인들을 비난하였다. 270년경에 포르피리오스는 로마에서 발생한 유행병을 아스클레피우스에 대한 예배가 감소된 것과 관련시켰었다. 그리고 그 후에 막시미누스 다이아(Maximinus Daia, 270~313)는 이와 동일한 종류의 비난으로써 포르피리오스의 박해를 지지하였다. 호교론자였던 시카의 아르노비오스(Arnobios of Sicca)는 이 같은 비난들의 배후에 있는 사람들은 자기의 생활이 기독교의 발전에 의해 위협을 당한 신탁 성직자들과 예언자들이었다고 말한다. 때때로 박해는 기독교적 주술에도 가해졌다. 다시 말하면 예언들을 믿음으로써 어떤 일이 잘못되는 경우 기독교인들이 성호(聖號)를 그음으로써 의식을 망쳐놓았다는 것이다. 아우구스티누스는 "기독교인들 때문에 가뭄이 계속된다"고 하는 민간에서의 소문을 인용하였다.

④ 최근의 저술가들에 의해서는 덜 강조되었지만, 앞에서 언급한 것에 못지않게 분노의 또 다른 중요한 근거는 확실히 기독교가 가정생활에 미친 영향이다. 개인들의 전체적인 충성을 요구하는 모든 강령들처럼—예컨대 공산주의와 같은—초기 기독교는 강력한 이간 세력이었다. 모든 도시와 가정은 기독교인들과 우상숭배자들 사이의 내란 때문에 이간된다고 유세비우스(Eusebius of Caesarea, c. 263~339)는 말하고 있다. 유스티노스는 이교 남편으로부터 이혼 당한 기독교 부인에 대하여 언급하고 있다. 테르툴리아누스는 기독교인이 되었다는 이유로 부인이 남편으로부터 구박 당하거나 자식들이 재산을 받지 못했던 사례들에 관해 언급하고 있다. 자기의 부친과의 관계에 대한 성녀 페르페투아(St. Perpetua, 181~203)의 진술에서 우리는 가족이 종교의 차이 때문에 어떻게 파산되었는가를 알 수 있다.

그러한 상황에서 비난은 자연히 기독교전도사들에게 가해졌다. 켈수스가 기독교인들에 관한 한 구절에서 밝히고 있는 것처럼 그들은 이교도의 아이를 붙잡아 그들의 아버지와 교장(校長)에게 복종하지 말라 부추기고 그들을 꼬여 비밀 예배소로 끌고 간다. 그들은 종종 아낙네들에게도 영향력을 행사하였다. 오리게네스는 이러한 현상이 일어난다는 것을 부인하지 않았다. 그리고 호교론자인 히에로니무스(Eusebius Sophronius Hieronymus, 347~420)가 광신적인 수도승들에 대해 마찬가지로 불리한 인상을 묘사하고 있는 것처럼 그들은 귀족의 주택에 몰래 침입하여 부인네들의 죄의식을 이용하였다. 기독교는 공산주의처럼 가정에서 말썽꾸러기였다.

그러나 기독교는 이같이 가공할 편견의 압력에 맞서 끈질기게 살아남아 전파되었다. 여기에서 상호간의 비난이 약간의 합리적인 주장과 함께 누그러졌던 지식층에서의 대화를 고찰해 보자. 그들은 무엇에 관해 논쟁하였는가? 우선 그것은 일신론과 다신론 사이의 논쟁이 아니었다. 켈수스가 오리게네스보다 더 엄격한 일신론자였다고 전해지고 있는데 그것은 어느 정도 사실이다. 확실히 켈수스는 기독교인들이 최고신과 동일한 수준에 다른 신들을 배치시킨 점에서 그들이 신성을 모독하였다고 판단하였다. 켈수스 자신이 최고신을 제외한 일종의 다른 다신론을 견지하였다는 것은 사실이다. 다시 말하면 그는 최고신의 종들이나 대리자들인 신령이나 종속 신들에게 예의를 갖추어야 한다고 생각하였다. 그러나 오리게네스도 역시 신은 "불가시적인 종들이나 다른 통치자들"을 고용한다고 믿었다. 그도 역시 거의 모든 기독교인들처럼 이교 신들의 존재와 힘을 믿고 있었다.

오리게네스의 세계는 대단히 많은 초자연적인 존재들로 가득했다. 각 민족은 각 개인처럼 선한 천사와 악한 천사를 가지고 있다. 포르피리오스의 세계에는 이와 같은 주민들이 혼합되어 있었다. 다시 말하면 기독교인들이 그들을 천사들이라고 부른다고 그는 말했다. 그런데 우리들은 그들이 신의 가까이에 있기 때문에 그들을 신들이라고 부른다—왜 명칭에 관한 논란이 일어났는가? 켈수스처럼 그도 "선의와 감사의 표시로서" 이 같은 존재들에게 제물을 바치는 대중의 관례를 옹호하였다. 그러나 이것은 전혀 그의 개인적인 종교를 정하는 것이 아니었다. 그에게 있어서 유일한 참된 기도는 영혼과 최고신과의 고독한 친교였다.

그러한 최고신의 본성에 관해서는 이교의 플라톤주의자들과 기독교의 플라톤주의자들 사이에 어떤 본질적인 차이도 없다. 최고신은 비록 켈수스와 오리게네스에게는 공통되는 기반이지만 형체가 없고 열정이 없으며 인간이 도달할 수 있는 범위 밖에 존재하고 있었다. 이들은 둘 다 세속인들의 의인관적인 개념을 공격했다. 이 신에 대한 명칭은 민족에 따라 달리 호칭되었다. 그러나 이것도 이교사상가들에 의하면 언어에 관한 논쟁인 것이다. 그러한 신이 인간의 모습을 띠고 세속적인 굴욕을 당한다는 것은 이교도들에게는 당연히 이해할 수 없는 것이었다. 그러나 오리게네스와 호교론자들은 예수를 역사상의 인물이 아닌 헬레니즘적인 제2의 신—우주를 창조하고 통치하는 신의 대리인이며 영원히 로고스적인—으로 다룸으로써 그 같은 문제를 해결하려 하였다. 예수의 인간적인 성질과 인간적인 고통은 이 시기의 선전에서 기이하게도 아무런 역할도 하지 않고 있다. 그것들은 이교의 비판에 직면하여 곤란한 문제로 느껴졌다.

또 다시 그 논쟁이 기독교의 엄격주의와 이교의 방탕성 사이에서 일어난 것이라고 생각하면 오해일 것이다. 이 당시에 기독교의 윤리와 신플라톤주의의 윤리가 그렇게 쉽게 구별될 수 있는 것은 아니었다. 왜냐하면 이 양자의 이상적인 목표는 "신에게의 동화"였기 때문이다. 이 양자는 세계를 보다 더 좋은 곳으로 만든다는 것보다 개체적인 영혼의 구제에 더 관심을 두고 있었다. 섹스투스(Sextus Empiricus, c. 160~210)의 『격언집』(*Sentences*)에 대한 기독교의 해석과 이교의 해석을 살펴봄으로써 우리는 이 양자가 얼마나 많은 실제적인 계율들을 공통으로 가지고 있었는가를 살펴볼 수 있다.

켈수스는 기독교의 윤리가 진부함을 발견한다. 즉 기독교 윤리에는 "인상적이거나 새로운 가르침이 들어 있지 않다." 다른 뺨을 내밀라는 충고는 플라톤이 잘 표현했던 진부한 이야기이다. 그리고 오리게네스도 이 점을 부인하지는 않았다. 차이점은 기독교 설교자들이 "다수를 위해 요리하는 반면에" 플라톤은 귀족을 위해 동일한 음식에 양념을 친다는 데에 있다고 그는 말했다. 플라톤에 대한 그의 숭배열은 켈수스의 그것에 못지않았다. 그러나 플라톤은 지식인들에 의해서만 읽힌다. 기독교는 다수를 위한 플라톤주의라고 그는 종종 시사하고 있는 듯하다.

2세기의 교양 있는 어떤 이교도가 자신의 인생관과 기독교 인생관의 차이점을 몇 마디로 표현해 달라고 부탁받았다면 그 차이점은 '이성적인 확신'(logismos)과 '맹신'(pistis)이었다고 그는 대답하였을 것이다. 고전적인 그리스철학의 토양에서 자란 사람에게는 누구든지 '맹신'이란 가장 저급한 인식을 의미하였다. 그것은 이설에 근거하여 사물들을 믿지만 그 믿음들에 대해 이유를 설명할 수 없는 무식한 사람들의 정신상태였다. 한편 사도 바울은 유대적인 전통을 따라 맹신을 기독교적 삶의 토대라고 제시했었다. 그리고 루치아누스, 갈레누스, 켈수스, 마르쿠스 아우렐리우스 같은 초기의 모든 이교적인 관찰자들을 놀라게 했던 것은 입증되지 않는 확신—증명 불가능한 것들을 위해 기독교인들이 기꺼이 목숨을 바치려는 의지—을 기도교인들이 전적으로 믿었다는 사실이다.

기독교에 비교적 동조적인 관찰자였던 갈레누스에게 있어서 기독교인들은 네 개의 주요한 덕목들 중의 세 개를 구비하고 있었는데, 즉 그들은 용기 · 절제 · 공정을 보여 주고 있다. 그들에게 결여되어 있는 덕목은 나머지 세 덕목의 이상적 토대가 되는 지적 통찰력(phronesis)이다. 켈수스에게 있어 그러한 덕목들이란 과학의 적들로 간주되고 있었다. 그것들은 지식이 건전한 영혼에 해롭다고 말하면서 사람들에게 의사를 조심하라고 경고하는 돌팔이 의사들 같은 것이다. 그 후에 포르피리오스는 "비합리적이고 검증되지 못한 맹신"에 대하여 동일한 반론을 거듭 주장했던 듯하며 최후의 비기독교인 황제였던 율리아누스(Flavius Claudius Iulianus, 331～363)는 "그들의 철학에는 '믿어라!'라는 말 한마디 이외는 아무 것도 없다"고 주장했다. 그러나 포르피리오스의 시대에, 특히 율리아누스 시대에 이르러서는 상황이 두 가지 방식으로 변화하였다.

우선 기독교인들은 이제 자체의 합리적인 입장을 진술할 준비가 되어 있었다. 아테나고라스(Athenagoras)는 177년경에 저술한 『기독교인들을 위한 임무』(*Presbeia peri Christianōn*)라는 그의 책에서 '이성적인 확신'의 필요성을 이미 인정한 바 있었다. 오리게네스는 그리스철학의 무기고에서 모든 무기들을 의도적으로 차용하여 이교도들을 낱낱이 논박할 태세가 갖추어져 있었다. 소박한 '맹신'에 대한 그의 경멸은 켈수스의 그것에 못지않았다. 그는 "우리들은 그것을 다수자들에게는 유용한 것으로 받아들인다."고 말했다. 그것은 다수자들을 위해서 해줄 수 있는 최선책이었다. "왜냐하면 부분적으로는 생활의 필요 때문에, 부분적으로는 인간적인 약점 때문에 합리적인 사고에 열광적인 사람은 거의 없기 때문이다." 그리고 그가 계속하여 정당하게 지적한 바와 같이 이교도들이 반드시 순수한 합리적 토대에 입각하여 그들의 철학을 선택한 것은 아니다.

사실 오리게네스와 그의 계승자들이 권위를 이성으로 대체하려고 애쓰고 있을 동안 그리스-로마 철학은 이성을 권위—플라톤의 권위뿐만 아니라 오르페우스적인 시인들의 권위, 연금술적 신지학의 권위, 『칼데아인의 신탁들』(*Chaldean Oracles*)등과 같은 모호한 계시들의 권위—로 점차적으로 대체하는 경향이 있었다. 플로티노스는 이 같은 유형의 계시들을 배격하고 그의 제자들에게 그러한 계시들을 폭로하는 임무를 부과하였다. 플로티노스 이후 신플라톤주의는 철학이라기보다는 종교가 되었는데 그 추종자들은 기독교 추종자들처럼 성전(聖典)들을 밝히고 조정하는 데 전념하였다. 그들에게도 맹신은 기본적인 필요 조건이었다. 포르피리오스 자신도 말년에 가서는 맹신을 영혼이 신에게 이르는 첩경이라고 하였는데 "왜냐하면 우리는 우리의 유일한 구원이 신에게로 향하는데 있다고 믿어야(pisteusai)하기 때문이다—이러한 믿음이 없다면 우리들은 진실과 박애 및 소망에 도달할 수 없는 것이다."

이와 같이 맹신을 진실 및 박애와 관련시키는 경우는 그리스의 최후의 주요철학자인 프로클로스(Proclos, 410~485)에게서 수차에 걸쳐 나타난다. 만일 신플라톤주의가 동등한 조건에서 기독교와 논쟁을 벌인다면 신플라톤주의는 종교가 되지 않으면 안 된다. 그리고 어떤 종교든 맹신 없이는 성립될 수 없다—맹신은 『칼데아인의 신탁들』과 '연금술'에서 이미 요구된 바 있다. 초기의 호교론자들은 예수의 인격이나 속죄 이론에 관해 별로 언급하지 않았다. 그 대신 그들은 당대의 계승자들이 일반적으로 포기하였던 두 개의 주장들—기적에서 나온 주장과 예언에서 나온 주장—에 주로 의존하였다. 여기에서 그들은 물론 『신약성서』(*New Testament*) 저술가들의 전례를 따르고 있었다.

그러나 기적도 역시 다양한 이교 숭배의 선전에 중요한 구실을 담당하였다. 기적에 관한 전통적인 논쟁은 신자들과 합리주의자들 사이가 아니라 두 부류에 속한 신자들 사이의 싸움이었다. 현대의 독자에게 호기심을 끄는 듯 보이는 것은 당시에 어느 쪽도 상대방의 기적들이 허구라고 적극적으로 주장하려 하지 않았다는 점이다. 최초의 호교론자인 아테네의 꾸아드라토스(St. Quadratos of Athens)가 주장했던 것처럼 예수의 기적적인 치유술은 이교의 그것보다 우수하였는데 왜냐하면 전자가 보다 진실 된 것이기 때문이 아니라 보다 지속적이었기 때문이다. 초기 기독교인들은 훌륭한 외과 의사처럼 자기들의 주장을 끝까지 고수하였다.

오리게네스조차도 이집트에 있는 안티누스(Antinous) 사원에서의 기적의 발생을 부인하지 않았다. 다시 말하여 그는 그 기적이 "이집트 주술의 도움을 받아 그곳에 확립된 악마" 때문에 일어난다고 생각하였다. 그는 보다 종종 그의 독자에게 대안적인 견해들을 피력했다. 즉 아스클레피우스의 치유의 기적과 파티아(Pathia)의 신령감응은 아마도 사실이 아닐 것인데 그러나 그것이 사실이라면 악령 때문에 발생하였다는 것이다. 오리게네스는 신탁에 관하여 완전히 회의론적인 입장을 취할 수가 없었다. 유세비우스는 공식적인 예언가들로부터 고문을 받아 그것이 명예훼손이 되는 줄 알면서도 부득이 신탁을 받아들인 적이 있었기에 신탁에 관하여 회의적일 수 있었다. 이교의 입장도 이와 유사하였다. 켈수스에게 있어서 『신약성서』에 나타난 기적들은 "괴상한 이야기들"이었다.

그러나 만일 그 기적들이 사실이라 하더라도 그것들이 예수의 신성을 증가시키지는 않을 것이다. 이집트 주술사들의 활동처럼 그 기적들은 단순히 악령에 사로잡힌 사악한 사람들의 관행이었을 것이다. 포르피리오스는 기독교인들이 "그들의 주술로써 기적을 행했다"는 것을 인정하지만 "기적을 행한다는 것이 그리 대단한 일이 아니다." 라고 부언했다. 왜냐하면 아폴리니우스(Appolonios)와 아풀레이우스(Appuleius) 및 기타 많은 사람들이 그 같은 기적을 행하였기 때문이다. "기적을 행한다는 것은 대수로운 일이 아니다"(non est grande facere signa). 다시 말하면 누구나 주술을 믿는 세상에서는 기적들이 평범한 일이면서도 도덕적으로는 의혹을 받았다. 그 기적들이 대중들의 마음을 움직이는 데에 도움이 되었을지는 모르지만 그 같은 기적들에 입각한 주장들은 불가피하게 두 가지 의미를 가진 것이었다.

예언으로부터 추리된 주장들이 유스티노스에게는 중요한 것으로 보였고 오리게네스에게서 거듭 반복된다. 켈수스는 이에 응수하여 『구약성서』(*Old Testament*)에 나타난 예언의 모호성과 일반성을 지적하였다. 그러나 성경에 대한 그의 지적은 제한되어 있었기 때문에 오리게네스는 켈수스가 핵심점을 파악하지 못하였다고 비난할 수 있었다. 포르피리오스는 더 만만치 않은 적수였다. 당대 최대의 학자였던 그는 문헌증거의 비평에 숙달해 있었고 신약과 구약에 통달해 있었으며 오리게네스보다 훌륭한 헤브라이어 지식을 갖추고 있었다. 켈수스가 개괄적인 것에 만족한 반면 포르피리오스는 어디서나 성경의 원문을 인용하여 자기의 주장을 정당화하였다.

그는 복음주의자들이 헤브라이 예언가들을 잘못 참조하는 오류를 범했다고 지적하고 복음저술자들 사이의 모순을 지적하여 사도 바울의 미비한 정견(定見)을 폭로하는 데에 학자적인 기쁨을 느꼈다. 그는 또한 전형적인 학자로서의 약점을 지니고 있었다. 그의 비판은 일부가 철학적인데 그 예는 "갈릴리 바다"란 바다가 아니라 호수이기 때문에 폭풍우를 경험하지 못할 것이라고 불평할 때 찾아볼 수 있다. 그의 비평은 또한 상상력을 전적으로 결여하고 있는데 그것은 천국이 한 알의 겨자씨에 어떻게 비견될 수 있겠는가를 이해할 수 없다고 고백할 때 나타난다. 그러나 그가 전성기일 때는 영향력 있는 비평가였다. 그는 비블로스의 필로(Philo of Byblos, c. 64~141)를 이용하여 『구약성서』에 나타난 역사적인 언명을 확인하였다. 그는 현대의 학자들이 다니엘서의 서술 연대를 건전한 역사적 판단에 입각하여 안티오크 에피라테네우스(Antioch Epiratenaeus)의 치세기로 추정할 것이라고 예견하였다. 우리가 아는 바로 그는 사실 역사의 비판기준을 성경에 적용시킨 최초의 인물이었다.

기독교 쪽에서 볼 때 이교와의 대화를 통하여 얻은 가장 인상적인 소득은 오리게네스가 『기독교 원리론』(*De principis*)에서 기독교와 플라톤 철학을 변증법적으로 종합하기 위하여 크나 큰 시도를 단행했다는 사실이다. 그는 플라톤 이론의 정수(精髓)뿐만 아니라 플라톤적 세계상의 정화까지도 흡수했다. 우주(cosmos)는 플라톤적 세계—정신처럼 기능하는 로고스에 의해 지탱되고 존재하게 되는 거대한 생명체이다. 그 안에는 스스로에게 영혼을 불어넣고 어떤 인간 영혼들에게 미래의 안식처를 제공할 수 있는 별들을 포함하여 다른 많은 생명체들이 생존하고 있다. 우주에는 실로 시작이 있고 종말도 있을 것이다. 그러나 그 뒤에는 다른 세계들이 연속해서 나타날 것이다. 그리하여 그리스도의 부활은 우주의 역사에서 하나의 삽화(插話)의 지위로 전락한다. 만물이 원래의 상태로 되돌아갈 때 '신으로의 최종적인 복귀'(a pocartasis)는 한없이 아득한 것이다.

훨씬 더 주목할 만한 것은 『기독교 원리론』에 나타난 심리학인데 이것은 사도 바울보다는 플로티노스에게 훨씬 더 접근하고 있다. 영혼은 "이후의 시간에서" 뿐만 아니라 "이전의 시간에서"도 영원하다. 그것은 또한 신의 은총에 의해서뿐만 아니라 영혼의 본질적인 본성에 의해서도 영원하다. 그것은 사실상 창조된 물체이지만 그 창조는 플로티노스에게서처럼 시간밖에 존재한다. 모든 영혼은 원래 순수지(純粹知)이며 그리고 모든 영혼은 결국 그러한 상태로 복귀할 것이다. 그러나 그 사이에 영혼은 수차례에 걸쳐 부침(浮沈)하지 않으면 안 된다. 우리가 영혼의 구제를 위한 경주에서 대등한 출발점에 서지 않는 사실은 전생(前生)에서 저지른 죄를 가정할 경우에만 신의 심판과 양립되는 방식으로 설명되어 질 수 있다. 인간의 영혼은 천사의 지위로 격상될 수도 있고 악마의 지위로 격하될 수도 있다.

오리게네스는 영혼이 동물체에서 부활될 수 있다는 플라톤의 관념을 가지고 자신의 논지를 명료하게 전개했다. 하나의 육화(肉化)에서 다른 육화로 전환되는 과정에서 영혼의 운명은 지상에서 영위했던 삶에 좌우된다. 악의는 정화될 수 있겠지만 그것이 영원한 것은 아니다. 왜냐하면 신의 심판이란 항상 치료적이지 징벌적인 것이 아니기 때문이다. 지옥은 영원하나 화롯불이 아니라 마음의 상태인 것이다. 그것은 오리게네스가 말하는 "영혼에 있어 응집력의 결여에 대한 형벌과 고문"을 의미한다.

선의는 한동안 지상의 천국에서 머무를 것이다. 그곳에서 신은 영혼을 위한 학교를 세우고 천사 같은 교사들을 초빙할 것인데 이 교사들은 지상에서 영혼들이 부딪혔던 모든 문제들의 해답을 그들에게 가르쳐 줄 것이다. 오리게네스는 문제들을 제시하는데 영혼들이 결국 이 문제들에 대한 시험을 치를 것이다. 시험에 합격한 영혼들은 더 높은 지위와 상급 과정으로 승급할 것이다. 말하자면 하늘은 영원한 대학이다. 이러한 상태에서 영혼은 우리들의 육체보다 더 미세한 물질로 구성된 육체들을 제공받게 될 것이다. 그러나 영혼들이 여러 지위로 승급함에 따라 육체들은 점차적으로 허물어질 것이다(이교의 플라톤주의자들이 주장하는 것처럼). 이리하여 영혼들이 아마도 결국은 육체가 없는 상태에 이를 것이다—사도 바울이 말하는 "영적인 육체"란 말은 잠정적으로 타협된 용어에 불과하다.

이와 같이 『신약성서』에 나타난 기독교를 대담하게 개서(改書)하는 작업은 유서 깊은 우의적인 방법을 능수능란하게 구사함으로써 가능하였다. 이 같은 방식으로 원전을 왜곡하는 기술은 원래 호머에게서 심오한 진리를 간파하는 수단으로 만들어진 것으로서 알렉산드리아에서는 오래 전부터 시행된 바 있었다. 즉 유대인들은 그것을 『신약성서』에 적용하였고 영지주의자들은 『구약성서』에 적용하였었다. 클레멘스와 그 다음에는 오리게네스가 각각 그들로부터 그러한 기술을 전수하였다. 그것은 사변적인 정신의 소유자들에게 문학의 횡포로부터의 유일하면서도 가능한 도피처를 제공하였다. 그것이 절망적으로 비역사적인 성격을 갖고 있음에도 불구하고 그것은 이와 같이 어떤 의미에서는 진보의 수단이었다. "유대교도들과 기독교인들 중에서 보다 사려 깊은 사람들"이 이와 같은 문제들을 우의적으로 해석한다는 사실은 이미 켈수스에 의해 예고된 바 있다. 그는 그들이 그러한 방법을 남용하는 경향을(훗날에 포르피리오스처럼) 반박하였다.

그러나 여기에서 비평가들에게는 반박의 기반이 빈약했다. 켈수스와 포르피리오스는 둘 다 호머에게서 플라톤 철학을 발견하기 위하여 동일한 방법을 이용하였다. 이교도들과 기독교인들은 모두 신학자들이었다. 그들은 고대 원전들의 권위에 도전할 수가 없었다. 그래서 그들은 원전들을 읽으면서 그 속에 자신들의 사상을 투영시킴으로써 그러한 권위를 회피할 수 있을 뿐이었다.

오리게네스가 『기독교 원리론』을 저술한 당시 종말론에 대한 기독교의 개념은 여전히 유동적인 상태에 있었으며 그 후 오랫동안 그러한 상태로 남아 있었던 듯하다. 거의 2세기가 지난 후에 기독교의 두 주교인 시네시오스(Synesios of Cyrene, c. 373~c. 414)와 네메시오스(Nemesios of Emesa, c. 390)가 영혼의 계속적 존재에 대한 믿음을 아직까지도 고백할 수 있었다. 그리고 시네시오스는 아직까지도 육체의 부활을 의심하였기 때문에 우주의 종국적인 파멸을 의심할 수 있었다. 그리고 오리게네스 이후 1세기가 지나서 덕성이 높은 니스의 그레고리우스(Gregorius Nyssenus, c 335~394)조차도 모든 영혼들은 결국 본래의 낙원적인 상태로 복귀할 것이라고 주장하면서 영원한 징벌을 여전히 배격할 수 있었다. 외부의 관찰자에게 있어 그레고리우스의 견해가 기독교로부터 수용되지 못했다는 것은 역사에 있어 크나큰 불행인 것처럼 보인다.

3세기 동안의 논쟁이 지난 후에 오리게네스의 모든 개혁방안들은 543년 유스티니아누스 대제(Iustinianos Megas, c. 482~565)의 칙령에 의해 이단으로 선포되었다. 서구 기독교에 있어 미래의 유형을 결정한 사람은 오리게네스가 아니라 아우구스티누스였다. 닐쏭(Nilsson)은 교회가 유아를 목욕물에다 집어던지는 것을 개탄하고 최근의 이교에서 나타난 미신뿐만 아니라 고대과학의 견실한 핵심을 배격하였다. 그러나 이 시점에서 그 핵심이 전적으로 구제될 수 있었는지에 대해 혹자는 의심을 품을 수 있을 것이다. 4세기에 이교는 국가의 후원이 철폐되는 순간부터 부패하기 시작하는 일종의 산송장처럼 보인다. 그리고 신비주의자와 설교의 혼합으로써 그 산송장을 소생시키려는 율리아누스의 시도가, 비록 그가 살아서 그 계획을 시행했다고 하더라도 지속적인 성공을 거둘 수 있었으리라고 믿기는 어렵다. 그 산송장의 생명력은 사라졌다. 그리스의 시인 팔라다스(Palladas)가 마지막 몇 세대 동안의 교양 있는 이교도들을 대신하여 말하는 가운데에서 표현한 바처럼 "설사 우리가 살아있다 하더라도 생명 자체는 죽어있다."

기독교가 성공을 거둔 이유들 중의 하나는 대항세력의 취약성과 피로함인 것이다. 즉 이교는 과학과 자신에 대한 신뢰성을 상실하였던 것이다. 반면에 기독교는 무엇인가를 위해 죽을 만한 가치가 있었기에 무엇인가를 위해 살만한 가치가 있다고 판단되었다. 루치아누스, 마르쿠스 아우렐리우스, 갈레누스 및 켈수스는 모두가 죽음과 고문 앞에서 보여준 기독교인들의 용기에 자신도 모르게 고무되었음이 분명하다. 그리고 그 같은 용기가 수많은 개종의 시발점이 되었음에 틀림없다. 오늘날의 정치적인 순교에 비추어보아, 순교자의 피가 사실상 교회의 씨앗임을 우리는 알고 있다. 그러나 기독교 지배하의 이교의 순교자는 거의 없었다. 왜냐하면 이교는 그 당시 너무 빈약하여 존재할 가치가 없었기 때문이었다. 물론 기독교가 승리한 데에는 다른 이유들이 작용하였다. 여기에서는 기독교의 발전을 촉진시키고 그 승리에 기여한 심리적인 조건들 중의 일부를 간단히 언급하고자 한다.

A. 우선 기독교의 철저한 배타성, 대안적인 형태의 예배에 어떠한

가치도 양보하지 않으려는 거부정신을 들 수 있겠다. 이것은 오늘날 종종 약점으로 지적되기도 하지만 당시의 상황에서는 강점의 원천이었다. 그리스 · 로마의 일상적인 관례였던 종교적 관용이 누적됨으로써 헤아릴 수 없을 정도로 많은 종교적 대안들이 쏟아져 나왔다. 너무나 많아서 선별할 수 없을 정도의 의식들과 신비들이 있었다. 사람들은 여러 개의 종교적인 보험에 가입할 수 있었지만 안전감을 느끼지는 못하였다. 기독교는 그 종교적 대안들을 대폭 정리하였다. 그것은 개인들로부터 해방을 위한 노력의 부담을 덜어주었다. 하나의 선택, 돌이킬 수 없는 하나의 선택, 즉 구원에의 길은 명백하였다. 이교의 비평가들은 기독교의 불관용성을 비웃었을 것이지만 불안한 시대에 어떤 <완전주의자>의 교의(教義)는 모두가 강력한 호소력을 갖고 있었다.

B. 둘째로 기독교는 모든 사람들에게 개방적이었다. 원칙적으로 기독교는 사회적인 차별을 하지 않았다. 즉 그것은 육체노동자 · 노예 · 부랑자 · 전과자 등을 받아들였고 비록 중세에 교회의 계층조직은 강력한 누층적 구조로 발전했지만 재능 있는 사람들은 그러한 구조를 통해 공개적으로 출세할 수 있었다. 오리게네스는 그의 생존시 성직(聖職)은 하나의 출세로 간주되기 시작했으며 야심적인 사람들에게 매력을 끄는 것이었다고 말하였다. 그리고 그는 아테네와 알렉산드리아 같은 도시들에서 교회행정은 비록 결함이 없는 것은 아니지만 시정(市政)과 훌륭하게 비교되었다고 주장하였다.

무엇보다도 그것은 신플라톤주의처럼 학식을 요구하지 않았다. 클레멘스는 '가장 소박한 사람들'(simpliciores)의 기이한 신앙심을 냉소했을지 모르며 오리게네스는 신의 참된 인식은 "극소수의 사람들에게만" 국한된다고 선언했을지 모른다. "신의 예배에서 급제(及第)와 우등의 기준"에 대한 개념은 원래 기독교 정신에는 생소한 것이며 대체로 그러한 것으로 남아 있었다. 2, 3세기에 조차도 기독교회는 소외된 자들의 소굴이었다. 오리게네스는 대부분의 기독교인들이 "세속적이고 무식한 사람들"이라는 것을 인정했다. 그러나 이교도들도 마찬가지라고 말했다. 3세기 말에도 기독교는 여전히 대체로 중·하위 층에만 국한되었으며 귀족들에게는 별로 영향을 끼치지 못하였다.

C. 셋째로 세속적인 생활이 점차로 타락되고 죄의식이 만연하게 될 시기에 기독교는 소외된 자들에게 사후(死後)에서의 보다 나은 보상을 조건부로 약속해 주었다. 기독교 내의 일부 이교적인 맞수들도 그렇게 했다. 그러나 기독교는 보다 달콤한 회유정책과 보다 쓰라린 강압정책을 양면적으로 실시하였다. 기독교는 공포의 종교라고 비난받았다. 그래서 기독교는 엄격주의자들에게 장악되었으나 동시에 생생한 희망의 종교였다. 포르피리오스도 언급하고 그 후 다른 사람도 주장했던 것처럼 병든 영혼들만이 기독교를 필요로 했다. 그러나 이 시기에는 병든 영혼들이 많았다. 키니코스학파의 철학자인 페레그리누스(Peregrinus Proteus, c. 95~165)와 호교론자 아리스티데스(Aristides)만이 이상한 인간이 아니었다. 포르피리오스도 자살을 기도할 정도로 심한 병약자였다. 그리고 이 몇 세기 동안에 많은 사람들이 의식적이건 무의식적이건 간에 죽음을 동경했다고 짐작할 만한 증거가 있다(물론 자발적인 순교는 일반적으로 교회지도자들의 만류로 위축되었지만).

그러한 인간들에게 있어서 순교와 더불어 현세에서는 명예가 따르고 내세에서는 지복(至福)을 수반할 가능성은 기독교에 대한 매력을 증대시켜 주었을 뿐이다. 사실 순교의 보상은 상당한 것이었다. 만일 '고해자'가 고문을 견뎌내고 살아남는 경우 그는 동료 기독교인들 사이에서 높은 명성을 누렸고 만일 죽는 경우 죽은 자들 사이에서 명예로운 지위를 얻고 예배의 대상이 될 수 있었다. 테르툴리아누스에 따르면 순교자들만이 그리스도의 재림 이전에 천국에 이를 수 있다고 한다.

D. 마지막으로 기독교인이 됨으로써 받는 혜택이 내세에만 국한된

것이 아니었다. 기독교인들은 이집트의 여신 이시아쿠스(Isiacus)와 페르시아의 신 미트라스(Mitras) 숭배자들의 어떠한 대중들보다도 훨씬 더 완벽한 의미에서의 한 공동체였다. 기독교인들은 공동의식에 의해서 뿐만 아니라 공동생활 방식에 의해서도 그리고 켈수스가 예리하게 간파한 것처럼 공동의 위험에 의해서도 결속되었다. 포로로 잡혀있거나 다른 고통에 처한 동료 기독교인들에게 신속하게 물질적인 도움을 주는 예는 기독교 저술가들에 의해서는 물론이고 심지어는 기독교에 동조하지 않았던 루치아누스에 의해서도 입증되고 있다.

이웃에 대한 사랑은 기독교만의 미덕은 아니지만 이 시기의 기독교인들은 그 외의 어느 집단보다 훨씬 더 실제적으로 그 같은 사랑을 실천하였다. 이에 반해 3세기 이교세계에서는 인류애가 실행 · 실천된 것보다는 설교된 경우가 더 많았다. 그 세계는 "증오와 시기가 어디서나 지배하는" 세계였다. 즉 농민들은 지주와 관리들을, 도시의 빈민들은 도시의 부자들을 증오하였고 군대는 모든 사람들로부터 증오를 받았다. 기독교는 상호 반목하는 요소들을 결합시킬 수 있는 하나의 세력이었다. 따라서 그것은 콘스탄티누스에게도 매력적인 것이었다.

또한 교회는 사회 안정의 본질적인 요소를 제공하였다. 교회는 과부와 고아 및 노약자 그리고 실업자들과 불구자들을 돌보아 주었다. 그리고 극빈자들에게 장례 보조금을 주었고 질병이 만연할 때는 간호도 해 주었다. 그러나 이 같은 물질적인 자선들보다 훨씬 더 중요한 것은 기독교 공동체가 제공할 수 있는 소속감이 아닐까 생각된다. 현대사회에 관한 연구들은 '소속의 필요성'과 그것이 인간 활동, 특히 대도시의 정처 없는 주민들에게 끼칠 수 있는 예기치 않은 방식의 보편성을 우리들에게 확신시켜 주고 있다. 소속의 필요성이 고대에는 다른 방식으로 존재했다고 할 수는 없다. 스토아학파의 대표자인 에픽테토스(Epictetos, c. 55~135)는 동료들 가운데 잠복해 있는 무서운 고독감을 우리들에게 묘사해 준다. 그러한 고독감은 틀림없이 수백만의 사람들—도시화된 부족민들, 자리를 찾아 도시로 온 농민들, 제대한 군인들, 물가상승으로 타격을 받은 연금생활자들, 풀려난 노예들—에 의해서 느껴졌을 것이다.

그러한 상황에 처해있는 사람들에게 기독교 공동체의 일원이 된다는 것은 자존(自尊)을 유지하고 자신의 인생에 어떤 의미를 부여하는 유일한 방법이었을 것이다. 기독교 공동체에서는 인간적인 따사로움이 감돌았다. 다시 말하면 현세에서나 내세에서 그들에게 관심을 갖는 사람이 있었다. 그러므로 초창기의 기독교에서 가장 두드러진 발전이 대도시들—안티오크, 로마, 알렉산드리아—에서 이루어졌다는 것은 놀랄 일이 아니다. 기독교인들은 형식적이 아니라 참된 의미에서 "서로가 결속적인 구성원들" 이었다. 생각건대 그 같은 것이 바로 기독교의 전파에 가장 중요하면서도 가장 유력한 요인이었을 것이다. 이에 대해 율리아누스는 다음과 같이 말하고 있다: "기독교가 성공을 거둔 이유는 이방인에 대한 사랑, 죽은 사람의 장례를 보살펴 준 것, 생활방식의 위장된 엄격함이다."

◆ 생각하기 ······························

1. 380년 로마제국의 테오도시우스 대제(Flavius Theodosius, 347~395)에 의해 기독교가 국교가 된 이후 그리스-로마의 종교는 기독교로부터 어떤 대우를 받았는가?

신앙과 이성

신앙(fides)과 이성(ratio)이 실제로 의미하는 것은 중세라는 제한된 시대적 틀 가운데서도 상당히 다양하다. 신앙이라고 하면 신이 그리스도 · 선지자 혹은 사도들을 통해 계시한 것에 대한 신앙인데 중점이 **계시의 내용**에 두어지는가 아니면 오히려 **계시하는 신**에 대한 절대적인 신뢰—이런 의미에서의 신앙은 신의 은총(gratia)이며 또한 덕(virtus)이라고 여겨진다—에 두어지는가에 따라서 그 의미는 아주 다르다. 또한 이성도 오로지 논리학과 변증론에 정통한 사람이 생각하는 이성과 자연학과 형이상학적 탐구에 정통한 사람이 생각하는 이성은 상당한 차이가 있다. 더욱이 인간의 죄에 의해서 이성이 근원적으로 약화되어 부패되어 버렸다고 해석하는가 아니면 이성은 근원적으로 건전한 것이라고 해석하는가 라는 차이도 중요하다. 중세에 있어 신앙과 이성의 문제에 관해서 생각할 경우에는 이러한 신앙과 이성의 다양성 혹은 의미의 추이에 주의를 기울여야만 한다.

그런데 중세에 있어 이성과 신앙의 문제의 역사는 그 이전의 역사인 교부 시대에서 기독교 신앙과 그리스철학의 대결을 배제하고서는 이해할 수 없는데 여기서는 두 가지의 극단적인 경우로서 순교자 유스티노스와 테르툴리아누스 및 그 종합으로서 아우구스티누스를 언급하기로 한다. 유스티노스의 경우 기독교 신앙은 스토아학파 · 페리파토스학파 · 피타고라스학파 · 플라톤학파 모두에 만족하지 않았던 철학적 탐구—그것은 동시에 신의 탐구였다—의 종착점이 된 가장 완전한 철학이었다. 말하자면 그에게 있어 신앙은 이른바 철학적 이성보다도 훨씬 뛰어나고 이성적이었던 것이다. 이에 반해 테르툴리아누스에 있어 철학은 성서에서 말하는 '이 세상의 지혜'이며 헛된 논의에 불과하고 신앙과는 어떠한 관계도 없었다. 아테네와 예루살렘은 전혀 무관하고 아카데미아와 교회 간에는 어떠한 일치도 발견되지 않는 것이다. 이와 같이 유스티노스와 테르툴리아누스는 신앙을 토대로 하여 이성적 탐구의 성취를 이루려고 하는 입장과 신앙의 이름으로 이성을 초월 혹은 거부하는 입장을 대표하는 것으로 말할 수 있다.

이 양자의 대립은 아우구스티누스에 의해 이성적 탐구는 신앙으로부터 출발하여 (진리 그 자체인) 신의 직관을 향해 나아간다는 방식으로써 종합되고 있다. 즉 아우구스티누스는 예언자 이사야의 "너희가 믿지 않으면 너희는 결코 바로 서지 못한다!"(If you will not believe, surely you shall not be established)[『이사야서』, 7:9]는 말을 되풀이하여 인용하고 이해하기 위해서는 (즉 이성적 탐구가 결실을 맺기 위해서는) 우선 믿어야만 한다고 주장한다. 왜냐하면 인간의 정신 내지 이성은 죄 때문에 약해지고 어두워지고 병들고 있기 때문에 우선 (신에게 절대적으로 자신을 맡기고 마음을 여는 태도로서의) 신앙에 의해 강해지고 정화되고 치유되는 것을 필요로 하는 것이다. 그러나 신앙에 의해서 조명(照明)되고 강화된 이성은 이번에는 자신이 믿고 있는 신적인 진리를 가능한 한 이해하려고 노력한다. 그것은 어디까지나 인간이성의 노력이면서 동시에 (그것이 신앙에 의한 조명하에 행해지는 한) 신의 은총에 의한 것이다. 그리고 이러한 노력을 통해서 도달되어야 할 궁극적인 목적이 바로 신의 직관(즉 신과의 직접적인 합일)이다.

이와 같이 이해하고 깨닫기 위해 믿는다는 것을 출발점으로 하여 신앙의 이해라는 과정을 거쳐 종점, 즉 신의 직관에 도달한다는 아우구스티누스적 종합이 중세 전체를 통해서 행해졌던 신앙과 이성을 결합하려고 하는 시도의 모범이 되었던 것이며 어떤 의미에서는 이 종합의 파탄이 그대로 중세의 종말을 의미했다고 말해도 좋을 것이다.

아우구스티누스에 의해서 성취되었던 신앙과 이성의 종합을 계승하여 전개시키려고 하는 시도 가운데서 최초의 주목해야 할 시도는 안셀무스(Anselmus Cantaberiensis, 1033～1109)에게서 발견된다. 안셀무스는 아우구스티누스의 이론에 정통해 있고, 그의 저서 가운데서 아우구스티누스의 가르침과 조화되지 않는 것은 어느 하나도 말하지 않았다고 언명할 만큼 아우구스티누스에게 기울어 있었다. 그러나 그는 아우구스티누스의 이론을 논리적으로 정합적이고 엄밀한 형태로 마무리하려고 했던 것이며 그로써 '스콜라학의 아버지'로 불리기에 이르렀다. 신앙과 이성의 문제에 관해서도 "알기 위해서 믿는다."(credo ut intelligam)[7] 및 "이해를 탐구하는 신앙"(fides quaerens intellectum)이라는, 아우구스티누스의 입장을 충실히 정식화했던 것으로 받아들여지는 말로써 자신의 입장을 요약했던 것이다.

그러나 안셀무스는 아우구스티누스와 함께 참된 의미에서의 이성적 탐구는 믿는 것을 출발점으로 삼아야만 하고 항상 신앙에 비추어 그 길을 걸어 나가야 함을 주장했는데 신앙 내용의 이해와 깨달음에 관해서는 아우구스티누스와는 아주 다른 입장을 취하였다. 즉 신앙 내용을 이해한다고 할 경우 최소한의 이해로부터 완전한 이해까지 다양한 단계가 생각되는데 안셀무스는 아우구스티누스가 세운 한계를 훨씬 넘어 나아가고 있는 것이다. 예를 들면 삼위일체의 가르침에 관해서 아우구스티누스는 성부 · 성자 · 성령이 세 신이 아니고 유일한 신이라고 믿는 것은 인간의 이해를 넘어서고는 있지만 결코 이성에 반하는 것은 아님을 가능한 한 명확하게 하려고 시도한다. 그런데 안셀무스는 신이 삼위(三位)이자 유일한 신인 것을 그 필연성에서 논증할 수 있다고 생각하고 있었던 것이다.

말할 것도 없이 안셀무스는 단순히 신앙 내용을 이성적 논증으로 환원하려고 시도하고 있는 것은 아니다. 이성에 의한 신앙 내용의 이해 · 논증은 어디까지나 신앙을 전제로 하여 행해지고 있는 것이다.

---

7) 이와 대비되는 것이 '믿기 위해서는 먼저 알아야 한다.'(intelligo ut credam)는 토마스 아퀴나스의 명제이다.

다른 한편 그러나 이성이 어디까지 신앙 내용을 이해할 수 있는가 라는 문제에 관해서 안셀무스는 거기에 거의 한계를 인정하지 않았다는 인상을 피할 수가 없다. 따라서 안셀무스에게 신앙과 이성의 종합은 신앙이 이성 안에 흡수되어 버린다는 커다란 위험을 내포하고 있었다고 말할 수 있다.

이러한 안셀무스적 종합의 문제점은 그에게서 이성은 오로지 논리학과 변증론의 이성이며 자신에게 고유한 탐구 영역을 가지지 않았던 데에 그 원인이 있었다고 생각된다. 그리고 경험적 사실로부터 출발하면서 그 원인을 향하여 탐구를 진행해 가는 이성의 광대한 고유 영역이 있음을 가르쳤던 것이 바로 아리스토텔레스였다. 이 때문에 13세기의 토마스 아퀴나스(Thomas Aquinas, 1225~74)에게 신앙과 이성의 문제는 신앙 내용의 이해라는 형태로 이 두 가지를 결합 · 종합하기 전에 자신에게 고유한 탐구 영역을 가진 이성과, 신앙을 명확하게 구별하는 것이어야만 했다.

그런데 아리스토텔레스의 이름으로 대표되었던 '이성'은 보수적인 신학자들의 눈에는 모든 실재를 자신의 힘으로 파악할 수 있는 것처럼 우쭐대는 신앙에 대한 위험한 경쟁자 혹은 파괴자로 비쳤던 것이다. 환언하면 그들에게 있어서 이성은 바로 '타락한 이성'이었다. 따라서 이들 신학자의 노력은 이성을 그 고유한 탐구 영역에 가두어 그것이 신앙에 개입하는 것을 저지하는, 즉 이성과 신앙을 분리하는 방향을 취했던 것이다.

이러한 분리의 경향은 1277년 안셀무스에 의한 '과격한 아리스토텔레스 철학'의 단죄 이후 두드러지게 되고, 어떤 방식으로든 신앙과 이성을 종합하려고 시도했던 스코투스(Duns Scotus, 1266~1308)도 그 예에서 빠지지 않는다. 이른바 스코투스의 주의주의(主意主義)도 신앙과 이성의 분리라는 관점에서 해석할 수 있다. 이 경향이 결정적인 것으로서 나타난 것이 14세기의 오컴(William Occam, c. 1285~1349)에게서이며 그의 이른바 유명론(唯名論)은 여기에서 문제 삼고 있는 이성에 대한 불신이라는 것을 떠나서는 이해할 수 없다. 이리하여 토마스에게서는 각각 고유한 영역을 가지는 것으로서 구별되면서도 신앙 내용의 이해라는 기독교인의 중심 과제의 수행에서 종합되고 있었던 신앙과 이성은 오컴에게는 명확하게 구분되었고 이로써 아우구스티누스적 종합에 종지부가 찍혔던 것이다.

그런데 우리는 앞서 중세에 있어 신앙과 이성의 문제를 이해하기 위해서 그 전사(前史)로서 유스티노스 · 테르툴리아누스 · 아우구스티누스를 개관했던 것인데, 아우구스티누스적 종합이 붕괴되어 신앙과 이성이 분리의 길을 걸었던 중세 이후의 역사를 가장 두드러진 방식으로 체현하고 있는 예로써 마르틴 루터(M. Luther, 1483~1546)를 들 수 있을 것이다.

루터가 여러 기회에 걸쳐 인간이성을 '악마의 매춘부'로서 격렬하게 공격하고 있는 것은 잘 알려진 사실이며 그가 이성을 매도할 때의 격렬하고 거친 문구는 "그의 비판자의 대부분이 자신들의 품위를 떨어뜨리는 것을 두려워하여 재현 혹은 적어도 번역하는 것을 꺼릴 정도이다." 그는 또한 아리스토텔레스에 대해서도 '악취를 풍기는 철학자,' '이교도의 괴수,' '게으른 당나귀' 등 온갖 비난을 퍼붓고 있다.

그러나 우리는 이로부터 즉각 루터가 이성과 철학의 적이라든가 비합리주의자 라는 단정을 내려서는 안 될 것이다. 왜냐하면 루터는 인간의 이성이 자신의 고유한 영역을 가지는 것을 인정하고 이 고유 영역의 범위 내에서는 이성을 적극적으로 평가하고 있기 때문이다. 오히려 루터의 격렬한 이성 공격은 중세 말기의 이성과 신앙의 분리, 즉 이성이 신앙에 간섭하는 것을 월권으로 여겨 거부하고 이성을 어디까지나 그 고유한 영역에 가두어 두려고 하는 입장의 연장으로 볼 때 비로소 올바로 이해할 수 있다. 그리고 오늘날 우리가 신앙과 이성의 문제를 생각할 때에 우리의 사고의 근저에 있는 것을 돌이켜 보면 그것이 암암리에 루터적인 이성과 신앙의 분리라는 근본 전제 위에 서 있음을 인정하지 않을 수 없는 것이다.

토마스 아퀴나스에 있어 이성과 신앙의 문제를 고찰할 경우에 먼저 명확하게 해 두어야 할 것은 그가 인간의 이성에 고유한 탐구 영역이 있음을 인정하고 그것과 신앙에 속하는 것을 명확하게 구별하고 있다는 점이다. 즉 인간이성이 자신의 고유한 영역에 의해서 혹은 자신의 고유한 빛 아래에서 행하는 탐구가 철학으로 불리는 것인데 이것은 사물을 그 자체에서(per se), 그 고유한 본성에 따라서 고찰한다. 그것은 사물을 그 고유한 원인으로부터 파악한다고 말할 수 있다. 이에 반해 신앙은 사물이 신과 관계되는 한에서, 그에 속하는 것들에만 관계한다. 단적으로 말해서 신앙은 모든 것을 신의 관점에서(sub ratione Dei) 바라보는 것이다.

이 구별은 오늘날의 우리들에게는 별로 언급할 필요가 없을 만큼 명백한 것인데 중세에는 반드시 그렇지 않았음을 우리는 이미 알고 있다. 물론 어떠한 경우에도 탐구와 인식을 행하는 것은 인간의 이성인데 탐구와 인식을 가능케 하는 빛은 어떤 신적인 것이며 인간에게 고유한 것은 아니라는 고찰 방식이 토마스의 시대에도 뿌리 깊게 남아 있어서 그러한 고찰 방식에서 이성은 결국 신앙 안에 흡수되는 경향이 나타났던 것이다.

이와 같이 이성에 고유한 탐구 영역을 인정한다는 토마스의 입장을 확실하게 드러내고 있는 것이 『신학대전』(*Summa Theologica*, 1266/75) 서두의 물음이다. 그것은 "철학적인 학문들 이외에 다른 가르침을 가지는 것이 필요한가?" 라는 물음인데 여기에서 토마스는 인간이성의 고유한 능력에 의해서 탐구되는 철학이 그 자신의 권리로써 성립하고 있음을 전제한 후에 그 외에 또 다른 가르침인 신학—거룩한 가르침(sacra doctrina)—이 필요한가 어떤가를 묻고 있는 것이다.

나아가 철학은 신학의 시녀(ancilla theologiae)라는 말도 실은 이성의 고유 능력에 의해서 영위되는 철학과 그것을 넘어선 신앙의 구별을 전제로 하는 것이라고 할 수 있다. 토마스 자신은 이 평판이 나쁜 말을 인용하여 신학과 철학의 관계를 설명하고 있고 그로부터 철학은 신학에 봉사하는 것으로서 규정되고 있다. 그러나 이 말은 철학에 대한 경시나 부정적 태도를 의미하는 것이 아니라 오히려 반대로 철학이 그 고유 영역에서는 어디까지나 자율적이라는 것을 전제로 하고 있는 것이다.

이 양자의 관계는 토마스가 즐겨 언급하는 건축가와 기술자 사이의 관계에 비유할 수가 있다. 건축가는 목수나 미장이 등에 대해서 각자의 전문적인 일에 관해서 간섭하는 것이 아니라 오히려 그들의 뛰어난 기술을 종합하여 저택이나 교량을 건설한다. 기술자는 각자의 전문 직종에 관한 한 어디까지나 독립적이며 그렇지 않을 경우 건축가에게 봉사하기는커녕 귀찮은 존재가 되어 버린다. 마찬가지로 철학도 그 고유한 영역에 관한 한 어디까지나 자율적으로 그 탐구를 진행하는 것이 신학의 입장에서 오히려 요구되는 것이다. 철학(이성)은 자신의 고유한 영역에 관한 것에서 신학의 지도를 기다리거나 그 간섭에 굴복하지 않는다. 또한 철학이 유효한 방식으로 신학에 봉사할 수 있기 위해서는 범속한 철학이어서는 안 되고 오히려 탁월한 것이어야만 한다. 토마스는 '신학의 시녀'라는 말을 이러한 의미로 이해하고 있고 그로부터 신학자로서의 자신의 임무를 보다 잘 수행하기 위해 철학연구에 깊이 몰두하였던 것이다.

그러나 신앙과 이성의 구별은 토마스에게서는 결코 그것들을 분리하는 것은 아니었다. 이 점을 분명히 하기 위해 언뜻 매우 닮은 것처럼 보이면서 실제로는 현저히 동떨어진 칸트와 토마스의 입장을 비교해 보자. 칸트는 『순수이성비판』 제2판 서문에서 "나는 신앙을 받아들일 여지를 마련키 위해 '지식'을 배제하지 않을 수 없었다."고 말하고 있다. 여기에서 지식이라는 것은 신 · 자유 · 영혼 불사 등, 초경험적인 것들을 인식할 수 있다고 칭하는 (사변적) 이성의 '월권'을 가리키고 있다. 즉 칸트에게서는 이성이 이들 형이상학적 문제에 간섭하는 것은 바로 그것들이 경험—즉 인간이성에 고유한 영역—을 넘어서고 있기 때문에 월권인 것이다.

그런데 토마스도 신앙과의 관계에서 인간이성의 월권 · 자만에 관해서 말하고 있다. 즉 토마스에 의하면 자만은 오류의 원천인데 사람들 중에는 자신의 지성을 과신한 나머지 모든 실재를 자신의 지성으로써 이해할 수 있다고 하여, 참이란 자신에게 그렇게 생각된 것, 거짓이란 자신에게 그렇게 생각되지 않은 것이라고 믿고 있는 자가 있다. 그리하여 인간 정신이 이러한 자만으로부터 해방되고 겸허하게 진리를 탐구할 수 있도록 그의 이해를 전적으로 넘어선 것들이 (신앙의 대상으로서) 계시되는 것이 필요하다는 것이다.

이와 같이 토마스에게서는 인간이성이 자신의 고유 영역—즉 자신의 능력으로 이해할 수 있는 것들—을 넘어서서 신앙에 속한 것을 간섭하는 것은 결코 그 자체 월권이 아니다. 반대로 인간이성은 '신앙에 속한 것은 자신의 이해를 넘어선 것'이라고 겸손히 인정한 후 비로소 그 탐구에 종사해야 한다는 것이다. 이로부터 칸트의 분리와 토마스의 구별의 차이는 명백할 것이다.

칸트에 있어 인간이성은 자신의 고유한 영역에 머물러 신앙에 속한 것들에 간섭해서는 안 된다고 주장되고 있는데 반해 토마스에게서는 인간이성의 고유 영역을 확립하는 것은 그 안에 자신을 가둔다는 것을 의미하는 것이 아니라 오히려 그것을 초월해야 함을 의미하고 있었던 것이다. 쉽게 말해서 칸트에 있어 인간이성은 어디까지나 내재주의적으로 파악되고 있는데 반해서 토마스에게서는 내재-초월적 혹은 자기 초월적인 것으로서 파악되고 있는 것이다. 그리고 신앙과 이성의 결합은 (신앙 쪽에서 어떤 식으로든 일원화를 시도하지 않는 한) 이러한 이성의 자기 초월적인 성격을 인정하지 않고는 원칙적으로 불가능하다고 말할 수 있을 것이다.

그런데 토마스는 실제로 인간이성의 자기 초월적인 성격을 확실히 인정하고 있었다. 그는 아리스토텔레스가 『니코마코스 윤리학』(*Ethica nicomachea*)에서 "사람이면 사람의 일을, 죽어야 할 자라면 죽어야 하는 일을 고려함이 좋다."고 설한 시모니데스(Simonides, BC 556~468)라는 인물에 반대하여 "인간은 가능한 한 불사적이고 신적인 것들에 자신을 근접시켜야 한다."고 주장하고 있는 것에 동의하고 있다. 즉 이성은 자력으로 탐구할 수 있는 고유 영역을 넘어서 가야 한다고 밀하고 있는 것이다.

더욱이 토마스에 의하면 이러한 인간이성의 자기 초월적인 성격은 인간의 자연 본성 그 자체에 속하는 것이다. 즉 인간은 아직 무언가 희구하고 탐구해야 할 것이 남아 있는 동안은 휴식을 알지 못하는데 인간의 내면에는 결과를 보거나 그 원인을 인식하려고 하는 욕구가 내재하고 있는 것이며 이 욕구는 제1원인의 인식에 도달하기까지는 안식을 알지 못한다. 환언하면 인간에게는 제1원인의 인식을 지향하는 자연 본성적인 욕구가 있고, 모든 인식 활동은 이 자연 본성적인 욕구에 재촉되어 이루어지고 있는 것이다.

그런데 인간은 이러한 제1원인을 인식하려는 자연 본성적인 욕구에 따라 움직이고 있음에도 불구하고 자신에게 고유한 능력에 의해서는 결코 그것에 도달할 수 없다. 즉 제1원인의 완전한 인식은 단지 그러한 것이 존재한다는 그런 인식이 아니라 그것이 무엇인가에 대한 인식이어야 하는데 그러한 인식은 인간이성에서는 전적으로 도달 불가능하다는 것이다. 왜냐하면 인간이성에 의한 인식은 감각에서 출발하는 것이며 따라서 그것이 미칠 수 있는 범위는 가감적인 것(sensibilia)을 통해서 겨우 이를 수 있는 것에만 한정되기 때문이다.

따라서 인간이성은 자신의 고유 능력에 의해서는 결코 인식할 수 없는 것에 자연 본성적으로 끌린다는 언뜻 보아 매우 부조리한 운명을 짊어지고 있다. 실은 칸트도 인간이성이 이러한 특수한 운명을 짊어지고 있음을 간취하고 있었다. 즉 형이상학적 문제는 이성의 자연적 본성에 의해서 이성에 부과되어 있기 때문에 배제할 수가 없는 것인데 다른 한편 그러한 문제는 인간이성의 모든 능력을 넘어서 있기 때문에 답할 수가 없다는 운명이다. 그런데 칸트가 이러한 문제에 관한 것을 월권이라고 하여 (사변) 이성에 금지한 것과 달리 토마스는 그곳에 인간이성의 자기 초월적인 성격을 인정했던 것이다.

즉 자연 본성적인 욕구가 헛되이 끝나 버리는 것은 있을 수가 없는 것이기 때문에, 그것이 인간의 고유한 능력에 의해서 성취되지 않는 것이라면 신의 은총에 의해서 가능케 된다는 것이 토마스의 생각이다. 따라서 이성은 이러한 도움을 기대하면서 자신에게 고유한 영역, 즉 그 한계를 넘어서 그 탐구를 진행시켜 나가야만 하는 것이며 그것이 바로 여기에서 말하는 이성의 자기 초월적인 성격이다. 그것은 구체적으로는 신앙에 속한 것들을 출발점으로 하여 그로부터 탐구를 진행시켜 나간다는 형태를 띤다. 즉 앞서 말했던 신앙 내용을 이해하려고 하는 시도—신학—이며 이 시도를 통해서 신앙과 이성의 종합이 실현되는 것이다.

따라서 토마스에 있어 이성과 신앙의 종합을 이해하고 해석하는 관건은 이성의 자기 초월적인 성격을 간취하는데 있다고 할 수 있을 것이다. 이성의 자기 초월성을 매개로 하여 비로소 신앙과 이성의 결합이

성취된다. 신앙이란 근본적으로 말해서 신의 은혜 · 은총이기 때문에 신앙과 이성의 결합이란 은총과 이성의 결합이다. 그런데 은총은 자연 본성적인 이성을 무한히 초월하는 고차원적인 완전성이기 때문에 이성과 은총이 결합하기 위해서는 이성이 그 자연 본성을 넘어서 높여지는 것이 필요할 것이다 참으로 신앙과 이성의 결합 · 종합은 단순한 공존이 아니라 오히려 이성이 신앙의 차원으로 고양되고 동화되는 것을 의미한다.

토마스의 비유를 따른다면 신앙 내용을 이해하려고 하는 시도(즉 신학)에서 이성(철학)인 물이 신앙인 포도주로 변화되는 것이다. 확실히 이러한 고양(高揚) · 변화는 이성이 그 자체로 자기 초월적인 것일 때에만 (즉 자기를 넘어서는 가능성을 포함할 때에만) 가능한 것이며 그런 의미로 앞에서 토마스의 이성과 신앙의 종합을 이해하는 관건은 이성의 자기 초월성에 있다고 말했던 것이다.

이렇게 봄으로써 토마스가 신앙과 이성의 관계를 "은총은 자연의 본성을 폐기하는 것이 아니라 오히려 예상하고 완성한다."(gratia non tollit naturam, sed praesupponit et ferficit)고 설명하는 의미가 이해될 것이다. 즉 은총인 신앙은 자연 본성인 이성—혹은 이성적 탐구—위에, 말하자면 서로 침투하지도 않고 침투 당하지도 않는다는 방식으로 중첩되는 것이 아니다. 오히려 은총인 신앙은 은총에 대해서 열리고 그것을 수용하는 것이 가능한 자연 본성을 예상하는 것이며 그러한 자연 본성인 이성에 대해서만 침투되는 것이다. 그리고 은총이 주어진다는 것은 그것을 받은 것이 고유한 한계를 넘어서 고양되는 것이며, 완성되는 것이다. 그리고 이러한 은총을 수용하는 가능성—즉 자신에게 고유한 한계를 넘어서 높여지는 가능성—이 바로 이성의 자기 초월성이다.

◆ 생각하기 ································

1. 토마스 아퀴나스의『신학대전』에서는 신학 전체가 신으로부터 나와 신에게로 돌아가는 만물의 운동, 그리고 이러한 신으로의 귀환의 유일한 길인 그리스도에 대한 고찰로서 구상되고 있다. 그런데 이러한 발출(exitus)과 귀환(reditus)이라는 관념은 신플라톤주의로부터 유래하는 것이다. 그렇다면 토마스의 신학 전체가 철학적 원리에 근거하여 구상되고 있는 것이 아닌가? 토마스에 있어 신앙과 이성의 결합·종합은, 그리스철학으로의 신앙의 환원 혹은 기독교의 헬레니즘화 라는 형태를 취하고 있는 것은 아닌가?

정도전의 불교관

여말선초 원(元)으로부터 주자학(朱子學)이 도입되어 성균관에서 회암(晦庵) 주희(朱熹, 1130~1200), 즉 주자의 『사서집주』(四書集注)를 중심으로 이론이 강론되고 문묘(文廟)에서 공자의 제사인 석전(釋奠)이 재개되는 등 왕조 교체기에 이념의 전환이 모색되는 상황에서 고려 멸망의 조짐이 현저해지고 불교가 타락하자 학자들의 종교관이 변화되기 시작하였다. 그 변화는 강온으로 나뉘었는데 원로학자들은 대개 불교적 관습과 불교와의 인연으로 온건한 입장을 취하였고 왕조의 교체가 불가피하다고 보는 혁신파는 주자학의 이념에 따라 불교 교리를 강하게 비판, 배척하기 시작하였다.

주자학을 기준으로 불교에 대해 공격적인 투쟁을 전개한 대표자는 삼봉(三峰) 정도전(鄭道傳, 1342~98)이다. 이에 대해 불교 쪽에서 방어에 나선 이는 득통(得通) 기화(己和; 1376~1433)이다. 정도전의 불교 공격은 「심문천답」(心問天答) · 「심기리편」(心氣理篇) · 『불씨잡변』(佛氏雜辨)에 잘 나타나 있고 기화의 방어논리는 『현정론』(顯正論)에 나타나 있다. 정도전의 불교 공격 이론은 송대 성리학자, 특히 주자의 불교 배척 이론을 많이 참조하여 정리한 것이다.

유교와 불교의 대립은 종교학적으로 보면 현세주의 대 출세간주의가 핵심이다. 오봉(五峯) 호굉(胡宏, c. 1105~55)이 그의 책 『지언』(知言), 「수신」(修身) 편에서 '석씨(석가모니)는 물(현실)을 떠나서 도를 구한다.'(釋氏, 離物求道)고 비판한 것은 이를 대변한 것이다. 그 다음 중요한 것은 이와 연관되는 교리의 문제이다. 그 대립은 세계관이나 우주관의 차이인데 우주 존재를 실재로 보느냐 아니면 마음의 구성 · 업보의 결과로 보느냐의 차이이다.

정도전은 『불씨잡변』에서 불교의 윤회설(輪回說) · 인과응보설(因果應報說) · 심성설(心性說) · 몰인륜성(沒人倫性) · 자비설(慈悲說) ·

진가설(眞假說) · 지옥설(地獄說) · 화복설(禍福說) · 걸식(乞食) · 선(禪)불교 등을 비판하고 있다. 한마디로 불교는 인륜을 멸하고 나라를 해치는 '멸륜해국(滅倫害國)의 도'라는 것이다.[8)]

득통 기화는 여말선초 고승으로서 척불(斥佛)에 대해 반론적인 성격의 저술로 『현정론』을 남겼다. 그는 불교의 교리로 유학, 특히 성리학(性理學)에 대응하였는데 한편으로는 성리학과 공존하는 방향으로 유불보완의 논리도 내비쳤다. 그는 유교에서 몰인륜성의 대표적인 사례로 비판하는 '출가'(出家)에 대해 말하기를 "우리 부처님의 가르침은 출가한 사람이나 재가한 사람이나 부처님의 도를 닦는 데 다를 바가 없다. … 인내력이 없는 사람은 세속에 있으면서 온갖 것에 물들어 도를 이루기가 어려우므로 집을 떠나 수행하라고 가르치신 것이다."라고 하여 모든 사람이 출가하라고 한 것이 아니고 재가(在家) 신도로서도 불도를 닦을 수 있다고 하였다. 기화는 척불론의 쟁점을 13가지로 정리하여 문답 형식으로 불교의 입장을 설명하였다.

1문) 불교의 출가는 효에 어긋나는 것이 아닌가?

1답) 출가성도(出家成道)도 다른 차원의 효가 된다. 공자도 입신양명하여 부모의 명예를 드러내는 것이 효라고 하지 않았는가?

2문) 불교의 속세를 떠남은 충, 즉 인간의 사회성을 저해하는 것이 아닌가?

2답) 불교는 교화를 통하여 군주와 백성을 교도하여 사회 유지에 큰 힘이 된다.

3문) 사냥과 육식은 노인봉양, 제사, 짐승의 피해를 막는 일에 필요한데 이는 불교의 불살생과 어긋나는 것은 아닌가?

---

8) 정도전의 불교비판에 대해서는 아래의 문헌을 참조할 것. 한자경, 「정도전의 불교비판에 대한 비판적 고찰」, 『불교학연구』 제6호; 『논쟁으로 보는 한국철학』(예문서원); 박홍식, 「여말선초의 척불논쟁」, 『유교사상연구』 제11집; 김미영, 「'유불일치론'에 나타난 함허당 기화의 불교사상」, 『불교학연구』 제8호.

3답) 불교에서 천지는 나와 한 뿌리요 만물은 나와 한 몸이라고 하였으며 유교에서는 어진 사람은 만물을 자기 몸과 같이 여긴다고 했으므로 살생을 하지 않는 것이 옳은 일이다.

4문) 술은 몸에도 좋은 약이 될 수 있고 제사에도 필요하다. 불교에서 술을 금하는 것은 잘못이 아닌가?

4답) 술은 정신을 흐리게 하고 덕을 손상시키는 대표적인 것이다. 유교 경전에도 술은 심지를 혼미하게 하고 위를 손상시킨다고 했다. 또 제사에는 재계가 중요한데 이를 위해서는 술을 마시지 않아야 한다. 그러므로 불교에서 계율로 금주를 정한 것은 옳다.

5문) 재물은 인간 생활에 필요불가결한 요소이다. 그런데 불교에서 보시(布施)를 요구하고 부처를 받드는 데 재물을 낭비하는 것은 잘못이 아닌가?

5답) 값진 재물은 화를 불러온다. 보시는 마음을 청결하게 하여 복을 가져오는 방편이다. 유교에서도 재물이 모이면 백성이 흩어지고 재물이 흩어지면 백성이 모인다고 했다.

6문) 사람의 생명은 음양으로 이루어져 있다. 마음은 혼백(魂魄)으로 이루어져 있다. 그러므로 사람이 죽으면 혼백도 마음도 없어진다. 불교의 천당·지옥은 허황된 것이 아닌가?

6답) 인간의 생사가 음양에 의한 것은 맞다. 그러나 마음에는 '육체에 깃든 마음'(肉團心)과 '맑은 참다운 마음'(眞明心)이 있다. 사람이 죽으면 육체는 물러가고 '참다운 마음'만 남는다. 『시경』(詩經)에도 "문왕의 혼령이 하늘에 오르내려 상제의 좌우에 계신다."는 말이 있으니, 하늘에 혼령이 있는 것이다. 또 천당·지옥이 없더라도 인민을 교화하는 데 영향이 크다. 실제로 천당·지옥이 있다면 더 말할 나위도 없이 좋다.

7문) 성인이 후장(厚葬)과 조상 추모의 교훈을 강조한 것은 자연의 섭리요 인간의 도리인데 불교가 화장하는 것은 잘못이 아닌가?

7답) 사람은 육체와 정신이 있는데 화장(火葬)의 뜻은 육체의 더러움을 버리기 위함이고 정신은 맑게 승천하도록 하기 위한 것이다.

8문) 불교에서는 사람이 경험할 수도 없는 전세·금세·후세라는 삼세를 주장하는데 이는 허황된 것이 아닌가?

8답) 『주역』에서도 역(易)은 과거의 일을 밝히고 미래의 일을 미리 살펴 잘못된 업보와 과거와 미래의 일을 밝힌다고 했다. 삼세의 설은 근거가 있다.

9문) 중국의 삼황오제로부터 공자로 이어지는 문화가 정통이다. 불교는 미개한 오랑캐 문화가 아닌가?

9답) 동·서라는 말은 피차가 시속을 따라 일컫는 말이지 꼭 중앙을 잡아 정한 것은 아니다. 부처가 오랑캐 사람이라면 순(舜)임금은 동이(東夷)에서 태어났고 문왕은 서이(西夷)에서 태어났다.

10문) 중국에 불교가 전파된 이후 인심이 각박해지고 기근과 전염병이 심해지는 등 그 피해가 크다.

10답) 모든 것은 시운(時運)의 성쇠와 중생의 업 때문이다. 불교의 허물로 돌리는 것은 옳은 생각이 아니다.

11문) 불교도의 무위도식(無爲徒食)은 백성들의 경제적 부담을 가중시켜 피해가 크다.

11답) 승려의 소임은 교법을 펴고 중생을 제도함에 있다. 이와 같이 하면 다른 사람의 봉양을 받아도 부끄러움이 없다. 맹자가 말하기를 "여기 한 사람이 있어 집에 들어와서는 효도하고 나아가서는 남을 공경하여 선왕의 도를 지키며 후학을 기다리고 있는데 그대들에게 음식을 얻지 못한다. 그대들은 어찌 목공·잡인 등 무지한 사람은 높여주면서 인의의 사람은 가볍게 여기는가?" 하고 말했는데 이 말씀은 도를 지키고 백성을 이롭게 하는 사람은 남들에게 의식을 얻어도 옳다고 한 것이 아닌가?

12문) 현재의 승려들은 수행과 공부를 하지 않아 식견이 없고 석가여래를 팔아 자기의 신명(身命)만 보존하려고 한다. 또한 불교사원의 세속화로 신도들만 모으는 데 열중하니 국가에 이익이 없는 것이 아닌가?

12답) 승려다운 승려가 되려면 오덕(五德)과 육화(六和)를 닦은 뒤에 가능하다. 명실상부한 사람들은 드물다. 그러나 승려의 잘못으로 인해서 불법을 폐지하라고 하는 것은 옳지 못하다.

13문) 불서(佛書)를 보면 불교는 허무에 힘쓰고 죽음을 숭상하는 허원적멸(虛遠寂滅)의 가르침이다. 자기를 수양하고 남을 다스리는 방책으로는 적당하지 못하다.

13답) 허원적멸이란 말은 그 전거를 찾기 힘들다. 대계(大戒)에 이르기를 효순(孝順)은 지극한 도리로 효를 계로 삼으라고 했다. 불교를 허원하다고 할 수 없다. 또한 『원각경』(圓覺經)에 마음이 맑아져 온 우주를 밝게 비친다고 했으니 불교를 적멸하다고 할 수 없다.

기화의 논리적 반론은 『불씨잡변』을 보고 그 내용을 조목별로 대응한 것이다. 기화는 유교 혹은 성리학의 불교 배척은 불경을 보고 연구하지 않았기 때문이므로 편견을 버리고 경전을 이해하고 생활에 활용한다면 유교와 불교는 상통하는 점을 발견할 수 있다고 하였다. 그런데 기화가 인용한 유교 이론은 거의 유교경전에 입각한 것으로 성리학 이론에 대해서는 언급을 하지 않았다. 그러므로 성리학 이론에 대한 깊이 있는 논쟁은 하지 못하였다. 그 점에서 정도전의 척불론에 대한 완벽한 반박은 아닌 셈이다.

이 논쟁 속에는 유교와 불교의 세계관의 차이가 개재되어 있다. 유교는 현실 그 자체를 실재로 인정하고 있다. 여기서 현실이란 가족 · 사회 · 국가라는 인간 공동체뿐만 아니라 가시적이든 비가시적이든 이 우주의 만물 존재 자체를 의미하고 있다. 성리학은 정신-물질 구분 없이 기의 운동과 작용에 의해 모든 존재를 설명한다. 그 실재 중에서도 유교는 특히 인간 공동체에 대해 관심을 기울여 윤리적 질서를 강조하였다. 반면에 불교는 유심론(唯心論)으로 마음이 현상 초월적이며 그 마음이 보는 대상으로서의 이 세계는 가상(假象)이라 하여 부정하였다. 모든 것은 인연생멸하기 때문에 영원한 실재가 없으며 근본적으로 모든 것은 이 마음이 구성하는 것이라고 보았다.

사실 정도전의 불교비판은 정치적 비판의 성격을 강하게 띠고 있다. 그리고 그의 비판 중 일부는 윤리와 종교의 건널 수 없는 차이를 어느 한쪽에서 논한 것이 있는데 이는 어쩔 수 없는 것으로 오늘날 관점에서는 종교문화사적으로 이해해야 할 것이다. 또한 종교철학적인 면에서 유심론과 기의 유물론적 실재론의 차이가 보인다. 성리학은 분명 기의 우주론으로 불교의 교리를 비판하였는데, 이것 역시 불교 유심론의 종교로서의 특징을 어떻게 보느냐와 관련되기 때문에 그 가치 우열을 간단히 논단하기는 어렵다. 유교나 불교 모두 종교로서 어느 정도 결점이 있다고 보지 않을 수 없다. 왜냐하면 불교는 학문에 그리고 유교는 윤리에 치우친 측면이 어느 정도 보이기 때문이다.

그런데 유교의 경우 사랑의 초월이 없는 것이 매우 큰 결점이라고 할 수 있다. 보편 사랑은 종교의 핵심인데 그것이 유교에는 부족하다. '만물일체의 인(仁)', '백성은 나의 동포요 만물은 나와 더불어 함께한다.'는 민포물여(民胞物與)와 같은 우주적 사랑이 있긴 하지만 전통적 가족애를 뛰어 넘지 못하였다. 불교비판을 통하여 성리학의 이러한 결점이 오히려 드러난 셈이다. 어떤 면에서 불교와 유교는 충돌할 요소보다는 오히려 서로 보완이 될 수 있는 요소가 훨씬 더 많다. 즉 불교의 사회적 폐단이 많지 않고 지나치게 철학적인 불교 교리를 쉽게 풀어 민중들에게 알리며 또한 민중 전도를 위한 채택한 세속적이고 비현실적인 일화들을 현실 친화적으로 만든다면 현세적 유교윤리를 충분히 보완할 수 있을 것이다.

◆ 생각하기 ··································

1. 정도전이 자의적으로 왜곡시킨 불교를 비판하는 것은 '허수아비의 오류'(straw man fallacy)를 범하고 있는 것이 아닌가?

기독교의 자연관 서양의 중세시대에 과학기술의 발전이 어떤 역할을 했는지 생생하게 파악하는 것이 주된 관심사였던 린 화이트 주니어(Lynn White Jr., 1907~87)는 1967년 『사이언스』(*Science*) 지에 발표한 그의 논문 「생태계 위기의 역사적 근원」(The Historical Roots of Our Ecologic Crisis)에서, 오늘날의 환경파괴의 한 원인인 서구인의 자연에 대한 착취적 태도가 유대-기독교적 교리에 유래하는 것이라고 주장하여 신학자들과 환경파괴에 관심을 기울인 사람들에게 큰 충격을 주었다.[9)]

그는 현대과학과 기술이 분명히 서구적이며 그것은 자연에 대한 인간의 우월성과 정당한 지배를 담고 있는 기독교의 교리를 모태로 하고 있기 때문에 서구의 유대-기독교는 지구 환경에 엄청난 죄악의 짐을 잉태하였다고 주장한다. 왜냐하면 그는 '인간의 환경 행동은 자신의 본성과 운명에 관한 신념, 즉 <종교>에 의해 크게 조건 지어진다.'고 생각했기 때문이다. 말하자면 어떤 사회에서의 사회적 경제적 정치적 행동 패턴은 그 사회의 구성원이 비언어적 레벨에서 '인간을 어떻게 평가하고 있는가' 그리고 그 사회 구성원이 '타자와 환경과 자신과의 관계를 어떻게 이해하고 있는가'에 따라 형성된다는 것이다. 사람들의 이러한 숨은 종교(crypto-religion)만이 서구 사회를 중심으로 행해져 온 대규모의 환경파괴를 역사적으로 설명할 수 있다는 것이 화이트의 주장이다.

그렇다면 기독교는 인간과 환경의 관계에 대해 어떻게 파악하고 있는가? 유일신교인 기독교의 '자연관'이 순환적 시간개념에 지배되는

---

9) 물론 독일의 실존주의 철학자 칼 야스퍼스(K. Jaspers, 1883~1969)나 신학자 하비 콕스(H. Cox, 1929~) 등도 역사적 기독교가 「창세기」 1장 28절을 인간중심적으로 해석하면서 자연은 우리가 실험할 수 있고 정복하고 사용할 수 있는 피조물이라고 주장한 바 있다.

다신교와 가장 현저한 차이를 보이는 것은 '창조'에 관한 부분이다. 「창세기」에 의하면 신은 빛과 어둠 · 하늘 · 땅과 바다 · 식물 · 낮과 밤 · 짐승을 차례대로 창조하였고(제1장) 사람을 자신의 형상대로 지은 후 그에게 다음과 같이 말하였다. "생육하고 번성하여 땅에 충만하여라. 땅을 정복하여라(dominium terrae). 바다의 고기와 공중의 새와 땅위에서 움직이는 모든 생물을 다스려라[radah]"(1:28). 이 말은 노아에게 다시 이어진다. "생육하고 번성하여 땅에 충만하여라. 땅에 사는 모든 짐승과 공중에 나는 모든 새와 땅위를 기어 다니는 모든 것과 바다에 사는 물고기가 너희를 두려워하며 너희를 무서워할 것이다. 내가 이것들을 다 너희 손에 맡긴다."(8:1~2).

이처럼 신은 두 번에 걸쳐 인간에게 다른 피조물에 대한 지배권을 주고 있다. 이에 대해 화이트는 다음과 같이 말한다. "인간(아담)은 모든 동물에게 이름을 붙임으로써 그들에 대한 자신의 지배권을 확립하였다. … 아담의 몸은 흙으로부터 지어졌지만 그는 결코 자연의 일부가 아니다. … 인간은 많은 부분에서 신의 전지전능을 공유한다. 이교도의 정령신앙을 깨뜨림으로써 자연물에 대해 냉담한 감정을 갖게 하여 인간의 자연 이용을 가능케 해 주는 것이 기독교이다. 그리하여 기독교는 인간과 자연의 이원론을 수립했을 뿐만 아니라 인간이 자신을 위해 자연을 착취하는 것만이 신의 의지에 맞는다고 주장하였다." 결국 화이트에 의하면 오늘날의 환경파괴는 자연에 대한 이러한 기독교적 태도에만 그 근원을 가지는 것이다. 그럼에도 불구하고 또한 그는 자연에 대한 적절한 자세로써 인간의 끝없는 통치 개념을 인간을 포함한 만물의 평등 개념으로 대체하고자 한 아씨시의 성 프란체스코(St. Francesco, 1181~1226)를 대안으로 내세운다.

그러나 화이트의 이러한 창조신화 이해에 대해서는 주로 「창세기」의 해석을 둘러싼 많은 비판이 제기되고 있다. 우선 도벨(P. Dobel, 1977)은 화이트의 분석에 타당성이 있음을 어느 정도 공감하지만 성경에 나타난 내용이 화이트가 주장하는 것처럼 그렇게 오만한 것이 아니라는 의견을 내놓았다. 인간은 원래 우리가 조심스럽게 다루어야 할 신의 선물, 즉 지구라는 배의 '청지기' 역할을 하게 되어 있었다고 주장하였다.

또 몬크리프(L. Moncrief, 1970)는 유대-기독교 이전의 사회에도 환경파괴는 있었기 때문에 기독교가 환경파괴의 유일한 원인이라는 화이트의 분석은 너무 단순하며 민주정체 · 도시화 · 기술 · 자연에 대한 공격적 자세를 포함한 복합적인 세력망이 지금의 생태적 혼란에 관여한다고 주장하였다. 최근 대표적으로 스테펜(L.H. Steffen, 1992)도 같은 맥락의 주장을 하고 있다. 그에 의하면 바다의 고기와 공중의 새와 땅위에서 움직이는 모든 생물을 다스리라는 신의 명령에 나타난 '다스리다'(radah)라는 동사는 ('단단히 밟다'는 의미를 가지고는 있지만) 『구약성서』를 통해 '피조물의 착취'와 같은 물리적 힘에 호소하는 강한 의미로는 사용된 적이 없고 오히려 정의 · 억압으로부터의 해방 · 샬롬이 주제인 문맥에서 '올바르고 책임 있는 관리'라는 의미로만 사용되고 있다.

실제로 신이 '다스림(지배)'을 명한 것은 타락 이전의 일이기 때문에 이 '지배'는 <에덴동산의 경작 · 관리>에 대한 책임과 깊이 연관되어 있다. 그것은 인간의 사명과 위치에 대해 인간의 피조물에 대한 '주인성'(mastership)을 주장함으로써 끊임없는 착취를 허가하고 있는 것이 아니라 오히려 신이 피조물의 관리를 인간에게 위탁한 청지기직(stewardship)을 말하고 있는 것이다. 그런 점에서 이 '청지기직의 인간론'은 서양의 근대 문명의 자연에 대한 '공격성'을 완화시키는 역할을 하고 있다. 이로써 기독교 신앙은 근대과학 기술 문화의 문제에 대해 새로운 각도에서 책임을 완수할 수가 있는 것이다. 이러한 인간과 피조물의 공생은 오히려 생태학의 관심에도 부합하는 것이다. 그렇다면 가장 기독교적이었던 중세의 인간이 자연에 대해서 사랑이 넘치는 헌신을 보였다는 막스 셸러의 주장은 참으로 통찰력이 있는 것임을 알 수 있다.

다만 칸트의 영향을 받은 근대 자유주의 신학자의 주장에 문제가 없었던 것은 아니다. 칸트는 인간의 이성적 자율을 외쳤는데, 그 이성은 자연을 지배하는 것이었다. 자유주의 신학자인 리츨(A. Ritschl, 1822~89)이 신의 나라를 해석하는데 사용했던 것은 바로 칸트의 이론에 토대를 둔 이성의 자연에 대한 우위 사상이었다. 이 점은 반성할 필요가 있지만 본래의 성서적 인간관이 <청지기직>을 그 중심에 두고 있음에는 변함이 없다. 어쨌든 화이트의 문제 제기가 지금도 큰 영향력을 행사하고 있는 기독교를 친환경적 종교로 거듭나게 하는 계기가 되었다는 점에서 그의 공로를 간과해서는 안 될 것이다.

◆ 생각하기 ·································

1. 오늘날 서구에서의 환경파괴가 정복적 자연관 때문이 아니라면 환경파괴의 참된 원인은 무엇인가?

이슬람 근본주의

근본주의를 한마디로 표현하기에는 너무나 많은 종류들이 존재한다. 원래 근본주의라는 용어가 등장한 것은 20세기 초반 미국 개신교(改新教)에서 기독교의 자유주의적 경향에 대립하여 일어난 보수파(保守派)의 신앙운동에서 의해서였다. 1910년 프린스턴 신학교의 메첸(J.G. Machen, 1881~1937)에 의해 성서의 무오류성(Inerrancy of Scripture) · 그리스도의 동정녀 탄생(Virgin Birth of Christ) · 그리스도의 대속의 죽음(Christ's Death of Atonement) · 그리스도의 육체적 부활(Bodily Resurrection of Christ) · 기적의 역사적 실재성(Historical Reality of Christ's Miracles)이라는 5대 강령이 제창되면서 시작되었다. 이를 토대로 미국의 기독교 근본주의는 성서비평 · 진화론 · 니체 철학 · 자유주의 신학 등을 거부하고 성경의 문자적 해석 · 엄격한 가부장적 권위회복과 도덕주의 · 금주운동 등을 추구하면서 사회악을 통제하려는 방식으로 진행되었다.

그러나 이러한 근본주의는 오늘날 개신교 전통을 넘어서서 이슬람과 유대교 그리고 힌두교 등 타종교의 종교부흥 운동이나 세속화 반대 운동 등을 포함하는 용어로 일반화되었다. 물론 기독교계 안팎에서 이 용어 사용을 반대하는 사람들이 있지만 오히려 사용범위는 점점 더 확산되는 추세이다. 따라서 현재는 근본주의라는 용어가 자신이 믿는 종교나 자신이 속한 민족 그리고 문화 전통에 집착하는 것이라는 보편적 의미를 가지게 되었고 이는 더 나아가 급격한 사회변동에 반발하여 근본으로 되돌아가려는 움직임을 포괄하는 사회학적 개념으로까지 확장되었다.

종교적 근본주의는 특정종교의 원리나 가치들을 그대로 세속사회에도 적용하려고 노력한다. 특히 근본주의자들은 자기 종교의 창시자나 혹은 초기 공동체의 법이나 경전에 따라 사회제도를 재건하려는 경향을 강하게 띤다. 그러므로 공동체가 위기에 빠질수록 현 세계를 거부하고 과거로 회귀하려는 경향이 나타나는 것이다. 현 세계에 대한 거부방식은 하나로 나타나는 것이 아니고 막스 베버가 분류한 대로 지배 · 적응 · 후퇴라는 세 가지 형태로 나타난다. 즉 같은 근본주의적 성향을 가지고 있어도 현존하는 세속문화의 위세에 눌려 스스로 세상과 분리하여 자신들만의 공동체를 만들어 사는 경우가 있는 반면 세속화된 사회에 적응하거나 혹은 더 적극적으로 통제하려는 경우도 있는 것이다.

그런데 우리가 근본주의라고 하면 자연스럽게 종교적 근본주의를 떠올리고 그 중에서도 제일 먼저 이슬람의 급진적 원리주의를 떠올리게 된다. 무엇 때문에 과격하고 급진적인 근본주의 하면 이슬람을 떠올리게 되는 것일까? 그 이유는 대략 세 가지로 나누어 볼 수 있는데 중동이라는 지정학적 원인 · 이슬람 교리가 가지고 있는 근본주의적 성격 · 이슬람 국가들의 정치경제적 실패가 그것이다.

중동(中東, Mideast)은 그 지정학적 특수성으로 인해 수세기 동안 서로 다른 문화, 특히 동양과 서양의 이질적 문명이 만나는 곳—인류문명의 발상지이자 유대-기독교 · 이슬람교가 태동한 곳으로 '종교와 언어의 박물관'이라 불린다—이었다.[10] 이는 여러 다양한 문화가 서로 교류하고 발전하는 계기도 되었지만 동시에 문명충돌의 무대가 되기도 하였다. 더욱이 현대에 들어와 최대의 석유매장량을 가지고 있어 산업혁명 이후 제국주의의 침투가 거세었고 2차대전 이후 이스라엘이 독립국가를 건설하면서부터 중동은 그야말로 '세계의 화약고'라고 불릴 만큼 가장 불안한 지역으로 손꼽혀 왔다. 안팎으로 불거지는 불안정은 대부

10) '중동'이라는 말은 미국의 해군제독이자 지정학자였던 마한(A.T. Mahan, 1840~1914)이 페르시아 만을 중간에 두고 아라비아와 인도를 포괄하는 명칭으로 처음 사용한데서 비롯되었다. 그 이전에는 주로 오토만제국을 가리키는 근동(近東, Near East)이라는 용어를 사용하고 있었다.

분이 무슬림인 이 지역 사람들로 하여금 점점 더 근본주의 신앙을 갖게 하는 큰 요인이 되었다고 할 수 있다.

다음으로 이슬람 교리 자체가 가지고 있는 근본주의의 성격이 과격한 이슬람 원리주의를 탄생시켰다고 볼 수 있다. 이슬람은 한마디로 '신정일치'(神政一致) 혹은 '성속일치'(聖俗一致)의 신앙을 가지고 있다. 이슬람이라는 말 자체가 바로 '알라에 대한 복종'을 의미하고 무슬림(Muslim)이라는 말은 '복종하는 자'라는 뜻이다. 그러므로 무슬림이 된다는 것은 이슬람 초기의 순수했던 신앙공동체로 돌아가려는 마음자세를 가지고 모하메드의 가르침이 적혀 있는 『코란』에 문자 그대로 가감 없이 복종하는 삶을 살아간다는 것을 의미한다. 이것은 바로 이슬람 자체가 근본주의적인 성격을 처음부터 지니고 있었음을 말해주는 것이다. 특히 이슬람 역사에서 일어난 다수의 개혁운동이나 부흥운동은 새로운 세상을 구상하는 것이 아니라 과거의 원리로의 회귀, 즉 막스 셸러의 표현을 빌리자면 근원으로의 복귀(Zurück zu den Quellen)를 주창한 것들이었다.

이슬람의 중심사상은 이슬람 공동체를 지칭하는 움마(ummah)라는 단어로 표현될 수 있는데 이것은 무슬림이라면 누구나 영적 · 문화적 · 정치적으로 연합해야 한다는 뜻이다. 또한 대부분의 무슬림들은 이슬람의 성스러운 율법인 샤리아(Shari'a)를 세속의 법보다 상위에 두고 세속법을 이들로 대체해야 한다고 믿는다. 이처럼 이슬람 원리는 근본주의 성격을 그대로 지니고 있고 이는 다른 종교나 문명과의 갈등을 불러일으킬 소지가 되고 있다.

그러나 아라비아 관련 전문가들 대부분은 이러한 견해에 대해 부당함을 호소한다. 이슬람은 원래 과격한 것이 아니며 근본주의라고 하는 것 역시 서구의 오해와 편견 때문에 생긴 것이라고 반박하고 있다. 즉 무슬림은 이슬람 공동체의 확장을 궁극적으로 추구하지만 그것을 달성하기 위해 반드시 무력을 앞세우지는 않는다는 것이다. 오히려 대부분은 대화나 평화적 선교 그리고 때가 이르기까지 현상을 유지하고 관망한다는 생각을 가지고 있다. 사실 성전(聖戰)을 의미하는 지하드(Jihad)도 무력전쟁만을 의미하는 것은 아니며 평화적인 포교를 포함하는 개념이다.

그럼에도 불구하고 이슬람이 가지고 있는 근본주의 속성은 해석에 따라 그리고 상황의 변화에 따라 과격한 형태를 띠게 될 개연성을 충분히 가지고 있음을 부정할 수 없다. 그리고 비록 소수에 불과하지만 실제로 이슬람 원리를 강제적이고 극단적인 방법으로 실현하려는 사례들이 있어 왔고 그것은 지금도 가장 심각한 불안요소 중의 하나가 되고 있다. 이렇게 과격한 원리주의가 이 지역을 중심으로 강화되는 것은 물론 이들 이슬람 국가들의 정치경제적 실패와도 깊은 연관이 있을 것이다.

◆ 생각하기 ·····································

1. 근본주의자나 종교개혁자 모두가 현재 사회의 위기에 대한 비판과 반작용에서 출발한다. 그럼에도 불구하고 양자는 엄연히 구별되는데 그것은 무엇 때문인가?
2. 이슬람은 지구상에서 가장 '오해받는 종교'로 불린다. 그 이유는 무엇인가?
3. 이슬람 원리주의자들의 개혁은 왜 과격할 수밖에 없는가? 이 과격한 개혁으로 그들이 제시하는 이데올로기의 내용과 배경은 무엇인가?
4. 이슬람을 제외한 다른 종교들의 근본주의에는 어떤 것들이 있는가?

유교의 정신: 거경궁리

유교에 있어 학(學)의 의미는 서구의 학의 의미와는 다른 점이 많다. 우선 서구의 일반의 특성은 대상을 객관화하여 이를 지적으로 파악하는 데 있는데 반해 유교의 목적은 성인을 본받고 나아가 성인이 되고자 하는 데 있다. 그러므로 그것은 애당초부터 실천적이다. 『논어』(論語)의 첫 구절의 '학이시습지'(學而時習之)란 표현이 이미 유가의 성격을 잘 규정하고 있는 것이라 생각된다.

여기서의 학의 내용은 윤리적 덕목이다. 그리고 그 학은 습(習)을 통하여 달성되며 그 습은 실천적인 행위를 통해서 가능하다. 습자는 원래 羽와 日의 합자이다. 즉 새가 매일 날개 짓 해서 나는 것이 새의 속성이듯 어떤 행위를 반복함으로써 그것이 체득되도록 한다는 것이 습의 본래 뜻이다. 『논어』의 「학이」(學而) 편에서 에서 공자는 "제자는 들어와서는 효도하고 나가서는 공손하며 삼가하고 미더우며 널리 사람을 사랑하되 어진 이와 친해야 하니 이를 행하고도 남는 힘이 있으면 글을 배우라."(弟子入則孝, 出則弟, 謹而信, 汎愛衆, 而親仁, 行有餘力則以學文)고 하였는데 이것이 그대로 유가의 성격을 잘 나타낸 것이라 할 것이다.

뿐만 아니라 유가사상의 전 체계가 이러한 성격을 띠고 있다. 쇄소응대(灑掃應對)를 배우는 『소학』(小學)에서 수신(修身) · 제가(齊家) · 치국(治國) · 평천하(平天下)를 지향하는 『대학』(大學)에 이르기까지 한 결같이 실천적 · 체득의 원리로서 일관되어 있다. 유교의 성격이 이와 같이 실천적 · 체득적인 것이므로 그 방법이 또한 자연히 행적(行的) 수행을 존중하게 된다. 그러면 지행(知行)을 겸하려고 하는 유가적 방법이란 어떠한 것인가?

유가적 방법을 규정한 대표적인 표현으로서는 아무래도 『대학』의 격물치지格物致知를 들어야 할 것이고 다음으로 『중용』(中庸)의 널리 배우고(博學) 살펴서 물으며(審問) 삼가서 생각하고(愼思) 분명히 분별하며(明辯) 독실하게 행하는(篤行) 것을 들 수 있다. 또 다른 사람이 한 번 하면 나는 백 번을 하고(人一己百) 다른 사람이 열 번을 하면 나는 천 번을 하는(人十己千) 독실한 방안과 선을 밝혀 몸을 성실하게 하는(明善誠身) 것 등을 들 수 있다.

이러한 방법들을 반성하고 구현한 것이 거경궁리(居敬窮理)의 태도이다. 이 거경궁리는 중용의 '덕성을 존중하고 묻고 배움에 말미암는'(尊德性道問學) 것과도 서로 통하는 것이라 할 수 있다. 즉 거경은 우리의 정신이 순연히 정제(整齊)되는 상태에 머무는 공부로서 곧 내적 정신수양이고 궁리는 사물의 이치를 밝히는 공부로서 객관적인 이법추구의 작업이다.

그렇다면 이 거경궁리의 구체적인 방안이 무엇이었던가? 이에 대한 해명을 퇴계(退溪) 이황(李滉, 1501~70)의 논의를 통해 살펴보기로 하자. 퇴계에 의하면 거경(行)과 궁리(知)는 별개의 두 가지 공부이면서 서로 뗄 수 없는 긴밀한 상관관계에 있는 것이다. 비록 양자가 불가분리의 상관관계에 있다 할지라도 그 추구의 방도에서는 분명 두 가지의 양단(兩端) 공부이기 때문에 편의상 거경과 궁리를 분리하여 두 측면에서 그 방법을 설명해 보고자 한다.

거경의 방법 거경(居敬)은 궁리와 대칭되는 것으로서 내적 정신적 수련에 그 본뜻이 있다. 그러나 거경은 궁리와 대등하게 대치되는 것에 그치는 것이 아니다. 거경은 궁리의 바탕이 되기도 한다. 그러므로 거경은 유교의 수양에서는 가장 근원적인 것이다. 그리하여 퇴계는 "대저 사람이 학문을 함에 있어 일이 있고 없음과 뜻이 있고 없음을 막론하고 오직 경(敬)으로써 주를 삼아야 한다."고 하여 거경의 절대성을 강조하였다. 이와 같은 경의 절대시는 불교의, 특히 선종(禪宗)의 자극에 의하여 발안된 유교적 수행의 한 방안이라고 볼 수 있다. 퇴계는 그의 「성학

십도차」(聖學十圖箚)에서 "경을 간직한다는 것은 사학(思學)을 겸하고 동정(動靜)을 관통하는 일이며 내외(內外)를 합하고 현미(顯微)를 하나로 하는 도입니다." 라고 하여 경의 근원성을 강조하고 「대학도설」(大學圖說)에서는 "경은 일심(一心)의 주재이며 만사의 본근이다." 라고 하였다. 그렇다면 그 경에 도달하기 위한 방법이란 어떠한 것인가?

① 정제엄숙(整齊嚴肅) 퇴계는 경에 관한 해설들 즉 정제엄숙 · 주일무적 · 정신이 항상 맑고 또렷하게 깨어있어야 한다는 상채(上蔡) 사량좌(謝良佐, 1050~1103)의 상성성법(常惺惺法) · 마음을 수렴하여 일물도 허용하지 않아야 한다는 화정(和靖) 윤돈(尹焞)의 기심수렴불용일물(其心收斂不容一物) 이라는 사조설(四條說)을 들고 그것이 결국 별개의 것이 아니라 하나로 통하는 것이라 하고 우선 정제엄숙을 실천함이 좋으리라고 권하였다.

명도(明道) 정호(程顥, 1032~85)가 설한 정제엄숙은 심신을 엄숙하게 가지는 것이다. 경이 물론 내적 정신적 전일(專一)을 추구하는 것이기는 하나 내적 전일이 외적 규제와 상호작용을 하는 것이다. 그러므로 가장 가까운 방법으로 외적 정제를 요구하게 된다. 「경재잠」(敬齋箴)에서 "의관을 바르게 하고 눈매를 존엄하게 하며 마음을 가라앉혀 가지고 있기를 상제를 대하듯 하라."(正其衣冠, 尊其瞻視, 潛心以居, 對越上帝)는 것을 제일 먼저 제시함도 그러한 이유에서라고 할 것이다.

그렇다면 정제엄숙을 실천하는 구체적 방안은 무엇일까? 퇴계는 그 실천 방안으로 안회(顔回)의 "예가 아니면 보지도 듣지도 말하지도 움직이지도 말라"(非禮勿視聽言動)는 것을 들고 있다. 이것은 사회적 규범에 충실할 것과 처신의 은인자중을 강조한 것이다. 이의 실천을 오래 계속하면 자연 우리의 마음이 이법에 익숙해지고 따라서 우리의 마음이 순일하게 되어지기 마련이다. 그것은 곧 경으로 나아가는 길이다. 정제엄숙이 경의 방법으로 강조되는 까닭도 이러한 이유에서인 것이다.

② 주일무적(主一無適) 주일무적은 이천(伊川) 정이(程頤, 1033~1107)의 경에 대한 해석이다. 그 해석 자체가 바로 그 방법을 나타내는 것이기도 하다. 주일무적이란 마음이 한 가지 사실에 전일케 되어 다른 것에 흩어지지 않음을 뜻함이다. 퇴계도 이 주일무적을 역설하였다.

> 경이란 무엇인가? 주일(主一)을 이름이다.

> 한 그림에 관하여 생각할 때는 마땅히 그 그림에 전일해서 딴 그림이 있음을 알지 못하는 듯이 하고 한 가지 일에 관하여 익힐 때에는 마땅히 그 일에 전일해서 마치 딴 일이 있음을 알지 못하듯 해서 아침에나 저녁에나 항상 그러해야 하고 오늘에도 내일에도 항상 그러해야 합니다.

주일무적이란 즉 당면한 일에 전심하는 것이며 공연한 안배를 피함이다. 그것은 곧 「경재잠」의 "일을 당하여서는 그 일에만 마음을 두어 그 마음 씀을 딴 데로 가지 않도록 하라(當事而存, 靡他其適)"는 것과 같은 의미이다. 그런데 한 가지 사실에 전일한다고 해서 그것에 집착되어서는 아니 된다. 주일무적 해야겠다고 바싹 정신을 긴장시켜 한 가지 일에 정신을 집중시키는 것, 그것이 곧 착의(着意)이다. 그리하면 이미 그것은 자연스럽고 순일한 정신상태는 아니다. 다시 말해서 참다운 경이 되지는 못한다. 그렇다고 방일하고 허탄해져서도 안 된다. 그러므로 착의도 착의 아닌 것도 아닌 다시 말해서 착의도 착의 아닌 것도 넘어선 자연스럽고 본래적인 마음의 자세로 돌아올 때 경은 획득되는 것이라 할 것이다.

③ 물망물조(勿忘勿助) 퇴계는 제자에게 당부하는 글에서 "다만 때에 따르고 일을 좇아 힘써 잘 처리해 가는 공을 쌓되 물망물조해서 경의(敬義)를 아울러 가지고 조금도 쉼이 없는 것이 가장 긴절(緊切)한 공부이다." 라고 말하고 있다. 물망물조는 원래 『맹자』(孟子)의 '호연지

기'(浩然之氣)를 설명하는 가운데 나오는 구절인 '일을 함에 있어 반드시 미리 예단하지 말고 마음에 잊지 말며 조장하지도 말고 송나라 사람같이 하지 말지니라(必有事焉而勿正, 心勿忘, 勿助長也, 無若宋人焉', 「공손추」(公孫丑) 上)에서 유래한 말이다. 이 표현은 본래 맹자가 호연지기를 키우는 방법으로 주장했던 것인데 송대에 와서는 그 법이 그대로 지경(持敬)의 방법으로 채용된 것이다. '물정'의 정(正)을 주자(朱子)는 예기(豫期)라 하여 우리가 사물을 대할 때 그 일이 어떻게 되리라는 것을 앞질러 예단하지 말라는 뜻이라고 했다. 예기함은 이리저리 안배함이니 거기에 사의(私意)가 개입되어 순수하고 전일한 경이 될 수 없는 것이다.

'물망'은 그 일을 잊지 않고 그윽이 마음속에 간직함을 뜻한다. 잊지 않음은 생각을 간직함이다. 즉 존심(存心)하고 명심(銘心)함이다. 존심은 바로 경으로 나아가는 길이다. 그러므로 송대(宋代)에는 '존심'이 매우 강조되었다. 존심양성(存心養性) 등의 용어의 빈번한 사용례가 그것을 나타내고 있다. 그런데 이 존심 공부는 심이 함부로 방일(放逸)되지 않고 내 속에 간직될 때 나의 주체성이 행사되어진다. 그리고 존심이 철저하면 철저할수록 나의 주체성도 따라서 확고해진다.

우리의 용어에 '심주(心柱)가 굳다'는 말이 있다. 존심은 곧 조심(操心)이다. 이 '존심' 또는 '심주가 확고히 되어 간다는 것'은 곧 선의지가 확고해져 간다는 의미이기도 하다. 왜냐하면 유교의 정통사상은 성선(性善)이기 때문이다. 확고한 선의지가 기둥처럼 확고해지는 이러한 경지는 유가적 공부의 궁극처이다. 그런데 이 경지의 응결에까지 이르는 데는 마음의 소재를 잊지 않는 오랜 물망의 공부가 있어야 하는 것이다. 여기에 물망이 강조되는 까닭이 있다.

물조장은 무리를 하지 말라 함이다. 맹자는 조장의 예로서 송나라 사람이 자라지 않은 곡식이 민망하여 하나하나 뽑아 올렸더니 그대로 시들어버렸다는 이야기를 인용하였다. 양기(養氣)에 있어 무리한 조장은 그만큼의 기의 결핍을 동반하기 마련이다. 그러므로 조장은 배제되어야 한다. 그런데 존심에서도 이치는 마찬가지이다. 조장은 곧 무리한 정신의 집중을 뜻하는 것이며 그것은 필연적으로 그만큼의 해이를 수반하기 마련이다. 물망물조는 즉 정신의 방일함도 무리한 집중도 피하고 허명한 마음의 본체를 밝히려는 노력이다. 그것이 곧 경으로 나아가는 길이다.

④ **적구점숙(積久漸熟)** 적구점숙은 문자 그대로 오래 쌓음으로써 점차 완숙해져 간다는 뜻이다. 적구점숙은 궁리의 방법 중 침잠완색 가운데 은연중 뜻이 포함되어 있는 것인데 거경의 방법으로도 중요한 의미가 있다.

우리는 학문하는 과정에서 간혹 확연한 순간을 맛보게 되고 스스로 만족스러운 경험을 가지는데 다시 별개의 상황에 처하면 새로운 의혹을 가지게 되기 마련이다. 그것은 깨달음이 철저하지 못하기 때문이다. 다시 말해서 깨달음이 완숙하지 못하기 때문이다. 그는 이 점을 지적하였다.

> 평안하고 조용한 가운데서 명쾌하고 시원함을 느끼고 그 상태가 그대로 지속될 듯 여겼는데 갑자기 부질없는 일이 한 가지 닥칠 때 응접함에 있어 조금이라도 점검하지 않으면 그만 (그 명쾌함이) 없어져버리니 그 이유는 다름 아니라 완숙하지 못하기 때문이다.

완숙하지 못함으로 인하여 명쾌한 경지가 사라져버린 것에 대해 실망할 필요는 없다. 공부만 부단히 쌓으면 그 성공은 필연적인 것이다. “애써 노력하기를 오래 계속해서 그치지 않으면 어찌 성공하지 못할 것을 근심하겠는가?” 라고 하여 노력만 하면 기필코 성공할 수 있음을 확신시키고 더욱 그 노력을 강조하여 “점진적인 노력을 쌓아 완숙하려면 그 효과를 가까운 시일에 구하지 말고 얻지 않고는 그만두지 않는 자세, 즉 종신사업으로 삼아야 한다."고 하였다. 이와 같은 구도자의 자세로서 지성스러이 공부하면 마침내 확고부동하는 명쾌한 경지에 머무를 수 있는 것이다. 그러므로 퇴계는 "다만 묵묵히 공부를 해서 전진하기를 그치지 않고 오래오래 학습을 쌓아서 마침내 완숙한 지경에 이르면 자연히 마음(心)과 이치(理)가 하나가 되어 때로 포착하기도 하고 때로 잃어버리기도 하는 그러한 병폐가 없어질 것이다." 라고 하였다. 적구는 말하자면 침잠완색을 계속 쌓음이다. 그리하여 그 경지가 점차 완숙해지는 것이 점숙이다. 그런데 완숙한 경지란 어떠한 경지인가? 흙덩이에 물이 흠뻑 배이듯이 마음과 이치가 완전히 융합됨이다(心與理一). 여기서는 주관과 객관의 분화를 넘어선 혼연한 전체가 있을 뿐이다. 이것이 동양적 지혜의 궁극처이다.

궁리의 방법 동양의 학문방법을 흔히 종합적이라고 하고 그와 반대로 서양의 과학적 · 물리적 방법을 흔히 분석적이라고 표현한다. 동양의 사고방식은 언제나 통일된 한 생명체를 문제삼는 경향이 있고 서양의 사고방식은 물론 전체생명을 고려하기는 하지만 특정부분을 엄밀히 파고드는 경향이 훨씬 강하다. 그런데 이 두 방법에는 각기 장단점이 있다. 즉 종합적인 방법이 전체를 파악하는 데는 장점이 있으나 때로 부분이 부각되지 못하는 단점이 있고 이와 반대로 분석적인 방법은 부분을 정확히 파악하는 데는 장점이 있으나 부분에 치중한 나머지 전체의 생명을 간과할 가능성이 있다. 사리를 온전히 파악한다는 것은 부분과 전체에 관통하는 조리를 하나 빠짐없이 이해함으로써 이루어지는 것이다. 말하자면 부분과 전체가 그대로 하나의 유기적인 연관체로서 파악이 되어야 하는 것이다. 그런데 퇴계는 바로 이 점을 강조하였다. 퇴계는 종종 골륜탄조를 범하는 제자 기대승(高峰 奇大升, 1527~72)에게 보낸 편지 가운데서

> 동질적인 것 가운데에서도 이질적인 것이 있음을 알아야 하고 이질적인 것 가운데서도 동질적인 것이 있음을 알아야 하며 하나를 둘로 분석한다 할지라도 그 미분(未分)의 상태를 해침이 없어야 하고 둘을 합하여 하나로 한다 할지라도 마침내 뒤섞여 버리지 않아야 하니 곧 주실(周悉)해서 편벽됨이 없어야 한다[『퇴계집』, 16권 10장].

고 주장하였다. 이는 곧 '종합'과 '분석'의 두 방법을 지양한 사물의 파악이다. '주실해서 편벽됨이 없어야 한다'고 할 때의 '주'(周)는 종합을 통해서 얻어지는 외적 전체를 뜻함이고 '실'(悉)은 분석을 통해서 얻어지는 모든 내용, 다시 말해서 개개의 측면을 말한 것이다.

기대승은 종종 이 실의 측면을 가볍게 보아 '대추를 씹지 않아 그 맛을 모르는' 골륜탄조(鶻圇呑棗)의 우를 범할 수 있다고 퇴계는 충고하고 있다. 결국 전체와 부분 그 어느 면에도 치우침이 없이 양자가 온전하게 살아나는 데서 한 사물의 이치가 제대로 파악되는 것이다. 그렇다면 이렇듯 사리를 주실하게 파악하려면 구체적으로 어떠한 방법을 따라야 하는가? 그 방법을 주희의 '물에 즉하여 그 이치를 궁구한다.'(卽物而窮其理)는 말을 토대로 즉물관(卽物觀)이라고 정리해 보자.

주희의 즉물에 있어 물(物)의 의미는 사(事)뿐만 아니라 자연적 존재도 함께 내포하고 있는 것이다. 그렇다고 그 물이 꼭 자연적 존재만을 의미하는 것은 아니고 정신적인 것까지도 포함한다. 물을 이렇게 해석하면 한 가지 중요한 문제에 직면하게 된다. 즉 즉물하는 그 '즉'(卽)의 의미가 무엇인가 하는 것이다. 왜냐하면 '즉'의 의미가 곧 동양적 방법의 특성을 규정하는 것이 될 수 있기 때문이다. 『대한화사전』(大漢和辭典)에 나오는 '즉'의 말뜻을 보면 취(就) · 종(從) · 니(尼) · 근(近) · 지(至) · 사(舍) 등의 뜻이 있다. 이 말뜻을 굳이 연관시킨다면 재미있는 연관이 성립될 수도 있을 것 같다. 즉 번호의 순서대로 '즉'은 대상에 나아가고(就), 나아가서 그를 따르고(從), 그리하여 친근해지고(尼近),

친근해져서 이르는 바(至)가 있고, 그리하여 거기에 머무는(舍) 결과를 가져온다고 풀이해 볼 수 있을 것이다. 이러한 풀이가 성립된다면 즉물은 그대로 하나의 방법론을 제시하고 있다고 할 수 있다.

'즉물'의 본뜻이 사물에 나아가고 그리하여 그와 친근해지고 사물과 융합하는 데 있는 것이라면 퇴계의 궁리법은 바로 그러한 즉물의 실천이라 해야 할 것이다. 대상을 인간적 · 자의적으로 안배하고 분석하고 나열하는 것이 아니라 대상을 전체적 연관의 한 계기로서 파악하고 그 대상에 자연스레 접근하여 친숙하게 관찰함으로써 대상 상호간에 막힘이 없는 융합된 전체를 파악하게 되는 것이다. 그러한 파악의 길은 인식주관을 확립하고 대상을 객관화하는 데서 얻어지는 것이 아니라 주관과 객관이 하나의 생명체 가운데 용해되고 그 생명의 흐름 가운데서 의식의 자각활동이 인식을 낳게 하는 것이다. 여기에 즉물관의 방법적 특성이 있다. 그렇다면 그 구체적 방법이란 어떠한 것인가? 여기에서 퇴계가 강조한 몇 가지 점을 추려 제시해 보자.

① 허심손지(虛心遜志) 퇴계에 의하면 허심손지는 진리를 추구함에 있어 가장 기본적인 태도이다. 퇴계는 이이(栗谷 李珥, 1536~84)에게 보내는 글에서 "허심관리虛心觀理하고 절대로 자기 견해를 앞세우지 말라."고 하였다. 또 다른 제자에게 보낸 글에서도 "글을 읽고 도리를 강구할 때는 반드시 먼저 마음을 비우고 한 걸음 물러설 일이고 결코 사견(私見)을 앞세우지 말라."고 하였다.

허심손지의 강조는 바로 선입견의 배제를 강조함이다. 진리는 공명정대하고 지공무사(至公無私)한 것이다. 이러한 진리는 또한 공명정대하고 지공무사한 마음에 한해 온전히 반영되고 수용되어지기 마련이다. 그 이유는 동양적 인식은 논리적 법칙에 의하여 얻어지기보다는 동질적인 생명의 교감 가운데서 얻어지기 때문이다. 선입견을 앞세우고 그를 고집함은 자연스런 생명의 교감을 차단함이다. 그런데도 학문하는 폐단은 사소한 지식을 자랑하고 그를 고집함으로써 무한대한 진리의 세계와 스스로 담을 쌓는데 있다. 그러므로 퇴계는 학문하는 자의 가장 기초적인 자세로서 '마음을 비우고 뜻을 순하게 가지는' 허심손지를 강조하였다.

이 허심손지는 선입견을 배척한다는 뜻에서 프란시스 베이컨(F. Bacon, 1561~1626)의 우상론(Idola)을 연상케 하는데 무한한 진리 앞에서 겸허하다는 점에서는 소크라테스(Socrates, BC c. 470~399)의 '무지의 지'(docta ignorantia)와도 서로 통하는 학구적 정신이라 할 수 있을 것이다. 허심손지는 유한한 인간이 진리의 존엄성과 영원성을 진정으로 감지할 때 비로소 가능한 것이기도 하다. 퇴계에 있어 허심손지는 그 삶과 학문에서 한 가지로 가장 기본적인 원리였다고 할 수 있을 것이다.

② 신사체찰(愼思體察) 마음을 비워 일체의 선입견을 배제한 후에 요구되는 것은 신사체찰이다. 퇴계는 지식을 이루는(致知) 방법으로서 '신사'를 특히 강조하였다. 지식을 이루는 방법으로는 『중용』의 널리 배우고 살펴서 물으며 삼가서 생각하고 분명히 분별하는 네 가지를 들 수 있는데 퇴계는 그 "네 가지 중에서도 삼가서 생각하는 것(愼思)이 특히 중요하다."고 하였다. 그리고 「성학십도차」에서도

> 듣건대 맹자의 말씀에 심(心)의 직책은 생각하는 것이니 생각하면 얻고 생각하지 않으면 얻지 못한다 하고 … 공자께서도 말씀하시기를 배우고서 생각지 않으면 없어져버리고 생각만 하고 배우지 않으면 위태롭다 하였습니다. … 생각(思)과 배움(學)은 서로 밝히고 서로 도움을 주는 것입니다.

라고 하여 궁리에 있어 사(思)를 강조하셨다. 그러면 '사'란 무엇인가? 마음(心)에 구해서 증험이 있고 소득이 있음(有驗有得)을 말하는 것이

다. 이에 대해 퇴계는 "마음에 구하지 아니하면 혼미하여져서 얻음이 없음으로 반드시 '사'로써 그 은미한 데까지 통찰해야 한다."고 하였다. 도대체 마음의 본체란 어떠한 것이기에 이에 구하면 얻는 바가 있다는 말인가? 말하자면 마음의 구체적인 내용이 무엇인가 하는 것이다. 결론적으로 말해서 그 심은 인심(人心)과 대칭되는 도심(道心)을 말함이며 유험유득은 도덕적 명법에 대한 확신과 체득을 뜻함일 것이다. 이것은 윤리를 지향하는 유교의 사상적 성격에 근거하는 것이다. 퇴계는 「무진육조소」에서 "신이 듣건대 제왕의 학, 심법(心法)의 요체는 순(舜) 임금이 우(禹) 임금에게 명한 것에 연원하는 것인데 그 말에 이르되 '인심'은 위태롭고 '도심'은 은미한 것이니 오직 정미롭고 오직 전일(專一)하며 미덥게 그 중(中)을 잡아야 한다(人心惟危, 道心惟微, 惟精惟一, 允執厥中)고 했습니다." 라고 하여 윤리적 지선(至善)의 실현에 궁극목표를 두었다.

그런데 은미한 도심에 오직 정미롭고 오직 전일(專一)하기란 참으로 어렵다. 그렇게 하여 황극(皇極)의 중을 잡는다는 것은 어려운 일이다. 여기에 정밀한 사색 다시 말해서 '신사'가 요구된다. 그리고 그 도심은 내 생명의 원천을 이룩하는 천부적인 것이다. 이에 대한 진실 된 파악이란 한 생명으로서의 투철성을 매개해야 한다. 그러므로 이러한 추구의 원리는 이지(理智)만을 주로 삼는 단순한 사색과는 그 취향을 달리 한다. 모름지기 아주 깊은 곳에서 이룩되는 생명의 교감을 가려내고 그를 몸소 체인하는 생명의 자기천명의 작업(體察)이 있어야 하는 것이다. 퇴계가 즐겨 쓴 '신사'와 '체찰'이란 용어는 바로 이 점을 강조한 것이리라 생각한다.

③ **침잠완색(沈潛玩索)** 퇴계가 즐겨 쓴 또 하나의 용어는 침잠완색이다. 이 침잠완색은 즉물관의 방법을 매우 잘 나타낸 표현이라고 할 수 있다. 침잠은 글자 그대로 잠긴다는 뜻이다. 서구적 방법론에서는

무엇을 탐구한다고 할 때 그 탐구 대상을 의식에 대립시켜 마주 내세운다. 다시 말해서 대상을 객관화하는 것이다. 거기에는 필연적으로 탐구하는 주체와 탐구되는 객체와의 대립을 보게 된다. 그런데 여기서는 대립이 아니라 객체 속에 잠겨야 한다는 것이다. 이 잠김을 강조하는 곳에 즉물관의 방법의 한 특색이 있다. 왜 침잠해야만 하는가? 그것이 궁리에서 효과적인 방법이기 때문이다.

그것은 동양의 세계관과 진리관을 보면 알 수 있다. 동양적 세계관이란 혼연한 것이요 전일적인 것이다. 서양에서처럼 정신과 물질이란 완전 이질적인 이원적 세계가 아니다. 물론 동양에서도 이기(理氣)라는 이원적 실재를 인정하는데 따지고 보면 그 이기도 태극이라는 절대자에 수렴되는 이원(二元)이며 태극의 양 측면이라고 할 수 있는 것이다. 나아가 절대적 존재인 태극을 '기'로서 파악하느냐 '이'로서 파악하느냐에 따라 주리(主理) · 주기(主氣)의 입장이 있을 수 있는데 실상 이를 완전히 무시한 기도 있을 수 없고 기를 완전히 무시한 이도 있을 수 없다. 이기는 서로 떨어져 존재할 수 없다(理氣不相離). 그리고 또 이는 법칙적인 것이요 기는 질료적인 것이기는 하나 그것이 사유를 속성으로 하는 정신과 연장을 속성으로 하는 물질 같은 것으로서 대비될 수는 없다. 유교에 있어 정신작용(心)은 이기가 합쳐지는 데서 생겨나는 묘용이라고 생각하는데 동양의 이기는 서구의 정신과 물질의 이원론과는 현격히 다른 것임을 알 수 있다.

리와 기는 불가분리하게 상즉하여 만물에 편재하여 있다. 그리고 만물은 이기를 떠나서 존재할 수 없다. 말하자면 만물은 이기의 현현(顯現)이다. 이러한 동양적 세계에서는 자연적 존재인 만물이라 할지라도 단순한 물질의 덩어리에 그치는 것이 아니라 생생한 생명의 표현 · 이법의 표현이라고 할 수 있다. 이렇듯 동양적 세계관은 혼연하고 전일적인 것이므로 거기에 내재하는 이법이 또한 한 유기체처럼 혼연한 것이다. 따라서 개개 사물의 이치가 각기 단절적인 것이 아니라 전체적 연관의 한 필연적 계기로서 존재하게 되는 것이다. 이러한 진리관에 입각하는 동양에 있어 그 궁리의 방법이 어떠해야 하는가? 대상 속에 침잠해야 하는 것이다. 대상을 나와 대립시켜 객관화해버리면 생명적인 연속에서 단절이 있을 뿐이다. 대상에 침잠하여 내적 · 생명적 교류를 함으로써 비로소 생생한 진리를 체득하게 되는 것이다. 여기에 침잠이 요구되는 까닭이 있다.

그런데 침잠한다고 해서 그대로 대상의 이법이 파악되어지는 것은 아니다. 침잠해서 탐색이 있어야 하는 것이다. 그 방법이 완색(玩索)이다. 완(玩)은 '구경한다' '즐긴다' 등의 뜻이 있다. 서구의 학문적 추구에서는 첫째 냉철한 논리적 이성이 요구되고 그 이성의 무한한 추리를 통하여 해답을 구하려 한다. 그러나 완색은 이와 다르다. 완은 감정의 기능이고 색은 이성의 기능이다. 완색은 정리(情理)가 일관한 궁리이다. 다시 말하면 생명적 주체성을 잃지 않은 추구이다. 그렇다면 완색에 요구되는 조건은 무엇인가?

첫째 공부가 평이한 데서 시작되어야 한다. 퇴계는 제자에게 보내는 글에서 "궁리에 있어서는 반드시 일용(日用)의 평이하고 명백한 바를 익히 알아 익숙해지고 그 이미 아는 바에 푹 잠기고 즐겨야 한다."고 하였다. 일용의 평이하고 명백한 사실과 이미 알고 있는 사실은 우리에게 아무런 부담감을 주지 않는다. 부담감 없는 그 가운데서 노닌다는 것은 우리를 즐겁게 하는 것이다. 그렇다고 해서 궁리 아닌 것이 아니다. 진리는 만물에 편재해 있으니 궁리가 일용을 떠나서 따로 있을 수 없다.

둘째로 욕속(欲速)을 피해야 한다. 퇴계는 "특히 한 가지 일에 집착이 되고 얽매이게 되어 신속한 효험을 바라는 것은 옳지 않다."고 하여 욕속부달(欲速不達)을 경계하였다. 욕속은 이미 정당한 욕구를 벗어남이다. 진리의 탐구가 내적 욕구의 자연스런 발로를 벗어나 부질없는 욕망의 노예가 될 때 이미 완색이 될 수 없다. 그런데도 학자들은 욕속의 폐단을 벗어나지 못하고 있다. 여기서 온갖 부작용이 생겨난다. 그 가운데서도 필연적인 폐단은 무리한 추구이다.

그러므로 셋째로 요구되는 것은 무리한 추구 즉 강탐(强探)의 배제이다. 침잠완색이 평이한데 근거해야 하고 욕속과 강탐을 배제한다 해서 그저 소극 일변도를 고수하는 것은 결코 아니다. 다만 자연스럽게 사리를 깨닫기를 바랄 뿐이다. 퇴계는 이이에게 보낸 글에서

> … 궁리하고 궁리하기를 거듭해서 점차 쌓이고 깊이 익어지면 심지(心地)가 밝혀져서 의리의 실(實)이 점차 목전에 나타날 것이니 그 때 다시 전에 궁리해서 얻지 못했던 자세한 뜻을 풀어 보기도 하고 이미 깨달은 도리와 서로 비교 연구해 본다면 부지불각시에 전에 알지 못했던 도리가 일시에 풀려 깨쳐지리니 이것이 곧 궁리의 활법(活法)이다.

라고 하였다. 만사는 자연스러워야 한다. 억지에서 부작용이 생겨난다. 궁리에서도 마찬가지이다. 침잠완색은 자연스러운 탐구이다. 이미 알고 있는 명백한 사실 가운데서 차츰 지식의 영역을 확충해 나가는 것이다. 그 확충의 방법은 조속한 효과를 위하여 무리하게 추구함이 없이 때로 비교하기도 해서 불현듯 활연히 깨달아지는 경지에 도달하는 것이다(豁然貫通). 이러한 궁리야말로 문자 그대로 완색이라 할 수 있다.

◆ 생각하기 ································

1. 퇴계의 경 사상과 선불교의 수양론을 비교해 보라.

2. 궁리로 표현되는 퇴계의 학문방법과 유사한 서양철학자는 누구인가?

3. 거경궁리의 항목 중 자신에게 가장 공감이 되는 것은 무엇인가?

제2부
학문으로서의 종교

나에게 지식을 주시옵소서 주님,
그러면 내가 살겠나이다.
Intellectum da mihi, Domine, et vivam.

Vulgata, *Psalmata*, CXIX. 144.

종교철학이란 무엇인가?

종교철학을 넓은 의미에서 종교에 관한 이론적 탐구라든가 종교에 관한 학문(Religionswissenschaft)이라는 의미로 여긴다면 이러한 학문은 인간의 이론적 활동이 처음 시작되었을 때와 동시에 나타난 것이라고 생각해도 좋을 것이다. 어떤 종파의 시조나 예언자가 새로운 종교체험을 시현(示現)한 직후나 혹은 그것과 거의 동시에 그 제자들과 신자들에 의해서 그의 경험은 이론화되고 그의 말씀은 정리된다. 종교철학은 그때 성립한다고 말할 수 있을지도 모른다. 예를 들면 예수나 붓다와 같은 사람들이 출현한 직후에 그들의 언행이 조직되어지고 경전으로서 이론화되어졌는데 광의의 종교철학은 여기에서 시작한다고 말할 수 있을 것이다. 따라서 인도 고대의 종교철학 · 그리스의 종교철학 · 유대의 종교철학이 이미 존재하고 있었다고 말할 수 있을지도 모른다.[11)]

그러나 현대의 종교철학은 이와 같이 다만 종교의 이론적 조직화라는 막연한 의미를 가진 것은 아니고 상당히 한정된 의미로 사용되고 있다. 즉 그것은 이론적 사유가 종교체험으로부터 독립하여 독자적인 작용에 의해서 종교체험을 이론적으로 조직하는 학문이다. 그 사유란 근대적 의미에서의 지성의 작용이며 종교철학은 이 작용을 전제하지 않고서는 성립하지 않는 새로운 학문이다.

그런데 종교철학이 전제하는 근대적 의미에서의 지성은 어떠한 것일

---

11) 이에 대해서는 야스퍼스의 차축시대(Achsenzeit)—기원전 500년을 중심으로 800~200년 사이에 이루어진 정신사의 대전환기—를 참조. 이 시대에 그리스에서는 뮈토스(mythos)로부터 로고스(logos)로—호메르스 · 파르메니데스 · 소크라테스 · 플라톤 · 아리스토텔레스—, 유대에서는 종교의 윤리화(그리고 배일신교로부터 일신교로의 이행)—엘리야 · 이사야 · 예레미야 · 제2이사야—가 이루어졌다. 인도에서는 붓다와 마하비라, 중국에서는 공자 · 노자 · 맹자, 페르시아에서는 조로아스터를 들 수 있다.

까? 근대적 지성은 르네상스 이래 계몽사상이 번성하게 됨으로써 그 특색을 더욱 명료해진 지성으로 인간에게 갖추어진 본래의 자연적인 이성이다. 서구의 전통에서 말하면 이러한 지성은 그리스의 플라톤과 아리스토텔레스에게서 연원한 것으로 관조(theoria)를 위해 관조를 추구하고 진리를 위해 진리를 추구하는 이른바 애지(philosophia)이며 학문적 이성이다. 서구의 전통에서 이성(nous, ratio, Vernunft)은 대부분의 경우 세계이성[12)]으로 생각되고 객관적 존재로 간주되며 인간의 이성은 그 일부분의 존재에 불과하다고 하는 것이 보통인데 근대적 지성의 경우 세계이성이라는 형이상학적 의미는 제거되고 다만 진리를 탐구하는 학문적 이성의 측면만이 철저해지고 있다. 이 성격이 가장 잘 나타나고 있는 것은 자연과학적 지성이다. 그리고 자연과학적 인식을 담당하는 주관의 작용은 오성(Verstand)이라고 불리기 때문에 근대적 지성의 특색은 오성적(悟性的)이라고 말할 수 있다.

이러한 지성의 입장에서 종교를 정초하는 학문이 종교철학인데 그렇다고 해서 만약 전적으로 자연과학적인 입장에 서서 종교를 취급한다면 실증주의나 종교심리학(宗教心理學, psychology of religion)과 같이 종교를 정초하는 것이 아니라 그것을 신화나 공상이나 욕망의 투영으로 간주하여 결국 종교의 독자성을 부정해버리는 것이 될 것이다. 그리하여 이와 같은 부정적 귀결을 피하고 종교를 정초하기 위해 철학적 이성의 입장에 서서 다양한 이론적 노력이 이루어지는 것이다. 이러한 연구의 성과가 현대 종교철학의 체계들을 이루고 있다. 이런 종류의 종교철학이 의존해야 하는 이성은 오로지 경험적 사실만을 중시하여 그 수집 · 정리 · 관찰 · 실험에 의해서 법칙을 구하는 자연과학적 지성이 아니라 종교적 체험 안에서 어떠한 초경험적인 것, 규범적인 것

---

12) 보편적 로고스로서 모든 실재 안에 있는 질서와 구조의 원리(모든 피조물의 보편적 원리이자 형식)를 나타낸다.

혹은 영원한 것, 초지상적인 것을 추구하는 이성이다. 말하자면 이러한 이성에 의해 초경험적인 것 내지 초세속적인 것을 발견함으로써 종교의 독자성을 확립하려고 하는 것이다.

그리하여 현대의 종교철학에 대해서 일단 규정을 내린다면 다음과 같이 말할 수가 있을 것이다: **종교철학은 철학적 사유를 통해 종교경험을 합리적으로 해명하고 종교를 독자적인 문화로서 정초하는 학문이다.** 그것은 신학이나 교의학과 같이 종교에 종속하는 학문임과 동시에 철학의 한 분과로서 도덕철학 · 예술철학 · 정치철학 등과 함께 철학적 원리에 기초하는 것이다. 이 규정은 일반적으로 현대의 종교철학에 적합할 것이다. 이 정의에 있어서는 한편으로 철학적 사유가 이성 본래의 독립적인 작용으로서 전제되고 다른 한편으로 종교경험이 이성적 사유와는 전혀 다른 영역인 심정의 사실로서 전제되고 있다. 종교철학이라는 명칭이 시사하는 것처럼 이 학문에는 철학적 사유와 그 대상인 종교경험이 이원적으로 전제되고 있는 것에 주의를 환기해 두고자 한다.

그렇다면 철학적 사유란 어떠한 사유인가? 그것은 ① 학문적이다, ② 규범적이다, ③ 전체적이다 라는 세 가지의 특색을 들 수가 있다. 첫째로 학문적 사유라는 것은 어떠한 사유인가? 학문적이라는 것은 그리스 이후 서구의 전통이자 그리스에 있어 철학이 도덕 · 예술 · 종교 등과 다른 문화로서 다원적으로 연원한 이래 서구에 있어 철학의 특색 있는 성격을 이루고 있다. 학문적이라는 것은 주관성을 넘어서서 보편성을 요구하는 객관적인 것을 뜻한다. 철학적 사유의 제1의 성격은 객관적 · 보편적 · 필연적인 것이다.[13] 이 점에 관한 한 그것은 자연과

13) 철학이 보편학이 됨은 경험적 보편인식이라는 의미에서가 아니고 철학적 원리인식이라는 의미에서 그러하다. 철학은 경험적으로 주어진 세계의 외면에 집착하지 않고(그렇다고 해서 무시하는 것은 아니다) <세계의 핵심(arche)이 어떻게

학적 사유와 일치한다. 그러나 철학적 사유는 다만 학문적 사유일 뿐만 아니라 나아가 규범적 사유이다. 이것이 철학적 사유의 제2의 성격을 이룬다. 철학적 사유에 이러한 성격이 있기 때문에 그것이 종교경험을 대상으로 할 때는 그 안에서 규범성을 추구하고 그렇게 함으로써 종교경험에 방향을 제시하여 궤도를 보일 수가 있는 것이다. 이 규범적 사유는 규범을 가치(Wert) 내지 의미(Sinn)로 생각하는 가치적 사유에까지 나아가 종교가 가진 독특한 의미 내지 가치를 발견하여 이로써 종교를 정초하는 사유에까지 나아가는 경우가 있다.

또 이외에 철학적 사유는 전체적 사유라는 성격을 가진다. 철학적 사유는 분석하는 사유인데 그것은 분석적 사유에 그치지 않고 종합적 사유인 것에 참된 특색이 있다고 할 수 있다. 이것도 현대철학에 공통된 사상으로 철학을 자연과학으로부터 구별하기 위해 철학은 전체학[14]이라든가 만학의 여왕[15]이라든가 특수과학들의 원리들의 종합[16]이라고

되어 있는가?>를 알려고 한다. 결국 보편학으로서의 철학은 자기관조이면서 동시에 세계관조인 것이다.

14) 과학자와 달리 철학자의 눈은 사물 전체에 향해 있다. 즉 그는 현실전체를 파악하고자 한다. 이에 대해서 짐멜(G. Simmel, 1858~1918)은 『철학의 주요문제』(Hauptprobleme der Philosophie, 1911)에서 "철학자라고 해서 언제나 전체에 관해 언급할 필요는 없다. 사실 엄밀한 의미에서는 전혀 그렇게 할 수도 없다. 그러나 그가 논리학이나 도덕, 미학이나 종교 등의 어떠한 특수한 물음을 다루더라도, 철학자로서 그는 존재전체에 대한 저 관계가 그 안에서 어떤 방식으로든 살아있을 때만이 그렇게 하는 것"이라고 말하고 있다. 같은 생각을 니체는 다음과 같은 말로 표현하고 있다: "철학자는 세계전체의 음향을 자신 안에서 반향시켜야 하고 또한 그것을 자신 밖으로 끌어내어 개념화하려고 시도한다."

15) 라틴어로는 레지나 쉬엔티아룸(regina scientiarum)으로 표기된다. 후설의 말처럼 "철학은 그 본성상 진정한 시초, 근원에 관한, 만물의 뿌리에 관한 학문"이기 때문에 모든 학문은 그의 전제와 학문규정을 위해 철학에로 돌아오기 마련인 것이다. 논리학은 <분과 중의 분과>(disciplina disciplinarium)라는 명칭으로 불린다.

말하는 것이다. 그곳에 작용하는 철학적 사유는 항상 전체를 전제하는 사유이며 분석하면서 전체로 종합하려고 하는 사유이다. 숄츠(H. Scholz, 1885~1956)는 철학을 특징짓는 것이 고도의 전체의식이며 종합적 의미이고 적분적(積分的) 경향이라고 말한다. 그러므로 철학적 사유는 전체를 고려하면서 분석하는 적분적 사유(integrierendes Denken)인 것이다.

다음으로 이러한 사유의 대상이 되는 종교체험은 어떠한 것인가? 서구에 있어 종교철학의 개념은 동양, 특히 불교의 종교 개념과 다르다. 서구에 있어 종교는 앞서 살펴본 것처럼 렐리가레(religare), 즉 신과의 재결합이며 전적으로 감정 · 심정(Herz) · 정서(pathos)의 사실이라고 생각되고 신의 계시와 그 신앙이 핵심을 이루고 있다. 객체적인 실체의 계시 또는 그 신앙이 종교인 것이다. 이러한 종교개념은 고차원적인 객체적 실재를 전제하는 것이며 이 점이 無의 자각과 연기의 체득을 참된 지혜로 하여 이것으로써 인생고로부터의 해탈을 추구하는 동양의 종교와 다른 점이다. 그런데 심정의 사실인 종교는 파토스(pathos)적이기 때문에 광신적 · 격정적인 것이 되기 쉽다. 이에 반해 이성은 혼돈된 사실에 규범을 제시하고 그것을 합리화하는 것이다. 현대의 종교철학은 개괄적으로 말해서 이와 같이 이성의 입장에서 신앙을 정초하는 학문이라고 말할 수 있다.

그러나 종교철학은 이러한 내용에 그치는 것일까? 철학적 사유에 관해서나 종교경험에 관해서 나아가 다시 생각하여 그 참된 모습을 파악해야만 한다. 철학적 사유는 앞서 서술한 성격 이외에 그것이 주체

16) 이에 대해 에른스트 마하(E. Mach, 1838~1916)는 철학이 "다만 특수과학들을 상호 비판적으로 보완하고 꿰뚫어 하나의 통일적 전체로 결합하는 데 성립한다." 고 말한다. 또한 빌헬름 분트(W. Wundt, 1838~1963)도 철학은 "개별과학에 의해서 주어진 일반적 인식들을 하나의 일관적인 체계에로 결합시켜야 할 하나의 보편적 학문"이라고 규정하고 있다.

적 사유라는 중요한 특색이 있다. 그것은 주체의 존재방식에 관한 사유이다. 자기가 무엇인가? 또한 무엇이어야만 하는가를 자각하고 직관하며 변혁하는 사유이다. 객체를 오성적으로 인식하는 사유, 즉 학문적 인식이라는 것은 물론 철학이 결여해서는 안 될 성격이지만 그 이상으로 본질적인 성격으로서 이 주체적 인식이라는 것이 있다. 근대의 철학적 사색은 오로지 철학의 학문성 · 객관성을 주장하여 이성의 오성주의적인 측면을 강조하는 반면에 주체적 인식의 측면을 소홀히 하고 있다는 결점이 있다.

이것은 철학을 자연과학의 수준에까지 끌어내리려고 한 결과이다. 칸트와 신칸트학파의 빈델반트(W. Windelband, 1848~1915) 그리고 트뢸취(E. Troeltsch, 1865~1923)의 종교철학에는 규범적 사유라든가 가치의식이라든가 종교적 아 프리오리(a priori)라는 사상이 있어서 철학적 사유의 특색이 여기에 있는 것처럼 보인다. 그러나 이것은 객관적인 규범적 사유이지 아직 철학적인 주체적 사유가 아니다. 단조로운 대상 측면에 대해서는 주도면밀한 사색을 행하고 있지만 주체의 측면, 즉 자기의 존재방식에 대해서는 전혀 이해하고 있지 않다. 이들은 자연과학적 사유의 방향에 따라서 나타난 사상이며 비판주의는 그 귀착점이다.

종교의 본질은 규범개념(Normbegriff)이라고 주장하는 숄츠와 같은 입장에서도 사정은 마찬가지이다. 철학적 사유가 학문적이어야만 한다는 의미는 자연과학이 학문적이어야만 한다는 의미와는 다르다. 주체의 존재방식에 관한 지식도 그것이 지식인 한 객관적으로 승인을 받아야만 하기 때문에 학문적이어야만 하는데 그것은 자연과학과 오성주의 철학의 방법과는 다른 방법으로 학문적으로 표현되어져야만 한다. 이로부터 시도된 종교철학의 방법론의 문제에 있어 독특한 방법론이 가능케 되는 이유가 있다.

여기에서 말한 종교경험이 객체적 실재체험에 의거한 신 의식으로서의 종교경험이 아니라 주체의 자각의 과정임은 이미 말한 대로이며 이 주체의 자각으로부터 생겨난 것이 지혜이다. 지혜는 객체적인 오성적 인식인 지식으로부터 구별되어야 하는 것으로 주체적인 이성인식이다. 종교철학은 최고의 지혜에 의거한 종교경험의 이론적 · 학문적 조직화이어야만 한다. 지혜는 종교경험 그 자체 안에서 생긴 것이기 때문에 지혜에 의한 학문적 사유는 지혜의 자기사유이며 자기인식이다. 묻는 것과 물어지는 것이 하나인 것에 주체적 사유의 특색이 있다고 말할 수 있을 것이다.

종교철학의 성립

철학적 사유의 독립과 그 대상인 종교경험의 존재라는 두 가지 것이 불가결한 조건이 되어 성립한 것이 종교철학인데 특히 근대적 지성의 성격의 이해가 이 학문의 이해에 있어 매우 중요하다. 철학적 사유의 독립은 16~17세기 이후의 일이기 때문에 『종교철학사』(*Geschichte der Religionsphilosophie*, 1893)의 저자로 헤겔학파에 속하는 플라이더러(O. Pfleiderer, 1839~1908)가 종교철학은 오래 전에 독립해 있었던 학문이 아니고 "대략 2백년을 넘지 않는 근대의 산물"이라고 말한 것은 적절하다. 그에 의하면 이 학문은 "인간생활에 있어 종교를 형성하는 현상전체의 조직적인 학문적 연구 및 인식"이라고 간주된다. 이와 같이 전체로서의 종교를 학문적으로 조직하려고 하기 위해서는 확실히 두 가지 전제가 결여되어서는 안 된다.

첫째로 종교는 다른 사회생활, 특히 국가적 생활로부터 확연히 구별되어 하나의 독자적인 사실로서 경험 가운데 존재해야만 한다는 것, 둘째로 참된 철학, 즉 외적인 권위로부터 독립하여 그 자신 안에 정초된 인식이 존재해야만 한다는 것이다. 이러한 학문은 전적으로 근대적이며 중세의 교부철학(Patristik)에 있어서나 스콜라철학(Scholastik)에 있어서도 결코 존재하지 않았던 것이다.[17)]

플라이더러에 의하면 종교철학의 최초의 경향은 중세말기로부터 근세 초에 걸쳐 나타났다고 한다. 그것은 마이스터 에크하르트(J. Eckhart, c. 1260년경~1327), 루터, 야콥 뵈메(J. Boehme, 1575~1624), 죠르다노 브루노(G. Bruno, 1548~1600) 등에 의해 추진되고 스피노자(B. Spinoza, 1632~77)에 있어 확실한 형태로 나타나게 되었다. "종교에 대한 공평한 철학적 연구의 조건은 … 독립적인 사상가 스피노자에게 비로소 갖추어져 있었음이 발견된다." 즉 종교철학은 스피노자로부터

17) 교부철학=ancilla ecclesiae, 스콜라철학=ancilla theologiae.

시작되었다는 것이다.

종교현상학을 정초한 막스 셸러는 종교철학의 성립에 대해서 다음과 같이 말하고 있다. "종교철학이라는 표현은 확실히 최근에 있어 온 것이다. 칸트와 슐라이어마허에 이르기까지의 철학의 전 문헌에 이 표현은 알려져 있지 않았고, 신학도 또한 이러한 이름의 원리를 알지 못했다. 이 이름은 그 자체 이미 종교와 철학의 관계에 관한 특별한 학설을 함축하고 있다." 즉 그는 종교철학의 성립을 18세기 이후로 보고 있는 것이다.

이외에 트뢸취와 같이 종교철학의 확립을 19세기 이후로 끌어내리는 특별한 견해도 있다. 그는 칸트의 종교철학을 수정하여 새롭게 종교철학을 구상하였다. 트뢸취에 있어 종교학은 종교에 관한 학문이라는 의미에서 종교철학과 같은 뜻이다. 참된 종교철학은 종교학이어야만 한다는 의미이다. 종교철학은 교의신학(dogmatische Theologie)도 아니고 자연신학(theologia naturalis)도 아니다. 전자는 성서 및 교회의 전승으로부터 그 교리를 만들어 내고 이것을 고대의 형이상학적 사변에 의해서 설명한 것으로 신화적 · 초자연적이다. 후자는 인간의 자연이성에 기초하여 신의 존재를 사고의 본질과 개념의 본질로부터 증명하는 이성적 교리로 철학으로써 종교를 대신한 것이다.

이에 반해 종교철학은 현실적 경험인 "주관적인 종교의식 그 자체"를 기초로 하여 이 의식의 사실을 분석하고 그로부터 종교적 a priori를 발견하여 이것에 의해 종교경험을 합리화하는 학문이다. 따라서 종교철학은 종교현상, 종교경험을 집적하여 이로부터 법칙을 찾는 종교심리학을 전제하고는 있지만 종교심리학은 <현상의 특성 · 환경 · 관계 · 계기를 심리학적으로 확정>할 뿐 <현상의 진리내용과 실재내용> 내지 <타당성>에 대해서는 아무 것도 말하지 못하기 때문에 이 점에서 종교심리학은 한계에 부딪힌다. 그리하여 종교인식론에 의해서 심리학을 합리화하고 조직화하는 것이 필요하게 된다.

트뢸취가 말하는 종교철학(즉 종교학)은 한편으로는 사실적, 구체적인 종교현상을 취급하는 종교심리학을 전제하고 다른 한편으로는 합리적, 선천적인 종교인식론은 전제하여 이 양자의 통일을 찾는 것이다. 그는 "마음속에 많든 적든 신적인 것이 막연히 존재한다는 것에서 생기는 심적 상태들의 특수한 범주 내지 형식으로서의 종교, 초인간적인 것 혹은 무한한 것에 관한 현재감각과 현실감각—이것이 종교의 합리적 a priori의 분석에 대한 올바른 출발점이다"라고 말하고 있다. 따라서 그에게 있어서는 종교현상이 시인되고 그 근원인 초월적 존재로서의 신이 전제되고 있다고 생각된다. 그리고 이것을 대상으로 하여 사유적으로 분석하는 것이기 때문에

> 이렇게 해서 경험론과 합리론, 심리학과 인식론 양자가 각각의 권리를 인정받는다면 종교학은 '종교에 관한 학'(Wissenschaft von der Religion)이다. 그것은 학문을 종교로 대치시키는 것도 아니고 학문에 의해서 종교에 반대하는 것도 아니며 또한 단지 학문에 의하지 않고 종교를 기술하는 것도 아니다. 이러한 종교의 학적 취급에 있어서 중요한 것은 종교에 신선함과 생생함, 신비와 비합리성을 허용하는 것이다. 왜냐하면 그것에 의해서만 종교는 본래 종교일 수 있기 때문이다.

이와 같이 주관적인 의식의 사실을 출발점으로 한 종교에 관한 합리적 사색을 종교철학이라고 한다면 종교철학이 독립적인 학문이 되고 그 문제들을 해결하기 위한 독특한 기초가 나타났던 것은 19세기 이후라는 주장도 일리가 있을 수 있다.

자이델(R. Seydel)은 "오늘날 우리는 철학적 연구의 특수한 부분이라는 의미로 '종교철학'이라는 명칭을 사용하고 있지만 이러한 의미의 종교철학은 칸트의 『단순한 이성의 한계 안에서의 종교』(*Die Religion innerhalb der Grenzen der bloßen Vernunft*, 1793)라는 저작 이전에는 존재하지 않았다."고 말한다. 어쨌든 칸트를 종교철학의 창시자로 생각하고 있는 데는 의심의 여지가 없다. 『종교론』 가운데서 아직 칸트는 '종교철학'이라는 명칭을 사용하지는 않는다. 폴랜더(K. Vorländer, 1860~1928)는 이 명칭이 결정된 것은 그 출판 직전이었다고 추정하고 있는데 추정의 근거는 시인 쉴러(F. von Schiller, 1759~1805)가 1793년 2월에 교정쇄를 읽었던 때는 「철학적 종교론」(Philosophische Religionslehre)으로 밖에 말하지 않고 제1판의 서문에서도 칸트 자신이 '순수한 철학적 종교론에 대한 강의'로 기록한 것이나 1794년에 쓴 제2판 서문에서도 『단순한 이성의 한계 안에서의 종교』라는 서명으로 출간된 것 등이다.

이후 칸트학도인 야콥(Jakob)이 『종교철학 학설초안』(*Entwurf einer Theorie der Religionsphilosophie*)을 저술하여 최초로 종교철학이라는 학명을 제창하고 1821년에는 『도덕 및 종교철학 잡지』(*Zeitschrift für Moral und Religionsphilosophie*)가 발간되어 이때부터 비록 그 내용이 어떠한 것이든 간에 하나의 독립 학문으로서의 종교철학이 다른 학문과 함께 일반에게도 인정된 것으로 생각된다. 그러나 이 학명이 일반화된 것은 1820년대 이후라고 보아야 할 것이다. 왜냐하면 헤겔이 1821~31년까지 4회에 걸쳐 행한 『종교철학에 관한 강의』(*Vorlesung über die Philosophie der Religion*)가 편집되어 출판된 것은 1832년이기 때문이다. 헤겔은 제1강의 때부터 '종교철학'이라는 말을 사용하고 있는데 그러나 이 학명이 일반화된 것은 1830년대 이후부터—이 때가 되면 반 헤겔학파인 프리즈(J.F. Fries, 1773~1843)까지도 이 학명을 쓰고 있다—이다. 그러므로 문헌상으로 보면 '종교철학'이라는 학명은 적어도 1830년대에 일반화 된 것을 알 수 있다.

종교사적 방법 종교를 학문적으로 취급하는 경우에는 우선 자기 자신의 내적인 종교경험의 내적 반성과 타인의 종교경험의 관찰을 행하거나 혹은 역사상 현실에 주어진 종교들을 비교하는 방법에 의거하는 것이 가장 직접적이다. 전자에 있어서 종교현상은 인간적 · 개인적(persönlich)이며 이것을 취급하는 방법은 개인심리학적이다. 후자에 있어 종교현상은 사회적 · 제도적(institutionell)이며 이것을 취급하는 방법은 역사적 · 귀납적이다. 종교심리학과 비교종교사는 이렇게 해서 성립한다. 여기에서는 역사적으로 현재 주어져 있는 다양한 종교현상을 대상으로 하는 입장, 즉 비교종교사의 입장의 논평에서 시작하기로 한다.

종교사적 연구와 그 비판 19세기 후반 이후 자연과학의 발흥에 수반하여 종교에도 과학적 방법을 적용하는 시도가 현저해지기 시작하고 종교사의 과학적 · 실증적 연구에 의해 여러 종교의 공통의 특색을 추상하여 종교의 본질(Wesen)을 도출하려는 하는 경향이 생겼다. 이러한 입장에서는 '종교들'(die Religionen)로부터 '종교 그 자체'(die Religion schlechthin)가 추구되었다. 즉 역사에 나타난 다양한 종교현상에 일관되는 표지를 발견하여 이것을 종교 그 자체로 생각하려고 하는 것이다. 그리고 종교사는 종교학이라는 견해를 취했던 것이다. 쏘세이(C. de la Saussaye), 멘치스(A. Menzies), 티엘레(C.P. Tiele, 1830~1902) 등의 종교사적 연구가 그것이다.

그러나 이들 연구는 결국 다만 실증적인 연구에 그칠 수는 없었다(예를 들면 쏘세이의 경우). 카프탄(J. Kaftan, 1848~1926)과 벤더(W. Bender, 1845~1901), 분데를레(G. Wunderle)도 종교사를 종교연구가 결여해서는 안 될 소재라고 하고 역사상의 종교들에게서 공통적인 것을 찾아 이것을 종교일반(Religion überhaupt) 또는 종교의 본질이라고 생각했던 사람들인데 카프탄은 종교가 삶의 충동이라고 말하고 벤더는 종교의 본질이 그 기원에서 발견된다고 말하면서도 결국 사실적 · 현상(법칙)적 연구에 그칠 수가 없고 철학적 영역에 발을 디뎌 그로부터 보충을 하지 않을 수 없었다.

여러 종교의 공통성을 귀납하여 종교의 본질을 발견하였다고 하더라도 그것이 잠정적인 것인가 아니면 영구적인 것인가, 사실적인 것인가 아니면 타당한 것인가, 우연적인 것인가 아니면 필연적인 것인가 라는 종교의 진리성(Wahrheit)이 문제가 될 때 종교연구는 실증적 취급에 그칠 수가 없게 되는 것이다. 여기에서 종교의 진리성을 결정하는 규범개념이 요구되어진다.

라이슐레(Leischule)는 종교사와 같은 역사를 취급하는 정신과학의 척도개념은 자연과학의 그것과는 당연히 달라야만 하고 정신과학에 있어 척도개념은 규범개념(Normbegriff)이어야만 한다는 견해 하에 규범에 의해서 종교의 본질성을 결정하려고 하였다. 그러나 생각해 보면 여기에도 모순이 있다. 종교사적 방법은 역사상의 현상들 가운데서 어떤 일련의 현상을 종교적 현상으로서 찾아내어 이것을 배열하는 것인데 이렇게 하기 위해서는 사전에 종교란 무엇인가를 알고 있어야만 한다. 즉 종교의 본질을 아는 데는 사전에 그것을 결정하는 표준을 알고 있어야만 한다는 모순을 피할 수가 없는 것이다. 종교의 진리성을 결정하는 데는 사전에 종교의 규범을 알고 있어야만 한다는 모순을 피할 수가 없는 것이다.[18] 이로부터 대부분의 종교연구는 경험적 · 실

---

18) 이러한 이른바 순환의 오류는 철학의 경우에도 마찬가지이다. 철학의 본질개념은 그 역사적 사실에서 획득되어야 한다. 그런데 그러한 사실에 관해서 언급할 수 있기 위해서 우리는 이미 철학의 개념, 즉 철학이 무엇인가를 이미 알고 있어야 하는 것처럼 보인다. 그러므로 우리들의 수속은 순환을 포함하고 있으며 논리적으로 불가능한 것으로 여겨질 수 있다. 이것을 피하기 위해서 우리는 특정한 철학의 개념으로부터가 아니고 모든 교양있는 사람이 철학에 대해서 갖고 있는 저 일반적 관념으로부터 출발해야 한다. 이것은 종교의 개념에 대해서도 타당할

증과학적 연구로부터 선험적 · 철학적 고찰로 이행한다.

옐케의 종교철학 이러한 사람들 외에 옐케(R.J. Jelke, 1882～1952)의 사상에도 주목해야 한다. 그는 역사적 방법을 유일 가능한 방법으로서 인정한 후 이것을 심리학적 방법과 교묘하게 결합시켰다. 즉 우선 자기가 속한 사회의 종교를 대상으로 하여 연구하고 그것을 기초로 하여 더욱 더 넓게 역사를 조망하며 자기의 주관적 종교현상이 과연 어느 정도까지 종교 그 자체의 구체화일 수 있는가를 고찰하였다. 그에 의하면 종교는 "하나의 혹은 갖가지의 초세계적인 힘이 인간을 지향하여 작용하는 것을 실천적인 방식으로 긍정하는 것"이다. 그러나 그도 또한 역사적 혹은 심리학적인 연구에 그치지 않고 이들 대상문제를 넘어서 종교의 진리문제에 나아가서, 종교 특유의 이성근거를 인정하였다. 이것이 그가 말한 종교적 a priori이다. 이 종교적 a priori는 이론적인 인식능력과 견주어 종교적인 인식능력을 의미한다. 그는 여기에 종교철학의 근본문제가 있음을 시사했던 것이다. 이 주장은 트뢸취의 사상과 동일선상에 있는 것으로 여기에 이르면 오히려 선험적 합리적인 방법에 의존하고 있다고 해도 좋을 것이다.

헤르더와 슐라이어마허 나아가 한마디 더 언급해 둘 것은 종교사적 방법 하에 헤르더(J.G. Herder, 1744～1803)와 슐라이어마허 등의 사상을 포함시키는 사람도 있다는 것이다. 이 견해에 의하면 종교의 역사적 연구는 반드시 새로운 것은 아니고 이미 헤르더가 시도했었다는 것이다. 그러나 헤르더의 시도는 새로운 역사의 이념(Idee)을 발견하고 어떤 역사관에 입각하여 종교를 취급했던 것이기 때문에 역사철학이다. 또한 슐라이어마허는 역사적 종교들에 관하여 새로운 길을 개척했던 것은 사실인데 역사적 종교들은 각각 전체의 일부라는 견해로부터 성립종교들은 종교일반, 전체적 종교가 <무한하게 다수인 특정한

것이다.

형식들에 있어서> 나타난 것이라고 주장했던 것이며 사전에 종교일반과 성립종교들의 관계에 관한 종교철학적 입장으로부터 출발하고 있다. 따라서 헤르더이든 슐라이어마허이든 모두 19세기 이후의 자연과학적 정신으로부터 출발한 역사연구와는 동기를 달리하고 있다고 말해져야만 한다.

종교심리학적 방법 종교사적 방법은 역사적으로 주어진 사료에 의거하여 종교들을 취급하는 것인데 이 사료는 어떤 방면은 풍부하지만 또한 어떤 방면은 아주 빈약하다는 제한이 있는 이상 그 확실성에 관해서 의심하는 것이 이상할 것은 없다. 나아가 이 연구법은 성립종교들의 기원을 명확하게 할 수는 있지만 종교일반(종교 그 자체)의 근원을 알 수는 없는 점에 결함이 있다. 그리하여 내적 체험을 대상으로 하여 신앙으로의 충동 · 입신의 동기 · 경건심 등의 심적 현상을 연구하여 역사적 연구의 부족을 보충해야만 하는 것이 된다. 이렇게 해서 종교의 외적인 교의 · 풍습 · 의례 등의 연구에 대해서 내적인 종교경험의 연구가 요구된다. 객관적 · 제도적인 종교의 연구에 대해서 주관적 · 개인적인 종교의 연구가 필요하게 되는 것이다. 이것이 바로 심리학적 방법으로 불리는 것이다. 심리학적 연구법에는 자기 혹은 타인의 개인의 종교심의 연구가 아니라 집단적 · 사회적인 다수인의 종교심을 대상으로 하는 방법도 있는데 이것은 곧 민족심리학적 연구로 불린다.

개인심리학적 방법 심리학적 방법은 가장 가까이에 있는 자기의 종교경험을 대상으로 할 때에는 자기관찰법(Selbstbeobachtung)이 된다. 그때 자기관찰이 가장 중요한 것은 말할 것도 없는데 자기의 경험은 이미 지나가 버린 것이며 이것을 대상으로 하는 데는 상기되지 않으면 안 되는 경우도 생긴다. 즉 한 번뿐인 사건이며 항상 생생한 체험이 아닌 경우가 많다. 그래서 자기의 경험이 관찰되는 것과 함께, 타인의 신앙생활이 관찰되어야만 한다. 이 연구법도 여러 가지로 구별되는데 우선 어떤 일정한 사람들에 대하여 일정한 수의 질문을 던져 그 답을 수집하고 정리하는 질문법이 있다('열거법' 혹은 '통계법'이라고도 불린다). 이것은 미국의 스타벅(E.D. Starbuck, 1886~1947)이 행했던 연구법이며 그는 이것을 미국 신교의 회심 현상을 연구하는데 적용하였다.

독일에서는 분데를레가 이 방법을 채용하고 있다. 이 외에 스탤린(G. Stählin, 1900~1985)과 기르겐존(K. Girgensohn, 1887~1925)과 같이 종교심리학적 실험의 방법으로 불리는 연구법을 행했던 사람들도 있다.

제임스의 종교론 이것들은 모두 자연과학의 방법을 정신현상의 영역에 응용한 것인데 오로지 실증과학의 방법에만 머물러 철학적 사유에로 나아가지 못하였다. 심리학적 방법의 가장 대표적인 일례는 윌리엄 제임스(W. James, 1842~1910)의 종교론에서 발견된다. 그는 종교를 제도적(institutional) 종교와 개인적(individual) 종교로 구분했는데 후자의 개인적·인격적인 체험 쪽이 근본적이며 제도와 신학적인 방식들은 나중에 생긴 이차적인 것이라고 생각하였다. 그래서 종교의 연구는 근원적인 개인의 감정과 의지에 향해져야만 한다는 견해로부터 그의 종교연구는 개개인의 종교경험에 향해져 있었다. 더욱이 그것은 종교적 천재·시조·예언자라는 특히 현저한 사람들의 이상한 특수한 경험을 대상으로 하고 전기(傳記)를 자료로 하여 연구했던 것이다. 그가 사용한 방법이 '전기 기술적 방법'이라고 불린 것은 이 때문이다. 그는 종교경험이 일상 일반의 경건심에 있어서가 아니라 <불이 활활 타는 듯한 이상한(excentric) 경험>에서 연구되어야만 한다고 주장하면서 극단적인 경우만을 취급하여 연구하였다. 그것에 의하면 종교의 본질은 이러한 최고조에 달한 경험에서 파악된다는 것인데 이 방법은 종교의 특수한 일면성을 알 수는 있지만 일반적인 종교생활을 왜곡한다는 결점을 피할 수 없는 것이다.

그럼에도 불구하고 제임스는 이러한 방법을 취했던 것인데 결론에 있어서는 심리학적 영역을 넘어서 그의 독자적인 철학인 실용주의(pragmatism)의 입장으로부터 종교의 진리문제를 해석하기에 이르렀다. 삶에 유용한 것이 비로소 진리라고 불릴 수 있다는 그의 일반적 입장은 종교론의 입장에도 적용되어 종교의 진리는 실제생활에 대한 그 작용과 의미에 존재한다고 여겨지는 것이다. 그는 종교가 개개인의 삶의 형성에 있어 사실상 어떠한 가치를 가지는가에 따라 평가되어야 한다고 결론짓는다.[19] 제임스가 이와 같이 심리학적 영역을 넘어서 철학적 영역에 들어간 것은 무엇 때문인가? 그의 이러한 전이는 우리에게 많은 것을 시사하고 있다.

숄츠의 종교론 종교심리학적 방법을 취하면서 이것과 철학적 방법을 교묘하게 통일시킨 일례는 숄츠의 종교철학이다. 그는 종교철학은 자기의 종교경험의 파악과 타인의 종교경험의 관찰을 근저로 해야만 한다고 말한다. 그리고 이 종교경험을 철학적으로 반성하고 종교경험과 철학적 사유의 조화를 꾀하는 것이 그의 종교철학이다. 경험적 종교의 영역 내에는 철학적 반성을 하지 않고는 침범 못할 만큼 높은 가치를 가진 풍부한 현상이 존재한다. 환언하면 경험적 종교 안에는 진정한 종교철학의 두 경향인 철학적 경향과 종교적 경향을 결합시킬 수가 있는 한 점이 있다. 이것은 종교철학적 원소량이다. 이 원소량은 그가 말한 '계량 가능한 종교'인 것이다. '계량 가능하다'(ponderabele)[20]는 것은 그의 독특한 용어법이다.

그런데 그는 경험적 소여로서의 종교를 크게 두 가지로 구분하여 신화적인 종교와 신 의식의 종교로 나누고 전자는 종교학의 대상이 되지만 종교철학의 대상은 되지 않고 종교철학은 다만 후자만을 대상으로 한다고 한다. 종교철학이 종교경험을 대상으로 한다고 하더라도 모든 종교경험이 종교철학의 대상이 되는 것은 아니고 신 의식의 종교경험만이 대상이 되는 것이다. 그러나 그 의식은 객체적 실재체험 혹은

---

19) 듀이(J. Dewey, 1859~1952)도 그의 『통속 신앙』(*Common Faith*)에서 "종교는 인간의 최고이상을 목표로 하여 그것을 전인간적인 감격으로 추구해 가는 것"이라고 말하고 있다.

20) 이해(측량)할 수 있는 만큼만의.

계시를 전제로 하고 있는 의식이기 때문에 이 점에 칸트의 구성주의의 종교론과 슐라이어마허의 주관주의의 종교론에 대해서 초지상적인 실체의 현존을 전제하는 그의 종교론의 특색이 있다고 말해도 좋을 것이다.

철학적 사유는 이러한 계량 가능한 종교경험을 고찰하는 것인데, 그 철학적 사유는 곧 규범적 사유이다. 그러나 그 규범화, 즉 규범을 정립하는 방식은 단순한 주관적 자의에서가 아니라 소여의 정밀한 분석 위에 수립되는 것이다. 그에게 있어서도 종교의 본질이 어떠한가는 다른 심리학자와 마찬가지로 경험적 종교의 귀납에 의해서 밝혀진다. 종교의 본질개념은 귀납개념이다. 그러나 그에 의하면 그것은 귀납개념이라고 하더라도 단순한 귀납개념에 그치는 것은 아니다. 본질개념은 참된 종교란 무엇인가, 유의미한 종교란 무엇인가를 규정해야만 하기 때문에 동시에 또한 규범개념이기도 해야만 한다. 따라서 "종교의 본질개념은 그 유래에서 보면 귀납개념인데 그것은 또한 하나의 경향을 가지고 있고 이 경향에 따르면 규범개념이다. … 종교의 본질개념은 귀납적으로 생산된 규범개념이다."

숄츠의 사상은 고차원적인 실재주의에 선다. 따라서 종교경험을 존중하여 이것을 기초로 하는데 그 경험은 초지상적인 실재의 계시이다. "오류가 없는 종교는 … 모든 인간적 자의성을 넘어선 계시에 기초한 신과의 결합일 것이다." 환언하면 종교는 비우주적이고 지상적일 수 없는 인상에 관계한다. 이것이 종교경험으로 불리는 경험이다. 이 경험의 근원은 초주관적이기 때문에 이러한 경험은 자아경험은 아니고 대상체험이다. 그는 이러한 대상체험을 다음과 같이 정의하고 있다. "종교적 근원경험은 세계의식을 독특한 방식으로 타개했을 때에 야기되는 신적인 것의 현존에 의해서 충족되고 있는 것이다." 그의 종교철학의 과제는 종교를 이러한 근본경험의 산물로서 이해하는 것이다.

봅버민의 종교학설 나아가 심리학적인 방법을 취한 대표적인 한 사람은 봅버민(G. Wobbermin, 1869~1943)이다. 그가 자신의 저서를 『종교심리학적 방법에 의한 조직신학』(*Systematische Theologie nach religions-psychologischer Methode*, 1913~25)이라는 이름으로 부르고 있는 것에서도 분명한 것처럼 조직신학의 학문적 구상 전체를 종교심리학의 기초 위에 구축하려고 한 것이다. 그는 종교의 본질을 발견하기 위한 방법론으로 다음 세 가지를 들고 있다.

1. 애니미즘. 이와 밀접하게 관련한 조상숭배설이나 토테미즘처럼 종교의 기원에서 그 본질을 규정하려고 하는 방법.

2. 역사적 종교들의 비교에 의해서 종교의 본질을 결정하려고 하는 종교사적 방법.

3. 자기의 의식 안에서 종교의 규범을 탐구하고 이로써 종교의 본질을 결정하는 규범개념에 의한 방법.

이 방법들은 1870년대에 시작된 것으로 각각 의미 있는 진리내용을 가지는데 어느 쪽도 종교의 본질을 결정하는 것으로는 충분치 않다. 그리하여 봅버민은 종교심리학적 방법에 의거하는데 그것은 종교현상의 경험심리학적 취급을 의미하지 않고 선험심리학적 방법으로 불리는 것이다. 전자는 종교적인 개개의 상태를 대상으로 하는 것으로 종교심리학적 '방법'이 될 수는 있지만 종교심리학적 방법 그 자체는 아니다. 종교심리학적 방법은 인간의 종교의식의 객관화인 역사 현상의 특별히 종교적인 내용(Gehalt)을 파악하는 것이다. 그러나 그것은 생산적 감정이입(Einführung)에 의해서, 즉 타인의 종교경험의 창조적 추체험(Nacherleben)에 의해서만 가능하다. 이 경우 종교경험의 관찰은 자기의 종교경험과 타인의 종교경험 사이를 언제나 왕래해야만 한다.

그는 이 방법의 이러한 성격을 '종교심리학적 순환'으로 부르고 다음과 같이 규정하고 있다.

> 자신의 종교경험으로부터 타인의 종교적 · 심리적 생활을 이해하고 특히 종교적인 것에 대해 예리한 눈을 가지고 그러한 이해로써 스스로의 종교의식의 관찰에 되돌아온다. 그리고 이 서로 촉진하는 과정을 자기 및 타인의 종교생활의 표현형식의 파악 · 이해 · 해석을 통해 항상 더욱 더 널리 외부로 펼치고 더욱 더 깊이 내면화하여 형성하고 이 과정에 의해 종교생활의 역사적 전체 복합의 특별히 종교적인 동기를 가능한 한 순수하게 끄집어내려고 한다. 이것이 생산적 감정이입에 의해서 해지는 종교심리학적 순환이다.

이처럼 이 방법은 생산적이라든가 창조적이라는 특색을 가진 감정이입을 기초로 하는 것이며 이 점이 경험심리학적인 방법과는 전혀 다른 측면이다.

봅버민과 슐라이어마허 봅버민의 종교연구의 방법론은 전적으로 슐라이어마허의 방법론에 의거한 것으로 후자가 종교의 본질을 발견함에 있어 사용한 방법을 그대로 답습하고 있는 것이다. 그는, 슐라이어마허가 『종교론』(*Reden über die Religion*, 1779) 제2장의 서두에서 서술하고 있는 종교의 본질에 관한 문제는 학적 종교연구의 기초적 문제였고 오늘날도 앞으로도 더욱 더 그럴 것이라고 말하고 있다. "슐라이어마허에게로 돌아가라! 그리고 그로부터 출발하라!"는 것이 그의 표어이다. 슐라이어마허는 종교의 근거를 직접적 자의식에서 찾았는데 그도 또한 직접적 자의식을 출발점으로 하였다. "종교의식의 심리학적 구조를 종교학적-체계적 연구 작업의 방법적 기초로서 타당하게 한 것은 슐라이어마허의 유례없는 공적이었다"고 봅버민은 주장하고 있는 것이다.

이러한 이유로 그가 도달한 결과도 또한 슐라이어마허의 사상과 유사하였다. 봅버민은 그가 도달한 종교연구의 결과를 요약하여 다음과 같이 말하고 있다.

> 종교는 인간의 상태적 의식, 즉 인간의 감정생활과 의지생활에 근거하고 있다. 그리고 그 경우 종교는 그 전체의 존립에 있어서 자아기능에 의해서 제약되고 나아가 그 확신의 내용과 사상의 내용은 그 내용을 발전시키는 전체의 표상형성과 함께 종교적 근본체험으로부터 이해되어야만 하는 것이다.

이와 같이 종교의 근거가 감정과 의지라고 한 것은 슐라이어마허와 상통하는 점이다. 슐라이어마허는 『종교론』(초판) 제2장에서 종교의 본질은 직관과 감정이라고 규정했는데 이후의 대작 『기독교 신앙론』(*Der christliche Glaube*, 1821/22)에서는 직관이라는 말을 멀리하고 감정이라는 개념만을 상세하게 규정하여 이것을 직접적 자의식이라고 하였다. 봅버민의 귀결은 이 노선을 따르고 있다. 그는 슐라이어마허의 『기독교 신앙론』 제3절의 "경건은 전적으로 그것만을 생각하면 지식도 행위도 아니고 감정의 혹은 직접적 자의식의 하나의 규정성이다." 라는 유명한 정의로써 종교적 근본체험의 심리학적 구조를 가장 잘 나타낸 것이라고 말하고 있다.

그런데 이 감정 내지 자의식의 규정성이라는 형식적인 심리학적 고찰을 슐라이어마허는 나아가 내용적으로 규정하여 종교는 '절대 의존감정'이라고 정의하였다. 이 역사적인 정의에 상응하여 봅버민은 다음과 같이 말하고 있다. "종교의 본질은 인간에 의해서 신앙되고 신앙에 의해서 예상되는 초월 세계(Überwelt)—인간은 그것에 의존하고 있다고 생각한다—에 대한 인간의 관계 안에서 발견되어야 하는 것이다." 이 정의에 의하면 종교는 우리의 감정 내지 자의식의 한 규정성이며 의존감정이라는 것이 된다.

민족심리학적 방법 종교는 개인의 사실일 뿐만 아니라 사회의 사실이며 진리는 오히려 양 측면이 교차하는 곳에 있다고 말해지기 때문에 개인심리학은 사회심리학(Sozialpsychologie)에 의해 보충되어야 한다. 사회심리학이라고 하더라도 그 목적과 과제가 반드시 일치하고 있는 것은 아니다. 어떤 사람은 개체를 연구의 중심으로 삼아 개체와 환경의 관계나 개체에 대한 환경의 영향과 환경에 대한 개체의 입장을 연구하고 어떤 사람은 공동체, 특히 민족 공동체의 연구에 중점을 둔다. 후자의 경우에 사회심리학은 민족심리학(Völkerpsychologie)이 되는데 민족심리학도 각각 관점을 달리하여 여러 민족의 정신적 특질, 동족 간에 존재하는 상호작용, 어떤 민족에 공통적인 소산 등을 다루는 것으로 나누어진다.

라차루스(M. Lazarus, 1824～1903)와 슈타인탈(H. Steinthal, 1823～99)이 정초한 민족심리학은 다음과 같은 이중의 과제를 가지게 된다. 즉 일반적인 과제로서는 "어떤 민족의 문화재, 특히 습속 · (Sitte) · 신화(Mythus) · 언어(Sprache)가 형성되고 발전된 법칙"을 찾는 것, 특수한 과제로서는 "다양한 민족정신의 성격을 명확하게 하고 역사에 있어서 그 실증을 보이는 것"이다.

분트의 민족심리학 분트(W. Wundt, 1831～1920)는 라차루스와 슈타인탈이 주장한 민족심리학의 두 가지의 과제 중 제2의 과제를 민족심리학에서 분리하여 인류학에 양도하고 민족심리학은 "인간사회의 정신적 상호관계를 전제로 한 사실들의 발생적 · 인과적 연구"라고 규정하였다. 즉 그것은 "인간 공동체의 발전과 보편타당한 가치가 있는 공통의 정신적 소산의 성립의 기초를 이루는 심적 과정의 연구"인 것이다. 따라서 민족심리학의 대상은 인간정신의 창조물이다. 이 창조물은 궁극적 근원을 개인적 · 심적인 요소 안에 가지고 있는데 개인들의 상호관계에 의해서만 발전되는 것이다.

분트의 『민족심리학』(*Völkerpsychologie*, 1900～21)에 의하면 종교는 언어나 습속과 함께 인간사회의 창조물이며 개인들의 상호작용에 의해서 일깨워진 정신적 힘들의 산물이다. 여기에서 개인들의 상호관계라는 요소가 새로운 요소로서 나타난다. 이러한 요소는 지금까지 개인심리학이 취급하지 않았던 것인데 그 자체 고유한 법칙을 가진 별개의 현상이다. 사회는 개인의 상위에 있는 통일이다. 그리고 개인들의 심적 성질 가운데 근거를 가지고 있는데 그것과는 별개의 종류의 정신적 가치, 즉 개인의 심적 생활에 대해서 중요한 내용을 주는 정신적 가치를 구성한다. 그런데 개인의 갖가지의 체험은 그것이 속한 종교적 매체(Medium)에서 분리되어 생각되어야만 한다. 체험이 발생하는 정신적 환경이 고려되어야만 한다는 것이다. 그러므로 종교는 근본적으로 민족심리학적 문제로 귀착한다.

분트에 의하면 민족심리학은 '민족정신에 관한 학설'이다. 개인정신은 심적 체험의 사실적으로 주어진 종합인데 민족정신은 어떤 민족의 정신적 소산의 전체의 복합이다. 환언하면 개개의 정신은 동일한 실체가 아니라 내적 체험 그 자체이자 표상 · 감정 · 의욕의 총화이며 그것이 의식에 있어서 통일되고 후에 자의식적 사유와 자유로운 도덕적 의욕에까지 높아지는 것이다. 민족정신은 개인의 의식통일의 공통의 기체(Substrat)라는 형이상학적인 것이 아니며 또한 정신적인 공동소산의 통일적인 담지자(Träger)도 아닌 이들 소산의 총화이다. 그것은 민족체가 여러 개개인의 총화이지 개개인 밖에 있는 특수한 존재가 아닌 것과 마찬가지이다.

민족심리학은 가장 넓은 의미의 역사에 의해 지지되어야만 한다. 그러나 또한 민족심리학적 방법은 역사적 방법과는 다른 것이어야만 한다. 이 점에 관해서 분트는 다음과 같이 서술하고 있다. "역사적 방법은 인간의 정신적 소산의 외부적 형성에 주목하고 그 일반적인 물리적 · 심적 · 문화적 원인들과 조건들을 파악하려고 한다. 이에 반해 민족심리학적 방법은 정신적 소산의 외부적인 형성의 기초에 있는 일반적인 정신적 동인을 도출하고 이 정신적 동인에서 나타나는 일반적인 발전법칙을 보이려고 한다. 그리고 그때 사용되는 방법은 비교(Vergleichung)이다."

신화와 종교 이렇게 하여 민족심리학은 우선 종교의 기원과 발전을 탐구한다. 분트에 의하면 종교는 신화에서 나온다. 신화는 인간의 정신생활의 모든 소산을 종자적으로 그 안에 품고 있고 말하자면 원시인의 전 세계관을 구성한다. 신화는 환상의 산물이며 이것을 강력하게 자극하는 것은 지적 동기가 아니라 정서적 동기, 즉 삶을 직접적으로 움직이는 감정이었다. 공포 · 희망 · 소망 · 욕망 · 사랑 · 미움 등이 그것이다.

신화를 구성하는 환상적 표상의 가장 낮은 최초의 소산은 영혼신앙(Seeleglaube)이었다. 신체혼(Körperseele)은 신체와 결부한 영으로 혈액이나 신장 안에 있다고 믿어졌다. 신체로부터 분리된 영혼인 유리령(遊離靈, Psyche)은 호흡령(呼吸靈, Hauchseele)이나 환영령(幻影靈, Schattenseele)이 된다. 전자는 최후의 한 호흡과 동시에 신체를 버리고 작은 구름 또는 새나 다른 짐승이 되는데 후자는 자유롭게 날아다니며 사정에 따라서는 꿈이나 황홀경에서 나타난다. 이 두 가지의 혼합으로부터 영들(Geister)이 나타난다. 이와 같이 영혼으로부터 영들이 생기는데 개개의 영은 나아가 마(魔, Dämon)가 된다. 마는 행 · 불행을 인간에게 가져오는 것으로 이 점이 영과 다른 면이다(즉 인간과의 관계가 있다는 것). 이 신앙에 관련하여 영혼신화와 병행하는 자연신화(Naturmythus)가 나타나고 신들(Götter)에 대한 신앙이 나타난다. 분트에 의하면 본래의 의미에서 신은 세 가지의 표지가 있다. 즉 ① 개인적 인격성, ② 초인간적 힘, ③ 초세계적이고 영원한 존재라는 세 가지이다. 신은 이 인격성 등의 표지에 의해 마와 다르다고 여겨진다(신들에 대한 신앙은 끊임없는 변화와 진보에 의해 신화로부터 전적으로 벗어난 초세계적 · 초인격적 신 신앙이 된다). 신 신앙으로부터 또한 내세신앙이 발생한다.

분트에 있어 신화와 종교를 구별하는 것은 초감각적인 세계의 신앙이다. 그러나 그에게 이 '초감성적'이라는 말은 의미하는 바가 명확하지 않다. 왜냐하면 그것이 때로는 정신적인 것으로 때로는 통상적인 지식이 미치지 않는 것으로 설명되고 있기 때문이다. 분트는 종교를 다음과 같이 규정한다. "종교는 인간 및 인간을 둘러싼 세계가 어떤 초감각적 세계—이 세계에서는 인간적 노력의 최고의 목적으로서 나타나는 갖가지의 이상(Ideal)이 실현되는 것으로 생각된다—에 종속한다는 감정이다." 또한 분트는 다음과 같이 말하고 있다. "모든 신화구성 및 모든 종교적 감정과 표상의 원천은 개인적인 공상 활동이다."

칸트의 종교론

칸트는 그의 종교철학의 대표적 저술인 『단순한 이성의 한계 안에서의 종교』(*Die Religion innerhalb der Grenzen der bloßen Vernunft*, 1793) 초판 서문에서 다음과 같이 밝히고 있다. "도덕은 인간 즉 자유로운 존재이며 바로 그렇기 때문에 이성에 의하여 자신을 무제약적 법칙 밑에 묶어 두는 존재로서의 인간의 개념에 기초하는 한 인간은 그의 의무를 인식하기 위하여 자기를 넘어선 어떤 다른 존재의 이념을 필요로 하지 않으며 의무를 준수하기 위해 법칙 이외의 다른 동기들을 필요로 하지도 않는다." 아울러 도덕은 그 스스로를 위해서 (객관적으로는 의지에 관해서 주관적으로는 행위 능력에 관해서) 결코 종교를 필요로 하지 않으며 순수 실천 이성의 덕택으로 그 자신만으로도 충분한 것이라고 하였다.

그런데 여기에서 우리는 칸트가 왜 이러한 '자신만으로도 충분한 도덕'을 넘어선 '종교'를 언급하며 도덕법의 자율적 명령과 이성 신앙을 동일한 차원에서 보려 하는가를 살펴보지 않을 수 없다. 칸트는 초판 서문에서 계속하여 다음과 같이 언명하고 있다.

> 도덕의 근거로서는 아니지만 도덕적 의무 행위의 결과로 최고선의 실재를 바라게 될 때 그리고 의무에 대해서 그 결과로서의 한 궁극 목적을 생각하게 될 때 도덕은 불가피하게 종교에 도달하게 되며 종교를 통해 도덕은 인간 이상의 능력 있는 도덕적 입법자의 이념으로 확장되게 된다.

> 도덕은 그의 법칙의 거룩함을 가장 위대한 존경의 대상으로 인정하게 될 때 종교의 단계에서 법칙을 명령하는 최고의 원인을 숭배의 대상으로 표상하게 되며 이 숭배의 대상은 스스로의 위엄을 가지고 나타난다.

그러므로 신은 도덕적 세계의 실재에 대한 실천적 관심에서만 필요하며 후자로의 진입 과정은 우리의 도덕적 행위를 최고선을 통한 신의 존재에—결코 그 조건으로서가 아니라—연결시키는데 있다고 할 것이다. 즉 모든 의무를 신의 명령으로서 인식하는데 이름으로써 종교에 도달하게 된다는 것이다. 동시에 모든 의무를 신의 명령으로 보아야 하는 이유는 결과로서 항상 최고선을 바라는 우리는 이것을 완전하고 전능한 의지에 대해서만 기대할 수 있으며 여기에 일치함으로써만 그것을 획득할 수 있기 때문이다.

그렇다면 도덕적 의무를 신의 명령으로 인식해야 하는 근거는 무엇인가? 여기에 관한 칸트의 사고 과정을 살펴보자. 칸트에 의하면 도덕으로부터 종교로의 이행은 도덕의 근거를 신에게 연결시킴으로써가 아니라 이성의 도덕적 행위의 결과들을 반성함으로써 나타났다고 할 수 있는 것이다. 그렇다면 종교적 과정이 설령 도덕적 과정에서 분리되더라도 도덕적 과정을 반성함으로써 자율적 이성의 명령을 신적인 것으로 간주하게 될 수 있는 것이다. 그리하여 양자의 차이는 도덕적 입장이 도덕 법칙의 자율과 도덕 법칙 자신을 그 결과와 최고선에 대한 관계를 반성함이 없이 무조건 절대적인 명령으로 받아들이는데 비하여 종교적인 입장은 도덕적 세계와 자연 세계의 질서 사이의 관계를 찾아 반성함으로써 "신의 명령으로서의 도덕"이라는 확신에 이르고 있다는데 있다고 하겠다.

따라서 칸트의 종교의 이념을 정리해 본다면 도덕적 행동의 결과에 대한 이성의 관심에 근거하는 신의 존재에 대한 신앙이며 그리고 이러한 신앙과 결합된 불멸에 관한 희망이라 할 것이다. 이처럼 이성이 최고 존재로서의 신의 법칙과 일치 · 조화하는 것이라면 실천 이성의 자율은 도덕법이 신적인 명령에 근거해 있다고 하더라도 보장될 수 있을지도 모른다. 그러나 칸트에게 신은 도덕적 행위와 연관된 도덕적 세계의 실재에 대한 관심에서만 이룰 수 있는 대상이기 때문에 그 관심의 근거인 이성을 넘어서서는 그의 존재가 알려질 수 없고 따라서 인간에게는 무의미한 것이 된다.

이성종교와 계시종교 위에서 우리는 어떻게 도덕법의 의식으로부터 신의 존재에 대한 의식에 이르며 또한 어떻게 이러한 신을 이성신앙의 대상으로 삼게 되는가를 살펴보았다. 이리하여 이제 우리는 이성이 어떻게 그 종교적 체계를 형성해 가는가, 즉 도덕의 완성 과정을 어떠한 종교적 체계 하에서 이루어 가는가를 살펴보고 또한 이것이 실정 종교 체계와 맺고 있는 관계들을 논하지 않을 수 없다.

칸트에 의하면 무엇보다도 이성종교는 계시종교와 확연히 구분된다. 그 구분의 계기는 계시종교가 초자연적인 경험인 계시를 인정하여 도덕적 명령도 신의 계시로 말미암아 인식된다고 주장하는 반면 이성은 이러한 '계시'(Offenbarung)를 인정할 수 없다는데 있다. 이리하여 이성적 입장에서는 어떤 것을 신의 명령으로서 인정하기 전에 그것이 의무인 것을 먼저 알아야 하며 만일 의무를 인정하기 전에 신적인 명령이 있다고 생각한다면 이는 거짓된 것이다. 따라서 자연의 도식(Schema von Natur)과 은총의 관계는 그것이 도덕적 · 종교적 행위에 대한 보상을 위해서 신이 초자연적인 방법으로 노력하는 것을 의미하는 한 잘못된 생각이며 곧 금지되어야 하는 것이다.

사실 초자연적인 경험인 계시는 단지 감성적으로 매개된 경험만을 인정하는 칸트에게는 전혀 인식 불가능한 것이다. 이러한 사실에 관하여 캇시러(E. Cassirer, 1874~1945)는 『단순한 이성의 한계 안에서의 종교』가 순수한 도덕적 내용 외에 아무 것도 가지고 있지 않고 다만 도덕적 내용을 특정한 상징적 착의(着衣) 즉 종교적 착의에서 설명하고 있는 것이라고 하였다. 그러나 그럼에도 불구하고 칸트의 이성종교의 체계는 기독교와 많은 타협을 하고 있다는 느낌을 준다. 즉 『단순한 이성의 한계 안에서의 종교』 제2판 서문에서 칸트는 다음과 같이 말하고 있는 것이다.

> 계시는 적어도 이성종교를 자신 속에 포함할 수 있지만 이성종교는 계시가 지닌 역사적 측면을 포함할 수 없다. 그러므로 계시는 보다 좁은 신앙 영역으로서의 이성종교를 자신 속에 포섭하는 보다 넓은 신앙 영역(두 개의 따로 떨어져 존재하는 원으로서 아니라 동심원으로)이라고 생각할 수 있다. …… 이것이 사실이라면 이성과 성경은 서로 모순되는 것이 아닐 뿐만 아니라 서로 일치하는 것이며 따라서 이성을 (도덕적 개념의 인도를 받으면서) 따르는 사람은 또한 성서를 따르는 데도 부족함이 없게 될 것이라고 말할 수 있다. … 이러한 통일 또는 통일의 시도는 종교의 철학적 연구가에게는 충분한 권리가 주어진 것이며 결코 성서 신학자의 특별한 권리를 침해하는 것이 아니다.

이러한 칸트의 언명은『단순한 이성의 한계 안에서의 종교』말미에서 기독교의 교리를 순전히 이성에만 근거하는 유일 불변하며 보편타당한 순수 종교 신앙의 지도 이념 하에서, 역사적 사실에 근거하는 역사적 종교—시간과 장소에 제약되어 있는—의 계시 신앙으로부터 도덕종교로서의 본래적인 본질로 변혁시키려는데 대한 변명일 것이다. 확실히 칸트는『단순한 이성의 한계 안에서의 종교』에서 이성종교와 역사적 계시 신앙을 가진 대표적 실정 종교(positive Religion)로서의 기독교와 타협을 가진 듯한 느낌을 주며 또한 도덕적 신 인식에만 국한되었던 순수한 이성종교가 그가 거부하는 계시를 주장하는 기독교의 교리를 도덕적 · 이성적으로 재해석하여 받아들이고 있는 것을 볼 수 있다.

그러나 칸트는 이러한 양자간의 교류를 처음부터 의도하고 있었던 듯이 보이며 앞서 언급한 것처럼 캇시러도『단순한 이성의 한계 안에서의 종교』가 철저하게 절충적 성격을 가진다고 말한 바 있다. 칸트 자신도『단순한 이성의 한계 안에서의 종교』의 형태가 절충 저술이라고 슈토이틀린(Stäudlin)에게 말하곤 하였다.

> 나는 이 책으로써 나의 세 번째 계획을 완성하려고 시도했는데 그로부터 나는 양심적인 것과 기독교에 대한 참된 존경 (자유의 원리가 동반되는 바의)을 감추지 않고 오히려 내가 어떻게 기독교에 대한 존경과 순수 실천 이성과의 가능한 결합이 통찰됨을 믿는가 하는 것을 보여준다.

그리고 『단순한 이성의 한계 안에서의 종교』초판 서문 중에서도 공공연히 이성종교는 계시종교의 역사적 산물들을 자기의 목적에 이용할 것을 주장하고 있다. 그러나 그는 어디까지나 철학의 입장에서 논했으며 성경과의 관계는 단지 예로서 선택된 것이고 다른 예가 선택될 수 있다고 하였는데 이것은 역사적 계시종교인 기독교의 교리를 이성종교를 해석하는 매개물로서 사용할 수 있다고 본 것이었다. 칸트는 나아가 라파터(Lavater)에게 보낸 편지에서도 다음과 같이 밝히고 있다.

> 나는 그리스도의 교훈을 우리가 그것에 관해 알고 있는 정보로부터 구별하고 그 그리스도의 교훈 자체를 분별해 내기 위해서 먼저 그 도덕적 교훈을 모든 『신약성서』의 문장들에서 구별하여 끄집어내려고 한다. 이 분별되어 도출된 것이야말로 확실히 '복음의 원리'이며 나머지는 단지 그것의 설명을 위한 '부차적 교훈'일 뿐이다.

이렇게 볼 때 칸트의 이성종교는 어떤 곳에 확실히 성립되어 있는 고정적인 것이 아니라 부단히 발전하고 형성되어 가는 것임을 알 수 있다. 따라서 우리는 이러한 도덕적 이성종교의 적용 및 발전을 살펴볼 필요가 있다.

도덕적 완전 인격으로서의 그리스도와 속죄 최고선에 이르고자 하는 무한한 전진으로의 노력이 계속되어 마침내 도덕적 완성에 이른다면 최고 존재의 의지는 한 세계를 이루어 주는데 이것의 최고의 제약은 '행복'이다. 이러한 도덕적 인간성이 신의 마음에 드는 인간성이 될 때 이런 이상(理想)의 인격화를 칸트는 '신의 아들의 이념'이라고 한다. 그런데 이 이념의 객관적 실재성은 처음부터 역사적 증명에 근거하는 것이 아니라 도덕적 법칙의 정립자인 이성에 근거하여 도덕적 완전 인격의 이념으로서 등장하며 그의 역사적 실재성은 단지 모방을 위한 예로서만 존재하는 것이다.

즉 이 신의 아들이야말로 보통 인간에게는 불가능한 악 원리에 대한 선 원리의 승리를 자신의 육(肉)의 십자가를 걸고 성취했던 이성적 존재자이며 따라서 인간의 원형(Urbild)의 이념인 것이다. 그가 신의 아들이라는 것의 참뜻은 천상에 실현되어 있는 도덕적 최고선의 원형이 자신을 낮추어 인간성의 모습을 가졌다는 것을 말하는 것이다. 그러므로 그리스도 즉 도덕적 완전 인격의 이념은 본래 경험적 · 예증적 · 사실적인 것들인 그 탄생 · 죽음 및 부활의 허실과는 무관하고 우리들 자신의 도덕적으로 자기 입법적인 이성 중에만 존재하고 있는 것이다. 즉 도덕적 자유와 같이 단지 이성 중에 실천적 실재성을 가진 것이다.

이러한 신의 아들을 원형으로서 믿는다는 것은 신의 마음에 드는 인간을 자신 안에 실현시킴을 의미하며 이와 같은 신의 아들에 대한 실천적인 신앙에서 인간은 신의 뜻에 합당하게 되기를 소망할 수 있다. 이렇게 될 때 인간은 신의 마음에 들 가치가 있고 자신에 대해서 근거 있는 신임을 가질 수 있으며 어떠한 시련과 고통 속에서도 이러한 이념을 실현하는 것으로 알며 인간성의 원형에 변함없이 의존하며 그의 예를 모방하면서 가까워질 수 있다.

그런데 여기에서 문제는 그리스도와 같은 신의 마음에 드는 최고 완전의 인간성의 이념에 현실의 우리들이 단순한 도덕적 의무의 준수만으로 도달 가능한가에 있으며 그에 대한 칸트의 분석이 첫째로는 우리 자신의 의(義)의 결핍 때문에 제기되는 것으로서 존재의 악과 당위의 선과의 상극을 해결하는 방식 여부에 있다는 형식으로 제출된다. 그리고 이에 대한 답은 간단하다. 당위의 선의 근본은 선한 대상보다도 도덕 법칙에 따라서 행위 한다고 하는 우리들의 심정이 채택한 준칙에 있다. 그러므로 당위(Sollen)의 선은 우리들의 심정 그 자체에서는 바로 존재(Sein)인 것이다.

둘째로는 인간이 그 완전한 신성의 이념으로 접근 가능하게 되기 위해서는 그 선을 향하여 부단히 노력하고 전진하여 심정이 변하지 않고 유지되는 것, 즉 말하자면 '도덕적 행복'이 요구된다. 그러나 사실상 유한한 인간은 항상 선에서 악으로 타락하는 가능성을 가지고 있다. 그러므로 선한 심정의 '지속성'이라는 것은 악의 고뇌 중에서 투쟁하여 선을 유지하는 것을 의미하지 않으면 안 된다. 그리고 이렇게 악 가운데서 선을 유지하려 할 때에는 선한 심정이 부단히 이념의 완전성으로 접근하려는 강한 신뢰와 함께 악으로의 타락은 자기의 심정의 부패에 기인하고 비참으로의 전망에 불과하다는 실감이 불가피한 것이다. 여기에서만 심정의 지속성이 언급될 수 있다. 즉 선한 심정의 지속성이란 주체 내의 양심에 관해서만 말해질 수 있기 때문에 객관적으로는 선악의 지속 여부를 인식하기가 곤란하다고 할 수 있는 것이다.

헤겔의 종교론 헤겔에게 종교의 출발점을 이루고 있는 것은 절대적 존재로서의 신(Gott)이다. 그에 의하면 개념은 동시에 객관적 실재이며 신의 개념과 함께 신의 실재가 주어진다. 신은 순수한 초시간적인 즉자 존재이며 모든 규정성을 포함한 보편적인 존재이다. 그리고 그런 의미에서 모든 현실성의 핵심을 이루고 있다. 헤겔에 있어서는 이러한 신의 개념으로부터 종교개념이 획득되고 이 개념의 필연성이 제시되며 종교의 진리성의 문제가 해명된다. 종교개념은 절대적 존재에서 결과하기 때문에 필연적인 것이다. 그리고 나아가 이렇게 해서 획득된 종교개념의 통찰에서 개개의 종교가 이해되는 것이다. 개개의 종교는 종교일반에 대해서 종(Arten)의 류(Gattung)에 대한 관계에 있을 뿐만 아니라 "개개의 종교는 이 (종교일반이라는) 개념의 특수한 계기에 불과하다. 그러므로 그들은 개념에 대응하지 않는다. 왜냐하면 개념은 그들 종교 가운데는 존재하지 않기 때문이다. 그런데 또한 다른 한편 그들은 종교의 개념에 대응하고 개념을 유지해야만 한다. 왜냐하면 그렇지 않을 경우 그들은 종교가 아닐 것이기 때문이다." 환언하면 개별종교는 종교개념의 시간적 발전의 필연적인 분화이다.

종교론의 세 부문 헤겔에 있어 종교의 서술 및 발전은 세 부분으로 나뉜다.

① 우선 종교의 개념이 그 보편성에서 고찰된다. 이 보편성에서의 개념은 순수한 (구체적인) 보편자이며 더욱이 자기 자신을 사유하는 활동적인 사유이다. 사유는 제한된 것에서 절대적으로 보편적인 것으로의 고양인데 종교는 사유를 통해서만 또한 사유 가운데만 있다. "신은 최고의 감각이 아니고 최고의 사유이다." 이러한 의미에서의 순수한 즉자 대자적인(an und für sich) 보편자가 우선 취급되어야만 한다.

② 다음으로 이 개념은 자기를 분할하고 구별하는 특수성에서 고찰

된다. 즉 개념의 규정성이 고찰된다. 판단 · 제한성 · 차별 · 유한성의 측면이 그것이다.

③ 자기를 자기와 결부시키는 개념인 추리, 즉 '규정성으로부터 자기 자신으로의 개념의 귀환'이 고찰된다.

여기에서 개념은 자기의 제한성을 지양(止揚, aufheben)하는 것이다. 이 경우 정신은 자기에 대해서는 대상이지만 그러나 대상에 있어서는 자기와 유화(宥和)하고 자기 자신의 근저에(bei sich selbst) 있고 자유롭다. 이로부터 구체적인 문제의 취급은 다음과 같다.

ⓐ 종교는 무한적 정신이 유한적 정신을 매개로 하여 스스로를 아는 것이다. 혹은 반대로 유한적 정신이 무한적 정신으로서의 자기의 본질을 아는 것이다.

ⓑ 성립종교들은 종교개념의 자기실현의 필연적 발전단계들이다.

ⓒ 기독교는 절대적 종교이며 그것에서는 개념과 현상 및 진리와 실재가 완전히 일치한다.

종교일반－종교(표상)와 철학(개념) 헤겔은 "절대적 정신이 유한적 정신에 있어서 자신을 알고 또한 반대로 유한적 정신이 그 본질을 절대적 정신으로서 아는 것, 이것이 종교일반의 보편적 개념"이라고 말한다. 무한자의 유한자에 있어서의 유화에 관한 지식은 세 가지의 형식에 있어서 표현된다. 직관 · 표상 · 개념이 그것이다. 직관은 예술을, 표상은 종교를, 개념은 철학을 낳는다. 종교와 철학은 동일한 내용을 가지는데 종교는 이것을 불충분하고 감성적인 상징적 형식으로 나타내고 철학은 이것을 개념적 사유에 의해서 나타낸다. 그러나 이것은 종교가 철학의 이전 단계이며 종교는 철학에 해소된다는 의미가 아니다. 표상적인 사유는 필연적인 심리적 기능이기 때문에 종교에서는 이념이 적합한 형식에서 파악되고 있는 것이 아니라 감성적인 포장에서 나타나고 있는 것에 불과하다. 그러나 한편으로 우리는 감성적 인간이기 때문에 이 감성적 직관의 요구를 억압할 수 없다. 철학에서 인간은 '사유하는 인간'으로서 고찰되는데 종교에서 인간은—그 인격성의 모든 측면에서나 감정적 측면에서나—'온전히 구체적인 자아'로서 고찰된다.

헤겔은 슐라이어마허에 항의하여 종교가 감정에만 의한 것이라면 동물도 또한 종교를 가지고 "왕의 꽃(작약)도 번성하는 잡초와 똑같은 토양에서 발아할 것이다"라고 말하고 있는데 이것은 슐라이어마허가 모든 감정을 종교적인 것이라고 한 것에 대한 항의이다. 헤겔은 종교에 있어서는 최고의 대상인 신만이 경험적으로 감정에 마음대로 나타나야만 한다고 말한다. 이로써 인간은 자연적인 제약에서 벗어나 그 본질 안에 존재하는 신과의 원리적인 통일로 스스로를 높일 수가 있다는 것이다. 이 통일은 주관적인 사유에 있어서 인간에게 의식됨과 동시에 실천적으로는 의례(Kultus)에서 실행된다. 의례는 유한적 정신과 무한적 정신의 객관적인 통일의 주관적인 실현이다. 의례는 신과의 결합을 누리는 것이며 철학이 이것에 손을 물들일 수만은 없는 것이다.

성립종교(특정종교)의 분류 성립종교가 절대적 정신의 발전과정의 단계들이라는 주장은 다음과 같이 설명된다. 종교개념이 그 계기들에 있어서 발전하는 것에 상응하여 역사적으로 하나의 종교의 단계는 다른 하나의 종교적 단계로부터 생긴다. 즉 변증법적 발전이 동시에 역사적 발전을 규정하는 것이다. 개별종교, 즉 특정종교의 역사적 발전은 다음의 세 단계로 구분된다.

① 자연종교(Naturreligion). 여기에서 신은 자연적인 어떤 것, 개개의 자연적 실존으로서 숭배된다.

② 정신적 개체성의 종교(Religion der geistigen Individualität).

③ 절대적 종교(Absolute Religion).

<table>
<tr><td rowspan="3">자연종교</td><td colspan="2">직접적 종교 → 주술종교: 에스키모와 아프리카 니그로의 종교(라마교)</td></tr>
<tr><td>의식의
자기분열</td><td>ⓐ 규준의 종교: 중국의 종교(유교)
ⓑ 상상의 종교: 인도 브라만교
ⓒ 자기 내재적 종교: 불교(라마교)</td></tr>
<tr><td>자연종교
(자유의 종교로 이행하는 종교)</td><td>ⓐ 빛의 종교: 조로아스터교
ⓑ 고통의 종교: 시리아의 종교
ⓒ 수수께끼의 종교: 이집트의 종교</td></tr>
<tr><td>정신적
개체성의
종 교</td><td colspan="2">ⓐ 숭고함의 종교: 유대교와 이슬람교
ⓑ 미의 종교: 그리스의 종교
ⓒ 합목적성 혹은 오성의 종교: 로마의 종교</td></tr>
<tr><td>절대적 종교
→계시종교
=기독교</td><td colspan="2">ⓐ 즉자 대자적인 영원의 이념에 있어서의 신: 아버지의 나라
ⓑ 의식 및 표상의 토대에 있어서의 신의 영원의 이념 혹은 분화: 아들의 나라
ⓒ 교단의 토대에 있어서의 이념: 정신의 나라</td></tr>
</table>

영향 및 비판 헤겔은 현상적 현실성을 무시하는 것이 아니고 자연·인생·역사에 있어서의 현상의 특유성에 대하여 예리한 통찰을 행하고 있다. 그는 이들 현실을 독특한 개념도식 안에 끼워 넣기 위해 사실을 왜곡한 점도 있고 또한 위의 도식은 부자연스럽다는 인상을 피할 수가 없다. 그러나 그의 종교철학의 근본사상이 현대의 종교철학에 대해서도 강력한 영향을 미치고 있는 것은 부정할 수 없다. 헤겔의 사상이 현대에 살아있는 점을 들어본다면 다음의 세 가지가 될 것이다.

① 신과 세계 혹은 인간은 그 본질상 동등하다.

② 종교의 핵심은 인간이 본질 공동체(Wesengemeinschaft)라는 인간의 의식이다.

③ 종교적 발전은 논리적·목적론적 과정이며 ②의 의식을 명확하지 않은 양상으로부터 보다 명확한 양상으로 표출해 가려는 과정이다.

마르크스의 종교론

지금까지 모든 사회의 역사는 계급투쟁의 역사라고 생각하는 칼 마르크스(K.H. Marx, 1818~83)는 종교를 인간의 피조물, 역사적 상황의 산물로 이해한다. 따라서 종교의 기원은 개인이 아니라 사회이다. 왜냐하면 '사회적 관계의 총체'가 인간을 구성하기 때문이다. 그러므로 종교적 감정은 사회적 산물이며, 따라서 사회의 유형에 따라 종교도 변한다. 종교의 영원한 기초는 인간이 경험하는 무력감(Ohnmacht)이다. 아직 정복하지 못하는 자연 앞에서 느끼는 원시인들의 무력감, 자본주의 체제하에서 핍박받는 프롤레타리아 계급들이 사회 속에서 느끼는 무력감이 종교의 기초라고 마르크스는 생각한다.

이러한 종교의 비판이 모든 비판의 전제라고 간주한 마르크스는 『헤겔 법철학 비판』(*Zur Kritik der Hegelschen Rechtsphilosophie*, 1843)에서 종교에 대해 다음과 같이 단언하였다. "종교적 고통은 말하자면 실제적 고통의 표현이며 실제적 고통에 대한 항의이다. 종교는 억압된 피조물의 탄식이며, 마치 생기가 없는 세상의 영혼처럼 무자비한 세상의 가슴과도 같다. 그것은 민중의 아편(Opium des Volks)이다." 민중의 환상적 행복인 종교(religion as the illusory happiness of the people)는 현실을 변혁하는 노력을 마비시키며 거세시키기 때문에 지배계급이 착취수단으로 이용한다.

그런데 마르크스는 전통적인 자연주의적 유물론처럼 종교를 무지의 산물로 생각하지 않기 때문에 무신론을 계몽적으로 선전하는 것만으로는 종교가 소멸된다고 생각하지 않는다. 그리하여 그는 다음과 같이 주장한다. 즉 '프롤레타리아에 의한 생산수단의 완전한 사회적 공유라는 경제혁명이 곧 자본주의에 의해서 상실된 인간성을 회복하는 인간혁명이며 이러한 혁명에 의해 민중은 실제로 행복해지고 환상적 행복인 종교는 사라져 간다.'는 것이다.

결국 마르크스의 무신론은 <인간의 합리적 이성에 의한 세계지배>라는 인간의 주체성 자각과 <세계는 생산력과 생산관계라는 사회적 재(財)에 의해 규정되어 있다>는 유물론적 세계관의 '변증법적 통일'로 성립하고 있다.

그렇다면 마르크스주의(Marxism)와 그에 유래하는 공산주의(共產主義, communism)는 종교인가? 앞서 언급되었던 에드윈 버트는 그의 책 『신을 찾는 인간』에서 마르크스주의가 기독교의 여러 특성을 가지고 있다고 말한다. 그것을 표로 나타내면 다음과 같다.

마르크스주의	유대-기독교
압박과 착취를 당하고 있는 민중의 해방이라는 이상을 내걸고 자본주의와 공산주의 사회를 대립시킴	천국과 지옥의 대립과 등치
공산주의 이상사회는 변증법적 · 필연적으로 미래에 실현될 것으로 운명 지어짐	기독교의 직선적 진보사관과 유사
이상사회의 실현은 혁명에 의해 이루어 짐	최후의 심판(Last Judgement)
그 이상사회는 계급 없는 사회로서 각자가 자유로이 개성적인 창조를 하여 다른 사람에게 줌과 동시에 필요한 것은 다른 사람에게 받는 사회임	구약의 선지자들에 의해 예언되고 약속되었던 지상의 왕국(Terrestrial Kingdom)
마르크스의 『자본론』(*Das Kapital*, 1867)을 기원으로 하는 경전이 있고, 배타적 · 공격적이고 열렬한 교조 및 윤리, 그리고 그것에 대한 절대적인 복종의 요구	기독교의 선교활동 방식과 유사
자기 잘못을 고백, 참회하는 정서적 행동인 자아비판을 통해 부르주아적 · 프티-부르주아적인 의식을 가진 것으로 간주되는 죄의 압박감에서 해방되고자 함	회개(repentance)
숙청(purge)과 세뇌(indoctrination)	파문(excommunication) 회심(conversion)
영웅적 지도자에 의한 권위적 지배구조	교회의 위계제도(Hierarchy), 성인(Saint)
공산당과 전당대회	교단(Order)과 예배(worship)

이렇게 비교하면 마르크스주의는 기독교와 현상적으로나 기능적으

로 매우 유사하다. 다만 이들의 차이점은 신 관념의 유무에 있을 뿐이다. 신 신앙의 실천적 의미는 역사의 흐름이 보이지 않는 힘에 의해 인도되고 주재(主宰)된다는 확신에 있다. 마르크스주의는 다만 그 힘을 <신>이라고 부르지 않고 역사의 변증법이라고 부르는데 불과하다. 즉 이 지배력을 초월적 인격신이라고 생각하지 않고 비인격적 · 내재적 · 필연적으로 역사과정을 지배하는 법칙으로 생각한다는 점이다. 따라서 이러한 힘을 믿고 있는 한 종교를 가지고 있다고 말할 수밖에 없다. 그렇다면 마르크스주의는 종교인가?

앞서 살펴 본 올스턴의 <종교를 형성하는 특징들의 목록>에서 인생의 의미부여나 세계관의 요소에 중점을 두는 사람은 마르크스주의를 종교라고 주장하며 신 관념 · 의례 등을 중시하는 사람은 종교가 아니라고 주장한다. 종교가 이러한 목적들(특징적 요소들)로 구성되는 한 두 주장 모두 일리가 있다. 따라서 버트가 생각한 것처럼 유대-기독교적 전통과 마르크스주의가 현상과 기능면에서 지극히 유사하기 때문에 마르크스주의가 종교라는 주장도 그렇지 않다는 주장도 기본적으로는 같은 종교라는 개념에 기초하고 있다. 둘 다 공통준거(frame of reference)의 범위 안에서 특히 어떤 요소를 대조적으로 강조하고 있는 것에 불과하다.

따라서 마르크스주의가 종교의 요소를 어느 정도까지 지니고 있는가를 명확히 하면 문제는 해결된다. 그렇게 해서 마르크스주의는 인생의 방향설정이나 의미부여를 중심적인 것으로 생각하고 성스러운 것 · 의례 등을 주변적인 것으로 간주하고 있음에 불과하다는 것을 알게 된다. 그러나 자기부정 · 세계초월 · 창조성 · 신비 같은 종교 고유의 요소는 결여되어 있다. 이로써 우리는 마르크스주의(공산주의)가 본래의 종교 대신에 인간의 종교적 욕구를 충족시키는 불완전한 형태의 종교인 유사종교임을 알 수 있다.

신 존재 증명 신 존재 증명에 대한 현대인의 반응은 기본적으로 부정적이면서 회의적이다. 합리적인 증명들은 심리학적으로 설득력이 없고 논리적으로는 근거가 박약하며 인식론상으로는 불완전하고 존재론적 · 가치론적으로는 불충분하거나 부당한 것으로 광범위하게 고려되었다. 그러나 하나의 입장만을 채택하는 것은 가장 무모한 선택이기 때문에 합리적인 사람들은 그렇게 하지 않는다. 유신론의 경우라도 예외는 아니다. 종교 체험은 인간들이 신을 필요로 한다는 사실을 보여주는데, 만약 이성이 그러한 요구를 성취시킬 신이 거기에 존재한다는 사실을 인간에게 납득시키는데 도움을 줄 수 있으면 더욱 좋은 것이다. 논증들에 대한 철저한 검토만이 사실이 그러함을 결정할 수 있다.

고전적으로 신 존재 증명은 네 종류의 시도들이 있어 왔는데, 이것들은 존재론적 · 우주론적 · 목적론적 · 도덕론적 신 증명이라고 불린다. 이것들은 각각 필연적 존재의 개념 · 세계의 존재 · 의도 · 도덕률 속에 토대를 갖는다.

존재론적 신 존재 증명 존재론적 논증(argumentum ontologicum)은 안셀무스로부터 현재에 이르기까지 놀라운 역사를 가졌다. 그 지지자들의 대부분은 사람이 하나의 절대 완전하거나 필연적인 존재 개념을 시인하기만 하면 그 논증은 이성적으로 불가피하다고 주장했다. 이 논증의 비록 안셀무스에 의해 창시되기는 했지만 그 명칭은 사실 이 논증 속에 존재론적인 모순이 있다고 생각한 칸트에 의해 붙여진 것이다. 안셀무스에게 그것은 말하자면 '기도로부터의 논증'이었다. 그는 하나의 절대 완전한 존재로서의 기독교의 신 개념을 깊이 묵상함으로써 우연히 그것에 이르렀던 것이다.

이 증명에 의하면 '최고 실재 존재자'(ens realissimum), 즉 신은 필연적으로 '존재한다'는 것을 자기 속에 지니고 있어야만 한다. 왜냐하면 최고 실재 존재자란 모든 실재성을 가지는 것이므로 '존재한다'는 것도 그 속에 포함되어 있는 것이 당연하며 따라서 신이 존재하지 않는다고 하는 것은 신이라는 개념 자체와 모순 된다고 하는 증명이다. 이 증명은 전적으로 오로지 신의 개념에서만 출발하여 그 존재를 논증하려는 것이며 아무런 경험도 거치지 않은 전적으로 선천적인 성격의 것이다.

이 존재론적 증명도 그 안에 이미 오류를 포함하고 있는 것이다. 왜냐하면 단순한 개념은 결코 그의 대상의 현실적 존재를 증명할 수 없기 때문이다. 현실적인 것도 그의 개념으로서는 단지 가능적인 것의 개념 이상의 아무것도 포함하고 있지 않다. 그러나 양자는 전혀 서로 다른 것이다. 예컨대 현실적인 100만원과 가능적인 100만원은 100만원이라는 개념으로서는 상호간에 아무런 차이가 없지만, 그러나 재산 상태로서는 전혀 서로 다르다. 우리가 대상의 현실적 존재를 인식하기 위해서는 우리는 결코 단순한 개념의 분석에 의지해서는 안 되고, 경험적 직관과의 결합을 필요로 하는 것이다. 그러나 신에 대한 경험적 직관이 존재하지 않는다는 것은 말할 것도 없는 일이고, 따라서 우리는 신의 현실적 존재를 아무리 해도 증명할 수가 없는 것이다.

이러한 존재론적 논증을 분석해 보면 여러 가지 매우 중요한 결론들이 나온다. ① 필연적인 존재가 있다고 결론 내리는 것을 이성적으로 불가피한 것으로 만드는 어떤 타당한 존재론적 논증도 주어지지 않는다. ② 누구나 신이 존재한다는 사실을 논리적으로 불가능한 것으로 만들면서도 아무도 존재론적 유신논증을 성공적으로 반증하지 못한다. ③ 우리가 유신논증을 어떻게든 타당하게 할 수 있는 길은 오직 '어떤 것이 존재했든지 간에, 지금 존재하고 있다'는 사실을 가정하거나 확인하는 길이다. ④ 만약 누군가가 '어떤 것이 존재하며 따라서 신이 존재한다'고 주장한다면, 그는 순수 선천적인 존재론적 방법을 떠나 이미 후천적인 우주론적 방법으로 바꾼 것이다. ⑤ '어떤 것이 존재한다'는 명백한 전제를 끌어들여 '어떤 것이 필연적으로 존재한다'고 주장함으로써 어떻게든 유신논증을 유효하게 할 수 있다 하더라도, 그로부터 추론되는 신이 기독교의 신이라고는 할 수 없다.

⑤와 관련하여 세 가지 다른 종류의 신들이 똑같은 존재론적 논증으로부터 추론될 수 있다. 데카르트와 라이프니츠는 유신론적인 신을 도출했으며, 스피노자는 범신론적인 신을, 그리고 찰스 하츠혼(C. Hartshorne)은 만유재신론적인(panentheistic) 신을 논증하였다.

목적론적 신 존재 증명 이 증명은 세계 속에 있는 분명한 의도로부터 시작한다. 본질상 그것은 이 분명한 의도가 하나의 지성적인 세계 설계자가 존재하는 증거라고 주장한다. 세계가 질서 · 합목적성 · 미를 갖고 있다는 사실에서 출발하여, 이러한 사실이 자연의 작용에 의해서만은 설명될 수 없기 때문에, 예지적인 세계 창조자의 존재를 생각하지 않으면 안 된다고 하는 것이다. 말하자면 이 증명은 세계의 합목적적인 질서로부터 세계의 창조자인 신의 존재를 추론하려고 하는 것이다.

목적론적 논증의 가장 유명한 예는 페일리(W. Paley, 1743~1805)의 시계공(Watchmaker) 비유이다. 그는 만약 어떤 사람이 빈들에서 한 시계를 발견했다면 그는 그것의 정확한 목적 때문에 그것이 한 시계 제조인을 가져야 한다고 당연히 결론 내릴 것이다. 마찬가지로 우리가 살고 있는 세계의 훨씬 더 복잡한 의도(design)를 바라볼 때 그 배후에 위대한 설계자가 있다고 결론 내리지 않을 수 없다.

칸트에 의하면 이것은 가장 오래된 것이고, 또 가장 명료한 것이며, 또 가장 상식에 부합되는 증명이기는 하지만, 그러나 이 증명도 또한 결코 성공적인 것이라고 할 수 없다. 먼저 이 증명은 세계 안에 있는 우연적인 존재자가 질서나 의도(합목적성)를 가지고 있다는 것으로부터 이 존재자에 이러한 합목적성을 준 존재를 상정하지 않으면 안 된다고 추론하는데, 이 추론에 의해서는 기껏해야 질료를 사용해서 세계를 형성하는 세계 건설자에 이를 뿐이고, 결코 세계의 질료의 창시자인 세계 창조자에는 이를 수가 없다. 그러므로 이 증명은 결코 그의 의도하는 바처럼, 합목적성(合目的性)이라는 특정한 경험으로부터 곧장 신의 존재를 추론할 수 있는 것이 아니고, 신의 존재로 추론해 가기 위해서는, 은밀히 우주론적 증명을 끌어들여서 세계 안에 있는 존재자의 우연성으로부터 필연적 존재를 추론하여 가지 않으면 안 된다. 그런데 우주론적 증명은 사실 존재론적 증명을 기초로 삼고 있는 것이기 때문에 목적론적 증명도 결국 존재론적 증명에 그 기초를 두고 있다고 할 수 있다.

우리는 이러한 목적론적 증명으로부터 다음과 같은 결론을 내릴 수 있다. ① 그것은 세계 안에 나타난 설계 배후에 어떤 지성이 있다는 사실을 있음직한 것으로 만들지만 확실한 것으로 만들지는 않는다. ② 그것은 이러한 원인의 통일성—즉 다수의 이성보다는 하나의 이성—을 은근히 장려한다. ③ 그것은 이러한 원인이 절대 완전한 것이 되도록 요구하지 않는다. ④ 그것은 세계 내의 악과 무질서의 현존을 사실 그대로 설명하지 않는다. ⑤ 그것은 세계 내의 의도에 하나의 원인이 있어야 한다고 주장함으로써 우주론적 논증에 근거하게 된다.

여기에서 ⑤가 중요하다. 만약 인과성의 원리가 견지될 수 없다면, 우리는 세계 내의 의도에 하나의 원인이나 근거가 있어야 한다고 주장할 수 없다. 의도는 다른 원인을 필요로 하지 않고도 거기에 있을 수 있다. 만약 모든 것에 하나의 목적이 있다면 세계는 그 배후에 하나의 의도자를 가져야 한다는 사실이 뒤따를 수 있다. 목적론적 논증의 근본 가정은 세계 내의 질서를 위해 하나의 원인이나 근거가 있을 필요가 있다는 사실이다. 이것을 부정하면 논증은 실패로 끝난다.

우주론적 신 존재 증명 우주론적 증명은 다음과 같은 추론이다. 즉 만일 어떤 것이 존재한다면 그의 궁극의 원인으로서 절대적으로 필연적인 존재자도 또한 존재하지 않으면 안 된다. 적어도 나 자신이 존재하고 있다면 절대로 필연적인 존재자도 존재한다. 왜냐하면 세계 안에 있는 존재자는 모두가 우연적인 것이어서 그 자신에 의해서 존재할 수 있는 것이 아니기 때문이다. 그런데 절대로 필연적인 것은 그 자신에 의해 존재하는 것이고, 이것은 최고 실재자, 즉 신이어야만 한다. 따라서 신은 존재한다.

그런데 이 증명은 존재론적 증명처럼 개념으로부터 신을 증명하려는 것이 아니고, 적어도 어떤 것이 존재한다는 경험적인 사실에서 출발하여 그 원인을 찾아 마침내 신에 소급하는 것이어서 이성의 자연적인 추리법에 적합하다. 그럼에도 불구하고 논리적으로는 존재론적 증명 이상으로 많은 오류를 지니고 있다. 왜냐하면 이 증명은 실은 존재론적 증명을 기초로 하여 거기에 다른 추론을 부과한 것에 불과하기 때문이다.

이 증명은 두 부분으로 나눌 수 있다. 즉 그것은 세계 안에 어떤 것이 존재한다는 것에서부터 그 궁극의 원인으로서 절대로 필연적인 것이 존재함을 추론해 내고 있는데 이 추론은 물론 인과율을 전제하고 있다. 즉 그것은 경험적으로 존재하는 것은 우연적인 존재이며, 그 자체로 존재할 수는 없고 반드시 그 원인을 가져야만 한다. 그런데 그 원인 자체도 또한 그 원인이 없으면 존재할 수 없고, 이와 같이 우리가 무한 소급(regressus in infinitum)해 갈 때 마침내 최고의 원인으로서 스스로 존재할 수 있는 것, 즉 절대로 필연적인 존재자를 생각하지 않으면 안 된다고 추론하는 것이다.

그런데 이 추론은 오류를 지니고 있다. ⓐ 우연적인 것으로부터 원인으로 추론해 간다는 것은 단지 감성계 내에서만 적용될 수 있는 것이다. 그런데 이 증명에서는 인과율을 감성계의 영역을 넘어서 초감성계에 적용하고 있다. 여기에 이미 이 증명의 결함이 나타나 있다. ⓑ 감성계에서 원인을 무한소급하는 것은 불가능하며, 따라서 제1원인을 추론한다는 것은 경험 속에서도 결코 성립하지 않는데, 더욱이 경험을 초월한 데까지 확장될 수는 없다. 나아가 설령 우리가 이 추론을 인정한다고 하더라도 이 추론은 신, 즉 최고 실재 존재자가 필연적으로 존재한다는 명제에 의거하고 있는데 이 명제야말로 바로 존재론적 증명이 주장하는 것이다. 즉 우주론적 증명은 존재론적 증명과는 전혀 다른 증명이라고 하면서도, 실은 존재론적 증명의 기초 위에 서 있는 것이고, 이 존재론적 증명 앞에 그릇된 추론을 또 덧붙이고 있는데 불과한 것이다. 우주론적 증명의 비판을 요약하면 다음과 같다.

① 전체로서의 우주는 원인을 필요로 하지 않으며 부분들만이 원인을 필요로 한다.
② 존재에 관한 진술들은 필연적인 것이 아니다.
③ 우주론적 증명은 증거가 박약한 존재론적 논증에 의존한다.
④ 하나의 본체적인 원인은 하나의 현상적인 결과에서 끌어낼 수 없다.
⑤ 논리상 필연적인 것이 존재상 필연적인 것은 아니다.
⑥ 필연적인 존재의 개념은 자명한 것이 아니다.
⑦ 우주론적 증명은 형이상학적 모순에 도달한다.

유비론적 신 존재 증명 한 분의 신이 존재하고 있는가 하는 문제를 토마스 아퀴나스는 유명한 신에게 이르는 다섯 가지의 길을 통해 해결하고 있다(『신학대전』 I, 2, 3). 토마스는 신의 존재와 도덕성의 몇 가지 원리들 그리고 구체적 응용인 또 다른 진리들이 계시 혹은 이성적 추론 과정을 통해서 알려진다고 주장한다. 기독교의 계시를 인정하지 않는 사람들을 확신시키기 위해서는 이러한 진리들이 근거해 있는 이유들을 지적해 줄 필요가 있다. 이것은 또한 계시를 인정하는 사람들의 신앙을 강화시키는 데도 유용하다. 신 존재에 관하여 토마스는 인간의 의식

내에서 바라본다고 하는 아우구스티누스의 방법을 받아들이지 않는다. 토마스는 존재론적 증명이 증명을 위한 출발을 가정하고 있기 때문에 타당하지 않다고 판단하였다. 그 대신에 그는 신 존재를 증명하기 위해 다섯 가지의 증명을 앞세운다.

아리스토텔레스에게 유래하여 토마스에 의해 처음으로 스콜라 철학에 쓰이기 시작한 첫 번째의 증명(운동의 부분으로부터의ex parte motus)은 운동이라고 하는 경험적인 사실로부터 시작된다. 그 골자는 아무 것도 스스로를 움직일 수 없으므로 움직이고 있는 모든 것은 다른 어떤 것에 의해 움직여지고 있음이 틀림없다는 것이다. 그리고 우리들은 움직여지고 있는 자가 움직이게 하는 자에게 의존하고 있는 관계를 무한히 거슬러 올라가서 추구할 수는 없으므로(만약에 첫 번째로 움직이게 하는 자가 없다면, 두 번째로 움직이는 자도 없다. 왜냐하면 모든 두 번째의 원인은 그 첫 번째의 원인에 의존하고 있기 때문이다), 결국 첫 번째로 움직이게 하는 자를 인정하지 않을 수 없다. 그런데 이 첫 번째로 움직이게 하는 자는 어떤 다른 것에 의해 움직여지는 것이 아니라 스스로 움직이는 자이며 이것을 모두 신이라고 한다. 우리들이 만약에 단어들에 사로잡혀 『파이드로스』와 『법률』에서의 플라톤의 '첫 번째로 움직이는 자만이 스스로 움직이는 자이고 아리스토텔레스의(또 토마스의) 첫 번째로 움직이는 자는 그렇지가 않다'고 생각한다면 우리는 이런 것에 관해 토마스 자신이 말하고 있는 바를 그의 『신학대전』1권 13장에서 읽을 수가 있다. "플라톤에 따라 움직이고 있는 그 어떤 첫 번째의 것에 도달하거나 혹은 아리스토텔레스에 따라 조금도 움직이지 않는 첫 번째의 것에 도달하거나 아무런 차이가 없다."

두 번째의 증명(능동인으로부터의ex ratione causae efficientis)은 능동인을 고찰하고, 모든 원인들이 또 그 어떤 것에 의해 원인이 주어진 것이며 이것은 다시 또 다른 어떤 것에 의해 그 원인이 주어진다는 등등의 사실에 착안한다. 왜냐하면 아무 것도 스스로의 원인이 될 수는 없기 때문이다. 이 때에도 역시 원인의 계열을 무한히 거슬러 올라가는 것은 아무 것도 증명해내지 못한다는 것이 강조된다(만약에 첫 번째의 원인이 없으면, 중간 원인과 마지막 원인도 있을 수 없다. 즉 무한한 원인의 계열이 일관해서 이어질 수는 없다). 그래서 우리는 모든 사람들이 신이라고 부르는 맨 마지막 원인을 인정하지 않으면 안 된다는 것이다. 무한한 원인의 계열이 일관해서 이어질 수 없다는 것을 토마스는 『보에티우스의 삼위일체론 해설』에서 말하고 있다. 이 말은 아리스토텔레스의 『자연학』과 일치하고 있으며, 이곳이 이 말의 공동의 장(場)이다. 이러한 사고과정도 토마스가 처음으로 스콜라철학에 받아들였는데 이렇게 할 때 그는 아비켄나의 자극을 받았었다. 그러나 아비켄나도 그 근본사상은 역시 아리스토텔레스의 것이다.

세 번째의 증명 과정(가능성과 필연성으로부터의ex possibili et necessario)은 우연적인 존재자라는 개념으로써 밝혀진다. 이 세 번째의 증명은 <모든 존재는 존재하지 않을 수도 있었을 것이다. 필연적인 것은 아무 것도 없다. 그래서 모든 것들은 가능적인 존재다>라고 설명한다. 이러한 주장에서, 이 오직 가능하기만 한 존재는 그 전에는 존재하지 않았다는 결론이 나온다. 그래서 만약에 우연적인 존재만 있다면 지금은 아무 것도 없을지도 모를 일이다. 그런데 하나의 존재자가 있다. 이 존재자는 필연적인데 그 스스로에 의해 필연적이건 또는 밖의 것에 의해서 필연적이건, 여하튼 필연적이다. 그리고 이 다른 것에 의존하는 일도 역시 무한한 계열을 형성할 수는 없기 때문에, 우리들은 새로이 스스로에 의해 필연적인 하나의 존재자를 인정하지 않으면 안 된다. 여기서도 토마스는 아리스토텔레스와 마이모니데스(Maimonides, 1135~1204)의 사상을 끌어들이고 있다.

근본적으로 보자면 위에서 말한 세 가지의 증명과정들은 한 가지의 증명에 지나지 않는다. 이 증명에서의 두 가지의 중요한 사상은 인과명제(因果命題)와 무한소급이 불가능하다고 하는 명제다. 후세의 사람들은 이런 생각들을 우주론적인 증명이라고 일컫는다. 토마스가 바탕으로 삼고 있는 여러 논거(論據)들은 본질적으로 보자면 아리스토텔레스의 『자연학』(*physica*) 7 · 8권에 들어 있다. 그로부터 언급된 질료와 형상, 현실태와 가능태 및 운동원리 등의 형이상학 그리고 이와 더불어 생긴 목적론적인 자연설명이 '아카데메이아의 울타리 안에서 플라톤이 보는 앞에서 생긴 것'이고 따라서 이것들을 아리스토텔레스의 후기로부터 그가 아직도 플라톤 학도였던 초기에다 옮겨 놓아야만 한다는 사실을 증명해냄으로써 적어도 토마스의(칸트의 비판을 고려하면서) 우주론적 증명을 비판적으로 평가하기 위해서는 새로운 상황이 조성되어 있는 것이다. 즉 이런 점에서도 또 우리들이 몇 번이고 강조했던 토마스 철학의 플라톤적인 바탕이 드러난다. 그래서 우리들은 다음의 증명과정을 하나의 이질적(異質的)인 것, 즉 '아리스토텔레스주의' 밖에 있는 플라톤주의라고 보지 않는다.

다음으로 이 네 번째의 증명(완전성의 단계로부터의ex gradibus perfectionum)은 보다 더 완전한 것이나 보다 덜 완전한 것의 배후에서 하나의 최고로 완전한 것을 꿰뚫어본다. 이 최고로 완전한 자는 우리들이 <보다 많이> 또는 <보다 적게>라고 말을 할 수 있게 하는 전제가 되는 척도다. 이 최고로 완전한 자는 동시에 가치 있는 모든 것들의 근거이기도 하다. 왜냐하면 가치들은 이 최고로 완전한 자에 관여하고 있기 때문이다. 이렇게 해서 플라톤적—아우구스티누스적—안셀무스적인 견해에 관해서도 말을 하게 되었다.

마지막으로 다섯 번째의 길(세계의 질서로부터의ex gubernatione mundi)은 목적론적인 신 존재 증명이다. 이 증명은 스토아학파에 의해서, 특히 키케로와 세네카에 의해서 알려졌다. 그 주장은 다음과 같다.

세계에는 질서가 있고 목표를 달성하려는 노력이 있다. 따라서 이 합목적성(合目的性)을 설명할 수 있을 그런 최고의 지성이 있어야만 한다. —토마스는 신의 개념이 나면서부터 타고난 개념이라는 것과 신이 직접적으로 직관된다는 것 및 안셀무스의 신 존재 증명 등을 부정한다. 시대사적으로 흥미 있는 일은, 토마스는 자기가 철학적인 고찰에 의해 종교적인 신을 발견했다는 사실을 한 순간도 의심하지 않았다는 것이다. 그의 자립 존재(ens a se)를 "모두들 신이라고 한다." 종교의 신은 이와는 달리, 위엄이 있는 자 · 무서움을 주는 자 · 유혹을 하는 자 · 신비적인 자 등이라고 하는 오늘날의 반론들에 대해 토마스는 <사고의 수단은 달라도 사태는 같다>고 대답할 것이다.

도덕론적 신 존재 증명 신 존재의 증명은 도덕적인 접근 방법으로도 이루어져 왔다. 우선 그것은 합리적인 논증이 아니라 실천적인 근본원리로 사용되었다. 칸트는 잘 알려진 것처럼 전통적인 신 존재 증명들을 거부하고 그 대신 인간의 도덕적 체험을 깨닫기 위해 실제로 가정해야만 하는 하나의 신을 제안했다. 이것은 칸트에게 있어 합리적인 논증이 아니라 실천적 전제인 것이다. 그의 추론은 다음과 같다.

① 최고선(summum bonum)은 모든 사람이 의무와 조화를 이룬 행복을 갖는다는 의미이다.
② 모든 사람은 최고선을 실현시키기 위해 힘써야 한다.
③ 사람들은 자신들이 해야 하는 것을 할 수 있다.
④ 그러나 사람들은 이 세상에서 신이 없이는 최고선을 실현할 수 없다.
⑤ 그러므로 최고선을 성취시킬 영원한 삶과 신은 있다고 가정해야 한다.

이러한 신 존재 증명에 반대하는 몇몇 이론(異論)들이 있다. 첫째 이 논증은 칸트에 의해 하나의 증명으로 제안된 것이 아니며, 그의 말대로 그것은 어떤 의미에서든 이성적으로 필연적인 것이 아니다. 그것은 단지 인간의 도덕적 체험을 의미 있게 하기 위해 실천적으로 요청된 것일 뿐이다. 둘째 칸트의 의도한 것과 달리 만약 그것이 합리적인 증명으로 해석된다면 그것은 여러 개의 돌파구를 갖게 된다: 즉 ㉠ 최고선이 성취되지 않을 수 있다(많은 철학자들이 그것을 주장했다). ㉡ 더욱이 당위성이 가능성을 내포하지 않을 수 있다. 루터 같은 신학자에 의하면 인간은 신의 도덕적 요청들에 따라 실제로 행동할 수 없다고 한다. ㉢ 어떤 사람들은 의무와 욕구가 이 세상에서는 성취될 수 없다는 전제에 반기를 들었다. 쾌락주의자나 공리주의자에 따르면 인간의 의무는 바람직하거나 유쾌한 것을 행할 수도 있다고 한다. 셋째 그러한 논증은 오직 사람에게 신과 영혼불멸이 존재하는 것처럼(als ob) 살도록 요구한다. 즉 칸트의 논증은 사람이 오직 신이 존재하는 것처럼 살아야 한다고 결론을 내리지 않을 수 없다. 그는 도덕적 체험이 사람으로 하여금 신이 실제로 존재한다는 사실을 가정하도록 만든다고는 주장하지 않는다. 이러한 반대 입장들은 칸트의 의도에도 불구하고, 그 논증이 인간에게 신이 실제로 존재한다는 결론을 내리도록 강요하지 않는다는 사실을 보여주는데 충분할 것이다.

이 외에도 신칸트학파인 바덴(Baden)학파의 가치철학의 입장에서 신 존재를 증명하는 **가치론적** 신 존재 증명과 현대 실존철학의 거장 야스퍼스에 의한 **실존론적** 신 존재 증명 그리고 막스 셸러에 의한 **종교 현상학적** 신 존재 증명 등이 있으나 유의미한 증명으로 인정받고 있다.

종교와 철학

종교는 인간의 삶과 역사에서 간과할 수 없는 중요한 요소이다. 그것은 물론 인간의 이성에 정초한 합리주의 사상이 인본주의를 주장하고 있는 오늘날에도 마찬가지이다. 대다수 인간은 아직도 신은 존재하는가? 인간이 죽으면 어떻게 되는 것인가에 대하여 많은 관심을 가지고 있다. 대부분의 종교들은 이러한 질문에 대하여 구체적인 대답을 주고 희망을 준다. 종교철학은 이러한 종교적 신념들을 비판적으로 고찰하여 보는 것이다. 대체로 종교와 철학은 상호 양립할 수 없는 배타적인 것으로 인식하여 왔다. 믿음을 가진 사람들은 철학자가 신의 지혜를 인간의 이성으로 부정하는 교만한 자들로 생각하여 왔고, 철학자들은 종교인을 무지몽매한 미신의 수호자요 권위에 맹목적으로 복종하는 자로 보아왔다. 이러한 양자 사이의 긴장이 존재하기는 하지만 그 대립과 갈등을 피할 수 없는 것도 아니다. 몇몇 위대한 철학자들은 신앙인이기도 했고 종교사상에 커다란 공헌을 하기도 했다. 종교가 이성적인지 아니면 그렇게 되려고 노력을 하여야 하는가 라는 질문을 종교철학이 해결하려고 하는 것이다.

특정한 종교를 믿는 사람은 독특한 신념을 가지고 있으며 그러한 감정과 태도 및 경험을 가지고 있다. 그들은 다른 사람과는 다르게 행동을 하고 그 종교에서 제시하는 규칙과 원칙을 따르려고 하며 그 종교의 창시자를 삶의 모델로 삼는다. 이러한 종교는 이성적으로 설명이 되지 않는 부분들이 많이 있다. 종교인은 단지 다른 감정이나 태도를 가질 뿐만 아니라 공동체의 일부로서 살아간다.

철학은 이성적으로 사고하고 종교적 신념들이 사실인지 또 그 믿음의 합리적인 근거가 있는지를 밝히려고 한다. 신학은 이론적으로 종교의 범위에서 종교적 전통의 지지자이거나 대표자로서 그 범위 내에서 종교적 신념을 추구한다. 반면에 종교적인 문제나 신념을 비판적으로 반성해보는 종교철학은 종교인에 의하여서 뿐만 아니라 종교를 갖지 않은 사람에 의하여서도 연구될 수가 있다.

철학이란 이성적이고 반성적인 활동이고 근본적인 문제에 대하여 진지하게 사유하려는 것이다. 즉 나는 누구인가? 내가 사는 세계는 어떤 세계인가? 무엇을 위해 사는 것이 가치 있는 것인가? 등의 문제에 대답하고 납득할 수 있는 체계적인 답을 하려고 하고 이러한 질문에 대하여 진지하게 씨름을 하는 것이다. 종교철학의 특징은 종교를 비판적이고 반성적으로 생각하는 것이며 종교적 사상이라기보다는 종교 그 자체를 객관적으로 생각하고자 하는 것이다.

철학의 생명은 경험과 이성이다. 그런 이유로 과학적 지식에 가까운 것을 추구하려고 한다. 철학은 그 사고과정에서 인과관계에 모순이 있어서는 안 된다. 인과관계를 바탕으로 개개의 경험을 축적하고 반성하며 비교 정리하여 하나의 일관된 관념을 끌어내고 그러한 관념을 기초로 하나의 지식을 언어로 표현하고자 한다. 확실성의 면에서 본다면 종교적 지식보다 철학적 지식이 낫고 철학적 지식보다는 과학적 지식이 낫다. 그러나 철학은 이성에 의하여 만들어진 이론체계를 가지고 있으므로 다른 이론에 의하여 항상 뒤집혀질 운명을 가지고 있다. 그러나 종교는 설명방법이 포괄적이고 상징적이기 때문에 영원하고 불변적인 경향을 가지고 있다.

철학적 지식은 과학과 같이 확고한 지식을 얻기 위하여 올바른 인과관계를 정립하려고 한다. 그러나 과학이 발달하지 않았던 원시시대에는 어떤 현상이 발생하였을 때 그 현상의 원인을 설명하기 위하여 다른 현상과의 상관관계로 설명하려고 하였다. 원시인들이 설정하였던 상관관계들이 오늘날 우리가 보면 비과학적이고 논리적이지 못하지만 그 상관관계도 오랜 역사의 과정에서 보면 그 나름의 설명을 위한 하나의 가설로서의 역할을 해왔다고 보지 않을 수 없다. 사실 오늘의 과학자들도 미지의 현상을 해명하기 위하여 가설을 이용하는 것을 볼 수 있다.

다만 오늘의 과학자들이 세우는 가설은 미개인들과 비교하여 비교가 안될 만큼 높은 가능성이 있다는 것이 다를 뿐이다.

이렇게 볼 때 종교적 믿음은 종교적인 가설이라고 할 수가 있으며 특히 죽음이라든지 내세에 대한 종교적인 가설은 과학이 아무런 증명을 할 수 없는 지금 가장 유효한 것이라고 할 수가 있다. 종교와 철학은 넓은 의미에서 자연현상에 대한 설명과 해석이라는 면에서는 일치하고 있으나 시대가 지남에 따라서 차츰 분화 발전하여 종교는 신이나 신적 존재를 중심으로 하는 초자연적인 세계를 중심을 하는 생활의 실천이라는 면으로 이끌려가고 철학은 인간의 경험과 관념 사변으로 인간 자체의 본질의 가치를 확립하려는 진리 탐구의 방법으로 이끌려가게 되었다. 종교는 기초를 신앙에 두고 있다. 그러나 철학은 믿음이나 신앙과 같은 주관적이고 비합리적인 것을 배제하려고 한다. 철학은 어디까지나 합리적이고 이성적으로 사실을 분석하고 설명하고 해석하여 일정한 이론을 이끌어 낸다. 이에 반하여 종교는 하나의 지식 형태가 아니며 실천적이고, 객관적인 보편타당한 진리가 아니라 개개인의 주관에서 심정을 만족시키고 일정한 방향으로 행동을 유발하게 한다.

종교가 인간과 무제약적인 존재자와의 살아있는 관계를 의미한다면 철학은 보편적 절대자를 사유의 대상으로 하는 것이다. 종교인이 무한하고 이름 붙일 수 없는 어떤 절대자 즉 신을 믿는다고 할 경우 만일 그가 진실로 그 신과 마주 대면해 있는 존재로 생각한다면 그의 신앙은 어느 정도 현실성이 있다고 할 수 있을 것이다. 그러나 절대자가 비록 인격적인 존재로 한정되어 있다고 하더라도 만일 우리가 신을 우리의 객관적이고 보편적인 대상으로 생각한다면 그것은 철학을 하는 것이 될 것이다. 종교는 드러나지 않는 것을 향하여 직접 말을 걸거나 마음으로 말을 거는 일이 아주 불가능할 때라도 나와 너의 이원성 속에서 성립한다. 이와 반대로 철학은 궁극적 통일성을 지향하는 것이며 주관과 객관의 이원성을 바탕으로 하고 있다. 종교는 단독자의 근원적 상황에서 발생을 한다. 즉 그가 상대방을 향해 대면하고 있는 것과 마찬가지로 상대방 역시 그를 대면하고 있는 이른바 존재자의 면전에 선 삶이라고 할 수가 있다. 그러나 철학은 종교와 같이 상호 응답의 관계가 아니라 한쪽이 그의 필요에 따라서 상대방을 관찰하고 고찰하는 일만을 하게 되는 한편 상대방은 전적으로 관찰 당하는 두 개의 본질을 서로 달리하는 존재 양식을 전제하는 것이다.

종교적 관계는 그것이 어떠한 형태를 취하거나 본질적으로 우리에게 주어진 현존재에 관한 것이다. 이에 반하여 철학적 태도는 자신을 자율적인 존재로 간주하며 또 그렇게 되려고 한다. 철학의 경우 인간정신은 사색을 통하여 자기 자신을 집중하게 된다. 그러나 종교에서는 영원한 존재자를 대면하고 있는 아주 단순한 현존재에 불과하다. 그러므로 종교에서는 모든 정신적인 것 역시 이와 같은 존재방식으로 실존하는 단독자 전체의 한 부분이 되고 마는 것이다. 종교는 종교라는 특수영역에 있기를 원치 않으며 삶 그 자체가 되기를 원한다. 종교에서 중요한 것은 특수한 종교적 절차와 숭배가 아니라 그런 것으로부터의 해방이다. 종교란 순수한 일상적 생활에의 노력이라는 것이며 이것으로부터 떨어져 나간 종교는 곧 인간과의 결별을 말하는 것이다.

	종교(신학)	철학(형이상학)	실증과학
동기	인격적이며 신성하고 세계를 지배하는 하나의 힘에 의해 자신의 존재와 생명을 구원하려는 인격성의 끊임없는 충동	'도대체 왜 존재자는 있고 오히려 무는 없는가?' 라는 항상 새로운 경이	자연 · 사회 · 인간의 마음을 다양한 목적에 따라서 통제하려고 하는 욕구
인식하는 정신작용	희망 · 외경 · 사랑 · 의욕 · 인식 등 유한한 세계경험에서는 충족되지 않는 '성스러운 것'을 대상으로 하는 작용	본질직관적인 이성에 의해 달성	자신의 목표를 관찰 · 실험 · 귀납 · 연역에 의해 달성
목적	개인 혹은 집단의 구원	지혜에 의한 최고의 인격형성	세계에 관계하는 모든 '본유적인 것'을 의식적으로 무시하고 현상들의 관계만을 받아들이는, 자연 지배를 위한 수학적 상징에 의한 세계상
담당자	종교적 인간 · 성자 / 개인 교회 · 종파 · 공동체 / 단체	현자 / 개인 학파 / 단체	연구자 / 개인. 끊임없이 국제성을 획득하려고 노력하는 학문 공화국과 그 기관(대학 · 전문학교 · 아카데미 · 학술단체) / 단체
역사적 운동형식	근원으로의 복귀 유실된 것의 재건	여러 유형으로 성장하면서 완전해지지만 진보적 · 분업적이지 않다. 창시자의 정신적 모습에 인격적으로 결부되어 있고 그 모습의 반영이 '세계'이다	분업적 · 비인격적 · 계속적 · 국제적으로 누적되어 진보하면서 이전의 가치를 박탈한다

막스 셸러에 의한 종교 · 형이상학(철학) · 실증과학의 구별

종교와 과학 세계의 3대 발명품으로 평가되는 종이 · 화약 그리고 나침반은 모두 중국에서 만들어진 것이다. 기계적인 구조를 갖춘 시계의 발명도 유럽에 몇 세기나 앞서 이미 중국에 있었다고 니담(N.J.T.M. Needham, 1900~95)은 『중국의 과학과 문명』(*Science and Civilization in China*)에서 보고하고 있다. 이런 이유로 문명의 이기(利器) 가운데 기본적인 것은 모두 그 대부분이 동양, 특히 중국의 소산이었다. 그런데 문명의 이기에 있어 중국에 뒤쳐져 있던 유럽이 그러한 '후진 지역'의 지위에서 벗어나 세계 가운데 말 그대로 주도권을 장악하게 된 것은 무엇 때문인가? 그것은 바로 '과학' 때문이었다고 할 수 있다. 대부분의 사람들은 과학이 인류에게 보편적이며 절대적이라고 생각하고 있는데 사실 그것은 서구라는 공간, 근대라는 시간, 기독교라는 문화에 의해 명확하게 규정된 것이라고 볼 수 있다.

그러므로 서양이라는 술어에 의해 규정되는 시공간적 개념은 그 내포적 의미 가운데 과학을 포함할 수밖에 없는 필연성을 갖추고 있는 것이다. 물론 서구 중심적 사관을 떠나 세계관을 전 지구적으로 보면 '서구'(西歐, The West)라는 공간적 문화권이나 '근대'(近代, Modernity)라는 시간적 문화권도 유구한 시간과 공간 중에서 미미한 점 존재에 불과한 것은 확실하다. 그러나 또한 서구와 근대 및 기독교는 현재의 우리에게—이것도 전 지구적인(global) 관점에서 보면 극히 작은 점 존재임에도 불구하고 우리의 일상사처럼 현재의 우리가 그것으로부터 결코 이탈할 수 없는데—역사적인 의미에서 시공간적으로 근접해 있고 커다란 영향을 미치고 있기 때문에 결코 간과할 수 없는 것이다. 그것이 우리 인류의 미래에 대한 조감도에 연속적으로 관계하고 있는 한 우리는 무엇이 서구를 지금과 같이 만들고 무엇이 근대를 규정하고 무엇이 과학을 형성했던가 그리고 무엇이 이 삼자를 세계사의 주역으로 등장시켰는가를 다시금 되돌아보아야 할 것이다. 그렇다면 서구 · 근대 · 과학을 준비했던 것은 무엇인가?

그리스의 전통 과학(science)이라는 말의 원형은 '지식'을 의미하는 라틴어 쉬엔시아(scientia)이다. 실제로, 과학의 전신으로서 과학을 이끌었던 서구의 학문은 원래 모두 이 '지식'과 관계하고 있다. '철학'은 '지식(지혜)을 사랑하는 것'(philosophia)에서 유래하고 수학(mathematics)도 또한 '가르쳐진 지식'을 의미하는 마테마타(mathemata)에서 유래한 것이다. 이러한 사소한 어원적 고증으로부터도 과학을 준비한 것이 그리스－로마의 이른바 고전시대의 개념이었음을 쉽게 파악할 수 있다.

그런데 그리스는 다양성의 혼합이라는 의미에서 우리와 어느 정도 유사함을 가지고 있다. 그러나 그 혼합 가운데서 그리스는 그리스 독자의 자연에 대한 지적탐구의 시각을 구축했던 것이 그리스 문화가 가진 가장 큰 특징이다. 그 시각이란 개괄적으로 말하면 <자연현상을 자연현상으로서> 이론적 · 체계적으로 설명하려고 하는 태도라는 것이 될 것이다.

물론 동양을 비롯한 그리스 이외의 문화권에도 자연현상에 대한 지적 흥미와 자연현상을 설명하기 위한 체계의 구축을 지향하는 시도가 없었던 것은 아니다. 예를 들면 고대 중국의 유학(儒學), 특히 역학에는 매우 분명히 그러한 시도의 맹아를 발견할 수가 있다. 태극(太極) · 음양(陰陽) · 오행(五行) 등의 개념을 중심으로 머지않아 주자학 가운데서 상세하게 이론화된 역학 가운데는 만물화생(萬物化生), 즉 자연현상의 다양한 다양성에 대해서 원리로 소급하여 설명하려고 하는 태도가 있음은 명확하다.

자연현상을 막연히 신의 의지로서 파악하거나 혹은 '자연적인' 것으로서 범신론적으로 해석하여 만족해 버리는, 말하자면 신화적인 상태(mythos)로부터 그것들을 합리적으로 설명하는 체계 구축을 지향하려고 하는 상태(logos)로의 이행은 그러므로 반드시 그리스에만 한정되는 것은 아닌 것이다. 그러나 자연현상을 자연현상으로서 인정하고 어떤 원리적인 체계로부터 그러한 개개의 현상의 설명하여 그것에 만족한다는 사유 구조를 가지기에 이르렀던 것은 그리스뿐이었다고 할 수 있다.

역학(易學)의 목적은 확실히 자연현상의 원리적 설명으로 소급하는 것처럼 보이는데, 그러나 괘(掛)나 서(筮)—괘는 점괘(☰/☷), 서는 점 혹은 점을 칠 때 쓰는 50개의 가는 대—가 이른바 "점"(占)인 것으로부터도 알 수 있는 것처럼 '인간'의 길, 특히 초기에는 '天子'의 길에 관심과 흥미의 대상이 있고, 자연현상에 주목하는 것은 천자가 '天道'를 올바로 걸어가고 있는가를 알기 위한 말하자면 방편일 뿐이었다. 그러므로 주역의 최종 목표는 항상 '인간'에 있고 '자연'에는 없었다고 결론지을 수 있다.

처음부터 유럽에서도 고전시대 이래 오늘날까지 '인간'의 점으로서의 점성술(占星術, astrology)이 성행해 왔다.[21] 그러나 그리스에서 생긴 "자연현상을 자연현상으로서" 홍미의 대상으로 삼는다는 태도와 지적 관습은, 예를 들면 주역에는 결여되어 있는 것이었다. 특히 '운동'(運動, kinesis)이라는 문제를 자연현상 가운데서 이해했던 그리스인의 자세는 이후의 '과학'의 방향을 결정지을 만큼 커다란 의미를 가지고 있었던 것이다.

예를 들면 낙하물의 문제 하나를 들어보아도 손을 놓으면 물체는 떨어진다는 현상을 자연스럽고 당연한 눈앞의 사실로서 간과해 버리는 것이 아니라 자연 가운데서부터 특히 주목해야 할 현상으로서 선택한다는 관습은 그리스인을 제외하면 거의 없었다고 말해도 좋을 것이다.

---

21) 초기 기독교 시대에도 고대 로마인들이 자신의 운명을 결정하기 위해 행했던 소르테스(sortes)에 영향을 받아 성서를 무작위로 펼쳐 거기서 맞닥뜨린 한 구절로 자신의 운명을 점쳐 보는 '성서 점'(sortes biblicae)이 행해지고 있었다.

역설적으로 표현하면 그리스인이 자연 가운데서 주목해야 할 것으로서 선택한 문제를 계승한 것이 근대의 서구 과학이었다는 것도 된다.

그렇다고 하더라도 낙하물의 가속도 현상이나 혹성의 원운동 등에 응축·수렴된 그리스인의 자연에 대한 관심 혹은 원자론과 같이 냄새·맛·색 등의 물질의 감각에 호소하는 속성들을 운동학적으로만 변화하고 성질적, 즉 정성적(定性的)으로는 불변한 원리로 환원하려고 하는 발상 등은 결국 근대과학이 그대로 그리스로부터 계승한 자연에 대한 접근 방식이며 이런 점에서 보면 근대과학과 그리스철학 사이에는 확실히 강력한 연속성을 인정하지 않을 수 없다.

기독교의 영향 그러나 이러한 그리스로부터의 연속성과 전통은 문제 설정의 구조로서는 중요하였다고 하더라도 그렇게 설정된 문제에 직면하여, 그것을 해결할 수 있을 것이라는 확신과 구동력을 주는 데는 취약점이 있었다. 이 측면에서 주목해야만 하는 것이 곧 기독교의 영향일 것이다. 통상 기독교는 과학에 대한 완고한 압박자로서 이해되고 있다. 그러한 해석을 뒷받침하기 위한 역사적 증거가 적지 않은 것이 사실이다. 갈릴레이(G. Galilei, 1564~1624)의 지동설을 둘러싼 단죄, 우주무한설 때문에 화형이라는 극형을 당한 브루노의 예 등은 실상 오해되고 있는 부분이 많이 있다고는 하더라도 과학적 진리에 대해서 기독교가 부당하게 참견했던 사실로서 매우 유명하기도 하다. 그러나 기독교를 단지 과학적 진리의 탄핵자로서만 취급하려고 하는 태도는 역사의 한 면밖에 보지 못한다는 비난을 면키 어려울 것이다.

기독교의 토대인 헤브라이즘(Hebraism)도 고전시대에 그리스문화인 헬레니즘(Hellenism)과 접촉한다. 모든 것을 융합하고 혼합한 헬레니즘은 헤브라이즘에 대해서도 예외가 아니었다. 이를 통해 헤브라이즘도 다양한 변용을 겪게 되었는데 반대로 헬레니즘도 헤브라이즘의 특징을 수용하기에 이르렀다.

그 첫째는 당연히 창조의 기원으로서의 유일 절대적인 초월신 개념의 도입이었다. 인간을 포함한 이 자연계는 모두 신에 의해 창조된 피조물이다. 따라서 이 세계—자연계와 인간계—에는 신의 창조 의지가 관철되고 있다. 우리는 법칙과 법률을 구별해 쓰고 있지만 서구의 언어에서는 거의 예외 없이 양자를 공통적인 용어로 나타내고 있다. 그리고 그 어원은 '놓인 것, 두어진 것'을 의미하고 있다. 영어의 law는 lay와 같은 어원이며 고대 영어의 과거분사에서 기원하였다. 독일어의 Gesetz는 '두다 · 놓다'를 의미하는 동사 setzen의 과거분사 그대로이다. 즉 법칙과 법률은 만물을 창조하고, 그것에 질서를 주고, 목적을 향해 움직이게 하는 신의 의지가 그들 위에 '놓인' 것이다.

이것이 바로 기독교의 창조신의 개념이 초래한 자연관의 하나의 큰 특징이라고 말해도 좋을 것이다. 다만 이러한 신의 의지가 '자연적인' 즉 당연한 자연계의 현상들에까지도 항상 일관적으로 작용하고 있는지 혹은 어떤 기적적이며 예외적이고 특수한 현상 가운데서만 신의 의지를 발견해야할 것인지는 헤브라이즘이 헬레니즘과 마주쳤을 때부터 애매한 문제였다. 오히려 신화적인 측면이 강한 초기에는 신의 의지가 특별한 경우에만 인간에게 명백해진다고 생각하는 쪽이 자연스러울 것이다. 그러나 헤브라이즘과 헬레니즘의 대항적 변화과정 가운데서 양자의 혼합이 진행됨에 따라 신의 의지와 이성에 의한 세계지배야말로 자연계의 질서와 인간계의 질서의 근간을 이루는 것이라는 고찰방식이 보다 강력해지게 되었다. 이러한 생각은 대부분의 중세신학자들이 공유하고 있다.

막스 셸러의 과학관 기독교와 과학의 관계에 대한 탁월한 해석을 내놓은 사람으로 우리는 독일의 철학자 셸러를 들 수 있는데 그의 입장을 서술해 보자. 셸러의 논의에서 우선 중심이 되는 전제는 "지배적인 종교에 타격을 주는 것은 결코 과학이 아니며 오히려 그 신앙 구성

자체의 그 생생한 에토스(ethos)의 <고갈과 사멸>"이라는 것이었다. 이와 같은 견해는 종교영역의 자립성이라는 그의 기본적 확신으로부터 필연적으로 귀결하는 것임은 명확한 사실이다. 어쨌든 이러한 관점에서 보면 예컨대 성서는 그 신성함이 상실된 경우에만 문헌학적인 연구의 대상이 될 수 있는 것이다. 따라서 종교가 실증 과학과 대립하는 것은 본래 불가능하며 전자가 도그마로 굳어져 버리고 후자가 자신의 성과를 형이상학의 영역으로 높일 때만 이러한 대립의 가능성이 생기게 된다.

그때 셸러는 갈릴레이의 재판에서 문제가 되었던 것은 코페르니쿠스(N. Kopernikus, 1473~1543)의 과학적 내용과 갈릴레이의 역학이 아니라고 주장하고 있다. 셸러에 의하면 '코페르니쿠스주의적 형이상학자'인 브루노와 갈릴레이의 형이상학적 잔재가 문제였다는 것이다. 이러한 견해는 오늘날의 과학사가 명백히 증명해 주고 있다. 따라서 종교와 과학의 관계는 미시적(微視的)이 아닌 거시적(巨視的)인 관찰에 의해서 비로소 명확하게 된다고 할 수 있다.

이상과 같은 관점에서 셸러가 제일 먼저 지적하고 있는 것은 서구의 기독교 및 유대교적인 유일 창조신의 종교가 체계적인 자연 연구의 해방을 가능케 한 것이었다는 사실이다. 즉 "그리스인과 로마인도 결코 알지 못했고 플라톤과 아리스토텔레스도 결코 알지 못했던 정신적인 의지 · 노동 · 창조의 신은 노동의 사상과 인간 이하의 사물에 대한 지배 사상의 최대의 신성화였다."고 간주되는 것이다. 그렇다면 근대과학의 성립이 서양에 특유한 현상이었던 것은 오히려 당연한 것일지도 모른다.

나아가 셸러는 서구에서 기독교는 다음과 같은 점에서 간접적으로 실증과학을 도와주는 것이 되었다. ① 자발적 형이상학의 억압. 동양에서는 이와 반대로 인간의 사유 에너지가 형이상학적 명상의 과잉으로

흐르게 되었다. ② 신비주의와 미신에 대한 교회의 투쟁. 실증과학적 합리주의의 육성에 유용했던 것은 교회와 사제의 합리주의(Priesterrationalismus)였다. ③ 종교적으로 정초된 금욕. 이것은 '과학적 진리에 대한 금욕적 양심'의 형성에 매우 중요하였다.

왜 새로운 종교는 생기지 않는가? 오늘날의 관점에서 보면 현대과학은 2,000년 이전보다 엄청나게 발전했음에 틀림없다. 그렇다면 여기에서 하나의 의문점이 떠오른다. 셸러는 그의 책 『인간에 있어서 영원한 것의 의미』(*Vom Ewigen im Menschen*)의 마지막 부분에서 상당한 지면을 할애하여 과학과 인간지성이 크게 발전했음에도 불구하고 '왜 새로운 종교는 생기지 않는가?'를 논하고 있다. 이 책에서 그는 우선 '새로운 종교는 도저히 존재할 수 없다든가 혹은 적어도 유럽에서는 기대할 수 없다.'고 상정하는 근거가 종교의 본질 가운데 있는지 어떤지를 묻는다. 만약 그러한 근거가 존재한다면 우리가 해야 할 것은 이미 소유하고 있는 종교 재화를 보존하고 또 그것을 사람들로 하여금 풍부한 결실을 맺도록 배려하는 것 이외에는 아무 것도 있을 수 없는 것이 되기 때문이다. 그는 사실 그러한 근거가 존재한다고 단언한다.

첫 번째 근거는 […] 종교에 있어서는 신에 관한 인식의 진보라는 것이 있을 수 없고 종교의 부흥은 항상 위대한 종교적 인간(homo religiosus)의 전통으로의 복귀라는 형태밖에 있을 수 없다는데 있다.

새로운 종교의 출현이 환상적이지는 않더라도 개연성이 아주 적다고 생각되는 두 번째 근거는 인간정신의 세계사적인 전개경향 안에서 찾을 수 있다. 그 기본은 종(種)으로서의 인류의 노화에 있는 것이며 그것은 종교의 영역에 관해서도 적용된다. 셸러에 의하면 보통 상정되는 바와 같이 종교적 인식능력이 모든 시대에 균등하게 발전되었는지 어떤지는 크게 의문스러우며 오히려 그것은 다른 영역에서의 진보에 따라 거꾸로 퇴화하고 있다고 여겨지고 있다.

종교가 주물 숭배 · 애니미즘 · 샤머니즘 · 주술 등으로부터 시작하여 다신교를 거쳐 일신교에 도달한다는 것은 전적으로 자의적인 구성에 불과하고 다른 분야에서의 진보의 도식을 종교의 세계에 부당하게 끼워 넣는 것에 불과하다. 종교의 계시는 결코 진보라는 척도로 잴 수가 없다. 더욱이 거기에는 사회적인 요건이 작용한다. 즉 새로운 종교의 출현을 재촉하는 사회적 조건이나 생활 형식은 퇴니스(F. Tönnies, 1859~1936)가 말한 '공동사회(Gemeinschaft)로부터 이익사회(Gesellschaft)로' 라는 근대사의 움직임에 의해서 이미 소멸되어 버렸다. 따라서 현대 및 장래의 인류의 과제는 '도리어 그것이 가능했던 초기 시대에 종교가 만들어 냈던 공동체 형식'을 보존하고 활성화하는 것밖에 없을 것이다.

철학과 신학 헬레니즘 시대에 기독교가 유럽에 전파된 이후 그리스사상과 기독교의 관계는 불가피한 것이 되었다. 고대말기(529년)에 플라톤이 창립한 아카데미아가 이교의 시설이라는 이유로 폐쇄된 것은 상징적인 사건이었다. 유럽은 콘스탄티누스의 밀라노칙령 이후 '기독교 공동체'(corpus christianum)를 형성해 왔다. 중세는 그 전성시대였다. 중세에서는 '**모든 학문의 신학으로의 환원**'(reductio artium ad theologiam)이 이루어지고 철학은 '신학의 시녀'(ancilla theologiae)였다. '**보편논쟁**'(controversia de universalibus) 이후 철학과 신학의 긴장관계는 오늘날까지도 지속되고 있다. 여기에서는 이 양자의 관계를 역사적으로 물으려는 것은 아니고 원리적으로, 즉 그야말로 철학적 · 신학적으로 물으려고 하는 것이다.

신학에 관하여 신학(theologia)의 일반적인 정의는 '신과 신에 속한 것에 관한 학문'(scientia de Deo et rebus divinis)이다. 이 '신에 속한 것'(res divinae) 가운데는 만물, 즉 인간과 세계가 포함된다. 왜냐하면 신은 만물의 창조자이며 만물은 그 피조물이기 때문이다.

기독교 최초의 교의학 저서인 3세기의 오리게네스의 『기독교 원리론』(*De principis*)에서 '원리들'은 신과 피조물과 자유와 성서라는 네 원리이다. 여기에서 피조물이란 세계이며 자유란 인간의 자유이다. 따라서 성서를 제외하면 존재자의 존재영역으로서 신과 세계와 인간이라는 삼자가 고찰되고 있는 것이 된다. 환언하면 신학은 단순한 신론에 그치는 것이 아니라 세계론(우주론)과 인간론도 포함하는 것이다. 그런 의미에서 신학은 '존재자로서의 존재자'(to on e on)의 학으로서의 '존재론'(Ontologia)이라고도 말할 수 있을 것이다. 그것은 마치 아리스토텔레스의 『형이상학』(*Metaphysica*)에서 존재론이 '가장 지고한 류(類)'의 존재자에 관한 학으로서의 '신학'을 포함하고 있는 것과 상응한다.

파울 틸리히(P. Tillich, 1886~1965)는 「철학과 신학」(Philosophie und

Theologie)이라는 논문 가운데서 신학을 '케리그마 신학'과 '철학적 신학'으로 구분하여 다음과 같이 서술하고 있다.

> 케리그마적이라는 것은 『신약성서』의 케리그마(kerygma), 즉 '선포(말씀)'에 유래하는 말이다. 이 신학은 기독교의 선포의 내용을 질서지어 조직적으로 재현하려는 신학이며, 철학과는 무관하다. 이에 반해서 철학적 신학은 케리그마에 기초하기는 하지만 케리그마의 내용을 철학과의 밀접한 상호관계에서 설명하려고 한다.

틸리히 자신의 신학은 철학적 신학의 범주에 들어갈 것이다. 이에 반해 칼 바르트(K. Barth, 1886~1968)의 신학은 케리그마 신학의 전형이다. 틸리히와 바르트는 같은 해에 태어난 금세기 프로테스탄트 신학의 쌍벽인데 특히 바르트는 종교개혁 이후의 대표적인 개신교 신학자이다. 토마스 아퀴나스와 바르트는 기독교신학사에서 각각 가톨릭 신학과 프로테스탄트 신학을 대표하는 신학자라고 말해도 틀림이 없을 것이다.

신관: 아브라함의 신과 철학자의 신 파스칼(B. Pascal, 1623~62)은 유명한 "철학자들의 신도 현자들의 신도 아닌 아브라함의 신, 이삭의 신, 야곱의 신"이라는 말을 남겼다. '아브라함의 신, 이삭의 신, 야곱의 신'은 말할 것도 없이 이들 족장들에게 현현한 성서의 신이다. 이 신은 확실히 '나타나신 신'(Deus revelatus)이기는 하지만 그러나 동시에 '숨어 계신 신'(Deus absconditus)이기도 하다. 즉 양자는 모순적 자기 동일이다.

그런데 '아브라함의 신' 혹은 '성서의 신'은 어떠한 신인가? 도대체 아브라함과 아브라함의 신의 관계는 어떠한 것이었는가? 「창세기」에 "아브람은 야웨를 믿었다. 야웨는 그런 믿음을 의로 인정하셨다"(15:6)고 한다. 아브라함의 신이란 말할 것도 없이 아브라함이 믿은 신인데 아브라함은 신의 무엇을 믿었던 것일까? 신의 약속, 즉 자손과 토지를 준다는 약속을 믿었던 것이다. 그것도 도저히 믿을 수 없는 상황 가운데서 믿었던 것이다. 바울에 의하면 "그(아브라함)는 바랄 수 없는 중에 바라고 믿었던"(「로마서」, 4:18) 것이다. 신앙이란 신의 말씀을 굳게 붙드는 것이다. 환언하면 신앙이란 신앙의 대상에 대한 주관의 의식 양식이 아니고 신앙의 대상에 대한 실존의 실존양식이다. 그러나 이렇게 말해도 아직 신앙의 진실을 충분히 표현할 수 없다고 하지 않을 수 없다.

피히테(J.G. Fichte, 1762~1814)는 그의 종교론에서 다음과 같이 말하고 있다.

> 종교의 본질은 통속적인 고찰방식이 하고 있는 것처럼 '우리가 믿는다'(man glaube)는 것에 있는 것이 아니다. 그런 것이 아니고, 타인의 인격에 의해서가 아니고 자기 자신의 인격에 의해서 또한 타인의 눈을 통해서가 아니라 자기 자신의 정신의 눈으로써 신을 직접적으로 직관하고 취하고 소유하는 것에 있는 것이다.

피히테에 의하면 신앙이란 믿는다는 것이 아니고 스스로 신을 직관하고 취하고 소유하는 것이다. 피히테의 입장은 그노시스이기 때문에 우리는 그것을 그대로 승인할 필요는 없는데 신앙은 신을 대상적으로 믿는다는 것이 아니고 신을 지금 취하고 있는 것이며 혹은 현재 소유하고 있는 것이라는 주장에는 깊은 진리가 있다고 말하지 않을 수 없다. 물론 엄밀하게 인간은 신에게 취해지고 소유됨으로써 신을 취하고 소유한다고 말해야만 한다. 그러나 어느 쪽이든 신앙은 우리가 신을 믿는 의식이 아니고 우리가 지금 이 몸에 신을 소유하고 있는 것이다. 아브라함이라는 인간은 신이 그와 함께 계시는 것에 의해서 신과 함께 있었던 것이다.

그렇다면 아브라함이 믿었던 신은 어떠한 신인가? 바울에 의하면 아브라함의 신은 "죽은 자를 살리시며 없는 것을 있는 것같이 불러내시는"(「로마서」, 4:17) 분이다. 즉 살아 있는 권능의 신이다. 「요한복음」 5장 7절에서 예수는 다음과 같이 말하고 있다. "내 아버지께서 이제까지 일하시니 나도 일한다." 살아 있는 권능의 신은 일하는 신이다. 신은 일하는 것을 떠나서는 존재하지 않는 것이다. 환언하면 일하는 것이 신의 본질인 것이다. 아브라함의 신, 즉 성서의 신에 있어 '존재는 작용에 따른다.'(esse sequitur operari)고 할 수 있고 '작용이 존재에 따른다.'(operari sequitur esse)고는 할 수 없다. 즉 아브라함의 신, 즉 성서의 신은 한마디로 말하자면 살아 있는 인격적인 신이다.

그렇다면 철학자의 신이란 어떠한 신인가? 아리스토텔레스의 『형이상학』에서 신은 궁극적인 목적인으로서의 '부동의 원동자'이다. 즉 만물은 신을 궁극적 목적으로서 지향하여 운동하는데 신 자신은 영원한 자기직관으로서 운동하지 않는 것이다. 신은 만물을 신 자신에게로 향하여 움직이도록 하기는 하지만 자신은 움직이지 않는 것이다. 근대 형이상학의 합리적 신학(theologia rationalis)에서 신은 근원적 존재자(ens originarium) · 최고 존재자(ens summum) · 존재자 중의 존재자(ens entium) · 최고 현실존재자(ens realissimum) · 필연적 존재자(ens necessarium) 등으로 다양하게 표현되고 있는데 이러한 철학자의 신은 중성형의 '절대자'(*das* Absolute)로서 '그것'(Es)인 것이다. 이러한 그것으로서의 절대자는 비인격적인 신이다. 이 신은 만물을 움직이는 동자이기는 하지만 자신은 움직이지 않는 부동자이다. 아브라함의 신은 인격적이며 작용하는 신인데 반해 철학자의 신은 비인격적이며 부동의 신이다.

철학과 신학의 일반적 관계 일반적으로 두 가지 것의 관계에서는 한쪽의 다른 쪽에 대한 관계와 다른 쪽의 한쪽에 대한 관계로 파악해야만 한다. 왜냐하면 이렇게 해야만 양자의 관계가 온전히 파악될 수 있기 때문이다. 이는 철학과 신학의 관계에 관해서도 마찬가지이다.

우선 철학의 신학에 대한 관계를 고찰해보기로 하자. 틸리히는 앞의 논문에서 철학적 신학의 필연성에 관해서 다음과 같이 말하고 있다. "철학은 존재 그 자체가 무엇인가를 묻는"데 반해 "존재가 우리에게 궁극적으로 관계하는 것인 한에서 존재를 묻는 것은 신학의 과제이다." 즉 철학은 존재를 묻는데 그 "존재가 우리에게 궁극적으로 관계하는 것인 한에서" 그 철학적인 물음은 동시에 신학의 과제라는 것이다. 존재에 대한 철학적인 물음이 우리에게 관계하는 것임은 자명한 것이라고 할 수 있다. 왜냐하면 이 물음을 묻는 자는 우리 자신이기 때문이다. 우리가 존재를 묻는 존재자인 것은 존재가 우리에게 관계하고 있기 때문이다. 하이데거(M. Heidegger, 1889~1976)의 논법으로 말하자면 존재가 현존재로서의 우리에게 개시되고 우리가 '존재이해'를 가지고 있기 때문이다. 철학의 본질이 존재를 묻는 것에 있다면 틸리히의 말처럼 철학의 문제는 바로 신학의 문제가 된다. 이리하여 철학은 필연적으로 신학과 관계하는 것이다.

다음으로 신학의 철학에 대한 관계를 고찰해보자. 철학이 신학과 필연적으로 관계하는 것처럼 신학도 철학에 필연적으로 관계하는 것일까? 그리하여 양자의 관계는 상호적인 것일까? 「출애굽기」 3장에는 호렙산(Mt. Horeb)에서의 모세의 소명에 대한 기사가 있다. 이 기사에서 모세가 그에게 현현한 신에게 그 이름을 물으면 신이 "나는 스스로 있는 자이다." 라고 대답하고 있다. '신이 존재한다.'(Deus est)는 명제는 신학적 명제임과 동시에 철학적 명제이기도 하다고 말할 수 있다. 이 명제가 신학의 명제임은 이론의 여지가 없는데 이 명제는 특별히 철학적 명제이기도 한 것이다. 왜냐하면 이 명제는 이런 저런 존재자가 존재하는 것처럼 신이 하나의 존재자로서 존재한다는 것을 서술하고 있는 것이 아니고 신은 존재 그 자체라는 것을 서술하고 있기 때문이다.

단순한 존재자가 아니라 존재자로 하여금 존재자이게끔 하는 존재 그 자체야말로 철학의 궁극적 관심사라고 한다면 신이 그러한 존재 그 자체라고 서술하는 이 명제는 특별히 철학적 명제라고 말하지 않을 수 없는 것이다. 그러나 물론 그것은 철학이 이 명제를 승인한다는 것을 의미하는 것은 아님은 말할 것도 없다. 오히려 철학은 이 명제를 승인하지 못할 것이다. 왜냐하면 이 명제는 계시 신학적 명제인데 자연의 입장에 선 철학은 계시라는 것을 용인할 수 없을 것이기 때문이다. 그럼에도 불구하고 이 명제는 명제로서 철학적 의미를 가진다고 말할 수가 있을 것이다.

'신은 존재 그 자체' 라는 명제는 신에게는 그 본질(essentia)과 실존(existentia)이 동일하다는 명제와 등치이다. 이 명제야말로 안셀무스(Anselmus, 1033~1109)의 존재론적 증명의 핵심이다. 그러나 칸트가 존재론적 증명의 불가능성을 논증했을 때의 근본적인 명제는 "존재가 사물의 실재적 술어가 아님은 명백하다."는 것이었다. 확실히 존재가 사물의 실재적 술어, 즉 개념의 내포일 수 있다면 '최고실재자'의 개념에서 그 존재를 도출하는 것이 가능할 것이다. 그러나 칸트의 명제가 옳다면 존재론적 증명은 원리적으로 불가능한 것이 된다. 그러나 지오반니 살라(G.B. Sala)는 『칸트와 신에 대한 물음』(*Kant und die Frage nach Gott*, 1990)에서 신 이외의 존재에 관해서는 칸트의 명제를 일반적으로 인정하면서도 신은 예외로 하고 있다. 이러한 살라의 해석은 칸트의 해석으로서 예외적인 것일까? 확실히 『순수이성비판』의 입장에서 보면 예외라고 말할 수 있을 것이다. 그러나 우리가 알고 있듯이 칸트가 평생 『순수이성비판』의 입장을 고수했던 것은 아니다. 그러한 문제의 하나가 지금 우리가 문제로 삼고 있는 존재론적 명제이다. 임마누엘 칸트의 『유고』(*Opus postumum*)에 다음과 같은 말이 있다.

> 신이 존재한다는 명제는 순수 실천이성의 필연적 가정이다. 이 명제는 또한 선험철학의 최고의 원칙이다 …. 신의 실존(existentia)은 그 개념과 선천적으로 이미 동일한 것으로서 결합하고 있다.

『순수이성비판』에서의 존재론적 명제와 『유고』에서의 그것을 어떻게 조정해야하는가는 확실히 칸트 연구상의 하나의 중대한 문제이다. 다만 우리가 여기에서 확인해 두고 싶은 것은 신학이 필연적으로 철학과 관계한다는 것이다. 피히테는 칸트철학 전체를 종교철학으로 해석했는데 실제로 칸트도 '신이 존재한다는 이 명제가 선험철학의 최고의 원칙'이라고 단언하고 있다. 덧붙여 칸트의 신은—파스칼이 은근히 데카르트의 신을 가리켜 철학자의 신이라고 말했던—그러한 철학자의 신은 아니다. 그러나 그렇다고 해서 온전한 의미에서 아브라함의 신인 것도 아니다. 칸트의 신은 철학자의 신인 동시에 아브라함의 신이기도 한 것이다. 혹은 이렇게 말할 수 있을지도 모르겠다. 칸트의 신은 철학자의 신이 아님과 동시에 아브라함의 신도 아니라고. 칸트의 신은 모순적 자기 동일의 신이다. 칸트의 신은 칸트의 신인 것이다.

부활과 창조 그리스철학과 기독교는 만나자마자 대립 혹은 모순의 관계로 전개되는데 주로 부활 · 창조 · 원죄 · 타락 등의 문제에서 갈등을 표출하기 시작하였다. 그런데 이 문제들 중에서 양자의 대립이 최초로 표명된 것은 말할 것도 없이 부활의 신앙과 영혼불멸에 관한 문제였고 이는 '문제 중의 문제'가 되었다. 이들의 관계를 원리적으로—역사적인 탐구가 아닌—천착함으로써 그 차이점을 명확하게 부각시켜 보자.

사도 바울이 제2차 전도여행 기간 중 소아시아로부터 그리스 본토에 왔을 때 기독교는 비로소 본격적으로 그리스철학과 만나게 되는데 그 시기는 기원 50년으로 추정된다. 바울은 아테네에서 유명한 아레오파고스 연설을 하게 되고 이를 「사도행전」은 다음과 같이 전하고 있다.

> 아테네 시민 여러분 […] 하나님께서는 당신이 택하신 분을 시켜 온 세상을 올바르게 심판하실 날을 정하셨고 또 그분을 죽은 자들 가운데서 다시 살리심으로써 모든 사람에게 그 증거를 보이셨습니다[17:22~31].

연설은 실패에 가까웠으나 바울의 이 연설에는 참으로 위대한 기독교의 진리가 언명되고 있다. 그것은 바로 기독교 신앙의 출발점이 되는 부활의 신앙에 대한 언급이다. 기독교의 사활은 부활 신앙 하나에 좌우되고 있다고 해도 과언이 아니다. 바울이 죽은 자의 부활을 이야기했을 때 에피쿠로스학파와 스토아학파의 철학자들이 "비웃었다"고 하는데 생각해 보면 그것은 그렇게 이상한 일이 아니다. 왜냐하면 「누가복음」에 의하면 무덤에서 돌아온 여자들로부터 예수의 부활을 들었을 때 처음에는 사도들조차 "이 말이 헛소리이려니"[24:11] 하고 믿지 않을 정도였기 때문이다. 실제로 누가는 부활이라는 것에 대해 "누군가 너희에게 일러줄지라도 너희는 결코 믿지 않을 것"[「사도행전」, 13:41]이라고 단언하고 있다.

왜일까? 그것은 바로 부활이 '무로부터의 창조'(creatio ex nihilo; creation out of nothing)이기 때문이다. 그리고 '무로부터는 아무 것도 생기지 않는다.'(ex nihilo nihil fit; nothing comes from nothing)는 것이 철학의 공리이기 때문이다. 이로 인해 그리스철학과 기독교는 창조관에서 명백한 차이를 보이게 된다. 즉 그리스철학의 창조관을 대표하는 플라톤의 『티마이오스』(*Timaios*)에서의 데미우르고스는 제1질료(materia prima)를 사용하여 세계를 건설하는 '세계 건설자'(Weltbaumeister)이기는 하지만 기독교의 신과 같이 무로부터 일체를 창조하는 '세계 창조자'(Weltschöpfer)는 아니다.

불사의 사상의 두 가지 전제 중의 하나인 '무로부터는 어떤 것도 생기지 않는다.'는 명제가 철학적인 것에 반해 '무로부터의 창조'라는 명제는 신학적이다. 그런데 이 신학적 명제의 전거에 대해서 언급해 둘 필요가 있을 것이다. 정경(正經, canon)에는 '무로부터의 창조'라는 것을 명시적으로 서술하고 있는 구절이 없다. 다만 외경인 『마카베오하』(2Maccabeus) 7장 28절에 다음과 같이 언급되고 있다.

> 아들아. 하늘과 땅과 그 속에 있는 만물을 살펴보고 하나님은 그 모든 것을 무에서 창조하셨다는 것과 그리고 인간도 그와 똑같이 만드셨다는 것을 알아라.

이미 언급한 「로마서」의 '없는 것을 있는 것같이 불러내시는 하나님'이란 무로부터의 창조를 행하는 신이라고 할 수 있을 것이다. 그러나 무로부터의 창조라는 것에서 누구나 다시금 연상하게 되는 것은 「창세기」 서두의 구절들이다. 확실히 그들 구절은 엄밀히 무로부터의 창조를 서술하고 있다고는 말할 수 없을 것이다. 왜냐하면 창조에 있어 '혼돈'(tōtû wābōhû)과 '원시의 바다'(tehôm)가 전제되고 있기 때문이다. 그러나 "태초에 하나님이 천지를 창조하셨다"는 경우의 '창조하셨다'(bārā,)라는 말에 관해서 게르하르트 폰 라트(G. von Rad, 1901~71)가 『모세의 첫 번째 책: 창세기』(*Das erste Buch Mose, Genesis*)에서 서술하고 있는 것은 지금까지도 어떤 타당성을 유지하고 있다고 할 수 있을 것이다.

> 이 bārā,라는 동사는 한편으로는 완전한 노력의 결여를 나타내고 있고 다른 한편으로는 결코 소재에 관한 언명과 결부해 있지 않는 것으로 무로부터의 창조라는 사상을 포함하고 있다고 말하는 것은 정당하다.

소재를 사용하여 만드는 것은 통상 <cāsāh>라는 말이 사용된다. 성서 본문에는 비록 명시적으로 무로부터의 창조에 관한 기사가 없다고 하더라도 성서가 전체적으로 창조를 무로부터의 창조로 해석하고 있는 것은 틀림없는 사실이다. 그것은 삼위일체론의 경우와 마찬가지다.

신학적으로는 출생은 무로부터의 창조이며 죽음은 삶이 완전히 무(無)가 되어 버린 것이다. 부활은 이 무로부터의 창조인 것이다. 그러나 철학적으로 출생이나 죽음은 윤회전생(輪廻轉生, saṃsâra)에서의 한 관문에 불과하다. 윤회전생에서는 혼이 어떠한 모습을 취하든 상관없이 혼 그 자체는 불멸이다. 이처럼 삶과 죽음의 문제에서 철학과 신학은 예리하게 대립한다. 신학적으로 죽음은 삶의 완전한 무화(無化)이다.

사람들은 영혼불멸의 신앙이 기독교적이라고 생각하고 있을지도 모른다. 그러나 결코 그렇지 않다. 성서는 인간을 플라톤주의와 같이 영육이원적으로 이루어진 것으로는 간주하지 않는다. 성서의 인간관에 의하면 육체와 영혼은 불가분의 것이며 인간은 그것들의 총체이다. 플라톤주의의 인간관은 이원론적인데 성서의 인간관은 일원론적이다. 영혼불멸의 신앙은 플라톤적 이원론과 '무로부터는 아무 것도 생기지 않는다.'는 철학적 공리에 기초하고 있다. 이 이원론에 의하면 육체는 죽어야 하는 것인데 반해 혼은 영원히 불멸하는 것이다. 육체의 죽음은 혼이 그 고향인 신들의 세계에 돌아가기 위한 관문이다. 신들의 세계가 진실로 존재하는 세계인 한 혼으로 하여금 거기에 귀향케 하는 죽음은 바람직한 것이다.

『파이돈』(*Phaidon*)의 소크라테스는 죽음에 관해 다음과 같이 말하고 있다. "말할 것도 없이 그것(죽음)은 혼이 육체로부터 떠나가는 것이 아닌가? 그리고 죽었다는 것은 육체가 혼으로부터 분리되어 육체로만 되고 다른 한편 혼은 육체로부터 분리되어 혼으로만 된다는 것을 의미하는 것이 아닌가? 죽음이라는 것이 그 이외의 어떤 것일 수 있는가?"

죽음에 있어 혼으로부터 분리된 육체는 죽어야 하지만 육체로부터 분리된 영혼은 죽지 않는다. 『고르기아스』(*Gorgias*)에 있는 말을 빌리면 혼에게 '육체는 감옥'(soma-sema)인 것이다. 따라서 혼을 그러한 육체로부터 해방시키는 죽음은 삶보다 좋은 것이며 바람직한 것이다.

출생이란 "죽은 자들의 영혼이 반드시 어딘가에 존재하고 있고, 그로부터 다시 살아나는" 것이다. "만약 존재하지 않는다면 다시 살아날 수 없을 것"이라는 것이다. 소크라테스에 의하면 출생은 결코 무로부터의 창조가 아니며 따라서 죽음은 삶의 완전한 무화가 아닌 것이다. 이러한 사생관의 근저에 있는 것은 육체와 영혼의 이원론과 '무로부터는 아무것도 생기지 않는다.'는 철학적 공리이다. 영혼과 육체의 이원론이 영혼불멸을 위한 필요조건이라고 한다면 일원론적 인간관에서 영혼의 불멸이라는 것은 불가능하다. 성서의 인간관에 의하면 인간은 신에 의해서 창조된 것이다. 인간은 신에 의한 창조에 앞서서 이미 어떤 무엇으로서 존재하고 있었던 것이 아니다. 창조에 앞서서 인간은 단적으로 어떤 것도 아닌 것이다. 신에 의한 인간의 창조는 <무로부터의 창조>인 것이다. 창조란 엄밀하게는 무로부터의 창조인 것이다. 우리는 출생 전에 이미 어떤 무엇으로서 존재하고 있었던 것이 아니라 출생과 함께 영육의 총체로서 존재하기 시작했던 것이다. 이 점에서 성서적 인간관은 그리스적 인간관과는 근본적으로 다르다.

그리스적 인간관에 의하면 인간은 출생 전에 존재하지 않는 것이 아니고 이미 혼으로서 존재하고 있는 것이다. 이 세상에 태어난다는 것은 바로 영혼이 자신의 감옥인 육체에 갇힌다는 것을 의미한다. 따라서 영혼은 육체로부터 해방되기를 간절히 갈망하는 것이다. 그러므로 영혼 쪽에서 보면 육체를 입고 이 세상에 태어나지 않는 편이 훨씬 좋은 것이다. 그러나 일단 태어나 버린 이상은 자기 자신을 육체로부터 해방하는 것에 힘쓰는 것이야말로 혼에게 가장 큰 일인 것이다. 철학은 영혼이 그렇게 되도록 배려하는 것이다. 플라톤은 『파이돈』에서 소크라테스에게 다음과 같이 말하게 하고 있다. "참된 의미에서 철학자들이 실제로 행하고 있는 일은 죽음으로 나아간다는 것과 죽음을 완성하는 것 이외의 어떤 것도 아니다." 죽음은 영혼이 육체로부터 해방되어 출생 이전의 고향에 돌아가는 것이다. 출생 이전의 세계와 사후의 세계는 동일한 세계이다. 인간은 그곳에서 태어나 그곳으로 되돌아가는 것이다.[22)]

---

22) 사실 윤회론은 인도-그리스만의 사상이 아니었다. 고대 영국에 살던 켈트족(Celts)과 프랑스 및 스칸디나비아의 부족들도 이 개념을 믿었다. 고대 유대인들의 철학에는 에세네 · 바리새 · 사두개 세 학파가 있었는데 사두개 학파를 제외한 두 학파에서는 환생을 믿고 가르쳤으며 또한 전통적인 유대철학을 담은 '카발라'(Kabala)에도 환생에 관한 언급이 종종 보인다. 로마의 시인이었던 에니우스(Ennius)는 카르마와 환생의 개념을 로마사람들에게 소개했고 대시인 베르길리우스(Vergilius, BC 70~19)도 자신의 작품 속에서 환생을 설명했다. 예수의 가르침 이후 초기 기독교에서 윤회와 환생은 정식으로 인정되던 교회신학의 일부였다. 유스티노스 · 오리게네스 · 히에로니무스 · 아우구스티누스 · 알렉산드리아의 클레멘스도 환생설(還生說, Metempsychosis)을 가르쳤다. 물론 영지주의와 마니교도들도 윤회설을 가르쳤다. 이처럼 초기 기독교 역사의 약 400년간 환생설은 보편적인 교회 가르침의 일부였다. 그러나 성서의 연구가 본격적으로 시작되어 그 본의가 파악되면서 윤회론이 입지가 약해지기 시작하였고, 나아가 종교와 권력이 결탁하면서 개인적인 노력과 발전으로 영혼의 구원이 가능하다면 교회와 황제의 권위가 무너진다는 정치적 우려에 따라 윤회를 가리키던 당시의 용어인 영혼선재론(Pre-existence of Souls)의 개념이 교회신학에서 삭제되었다. 4세기에 콘스탄티누스 대제는 기독교를 공인하면서 『신약성서』에 실려 있던 윤회에 대한 언급들을 없애기로 결정하여 325년 니케아 공의회 이후 모든 복음서에서 환생을 암시하는 구절들을 완전히 삭제해버렸고 6세기경 동로마제국의 폭군 유스티니아누스 대제는 독단적으로 윤회설을 이단이라고 결정하고 553년에 콘스탄티노플 공의회를 소집하여 환생사상을 가르쳤던 오리게네스와 그의 지지자들을 이단으로 규정했다. 황제와 그의 아내는 윤회사상을 왕권에 대한 도전으로 간주하고 자신들을 신격화하는 데 방해가 된다고 생각했다. 결국 6세기 이후 환생설을 신봉하던 교파들에 대한 무자비한 학살과 탄압이 자행되면서

이상과 같은 불멸의 신앙과는 달리 부활의 신앙은 무화의 사상과 깊은 관계를 가진다. 후자는 전자의 전제 조건이다. 확실히 무화의 사상 그 자체는 절망적인 사상이다. 그러나 부활의 신앙에서는 이 절망적인 사상이 반드시 필요한 것이다. 만약 영혼이 그 자체로 불멸하는 것이라고 한다면 부활의 신앙은 무의미한 것이 될 것이다. 왜냐하면 부활이란 "죽은 자를 살리며 없는 것을 있는 것같이 불러내는 것"이기 때문이다. 부활은 '무로부터의 창조'인 것이다. 무화의 사상은 불멸의 신앙을 부정하는 것이며 부활의 신앙은 무화의 사상을 부정하는 것이다. 따라서 부활의 신앙은 불멸의 신앙의 부정의 부정이다. 다시 말해서 부활의 신앙은 불멸의 신앙과 무화의 사상의 변증법적 통일이다. 영혼 그 자체가 불멸이라고 한다면 부활은 일어날 수 없다. 그러나 그렇다고 해서 무화의 사상 그 자체가 곧바로 부활의 신앙에 이르는 것은 아니다. 그렇다면 결국 부활의 신앙은 무화의 사상을 전제로 한 불멸의 신앙이라고 규정될 수 있을 것이다. 그러나 이러한 변증법은 어떻게 해서 가능한 것인가? 이것은 더 이상 학문의 영역에 속해 있지 않다.

'무로부터의 창조'라는 신학적 명제와 '무로부터는 아무 것도 생기지 않는다.'는 철학적 명제의 조정을 시도하려고 한 것은 토마스 아퀴나스이다. 토마스는 『신학대전』(*Summa Theologiae*) 제1부 제44문 '모든 피조물의 신으로부터의 발출에 관하여—만유의 제1원인에 관하여—'의 제2항 '제1질료는 신으로부터 창조된 것인가?'에서 다음과 같은 반론 (2)를 소개하고 있다.

> 능동과 수동은 서로 대립적으로 구별된다. 그런데 마치 제1의 능동적 원리가 신인 것처럼, 마찬가지로 제1의 수동적 원리는 질료이다. 그러므

기독교가 지배하던 서양에서는 환생설이 적어도 공식적으로는 자취를 감추게 되었다.

> 로 신과 제1질료는 서로 대립적으로 구별된 두 가지의 원리인 것이지, 그 어느 한 쪽이 다른 쪽에 기초해 있다는 것은 있을 수 없다.

이것에 대한 토마스의 반박은 다음과 같다.

> (2)에 관해서는 이렇게 말해야만 한다. 수동은 능동의 결과이다. 따라서 제1의 수동적 원리가 제1의 능동적 원리의 결과라는 것은 합리적인 것이다. 사실, 모든 불완전한 것은 완전한 것에 의해서 연원되는 것이다. 제1의 원리가 가장 완전한 것이어야 한다는 것은 아리스토텔레스가 『형이상학』 제12권에서 설명하고 있는 바이다.

토마스는 제44문에서 능동적 원리로서의 신이 수동적 원리로서의 질료에 우위를 가진다는 것을 논하기 때문에 제45문 '모든 사물의 제1원리로부터의 유출의 방식에 관하여'로 나아가고 그 제2항 '신은 무엇을 창조할 수가 있는가?'에서 무로부터의 창조의 문제를 논하고 있다. 먼저 반론(1)은 다음과 같이 언급된다.

> 아리스토텔레스의 『자연학』 제1권에 의하면 고대의 철학자들은 '무로부터는 어떤 것도 생기지 않는다'는 것을 공통적으로 수용되는 공리로서 인정하고 있다. 또한 신의 능력이라고 하더라도 각각의 제1의 근본명제에 어긋나는 일에까지는 미치지 않는다. 예를 들면 신이라 하더라도 전체가 그 부분보다도 크지는 않다든가 긍정과 부정이 동시에 참이라고 할 수는 없다. 그러므로 신이라고 하더라도 무로부터 어떤 것을 만들 수는, 즉 창조할 수는 없다.

'무로부터는 아무것도 생기지 않는다.'는 명제가 철학의 공리라고 한다면 '무로부터의 창조'라는 것은 철학의 입장에서는 인정하기 어려운 것이 될 것이다. 이에 대한 토마스의 반박은 다음과 같다.

> (1)에 관해서 나는 이렇게 말해야만 한다. 고대의 철학자들은 위에서 말한 것처럼 특수한 원인으로부터의 특수한 결과의 유출밖에 생각하지 않았던 것이며 이러한 원인의 작용에서는 무엇인가를 전제하지 않으면 안 된다. 이것으로부터 '무로부터는 아무 것도 생기지 않는다'는 그들의 공통된 견해가 나왔던 것이다. 그러나 이것은 보편적 원리로부터의 각각의 사물의 유출의 경우에는 타당하지 않다.

토마스의 주장의 핵심은 '무로부터는 아무 것도 생기지 않는다.'는 철학적 공리는 창조 이후의 세계에서는 타당하지만 세계의 창조 그 자체 관해서는 타당하지 않다는 것이다. 이 토마스의 설명을 인정하든 부인하든 세계의 기원에 관한 신학적 주장이 '무로부터의 창조'임은 명확하다.

원죄(peccatum originale) 신학은 인간의 죄로부터의 구원을 말한다. 이 죄는 인간의 개별적인 죄가 아니라—물론 그것을 포함하기는 하지만—무엇보다도 인간존재 그 자체의 죄이다. 즉 원죄이다. 원죄(原罪)란 다름 아닌 인간의 신과의 관계의 단절이다. 성서의 근본적인 인간관에 의하면 인간은 신의 모상(imago Dei)이다. '신의 모상'에 대해서는 다양한 해석이 있는데 그 중 칼 바르트의 '상대자'(der Gegenüber)라는 해석이 가장 적절하다고 여겨진다. 인간은 신의 상대자인 것이다. 즉 인간존재는 관계존재인 것이다. 인간존재가 관계존재라는 것은 인간존재가 신 존재와의 관계에서 존재한다는 것이다. 환언하면 인간존재는 고유한 존재, 즉 실체존재가 아닌 것이다. 관계존재로서의 인간존재에서는 실체가 관계에 우선하는 것이 아니고 반대로 관계가 실체에 우위를 가지는 것이다. 단적으로 말하면 신과의 관계없이 인간은 존재하지 않는 것이다.

인간의 신과의 관계는 신의 인간과의 관계에 기초한다. 신의 인간관계가 제1차적이며 인간의 신 관계는 이 제1차적 관계에 대한 응답으로서의 제2차적인 것이다. 인간은 신이 인간과 관계함으로써 신과 관계하는 자가 되는 것이다. 신과 인간의 관계는 성서신학에서는 '계약'(berît) 이라고 불린다. 그리고 계약은 '율법'(tôrāh)으로 구체화된다. 『신 · 구약성서』전체를 이해하는 관건이 되는 개념이 계약과 계약에 기초한 법이라고 말해도 결코 과언은 아닐 것이다.

「창세기」 3장에 있는 것처럼 인간은 타락으로 말미암아 에덴동산에서 추방된다. 이 추방은 신의 허락으로부터의 추방이며 관계존재로서의 인간의 관계의 상실이며 그것은 동시에 인간의 존재상실을 의미한다. 환언하면 인간은 관계존재라는 그 본래성을 상실하고 존재상실이라는 그 비본래성에 떨어져버린 것이다. 그 결과 아우구스티누스가 말한 것처럼 '죄를 범하지 않을 수 없게'(non posse non peccare) 되었던 것이다.

철학자는 원죄사상을 비웃을지도 모른다. 에피쿠로스학파와 스토아학파의 철학자들은 실제로 이를 비웃었다. 그러나 칸트는 결코 이를 비웃지 않았다. 그는 원죄를 '근본악'(radikal Böse)이라는 이름으로 개념화하였다. 즉 근본악은 신학적 개념인 원죄를 철학적으로 변용한 것이다. 칸트는 그의 종교론에서 「창세기」 3장에 있는 타락 이야기를 말하면서 "이름을 바꾼다면 이야기는 그대에 대해서 말해지고 있는 것이다."(mutato nomine de te fabula narratur)라고 서술하고 있다. 칸트의 이성종교가 그것에서는 '생소한 것'이라고도 말해야할 근본악을 직시하고 그 극복을 위해 고투한 것은 유례가 없는 심연을 드러낸 것이라고 말할 수가 있을 것이다. 그렇기는 하지만 전체로서 보면 철학이 원죄사상에 대해서 부정적임은 부정할 수 없다. 칸트의 근본악 사상이 인간이성에 무조건적인 신뢰를 두는 계몽주의자들의 불평을 받았던 것처럼 철학에서 인간존재는 앞의 의미에서의 관계존재라고는 생각되고 있지 않다.

철학에서 인간존재가 어떻게 해석되든 결코 신 관계존재는 아니다. 인간존재가 실체존재가 아니고 관계존재라고 해석되는 경우에도 그것은 절대적인 신 관계존재는 아니고 상대적인 관계존재에 불과하다. 마르크스(K. Marx, 1818~83)의 '사회적 존재'나 하이데거의 '세계-내-존재'도 결코 신 관계존재는 아니다. 확실히 부버(M. Buber, 1878~1965)에게서는 절대적인 신관계가 상대적인 인간 상호의 관계를 가능케 하고 있는데 이 관계구조는 철학적이 아니고 신학적이다. 신 관계를 인간존재의 근본적 존재양식으로는 보지 않는 철학에서는 신 관계 상실, 즉 존재상실로서의 원죄를 용인할 수 없는 것은 오히려 당연하다고 해야 할 것이다.

대속(atonement redemption) 바울의 신앙고백에서 제일 먼저 고백되고 있는 것은 "그리스도가 우리의 죄를 위해 돌아가셨다."는 것이다. 즉 그리스도의 죽음이 대속(代贖)의 죽음이라는 것이다. 바울은 「갈라디아서」에서 이 대속의 논리를 다음과 같이 언표하고 있다. "그리스도께서 우리를 위하여 저주를 받은 사람이 되심으로써 우리를 율법의 저주에서 속량해 주셨습니다."(3:13)

이 논리는 절대변증법 또는 절대 모순적 자기 동일의 논리이다. 즉 '그리스도가 우리를 율법의 저주에서 속량하셨다'는 것과 '그가 우리 때문에 저주를 받았다'는 것은 불가분의 사태인 것이다. 바울에 의하면 그리스도는 우리를 위해 저주받음으로써, 그로써 우리를 율법의 저주로부터 속량하셨다는 것이다. 절대 모순적 자기 동일의 논리는 성서의 도처에서 볼 수 있는 『신 · 구약성서』전체를 일관하고 있는 성서 자체의 논리이다. 성서의 신이 의와 사랑인 것, 그 신에게서는 심판과 용서가 둘이 아니라 하나인 것 등은 성서의 곳곳에서 발견할 수 있다. 신학적으로도 기독교의 가장 중요한 교리인 삼위일체론이나 그리스도 양성론도 절대 모순적 자기 동일성 이외의 어떤 것도 아니다. 루터의 '의인이자 동시에 죄인'(simul iustus et peccator)이라는 명제도 절대 모순적 자기 동일성이라고 말할 수 있을 것이다.

철학에서 원죄라는 것이 인정되지 않는 이상 대속이라는 것도 있을 수 없다. 칸트의 이성종교는 도덕종교인데 그것은 '총애의 종교'가 아니라 선한 삶의 종교이다. 칸트는 예수의 종교의 본질은 도덕적 종교라고 해석하고 있는데 그것이 정당하다고는 말할 수 없다. 예수의 종교는 물론 '총애의 종교'가 아니다. 예수의 종교는 '은총의 종교'이다. 은총에서는 신앙과 행위 또는 칭의(稱義, Justification)와 성화(聖化, Sanctification)가 불가분한 것이다. 그런데 칸트의 이성종교에 대해서 부가해 두어야할 것이 있다. 칸트의 이성종교는 단순한 이성종교가 아니라는 것이다. 즉 이성종교는 근본악이라는 '생소한 것'을 포섭함으로써 은총이라는 부록(Parergon)에 호소하지 않을 수 없게 되었다는 것이다. 칸트의 이성종교는 그 철저함에서 한계에 봉착하는 것이다. 우리는 여기에서 칸트의 이성종교의 깊이를 볼 수 있는 것이다.

대립 관계의 구조와 논리 지금까지 철학과 신학의 대립 구조를 부활 · 창조 · 원죄 · 대속을 통해 살펴보았는데 이제 그 근원상을 통찰해야만 한다. 즉 대립의 구조와 논리를 명확하게 해야 한다는 것이다.

철학과 신학의 대립 구조는 인간-신 구조라는 양극구조이다. 철학은 기본적으로 인간에 정위하고 그로부터 출발한다. 데카르트(R. Descartes, 1596~1650)의 sum이 전형이다. 데카르트에 있어 신은 그 존재가 논증되어야 하는 '논제'가 된다. 이에 반해 신학은 신에 정위하고 그로부터 출발한다. '신이 존재한다'는 것은 신학의 아르케(arche)이다. 신학에서 인간은 실체로서의 자체존재가 아니라 신의 모상으로서 관계존재이다. 철학의 아르케는 인간이며 신학의 아르케는 신이다. 신도 인간이 없이는 신이 아니기 때문에 신학은 필연적으로 철학과 긴장관계에 선다. 철학은 필연적으로 신학과 긴장관계에 서는 것이다. 철학이 무신론이라면 오히려 신학과의 사이에 긴장관계가 있을 수 없을 것이다. 그러나 결코 그렇지 않다. 왜냐하면 신학의 부정으로서의 무신론도 또한 하나의 신론이기 때문이다. 그렇다고 한다면 철학은 어쩔 수 없이 신학과 긴장관계에 서지 않을 수 없는 것이다.

그러나 철학과 신학이 긴장관계에 서게 된 것은 신 문제를 둘러싼 것이기보다는 인간 자신의 문제 또는 오늘날에는 자연의 문제 때문일 것이다. 자연은 별도로 하더라도 인간의 문제를 둘러싼 철학과 신학의 긴장 · 대립관계는 오래고도 새로운 문제이다. '너 자신을 알라'는 델포이의 아폴론 신전 입구에 쓰여 있는 이 비문은 소크라테스의 철학활동을 배후에서 움직인 것이었다. 이 말의 의미는 '신이 아닌 너 인간이여! 너는 자신이 죽어야할 자임을 알라!'는 것이다. 그리스의 신들은 매우 인간적인데 그러한 신들이 인간과 결정적으로 다른 것은 인간은 죽어야할 자인데 신들은 불사신이라는 것이다. 인간에 있어 모든 부정적인 것, 예를 들면 질병 · 빈곤 등은 인간을 죽음에 이르게 한다. 우리가 자신의 삶을 얻을 때에는 그 자각이 없다. 하지만 그 삶을 잃을 때에는 그것을 자각하고 있다.

죽음은 인생 최대의 문제이다. 따라서 철학적으로 말하면 죽음의 극복, 신학적으로 말하면 죽음으로부터의 구원은 인생 최대의 문제이자 관심사이다. 삶이 죽음으로 끝나는 것인 이상 죽음의 문제를 해결하지 않고는 어떠한 생의 행복론도 속임수일 수밖에 없다. 그리하여 철학은 불가피하게 종교 문제에 마주 서지 않을 수 없게 된다. 플라톤이 전하는 소크라테스의 최대의 가르침도 영혼불사의 가르침이었다. 그리하여 철학과 신학은 인간의 최대의 관심사인 죽음의 문제에 대하여 예리하게 대립하지 않을 수 없는 것이다.

철학과 신학은 인간의 문제, 특히 죽음의 문제에 대하여 예리하게 대립함을 지적했는데 이 문제에 한하지 않고 어떠한 문제에서도 양자의 대립은 불가피하다. 왜 그러한가? 그것은 철학의 논리와 신학의 논리의 근본적 대립에 기인한다고 말할 수 있을 것이다. 단도직입적으로 말하면 철학의 논리는 동일성 논리인 것에 반해 신학의 논리는 모순의 논리인 것이다. 동일성 논리는 동일률 또는 모순율에 기초하는 논리이다. 아리스토텔레스는 모순율을 <동일한 것이 동일한 것에 동일한 관계에 속함과 동시에 속하지 않을 수 없다>는 말로 나타내고 있다. 모순율은 모순이라는 것을 부정하는 논리이다.

앞서 토마스의 '반론'에 <신이라 하더라도 전체가 그 부분보다도 크지는 않다든가 긍정과 부정이 동시에 참이라고 할 수는 없다>는 것이 있었는데 이것은 즉 신이라 하더라도 모순율을 범할 수 없다는 것이다. 칸트에게서도 모순율은 '진리의 보편적 기준'이다. 헤겔의 변증법도 결코 모순이라는 것을 용인하는 모순의 논리가 아니고 모순율을 고집하여 모순이라는 것을 부인하는 모순극복의 논리인 것이다. '무로부터는 아무것도 생기지 않는다'는 철학적 공리도 다름 아닌 동일성 논리의 존재론적 형식인 것이다.

이러한 철학의 논리에 반해 신학의 논리는 모순이라는 것을 용인하는 것을 넘어 적극적으로 모순에 기초하는 논리라고 말해야 할 것이다. 저주와 저주로부터의 구원 · 심판과 용서 · 공의와 사랑 · 의인과 죄인이 불가분이라는 명제의 근저에 있는 논리는 모순의 논리, 즉 절대변증법 또는 절대 모순적 자기 동일성의 논리이다. 물론 삼위일체론과 그리스도 양성론도 이 논리로써 성립하고 있는 것이다. 절대 모순적 자기 동일은 다만 절대 무에서만 가능하다. 그러나 성서의 신은 단순한 절대 무가 아니고 절대 유이자 절대 무인 것이다. 즉 절대 무에서 존재하는 절대 유인 것이다. 이러한 절대 모순적 자기 동일의 논리는 '영성(靈性)

의 논리'이다.

인간에 정위하는 철학의 논리가 지성에 기초한 동일성 논리인 것에 반해 신에 정위하는 신학의 논리는 영성에 기초한 절대 모순적 자기 동일의 논리이다. 두 논리는 예리하게 대립한다. 그러나 이 대립은 분열과 이완이 아니라 하나의 통일이다. 우리는 이 양자의 관계를 완화시키고자 노력해야 하는 것이 아니고 오히려 그것을 강화하려고 노력해야만 한다. 즉 철학과 신학은 각자의 고유성에 철저해야만 한다는 것이다. 이렇게 각자의 고유성을 추구함으로써 양자의 대립관계의 통일을 추구해야 할 것이다.

종교철학과 종교학

종교학은 근대 계몽사상의 온상에서 자라난 자연과학적 정신에 연원하는 학문으로 교권(教權)과 편견으로부터 벗어나 자연과학의 방법을 종교 연구에 적용한 것이다. 그것은 광범한 자료를 수집하고 이것을 공평하게 취급하는 종교의 비교연구이며 자료의 수집 → 취사(取捨) → 정리 → 배열 → 비교 → 공통성의 추상 → 본질적 일관성의 귀납 → 원리의 획득을 방법으로 한다. 그리고 자연과학과 똑같이 그 학적 태도는 몰가치적 · 수량적이다.

이러한 학문의 태도가 종교철학의 태도와 다른 것에 관해서는 이미 브뤼셀(G.A. Brussel)이 hierography · hierology · hierosophy을 구분하고 있다. 브뤼셀에 의하면 hierography는 '성스러운 것에 대한 묘사'이며 지리학 · 인류지(人類誌)의 도움을 통해 역사상의 어떤 종교의 외면적 진화를 묘사한다. hierology는 '성스러운 것에 관한 과학'이며 외면적 진화의 배후에 있는 복잡한 문제들, 종교 · 신앙을 그러한 것으로서 형성한 것, 민족적 요소로부터 기후 · 식물에 이르기까지를 연구한다. 이것이 현재의 종교학에 가장 가까운 것이다. 마지막으로 hierosophy는 이 사실들의 가치를 평가하는 것이다. 즉 hierosophy는 종교의 정당성을 결정하는 일을 한다. 이처럼 비교종교는 현재해 있는 종교를 취급하고 여러 종교가 서로 어떻게 작용할 수 있는가를 보는 데 그친다.

비교종교의 명칭이 나타내는 것처럼 종교학은 많은 학과를 필요로 하고 그 자료는 역사의 전 영역에 걸쳐 수집된다. 여기에서 역사가 중요한 대상이 되고 종교의 과학적 연구는 한편으로 역사적 · 귀납적이 되는 것이다. 그러나 종교의 연구는 역사적인 성립 종교로써 완결되는 것이 아니다. 역사적으로 주어지고 있는 여러 종교는 종교의 외적 현상인데 이것에 대해 연구자 자신의 내적 경험 또는 많은 사람들의 종교경험이 있다. 이것이 종교 연구의 중요한 자료임은 말할 것도 없다. 이들 내적 경험의 자기관찰 및 타인의 경험의 실험적 관찰이 중요한 방법이 되어 종교의 과학적 연구는 다른 일면에서 심리학적－귀납적이 된 것이다.

그 외에 역사적 및 심리학적 방법과 연관하여 사회학적 · 민족학적 · 사회(민족) 심리학적 방법에 의한 연구가 열거되는데 여기서는 가장 대표적인 것으로서 역사적 및 심리학적 종교 연구의 특질을 서술하기로 한다.

종교사적 연구는 19세기 후반 이후의 자연과학적 정신과 방법에 의거한 연구로 그것이 기여한 바가 매우 크다. 그것은 경험적 양(量)으로서 주어진 종교들을 서로 비교하고 차이를 배제하여 공통성을 끄집어내어 그것을 종교의 본질로 간주하고 이로써 모든 성립 종교의 근저에 놓여 있는 보편적인 것의 본질을 찾았다고 믿는 것이다. 이것에 의하면 종교란 '역사적인 종교들에 공통되는 표지의 총체'가 되며 트뢸취가 말한 것처럼 '일련의 현상들에 공통되는 특색'이라는 것이 된다.

그것이 제공하는 본질적인 것 혹은 일반성은 형식적인 일반성이다. 역사적 방법의 결점은 역사에서 종교를 선정하는 방법의 불확실성이라는 점에 있다. 즉 종교를 선정하는 표준이 항상 동요하고 있는 것이다. 종교적 사실을 비교하고 평가하는 데는 일정한 표준이 필요한 것이다. 환언하면 항상 일정한 규범 개념을 가지고 역사를 보아야만 하는 것이다.

역사학은 경험 과학이며 그것이 취급하는 종교는 경험적 양인데 우리가 본질을 찾으려고 하는 종교는 단순한 경험적 양으로서의 성립종교가 아니다. 역사주의에는 종교의 본질을 규정하는 방법이 없는 것이다. 그것은 일정한 종교의 기원을 명확하게 할 수는 있지만 인간정신의 심연에 순간적으로 번뜩이는 종교일반의 근원을 보일 수는 없다. 또한 그것은 어떤 종교적 공동체의 종교적 사태 및 표상에 대해서 상세히 기술할 수는 있지만 종교의 정당성과 규범적 의미에 대해서는 어떤 것도 보일 수가 없다.

역사는 현존하는 것이 어떻게 해서 그렇게 있는가를 설명할 수는 있지만 현존하는 사실은 결코 타당한 진리를 보여줄 수 없다. 종교학은 성립 종교들을 기술하고 그 기원에 거슬러 올라가며 그것들 상호 간의 영향을 고찰하고 각각의 발전 과정을 더듬는다. 요컨대 그것은 전적으로 사실적인 것을 취급하고 그것을 현상 법칙적 · 인과적으로 설명한다. 이에 반해 종교철학은 규범적인 것을 취급하고 영구적인 것과 잠시적인 것 · 필연적인 것과 우연적인 것 · 사실적인 것과 타당한 것 · 참된 것과 거짓된 것을 일정한 비판적 척도에 따라서 구별한다. 그 척도 · 규범은 경험 가운데 나타나는 것은 아니고 고상한 의미의 이성 안에 있는 것이어야만 한다. 여기에 종교학과 종교철학의 연구 영역의 한계가 있는 것이다.

다음으로 종교심리학적 연구가 경험 과학인 한 이에 관해서도 역사적 연구에 대해 서술한 것과 다르지 않다. 경험은 현상론적 법칙을 보이지만 가치 규준과 진리 규준을 나타내지는 않는다. 경험적으로 발견된 자료가 아무리 누적되더라도 그로부터 그것에 대한 평가가 생기는 것은 아니다. 사실로부터는 원리와 규범 개념을 도출할 수 없다. 규범 개념은 현상의 표면에는 존재하지 않는 것이다. 일례를 든다면 심리주의는 현상론적 · 발생적으로 심리 사태를 설명하는데 열병 환자의 환각 · 환상이나 철학자의 관념과 같은 진실 되고 심오한 관념도 마찬가지의 심적 현실성 · 현상적 필연성을 가진 것으로서 취급하고 양자를 구별하는 규범적 타당성에 관해서는 아무 것도 보여줄 수 없다.

요컨대 종교학은 종교의 현실태를 보여주지만 그 진리성을 보여주지는 않는다. 종교철학은 종교의 진리성을 나타내지만 그 현실태를 나타내 주지는 않는다. 그리하여 종교학과 종교철학은 서로 보충적인 관계에 있다고 말해야만 한다. 종교학은 종교철학에 풍부한 현실태 · 자료를 제공하고 사변에 소재를 제공해야만 한다. 이러한 의미에서 종교철학은 종교사의 기초적 연구를 필요로 하는 것이다. 종교철학은 현실의 종교에 척도를 보이고 규범을 제공하여 그 목적으로 유도해야 한다. 종교철학이 지향하는 바는 역사에 있어 진리성의 실현에 있는 것이다.

제3부
신앙으로서의 종교

믿음은 운명보다 강하다.
fides fortior fatis.

Folehurst.

기 독 교

1. 기독교의 기원

기독교(基督教, Christianity)의 가장 간명한 정의를 찾는다면 우리는 우선 "예수를 하나님의 아들 그리스도로 고백하고 믿는 종교"라고 답할 수 있을 것이다. 이것은 기독교의 근본 교리를 나타내는 것이며 그 이외의 신앙 내용은 대체로 이로부터 파생된 것이라고 해도 과언이 아니다. 말하자면 예수(Jesus)가 기독교의 창시자일 뿐만 아니라 동시에 그 이상의 존재, 즉 신앙 대상이기도 하다는 것을 의미한다.

종교의 세계에서 창시자를 신격화하는 현상은 결코 생소한 것이 아니다. 불교처럼 원리적으로는 신을 상정하지 않는 종교조차도 후세에 이르러 창시자의 이상화가 일어나고 있고 또한 뛰어난 종교적 인격이 신의 '화신'(化身)이 되는 예는 얼마든지 찾아볼 수 있다. 그러나 기독교만큼 이 신앙에 중심적인 중요성을 두는 종교는 그다지 없을 것이다. 이 중심적 신앙의 이론적 표현인 기독론(Christology)이 곧이어 교회 가운데서 격렬한 논쟁의 표적이 된 것은 그 때문이며 또한 기독교가 그 모태인 유대교와 그 수많은 공통점에도 불구하고 궤를 달리하기에 이른 것도 바로 이 점 때문이다.

이러한 기독교 신앙은 기독교의 가장 중요한 성경인 『신약성서』가 시종일관 주장하고 있는 요소이기도 하다. 말할 것도 없이 『신약성서』는 역사적 인물로서의 예수의 삶과 종교에 관한 근본 사료이다. 그러나 최근의 연구는 이 문서가 엄밀하게 객관적인 사실을 기록한 것이 아니고 예수가 그리스도라는 신앙을 전제하고 또한 그것을 고취할 목적으로 기록된 일종의 선교 문서임을 밝히고 있다. 말하자면 그것은 예수 자신의 종교의 기록임과 동시에 그 이상으로 예수에 대한 신앙의 기록인 것이다.

이것은 기독교의 기원에 관한 역사적 연구에서는 하나의 제약을 의미한다. 성서 그 자체가 이러한 신앙에 의한 윤색을 함축한 이상 그것은 있는 그대로의 사실(史實)을 전하는 것은 아니기 때문이다. 예수의 생애와 신앙을 믿고자 한다면 그것은 이러한 윤색의 배후에서 찾아야만 한다. 그것이 어디까지 가능한가 하는 것은 성서 연구상의 곤란한 문제인데 어느 쪽이든 그것은 어느 정도 추측에 의한 재구성이라는 성격을 면하기 어려운 것이다.

예수의 활동 무대가 된 곳은 기원 전후부터[23] 약 30년경까지의 팔레스타인 일대, 즉 갈릴리 호수부터 예루살렘에 이르는 곳이다. 이 시대의 팔레스타인은 사회적으로나 문화적으로 매우 복잡한 상황—세계의 '화약고'인 오늘날도 마찬가지이지만—에 있었다. 기원전 63년경 유대인은 로마제국의 지배 하에 놓여 로마로부터 파견된 총독의 감독 하에 있었고, 동시에 로마를 추종하는 일종의 허수아비 정권인 헤롯 왕가의 지배도 받고 있었다. 그들은 그 힘을 이용하여 그레코·로만 문화의 침투를 계획함으로써 유대인의 반감을 사게 되었다.

이러한 정황을 배경으로 당시의 유대인은 사두개파(Sadducees), 바리새파(Pharisees), 열심당이라고도 불리는 셀롯당(Zealots), 엣센파(Essenes)와 같은 당파로 분열되어 서로 대립하고 있었다. 이 중 열심당은 말하자면 일종의 광신적인 국수주의자인데 기원 6년 갈릴리의 유다의 반란에 나타난 것처럼 항상 로마에 대한 무력 반항을 선동하고 있었

23) 예수의 탄생은 대략 기원전 7~4년 사이로 추정되고 있다. 그리스도 기원(西紀, Anno Domini)이 사용된 것은 6세기 중반부터인데 그 당시의 잘못된 계산이 그대로 답습되어 오늘에 이르고 있다.

다. 다른 세 당파는 정치적인 열심당과는 달리 종교상의 이유에서 생긴 그룹이었는데 그 중에서도 가장 강경했던 것은 바리새파이다. 예수의 입장은 이 당파들과의 관계를 검토함으로써 부각될 수 있다. 즉 예수는 주로 바리새파의 영향 하에 있으면서 곧 그 비판자로서 등장하는 것이다.

예수의 생애의 전반부에 대해서는 알려진 점이 별로 없다. 거의 확실한 것은 그의 고향이 갈릴리 나사렛(Nazareth of Galilee)이었다는 것, 그가 목수 요셉(Joseph)의 아들로 대가족의 일원이었다는 것 등이다. 복음서의 기사는 그들이 바리새인에 의해서 율법을 지킬 능력이 없는 자로서 경멸되었던 '민중'이었음을 추측케 한다. 그러나 다른 한편 예수는 조상의 전통적 종교, 특히 선지자에 대해서 충분한 이해와 지식을 가지고 있었다. 말년에 그가 갈릴리 각지의 회당에 출입하면서 회중에게 설교하고 또 바리새인들과 논쟁을 벌였던 것은 이러한 사실을 뒷받침해 준다.

예수가 처음 공적인 생애를 위해 모습을 드러낸 것은 세례 요한(John the Baptist)과의 만남을 통해서이다. 예수가 30세 무렵 요한은 요단강가에 나타나 천국이 가까이 왔음을 선포하고 사람들에게 회개를 촉구하였다. 예수도 또한 "광야에서 외치는 소리"에 귀를 기울인 한 사람이었다. 그리고 요한에게 세례를 받을 때 그는 "하늘이 열리고 성령이 자기에게 내려오는 것"(「마태복음」, 3:16)을 보았다. 이를 통해 예수는 일종의 종교적 각성을 체험하고 이른바 광야에서의 시험을 거친 후 갈릴리에서 복음을 전파하게 된다. 세례 요한의 활동은 그 강력한 종말기대와 금욕 생활로 보아 엣센파를 연상케 하는데 후자가 은둔적인 공동체 생활을 한데 반해 요한은 홀로 민중을 향하여 설교자로서 활동하였다. 다른 한편 예수는 요한에 의해 그 예언자적 사명을 자각케 되었지만 그렇다고 해서 요한처럼 금욕적 생활을 고수하지는 않았

다.[24)]

이리하여 한 사람의 종교 지도자가 된 예수가 전파했던 것은 요약하자면 '하나님의 나라'의 복음이었다. '하나님의 나라'의 개념이 유일신 야웨(Jaweh, Jehovah)를 믿는 유대교의 전통을 계승한 것임은 말할 것도 없다. 복음서에 기록된 가르침의 내용이 어디까지 참으로 그 자신의 것인가 하는 해석은 몇 가지 어려움을 지니지만 우선 다음과 같은 내용은 예수의 가르침의 일반적 특징으로서 인정할 수가 있을 것이다.

신의 나라는 무엇보다도 우선 정신적인, 즉 정치를 초월한 현실이었다. 구세주의 재림과 세계 종말에 대한 기대는 포로기의 유대인들에게 다양하게 나타나고 있는데 그것은 때로 유대 민족의 정치적 복권을 의도한 지상적인 메시아의 운동으로 발전하였다. 열심당의 활동이 그 대표적인 사례이다. 그러나 예수의 신의 나라는 이 세상의 것이 아니었다. 그것은 '여기에 있다 또는 저기에 있다'고 말할 수 없고 그의 가르침을 받아들이는 사람들의 마음 안에 이미 있는 것이다(「누가복음」, 17:21). 급진적인 정치적 메시아 운동에 대해서 그는 바리새인과 함께 "칼을 쓰는 사람은 모두 칼로 망한다."(「마태복음」, 26:52)고 하여 그것을 배척하였다.

예수의 신의 나라의 이러한 정신성은 또한 그 내면성으로 연결된다. 그리고 바로 이 점에서 예수는 신의 나라에 들어가는 조건을 율법의 준수에 두었던 일부 바리새인의 형식주의와 정면으로 대립했던 것이다. "주님, 주님 하는 사람이라고 해서 다 하늘나라에 들어가는 것이 아니고"(7:21) 오히려 신의 뜻을 행하는 사람이라야 신의 아들이라 불

---

24) 이에 대해서는 금식 논쟁으로 불리는 다음 구절을 참조할 것: "그 때에 요한의 제자들이 예수께 와서 물었다. '우리와 바리새파 사람은 자주 금식을 하는데, 왜 선생님의 제자들은 금식을 하지 않습니까?'"[「마태복음」, 9:14].

릴 수 있다. 그리하여 예수는 산상수훈(山上垂訓, Sermon on the Mount)에 나타난 것처럼 엄격한 심정의 윤리를 취하여 바리새인의 외형적 행위주의를 격렬하게 공격하였다. 그러나 주의해두어야 할 것은 예수 자신이 적어도 전통적인 행동규범으로서의 율법을 전적으로 부정했던 것은 아니라는 사실이다. 오히려 그는 "율법은 일점일획도 없어지지 않고 다 이루어질 것"(5:18)이며 "율법에서 한 획이 빠지는 것보다 하늘과 땅이 없어지는 것이 더 쉽다."(「누가복음」, 16:17)는 것을 믿고 항상 율법 본래의 정신에 호소하였다. 사실 예수의 가르침과 비유 가운데는 탈무드에 수록된 랍비(Rabbi)[25]의 말과 평행하는 것도 많다. 예수가 바리새파의 흐름 속에 있으면서도 그것을 비판하는 역할을 하게 되었다고 한 것은 이 때문이다.

이와 나란히 예수의 가르침을 세 번째로 특징짓는 것은 그 보편주의적인 성격이다. 그리고 이것은 앞서 서술한 내용과도 밀접하게 연관되고 있다. 왜냐하면 신의 나라가 지상의 것이 아니고 또한 신의 뜻을 행하는 사람이라야 거기에 들어가는 것이라면 그것은 외적인 모든 차별을 넘어선 것이라고 할 수 있기 때문이다. 이리하여 예수는 바리새인의 형식주의의 입장으로부터 죄인으로 배척된 세리(稅吏)나 매춘부 등에게도 적극적으로 다가가 구원을 베풀었다. 예수에게 신은 무엇보다도 우선 아버지인 사랑의 신이며 죄인을 용서하고 구원하는 자였던 것이다. 또한 그는 같은 동기에서 유대인과 이방인의 차별도 내적으로 초월하였다. 확실히 예수는 '이스라엘의 길 잃은 양'을 그 직접적인 대상으로 삼아 가르침을 베풀었다. 그러나 다른 한편 그는 신의 나라가 유대인만의 것이 아니라 오히려 신앙 깊은 이방인이 믿지 않는 유대인

25) 유대인들이 선생에게 쓴 존칭. 헤브라이어 라브의 뜻은 '위대함'이다. 랍비는 주인을 뜻하며 후에는 선생님을 뜻하게 되었다. 랍비란 말은 대단히 높이는 존칭어이며 권위 있는 유대 교사들에게 이 칭호를 썼다.

보다 우선해야 한다는 것을 말하고 있다(「마태복음서」, 8:11). 이 내적인 보편성이 아무리 예수 자신에게서는 아니라고 하더라도 그 제자들의 시대에 그의 가르침이 유대 민족의 한계를 넘어서서 확산되는 토대가 되었던 것은 의심의 여지가 없다.

신의 나라를 전파한 예수의 운동은 갈릴리 지방에서 상당한 성공을 거두었다. 만약 그것이 그대로 순조롭게 이루어졌다면 예수는 유대교의 수많은 선지자 중의 한 사람으로 끝나버렸을지도 모른다. 그러나 사실은 커다란 파국을 향해 치달아 예수의 활동 기간은 길게 잡아도 2~3년을 넘어서지 못한다. 바리새파, 사두개파 등 전통적 종교의 권위가 차츰 예수의 운동에 대해 의심의 눈초리를 보내고 적극적인 억압을 하기 시작했기 때문이다. 그리고 그 원인의 하나는 예수가 순수한 심정주의의 입장에 서서 율법—예컨대 안식일의 규정 등—의 형식적인 준수를 초월하여 그것을 자유롭게 해석했던 점에 있다. 정통파 쪽에서 보면 예수는 모세 이래의 전통적인 신의 율법을 무시하는 반역자였던 것이다.

파국은 유대교의 3대 절기의 하나인 유월절(Passover)로 떠들썩한 예루살렘에서 일어났다. 예수가 과연 성서의 기록처럼 그 적대자와 대결하기 위해 죽음을 무릅쓰고 순례의 길을 갔는지 어떤지는 잠시 접어두기로 하고 이 전통 유대교의 아성에 진입한 이상 충돌은 피할 수 없는 운명이 되었다. 성전에서의 예수의 언행도 반대파를 자극했을 것이다. 그리하여 그 때까지는 이렇다 할 직접적인 관계를 갖지 않았을 것으로 보이는 바리새파까지도 그의 적이 되었다. 또한 로마의 관리도 그 거듭되는 괴로운 경험으로부터 언제 위험한 폭동으로 발전할지 모르는 이 선지자의 운동을 미연에 방지하는 것이 현명하다고 생각했을 것이다.[26] 이 모든 요인들이 겹쳐 후에 예수를 십자가에 처형하게 되었던 것이다.

예수에게서 유대 민족의 영광을 가져올 구세주를 대망했던 제자들과 민중들에게 이것은 모든 것의 종말을 의미하였다. 패배와 죽음은 도무지 메시아의 이념과 상응하지 않는 것이었기 때문이다. 그들은 환멸과 낙담 속에 예루살렘을 떠나 갈릴리로 돌아갔다. 그러나 여기에서 결정적인 사건이 일어난다. 유월절 끝까지 예루살렘에 머물러 있었던 여제자들은 예수를 장사한 무덤을 방문하였다. 그 때 그들은 무덤이 비어 있는 것을 보고 부활한 예수의 모습을 접하게 되었다. 그 후 부활한 예수는 갈릴리에서 시몬 베드로와 다른 제자들에게 나타났다. 도대체 무엇이 일어났는가?

부활에 대한 여러 가지 논란에도 불구하고 확실한 것은 어떠한 원인에 의한 것이든 부활의 신앙이 곧 예수의 제자들 사이에 널리 퍼졌다는 점이다. 말하자면 예수는 참으로 신의 아들 그리스도로서 이제 신적인 성격을 띠고 신앙의 대상으로 높여지게 되었다. 그리고 그리스도 신앙의 성립과 함께 예수의 삶도 새롭게 반성의 대상이 되고 신학적인 의미를 가지게 된다. 특히 사도 바울 이후 그 죽음은 인류의 죄를 대속하기 위한 신의 사랑의 섭리의 일부로서 파악됨(대속론)과 동시에 성부 야웨와의 관계를 어떻게 이해하는가를 둘러싸고 복잡한 신학적 · 형이상학적 논의(기독론)가 전개되기에 이른다.

2. 고대 교회의 형성과 전개

예수의 제자들에게 부활 신앙은 새로운 힘과 희망을 가져왔다. 그들

---

26) 예수 자신의 의도와는 달리 그는 민중이나 제자들에 의해서 지상적인 메시아로 생각되고 있었다고 여겨질 만한 점이 있다. 열 두 사도 중에 열심당인 시몬이 있었던 것도 그것을 암시한다.

은 예수가 예언된 메시아로서 머지않아 구름을 타고 재림하여 사람들을 심판한다고 믿었다. 그리하여 그들은 예수가 죽은 지(A.D. 30년경) 얼마 되지 않아 다시 예루살렘에 진출하여 자신들의 공동체를 형성하고 예수의 이름으로 복음을 전파하기 시작하였다. 앞서 예수를 죽인 사두개파 등 정통 유대교의 대표자는 이 새로운 도전에 대해 먼저 사도 베드로의 투옥 같은 강압수단을 써서 대처했으나 나중에는 그 활동을 묵인하였다. 이것은 모든 광신적 메시아 운동은 스스로 망할 것이라고 생각했기 때문이다.[27] 그러나 그리스도를 믿는 자의 수는 오히려 점점 더 늘어갔다.

그들이 조직적인 박해를 받지 않고 해체의 위험을 모면했던 것은—예수를 그리스도라고 하는 비정통적인 신앙을 별도로 한다면—그들이 대개 유대교의 신앙과 행동양식인 율법을 소중히 지켰기 때문이다. 원래 의례적 성격이 강한 유대교에서는 적어도 성전의 권위와 율법의 질서가 지켜지는 한 그 외의 사항은 비교적 관대하게 보는 경향이 있었다. 나아가 그들은 초신자에게 세례를 베푸는 것과 빵을 나누어 먹는 '주의 만찬'(성찬)을 새로이 도입하였다. 예루살렘을 중심으로 한 이들 신자 그룹은 나사렛 사람으로 불리고 마치 유대교 내의 한 분파인 것 같은 모습을 보였다. 따라서 그것은 또한 '유대-기독교'라고도 불린다.

그러나 만약 초대교회가 그것만으로 그쳤다면 그것은 언제까지나 유대 민족의 한계를 넘어설 수가 없었을 것이다. 사실 이 예루살렘 교회는 기원 70년의 성전 파괴를 기회로 그 토대를 잃고 이윽고 시류에

---

27) 이러한 사정에 대해서는 다음의 구절을 참조할 것: "'내(가말리엘)가 여러분에게 말씀드리는 바는 이것이오. 이 사람들에게서 손을 떼고, 그들을 그대로 내버려두시오. 이 사람들의 이 계획과 활동이 사람에게서 난 것이면 망할 것이요, 하나님께로부터 난 것이면 여러분은 그것을 없애 버릴 수 없소. 도리어 여러분이 하나님을 대적하는 자가 될까봐 두렵소.' 그들은 그의 말을 옳게 여겼다"[「사도행전」, 5:38~39].

서 밀려나 에비온파(Ebionites)로 불리는 작은 분파가 되어갔다. 그럼에도 불구하고 기독교가 역사의 표면에서 모습을 감추지 않고 그 발전을 지속할 수 있었던 것은 그에 앞서 20~30년 사이에 초대교회 안에 중대한 전개가 일어나고 있었기 때문이다. 즉 그것은 더 이상 유대인이라는 민족 · 국가적인 제약에 머무르지 않고 그것을 넘어 예수의 종교의 본래적인 보편성에 어울리게 이방인(고대 말기 그리스 · 로마 문화권의 주민) 사이에 전파되기 시작했던 것이다. 이 결정적인 전회를 강력하게 추진하고 세계종교로의 길을 열었던 것은 '이방인의 사도' 바울이었다.

이러한 전개는 이미 예루살렘 교회에서 이미 준비되고 있었다. 예루살렘 교회는 디아스포라(diaspora)[28]에서 귀국하여 그리스어를 구사하는 유대인 신자를 획득하고 있었는데 그들은 당연히 전통적 율법의 준수에 대해 유대 출신 신자보다 자유로운 입장을 취하였다. 그 결과 정통 유대교와 기독교인 사이뿐만 아니라 기독교회 내부에서도 율법의 해석을 둘러싸고 보다 보수적인 경향과 보다 자유로운 경향이 대립하기 시작하였다.[29] 바울은 후자의 대변자이며 곧 그것이 기독교의 주류

---

28) 이 명칭은 팔레스타인 바깥에 살고 있으면서 이방인들 사이에서 그들의 신앙을 지키는 유대인들을 일컫는 말로 '흩어진 사람들'이라는 뜻이다. 신은 모세를 통해 만일 그들이 율법을 떠나게 되면 그들은 다른 민족들 사이로 분산되는 운명에 처할 것이라고 경고했다. 이 예언들이 크게 두 번의 포로생활로써 성취되었으니 이는 아시리아와 바빌로니아에 의해서였다. 예수 당시에는 팔레스타인에 사는 자들보다 디아스포라가 훨씬 더 많았음에 틀림없다. 바울은 그가 방문한 도시에서 그 사람들과 끊임없이 접촉했다. 『신약성서』의 「야고보서」(James)와 「베드로전서」(1Peter)에서는 이 말이 하늘나라를 고향으로 하고 이 땅위에 흩어져 있는 교회들을 상징적으로 나타내는데 사용되고 있다.

29) 「사도행전」 6, 11, 15장의 기사에 의하면 보수파의 대표는 '주의 형제' 야곱이었던 것 같다. 이에 반해 베드로는 예루살렘 교회에 속해 있으면서 자유로운 해석과의 타협하는 태도를 보이고 있다. 이것은 그가 자주 외국을 여행한 것과 무관하지 않을 것이다.

가 되었다. 그는 유대 민족·국가와 불가분의 관계였던 율법 대신에 십자가에 죽었다가 다시 부활한 '주 그리스도'의 복음이라는 새로운 가르침을 따랐다. 이 복음은 그의 깊은 종교적 체험을 통해 죄로부터 구원을 받는 것이라고 해석되었다. 바울에 의해 기독교는 민족 종교에서 세계종교로의 걸음을 내딛게 됨과 동시에 율법 종교에서 구원 종교로의 전환도 이루게 되었던 것이다.

그렇지만 바울의 개인적 영향을 지나치게 과대 포장하는 것은 잘못이다. 바울 외에도 바르나바(Barnabas)와 아볼로(Apollos) 등 수많은 전도자가 나타나 안티오크(Antioch)[30]·알렉산드리아·로마 등의 대도시로 기독교의 복음을 전하였다. 이들 초기 선교가 성공한 곳은 주로 당시의 로마제국 내의 상업 중심지였다. 이 대도시들에는 디아스포라 유대인이 거주하고 있었고 따라서 그들을 위한 회당이 있었는데 유대교적 요소를 다분히 가진 기독교 신앙은 그러한 지반이 있는 곳에서 제일 먼저 뿌리를 내리기 시작하였다. 그리하여 정통 유대교의 통제를 비교적 덜 받았던 도시의 상업·수공업자가 기독교 초기의 담당자가 되었다. 그들은 회당의 모델에 따라서 집회를 갖고 예배를 드렸는데 이 조직이 곧 '교회'(ecclesia)라고 불리기에 이른다.

유대교 내부의 개혁세력으로 발족한 기독교는 유대교로부터 많은 요소를 계승하면서 점차 독자적인 길을 걷기 시작하였다. 교회는 이 발전과정에서 조직과 교리의 정비라는 새로운 과제에 직면하게 된다. 통상 이것은 모든 종교집단이 언젠가는 부딪치는 문제이기도 하다. 왜냐하면 발생과정에 있는 집단은 매우 자유롭게 새로운 사상과 행동양식을 주장하고 기존의 권위를 부정할 수가 있는데 일단 어느 정도

---

30) 이곳은 이방 전도의 중심지였다. 신도들이 '기독교인'(Christian)이라고 불리기 시작했던 것도 여기에서이다[「사도행전」, 11:26].

독립성을 갖추게 되면 그 자체의 통합을 유지하기 위해 다시 새로운 체제를 만들어 내고 권위로써 그것을 옹호하지 않을 수 없기 때문이다. 모든 개혁운동이 그 성공과 함께 예봉이 무디어지고 보수적 경향을 나타내는 것은 이러한 내적 필연성에 의한 것이다.

초기 기독교의 발전에서도 동일한 사정이 엿보인다. 기독교의 성립 초기에 기독교 신앙은 다분히 열광적인 형태를 띠었다. 예루살렘에 있는 마가(Mark)의 다락방에서의 성령강림에(「사도행전」, 2:1 이하) 전형적으로 나타나 있는 것처럼 카리스마적인 경험도 드물지 않았다. 이후 급속한 성장의 시기에서도 교회는 주로 예수의 초대 제자인 사도들의 인격적인 영향에 의해 지도되고 있었다. 그러나 2세기 전반이 되면 교회 생활의 각 분야에 조직화 · 고정화의 경향이 나타나기 시작한다. 그러한 전개는 사상적 · 문화적 측면에서는 정경(canon)의 제정과 신앙조항의 채택 등을 가져오게 되고 사회적 측면에서는 교계 제도 및 교권의 성립을 초래하였다. 이 두 가지는 서로 개별적인 것이 아니라 동일한 과정의 양면에 불과하다. 보통 이런 경향이 나타나기 이전(130~140년경까지)은 '**초대 기독교**'라고 불리고 그 이후로부터 교회의 동서분리(1054년) 까지를 중세 이후의 로마 가톨릭과 구별하여 '**고대 가톨릭교회**'라고 부른다.

이러한 전개의 계기가 되었던 것은 2세기에 들어와 현저해진 여러 이단종파들의 운동이다. 그 중에서도 가장 강력했던 것은 영지주의(gnosticism)[31]였다. 초대교회는 그 모태였던 유대교로부터 독립하여

31) 영지주의는 일치된 형태를 보이고 있지 않지만 그 근저에는 다음과 같은 공통 사상이 있다. ⓐ 정신-물질의 이원론. 최고의 영인 신은 일련의 영적 존재(aion)을 유출하고 현실 세계는 하급 영의 창조에 의해 생긴다. ⓑ 인간의 혼은 영계에서 타락하여 육체에 갇혀 있고 금욕에 의해 다시 신 인식에 이르는 것이 선이다. ⓒ 그리스도는 신의 아들이기 때문에 성육신이나 고난이 있을 수 없고 역사적 예수는 단순한 가현(假現)에 불과하다. 마니교는 그 한 분파로 불린다. 영육 이원

당시의 헬레니즘 문화권에 침투하고 있었는데 그 와중에 헬레니즘 사상의 영향을 받는 것은 불가피하였다. 그러한 영향은 이미 바울 자신과 사도 요한에게도 보인다. 그리스도를 그리스철학의 개념인 로고스(logos)와 결부시켰던 「요한복음」의 '로고스 그리스도론'은 그 좋은 예이다. 그리스적 사유 형식과의 이러한 융합은 이미 알렉산드리아의 유대교 철학(필론 등)에 선구적인 형태를 제공하고 있고 나아가 이후의 호교가들에게 계속 이어지게 된다. 이러한 융합은 불가피하였는데 그것이 극단적인 형태까지 이르게 될 때 그리스도 신앙의 중요한 내용을 부정할 위험도 안고 있었다. 예를 들면 유일신교의 모티브가 강조된 나머지 그리스도 예수의 역사성이 부정되기에 이르고[32] 영지주의는 잘못된 가르침, 즉 이단으로서 배척되었다.

영지주의는 본질적으로 하르낙(A. von Harnack, 1851~1930)의 표현처럼 **기독교의 과격한 헬레니즘화**의 시도였는데 이에 대해 몬타누스주의(Montanism)와 같은 반동도 생겼다. 이러한 동요에 대처하기 위해 교회는 우선 정통적인 신앙 내용을 나타내는 신앙 조목을 제정하고 또한 신앙의 근거가 되는 경전을 채용하였다. 가장 대표적인 신앙조항이 바로 **사도신경(使道信經)**[33]이다. 이것은 각지의 교회에서 세례를

론으로부터 생긴 육체와 성(性)의 죄악시는 유대-기독교적 전통이 아니라 오히려 그리스 문화로부터 유입된 것이다.

32) 이를 그리스도 가현설(假現說, Docetism)이라고 한다. 가현설은 '~인 듯하다.'라는 뜻의 그리스어 도케인(dokein)에서 나온 말로 그리스도가 이 땅에 있을 때 유령 같은 존재였을 뿐 실제로 육체를 갖고 있지 않았다고 주장하는 이론이다.

33) 사도신경(symbolum apostolicum)의 라틴어 원문은 다음과 같다: Credo in unum Deum Patrem omnipotentem, creatorem coeli et terrae. Et in jesum Christum, Filium ejus unicum, Dominum nostrum, qui conceptus est de Spiritu Sancto natus ex Maria Vergine, passus sub Pontio Pilato, crucifixus, mortuus, descendit ad inferos et sepultus, tertia die resurrexit a mortuis, ascendit ad caelos, sedet ad dexteram Dei Patris omnipotentis, inde venturus est judicare vivos et mortuos. Credo in Spiritum Sanctum, sanctan Ecclesiam, sanctorum communionem, remissionem peccatorum, carnis

줄 때 사용되었던 고백문에서 발전된 것으로 생각되고 있다. 그것은 성부 · 성자 그리스도 · 성령에 관한 세 조항에서 이루어지는데 특히 그리스도에 관한 제 2조항에 무게를 두고 그 신성과 역사성을 동시에 강조하고 있다. 후에 이것은 니케아 공의회(325년)에서 성부-성자(그리스도) 동일성의 교리로서 정의되고 나아가 후에 삼위일체의 교리로 전개되었다. 오늘날 『신약성서』에 속한 문서는 2세기에 와서야 성립하였다. 다만 그 정확한 구성이 최종적으로 결정된 것은 몇 세기가 지난 다음이었다.

그러나 이러한 전개와 나란히 사회 집단으로서의 교회의 성장은 그 통제의 기능을 수행하기 위한 구성을 필요로 하였다. 감독 · 장로 · 집사 등의 직분이 그것이다. 이러한 형태는 『신약성서』등 1세기의 문헌에는 확실하게 언급되지 않고 있는데 2세기가 되면 거의 유사한 형태로 각지의 교회에 성립하고 있다.[34] 아마 그것은 사도와 사도의 직접적인 제자들이 물러난 후 그에 대신하여 교회를 지도하는 자로서 서서히 성립했을 것이다. 따라서 감독은 항상 사도의 권위에 호소하여 교회를 통제하고 그 권한을 다음 감독에게 전승하였다. 몇몇 교회에서 이러한 성직자와 평신도의 분화가 생겼던 것은 중대한 의미를 가진다. 이단과의 항쟁을 통해서 감독의 권위는 더욱 높아졌는데 특히 로마 · 콘스탄티노플 · 알렉산드리아 · 안티오크 · 예루살렘 같은 대교회의 감독은 곧 정치적 영향력까지 갖기에 이른다.

교회 내부에서 그리스사상의 수용과 배척 및 조직의 형성이 진행되고 있는 사이에 외부에서는 또 하나의 투쟁이 이루어지고 있었다. 로마

---

resurrectionem, vitam aeternam. Amen.

34) 초기에는 각지의 교회에 체재하거나 혹은 각 교회를 편력하는 '선지자'와 '교사'가 있었는데 이들 카리스마적 인격은 머지않아 사라지게 된다.

제국의 정치권력과의 대결이 그것이다. 교회가 발생하고 전파되었던 곳은 주로 당시 로마제국의 영토 내였는데 이 광대한 체제는 민족적·문화적·종교적으로 보면 잡다한 요소로 이루어진 혼합체였으나 강한 정치권력에 의해 통합되어 있었다. 따라서 그것은 모든 형태의 종교와 예배를 허용했지만 다만 국가 통합의 기초가 공격받을 때에는 민감하게 반응하였다. 교회가 이러한 사회 가운데서 성장했던 것은 이후 교회의 성격 결정에 적지 않은 영향을 미치게 된다. 이런 의미에서 기독교와 로마제국의 관계는 매우 흥미 있는 주제가 된다.

요컨대 초대교회의 국가에 대한 태도는 무관심 아니면 복종이었다. 예수는 "황제의 것은 황제에게 돌려주고, 하나님의 것은 하나님께 돌려드려라."(「마태복음」, 22:21) 라고 가르쳤고 베드로는 "왕을 존경하십시오."(「베드로전서」, 2:17) 라고 말하였다. 영혼의 구원을 우선시하는 정신주의와 머지않아 최후의 심판의 날이 온다는 종말 신앙은 현세의 사물, 심지어 국가까지도 다만 지나가는 것으로 보았다. 그러나 기독교는 다른 한편 유대교로부터 배타적 유일신 사상을 계승하고 있었다. 기독교인은 그러므로 로마가 일종의 국가 제사로서 행했던 황제 숭배나 '로마 여신'(dea roma)의 제사에 참여하는 것을 완강하게 거부하였던 것이다. 더욱이 기독교는 유대교와 같은 특수 민족에 제한되지 않고 제국의 신민 사이에서 신자를 획득해 갔다. 즉 그것은 은밀히 국민의 충성을 저버리고 국가의 존립을 위태롭게 하는 것이었다. 249년에 데치우스(Decius, 재위 249~51) 황제가 조직적인 대 박해를 시작했던 것은 뒤늦게나마 이러한 사태를 느끼기 시작했기 때문이다. 물론 그 이전에도 기독교인에 대한 박해는 행해졌는데 그것은 대부분 일시적이거나 지역적인 것에 그치고 있었다.[35]

---

35) 그 최초는 네로(Nero, 재위 54~68) 치하(64년)였는데 그 후 도미시아누스(Domitianus, 재위 81~96), 트라야누스(Trajanus, 재위 98~117), 하드리아누스

그러나 콘스탄티누스 대제(Constantinus Magnus, 재위 306~337)가 등장할 즈음에는 정세가 역전되었다. 그는 디오클레시아누스 황제의 최후의 박해(303년) 이후 분할되어 있었던 제국의 서쪽을 우선 수중에 넣고 밀라노 칙령(Edict of Milan, 313년)을 반포하여 기독교를 공인했는데 323년에 그가 전 제국의 황제가 된 후로는 그 효력이 널리 전 제국에 미쳤던 것이다. 그러나 기독교가 이로써 즉각 국교가 된 것은 아니다. 콘스탄티누스 자신은 죽기 직전까지 세례를 받지 않았고 형식적으로는 계속 로마 종교의 최고 대제관(pontifex maximus)으로 있었다. 그러나 그는 정책상의 수단에 의해서 교회를 보호함과 동시에 또한 교회의 내정에 간섭하는 것도 사양하지 않았다.[36] 추측컨대 이 급격한 전환은 콘스탄티누스 자신의 개인적 관심도 있지만 국가의 이해에 관한 정책적 고려에서 이루어졌을 확률이 높다. 즉 그것은 적어도 일부분은 더 이상 국가 권력에 의해서 탄압할 수 없는 토대를 가진 교회와 손을 잡음으로써 점차 동요되기 시작한 제국의 통제를 안으로부터 강화하는 의도를 가지고 이루어졌다고 생각된다.

이후 교회와 로마제국의 동맹은 '배교자' 율리아누스(Julianus, 재위 361~363) 등의 예외를 제외하고 점차 강화되고 있었다. 황제 그라시아

(Hadrianus, 재위 117~138), 마르쿠스 아우렐리우스(Marcus Aurelius, 121~180), 발레리아누스(Valerianus, 재위 253~266), 디오클레시아누스(Diocletianus, 재위 284~305) 황제 때의 박해가 잘 알려져 있다. 일반적으로 박해와 순교는 교회 쪽의 사료를 근거로 하여 전해지고 있고 따라서 그 규모 등이 다소 과장된 경우도 있다.

36) 예를 들면 그는 아리우스와 아타나시우스의 기독론 논쟁 시에 제1회 감독회의인 니케아 공의회(325)를 소집하고 이 문제를 논의케 하였다. 이후 동서교회의 분리까지 여섯 번의 공의회(381년 제1콘스탄티노플, 431년 에페소스, 451년 칼케돈, 553년 제2콘스탄티노플, 680년 제3콘스탄티노플, 787년 제2니케아)는 모두 황제에 의해 소집되었던 것이다. 이러한 전통을 계승한 동로마제국에서는 황제(국권)가 감독(교회)을 통제하는 국가 교회주의의 형태가 생겼다.

누스(Gratianus, 재위 375~383)는 로마 종교의 사원과 사제의 재산을 몰수하여 그들의 경제적 토대를 무너뜨리고 테오도시우스(Theodosius, 재위 383~395)는 이교 사원을 파괴했는데 유스티니아누스(Justinianus, 재위 527~595)에 이르러 기독교의 국교화는 거의 완성되었다고 할 수 있다. 박해받는 소수의 그룹에서 정치권력의 지지를 받는 공인 종교로의 이러한 지위의 변화에 따라 기독교 그 자체가 일종의 변질을 겪은 것은 당연하다. 한 마디로 말해서 그것은 기존의 사회 제도 · 문화와의 보다 대폭적인 타협을 초래했다고 할 수 있다. 기독교가 공인되어서도 국가의 기구나 이교적 문물이 하루아침에 바뀌는 것은 아니고 오히려 박해의 위험으로부터 생긴 긴장이 풀려버림으로써 비기독교적 요소와의 융합이 보다 두드러지게 된 것이다. 동시에 그 이후의 교회가 이전과 달리 세속 권력을 이용하여 이교와 이단을 억압하기 시작했던 것은 주목할 가치가 있다. 박해의 정당성은 위대한 교부의 한 사람인 아우구스티누스에 의해 확실히 긍정되고 근대의 정교 분리가 일반적으로 행해지기에 이르기까지 기독교권의 관행이 되었다.

3. 중세 기독교

고대 말기 지중해 연안을 중심으로 세계 제국의 이념을 실현했던 로마도 바야흐로 모든 현세적 권력과 같이 쇠퇴의 길을 걷기 시작하였다. 395년에는 그 영토가 동서 로마제국으로 분열되고 476년에는 서로마가 고트족의 침입에 의해 멸망한다. 이러한 상황이 교회에도 영향을 미치게 되었던 것은 자연스러운 현상이었다. 교회는 정치적 분열에 의해서 즉각 양분되지는 않았지만 그것을 기회로 하여 동서의 교회는 점차 소원해지게 되었다. 동방의 언어가 주로 그리스어인데 반해 서방에서는 라틴어가 상용되었다는 언어상의 차이 또한 동방에서는 그리스의 전통을 계승한 이론적·예술적 흥미가 강한데 반해 서방에서는 정치·법률 등의 실천적 경향이 강했던 문화상의 차이가 그것을 거들었음은 의심의 여지가 없다.

양자의 배반은 특히 동로마의 중심 콘스탄티노플(비잔틴) 및 서로마의 중심 로마교회의 감독—그들은 총대주교(Patriarcha)라 불리고, 특히 로마감독은 교황(Papa)이라고 불렸다—의 우위의 투쟁으로 나타났다. 공의회의 소집이나 결의에 관해서 그 의견은 자주 충돌했는데 5세기말 교리상의 문제에 관해서 콘스탄티노플 총대주교 아카키우스(Acacius)가 로마 교황으로부터 파문됨으로써 양 교회의 일치는 무너지고 이후 동방교회의 수장은 '에큐메니칼(ecumenical) 총대주교'라고 칭하여 사도적 권위를 요구하는 로마 교황과 대립하였다. 이 대립은 8세기의 성상숭배 논쟁 등에 의해 더욱 깊어지고[37] 이후 1054년 상호 파문선고—1965년에 철회됨—에 의해 결정적인 사실이 되었다.

이 분열 이후 동시에 정통성을 주장한 동서 양 교회는 각자의 길을 걷기 시작하였다. 우선 동방교회는 고대에서 중세로의 과도기를 보이는 확실한 경계 없이 동로마제국 안에서 존속하였다. 그 하나의 특징은 콘스탄티누스 이래 교회가 황제에 대해 종속의 위치에 머물렀다는 것이다. 그것은 말하자면 국가기구의 일부 같은 모습을 보이고 반대로 황제는 일종의 종교 군주적인 성격을 가지기에 이르렀다(caesaropapismus). 따라서 형식적으로는 콘스탄티노플의 총대주교의 권위가 인정되고는 있지만 그것은 로마 교황과 같은 강력한 것이 아니었다. 왜냐하면 동로마제국의 각 지방은 각각 독립적으로 행하는 경향

37) 우상숭배를 철저하게 거부하는 이슬람교도들로부터의 영향 하에 황제 레오 2세가 성상숭배를 금지했던(726년) 것에서 제기된 논쟁. 이것은 동로마제국에서 대두해 있었던 수도원의 억압을 겨냥한 것이었는데 미개민족 교화의 수단으로서 성상을 중시하는 서방교회로부터도 반대가 일어나고 동서 양 교회 사이의 논쟁으로 발전하였다.

이 강하였기 때문이다. 교회통제보다도 오히려 이론적 · 교리적 관심이 우위를 점하는 동방문화의 일반적 성격이 그것을 재촉했다고 말할 수 있다. 그리하여 예를 들면 콥트어를 사용하는 이집트 교회는 그리스도 단성설(單性說, monophysitismus)로 기울고 그리스 지역의 교회는 네스토리우스파(Nestiorians)를 지지하게 되었다.

동방의 기독교에서 중대한 위협이 되었던 것은 7세기 이후 아라비아로부터 일어난 이슬람의 세력이다. 이슬람이 진출한 결과 기독교의 거점이었던 예루살렘 · 알렉산드리아 · 안티오크는 일찍이 그 지배하에 들어가게 되었고, 콘스탄티노플도 1453년 투르크에 제압되었다. 그 후 동방교회의 지도권은 슬라브 교회(모스크바 총대주교)의 손에 들어갔는데 그것도 1917년 소비에트 혁명에 의해 적지 않은 타격을 받았다. 이러한 조건하에서 동방교회가 교리 그 이외의 면에서 더 이상 눈에 띄는 발전을 이루지 못했던 것은 이상한 일이 아니다. 그것은 대체로 분리 이전의 교리를 충실하게 계승하고 의례나 실제적인 종교생활면에서 서방 기독교와는 약간 다른 요소—예컨대 보다 신비주의적이고 금욕적인 경향 등—를 가미하면서 오늘날의 동유럽을 중심으로 분포해 있다.

동방교회가 점차 고착된 전통주의에 빠졌던 것에 반해 서방교회는 중세 이후에도 더 역동적인 발전을 이루고 곧 종교개혁을 거쳐 근대 기독교의 형태를 자신 안에서 만들어 내었다. 그것은 서방 기독교가 후에 근대사에서 주역을 맡게 되는 게르만 민족에게 수용되어 서로 강한 유대를 맺고 있었기 때문이다. 민족 대이동이 일어나고 서구 세계를 석권할 무렵의 그들은 아직 문화적으로도 미개 상태에 있었다. 더욱이 동로마에서의 황제와 같은 중심적인 권위를 결여해 있었던 서구에서 교회는 매우 중요한 임무를 담당하는 것이 되었다. 그것은 기독교적으로 착색된 고대 지중해 문화의 구현자로서[38)] 말하자면 게르만민족을 교화하는 역할을 맡았던 것이다. 이런 의미에서 서구의 중세사는 기독교와 게르만 민족과의 융합의 역사이기도 하다. 그 정점을 이루는 것은 중세 최성기(11~13세기)에 이루어진 통일적 기독교문화권의 성립이며 그 담당자는 로마 교황으로 대표되는 가톨릭교회였다.

가톨릭(Catholic)은 '보편의' '공적인' 등의 의미이다. 기독교회가 하나의 통일된 전체를 이루어야 한다는 사상은 이미 2세기 말경부터 표명되고 있었다(키프리아누스 등). 이 교회의 통일은 구체적으로는 지도자인 감독에 의해서 유지된다고 생각되었는데 그 중에서도 로마의 감독은 일찍부터 큰 권위를 인정받고 있었다. 이것은 몇몇 유리한 조건이 집중된 점에 의한 바가 크다. 우선 로마는 고대 지중해 세계의 정치 중심이며 '영원한 도시'의 영광을 짊어지고 있었다. 덧붙여 로마의 교회는 '사도의 수장' 베드로 및 바울에 의해 창립되고 그들의 순교지가 되었다는 전승에 의해 기독교인에게 있어 특별히 신성한 곳이기도 하였다. 나아가 사회적 혼란의 와중에 있으면서 그것을 잘 이용하여 기독교화 된 게르만 민족과 유대를 맺었던 것도 그 세력을 넓힌 한 원인이었다. 로마 교황은 그리하여 '사도의 계승자'로서 전 교회를 통할할 뿐만 아니라 또한 '지상에서의 그리스도의 대리'[39)]로서 세속 국가 권력까지

---

38) 기독교회가 유대의 전통과 함께 고대 그리스·로마 문화도 계승하고 있음은 여러 측면에서 지적되고 있다. 비근한 예를 든다면 가톨릭교회 성직자들의 성장(盛裝)은 로마의 정장에서 온 것이다.

39) 로마 교황이 베드로를 통해 그리스도로부터 교회통치의 전권을 위임받았다는 주장의 근거로서 인용된 것은 『마태복음』 16장 17~19절이다(이미 테르툴리아누스가 이 구절을 언급하고 있다). 개신교 학자 중에는 이 구절을 후세에 삽입한 것이라고 주장하는 사람도 있을 만큼 논쟁의 중심이 되고 있다. 그러나 아무리 그것이 예수의 말이었다고 하더라도 과연 그것이 가톨릭교회의 주장처럼 그 정통성의 근거가 되는지 어떤지는 의문이 남는다. 더욱이 교황의 절대권 사상은 이론적으로는 1870년 제1차 바티칸 공의회에서 채택된 '교황 무오류'의 도그마

도 일시 그 지배 하에 둘 만큼 세력을 가지기에 이르렀다.

중세의 로마 가톨릭교회는 단순한 종교집단에 그치지 않고 동시에 일종의 국가적 성격을 지니고 있다. 그것은 무력만 가지지 않았을 뿐 광대한 교회 영지 등을[40] 보유하고 하나의 봉건 영주 같은 모습을 보였다. 일찍이 정치에 관여하는 것을 배척하고 "황제의 것은 황제에게 돌리라!"고 말한 예수의 정신으로부터 그것은 매우 벗어난 것이라고 할 수 있다.

그러나 이러한 추이 속에 일종의 필연성이 있었음도 또한 부정할 수 없다. 그것은 예수의 복음의 보편주의적 성격으로부터 생긴 하나의 귀결이기도 하다. 중세 이래의 가톨릭교회를 특징짓는 지상의 신국(神國)이라는 이상이 바로 그 대표적인 것이다. 이 이상은 그것이 철저해지면 종교적 · 정신적 이상에 그치지 않고 세속적 · 정치적 영역도 포함하고 인간 삶의 모든 내용을 일원화시키는 데까지 나아가지 않을 수 없다. 그리하여 종교적 권위는 세속적 권위 위에 놓이게 된다. 이 이상은 아우구스티누스의 『신국론』(*De civitate Dei*)에 의해서 정초되고 레오 1세(Leo I, 재위 440~461)나 그레고리우스 1세(Gregorius I, 590~604) 같은 유능한 교황에 의해 강력하게 뒷받침되어 곧 중세 최성기—특히 이노켄시우스 3세((Innocentius III, 1198~1216)와 보니파치우스 8세(Bonifacius Ⅷ, 재위 1294~1303)가 재위할 무렵—에 단기간이긴 하지만 현실화되었던 것이다.

중세 로마 가톨릭교회는 형태적으로는 황제에 대한 종속으로부터 벗어나지 못했던 동방교회의 국가 교회주의와는 반대되는 유형인 교회

(infallibilitas)에 의해서 완결을 보았다. 이 도그마는 가톨릭교회 안에서 중세부터 나타나고 있었던 중앙집권화 경향의 하나의 도달점을 보여준 것이다.

40) 이러한 요구를 정당화하기 위해 『콘스탄티누스 증여문서』(*donatio constantini*)와 『이시도루스 위서』(*pseudo-isidorian decretals*) 등이 위작되었다.

국가주의를 보이는 것이며 또 그 강한 통제력에 의해 기독교문화권을 통일하는 역할을 하였다.

역사적으로 보면 이 지상 신국의 이상은 결코 가톨릭교회만의 특징이 아니다. 그것은 본질적으로 모든 통일적 사회 문화 건설에 대한 지향과 같은 것이며 이미 고대에 실현되었던 헬레니즘 로마제국의 전통에 기독교적인 착색을 한 것이라고 볼 수도 있다. 그러나 상세하게 관찰하면 이러한 경향 배후에 실은 그것에 역행하는 기류가 항상 있었음도 부정할 수 없는 사실이다. 교회 자체 가운데서는 로마 교황의 집권에 대한 지방 교회(프랑크 국교회와 독일 국교회 등)의 독립 운동이나 또는 교황은 단지 '주교 중의 한 사람'에 불과하고 주교회의의 결정이 교황권에 우선한다고 했던 '주교주의'(Episcopalism)의 주장이 그것을 잘 나타내 준다.

이 기류들은 종교개혁을 전후로 하여 서서히 표면화되며 곧 중세의 통일 기독교권을 분열시키고 근대적인 국가 교회제도를 성립시킨다. 그리고 그와 동시에 한 때는 교황의 종교적 권위 하에 통제되고 있었던 세속 국가도 점차 그 독립성을 확보하여 중세적 보편교회는 붕괴되기 시작하였다.

지금까지 우리는 외적인 측면으로부터 중세 기독교의 특징을 파악하였다. 그러나 교회 내부에서는 실제로 어떠한 종교적 삶이 이루어지고 있었던 것일까? 일찍이 독일의 가톨릭 신학자이자 비교종교학자였던 하일러(F. Heiler, 1892~1967)는 그의 『가톨리시즘. 그 이념과 현상』(*Der Katholizismus, seine Idee und seiner Erscheinung*, 1923)에서 가톨릭 교회를 가리켜 반대의 복합이라고 불렀다. 사실 그것은 강력한 교회 조직의 확립에 의해 외형상의 통일을 유지하고 있었으나 그 안에는 다양한 형태의 종교생활의 병존이 허용되고 있었다. 민중 사이에는 성모 · 성인 · 성물의 숭배 등[41] 상당히 통속적인 기복신앙이 행해지는 한편 수도원으로 대표되는 고도의 정신생활도 발달하였다.

그리고 주목해야 할 것은 이 신앙형태들이 하나의 위계질서(hierarchy)를 이루는 것으로 해석되고 금욕적 수도원생활과 일반 평신도의 생활이라는 이른바 이중도덕이 표명되었던 것이다. 마치 그것은 세속 국가가 교회에 복종해야 하는 것으로 여겨지고 양자의 관계가 상하의 위계를 이루는 것으로 간주되는 것에 대응한다. 더욱이 중세 기독교에서 이들 다른 생활양식과 기능은 서로 상보적으로 하나의 유기적인 전체를 이루어야 하는 것으로 여겨졌다.

신앙 형태가 이렇게 복잡하게 된 것은 사실 교회의 성격 변화로부터 유래한 것이다. 고대 지중해 세계의 문화는 대부분 해안 도시를 중심으로 한 도시적인 것이었다. 따라서 고대 교회는 주로 도시 주민들이 그 담당자를 이루었다. 그에 반해 중세 초기부터 교회는 인구가 적은 미개지로 확산되었기 때문에 그 관할하는 지역도 훨씬 넓어지게 되었다. 교회의 통제가 더 어려워진 것은 당연하다. 그러나 이러한 지리적 요인뿐만 아니라 더욱 중요한 것은 국교화에 따른 사회적 지위의 급변이었다. 처음 교회는 이질적이고 적의로 가득 찬 환경 가운데서 자신의 생존권을 주장해야만 했던 소수 그룹이었다. 그러한 조건에서는 밀도가 높은 등질적인 신앙생활을 유지하는 것이 그다지 곤란하지 않다.

그러나 일단 교회가 공인된 후 모든 사람이 교회의 구성원이 될 수 있고 나아가 구성원이 되도록 강제될 때 그것은 더 이상 간단한 문제가

41) 가톨릭 종교생활에 큰 비중을 차지하고 있는 이 요소들이 적어도 그 충분히 발전된 형태로 초기 기독교 안에(따라서 또한 『신약성서』 안에) 발견되지 않는 것은 확실하다. 개신교가 그것을 배척하는 것은 이 때문이다. 그러나 가톨릭의 입장에서는 그것들이 맹아의 형태로 성서 안에 존재하고 있었던 것이라고 간주된다. 가톨릭 전례의 중심을 이루는 7성사(세례 · 견진 · 성체 · 고백 · 종부 · 신품 · 혼인)와 교황의 무류성에 대해서도 동일한 방식으로 그 정당성이 주장된다.

아니다. 불가피하게 형식적으로만 기독교인이라고 불리고 실질적으로는 적어도 그 정신을 실천하지 않는 민중의 유입이 이루어지게 된다. 국교화 된 교회는 바하(J. Wach, 1898~1955)가 그의 『종교사회학』(*Sociology of Religion*, 1947)에서 말한 것처럼 때로 생명의 위험을 무릅쓰고 신앙을 선택했던 사람들, 즉 일종의 종교적 엘리트의 특수한 종교집단으로부터 그 사회의 모든 사람들이 자동적으로 구성원이 되는 그러한 유형의 종교(자연적 또는 동일형 종교집단)로 변질되고 있었던 것이다.

이러한 추이는 많든 적든 모든 세계종교에 나타나는 현상이다. 세계종교들은 대개 소수그룹의 선택적 종교집단으로 출발하는데 그것이 포함한 보편성의 요구 때문에 곧 외연적 포괄성을 실현하게 된다. 그러나 그렇게 되면 본래의 질적인 균일성이 상실되어 이질적인 요소의 혼합을 겪지 않을 수 없게 된다. 멘싱도 그의 『종교사회학』(*Sociologie der Religion*, 1948) 에서 이를 인정하고 있다.

흥미로운 것은 교회가 이러한 변질을 시작할 무렵, 즉 로마제국과의 갈등이 끝나고 국교화가 시작된 무렵부터 수도원운동이 일어나 각지로 확산되었다. 그것은 애초 이집트와 시리아 지역에서 세상을 등지고 명상과 기도에 전심전력하는 은둔자의 운동으로 출발하였다. 그 대표적 인물은 거의 전설화된 4세기의 성자 안토니우스(St. Antoinus, 250~356)였다. 동방교회에서 이러한 움직임은 그들의 강한 금욕적 · 명상적 모티브에 나타나는 것처럼 고대 동방종교나 헬레니즘 문화의 영향 하에서 성립된 것인데 곧 베네딕투스(Benedictus de Nursia, 480~543)가 나와 529년에 몬테카지노 수도원을 세우기에 이르고 서방세계에도 보급되었다. 그가 정한 계율은 청빈 · 순결 · 복종이라는 이른바 '복음적 권고'(consilia evangelica)를 지키는 것을 의무로 삼고 있다. 이 규정은 이후 대부분의 수도적 교단의 규율의 원형이 되었다. 특히 그 특색을 이루는 것은 '기도와 노동'이라는 모토에도 나타나 있는 것처럼 실제적인 노동의 의의를 강조했던 점이다.

서방교회에서 수도원생활이 동방교회에서처럼 단순한 은둔과 **명상의 생활**(vita contemplativa)에 그치지 않고 동시에 **활동적 생활**(vita activa)과 결부되었던 것은 역사적으로도 매우 중요한 의의를 가지는 현상이다. 어떤 의미에서 수도적 교단의 발생은 세속적 권좌를 탐하기 시작한 교회에 대한 반동이었다. 또한 그것은 초기의 신도들의 영웅적인 순교의 열정을 다른 형태로 계승한 것이라고도 할 수 있다. 어쨌든 그것은 기독교적 이상에 보다 근접한 것으로서 일반 신자의 생활보다 일단 숭고한 것으로 간주되었다. 성직자와 평신도의 분화는 아주 일찍부터 생기고 있었는데 여기에서 나아가 세속적인 생활과 금욕 생활의 구별이 도입되고 교회 그 자체 안에 개별적인 엘리트 집단이 생겼던 것이다.

보다 중요한 것은 이 집단들이 교회의 실질적인 핵심을 이루는 것으로서 그것을 안에서 지탱하는 역할을 했던 점이다. 이것은 특히 서방교회에서 현저하다. 세속을 부정하고 오로지 영적 수행에 전념한다는 그 본래의 이상은 지상에 신의 나라의 건설을 지향하고 정치까지도 지배하려고 하는 교회의 이념과 상응하지 않았을 것이다. 그러나 실제로 수도사들은 고난을 견디며 전도를 하기도 하고 10세기의 클루니(Cluny) 수도원의 개혁운동이 예증하는 것처럼 교황의 권위의 증대에 공헌하기도 하였다. 나아가 처음에는 육체적인 노동을 주로 하였지만 곧 문화적 작업도 장려되었고 수도 교단은 또한 학문과 예술의 중심이 되었다. 그것은 고대문화의 유산을 후세에 전하는 가교 역할을 했을 뿐만 아니라 이후에는 교회의 학문인 신학의 담당자가 되기도 하였다. 토마스 아퀴나스를 비롯해 스콜라신학의 대표자들이 모두 도미니코교단(Dominican Monastery)과 프란체스코교단(Franciscan Monastery) 출신인 것은 이 수도 교단들이 교회 안에서 가졌던 비중을 말하는데 충분하다.

4. 근대 기독교

기독교의 역사에서 근대의 시작을 알리는 최대의 사건은 말할 것도 없이 **종교개혁**(Reformation)이다. 그것은 16세기에 주로 알프스 이북의 나라들에서 거의 동시에 일어나 그때까지 로마 가톨릭교회 아래 통일되어 있었던 서구문화권을 크게 양분하였다. 그 결과 동방교회(그리스정교), 가톨릭교회와 나란히 기독교계의 제3세력인 **개신교**(Protestantism)가 성립했던 것이다. 더욱이 근대 이후 서구는 급속하게 정치적·문화적 세계 정복을 시작하게 되고 이런 이유로 분열된 형태의 기독교가 미개척 지역인 아시아·아프리카·아메리카 대륙 등에 뿌리내리게 되었다. 어떤 의미에서 그것은 로마제국의 개종과 비교할 만한 획기적인 사건이었다.

근대에 가장 중요한 역할을 담당했던 것은 서구의 나라들이었기 때문에 근대의 기독교를 생각할 경우 그들이 중심이 되는 것은 어쩔 수 없다. 이 시기의 전개를 자세히 살펴보면 매우 복잡한 양상을 띠고 있기 때문에 그것을 일일이 취급하는 것은 불가능한 일이다. 따라서 여기에서는 몇몇 기본적인 문제를 지적하는데 그치고자 한다. 대개 근대의 기독교는 18세기경—계몽사상과 프랑스혁명기—을 기준으로 하여 크게 전후로 구분할 수가 있다. 왜냐하면 전반기는 교회의 사회적 형태나 신앙 및 사상내용에서 중세적인 요소가 상당히 남아있고 그로 인해 일종의 과도기라고 볼 수 있는데 반해 후반기가 되면 점차 발전도상에 있는 근대문화에 대한 적응과 대결이 시도되기 때문이다.[42]

엄밀히 말하면 종교개혁도 그 동기나 현상방식이 매우 복잡하다. 그것은 16세기에 시작하여 유럽 전체를 아우르는 규모로 확산되었는데 그 전조는 이미 일찍이 나타나고 있었다. 14세기 영국의 위클리프(J. Wycliffe, 1328~84)나 그 영향을 받은 보헤미아의 후스(J. Hus, 1369~1415)의 반란 등 반교황적인 움직임이 그것이다. 나아가 교회 내부에서 각지의 교회들이 독립을 지향하고 지방분권적인 '사제주의'의 기류가 강해졌던 것은 앞서 살펴 본대로 이다. 그러나 폭발 직전에 있었던 이 반로마 · 반교황적 기운에 불씨를 당겼던 것은 바로 루터(M. Luther, 1483~1546)였다. 그리고 그 성공에 자극 받은 스위스에서의 칼뱅(J. Calvin, 1509~64)의 개혁과 영국 국교회의 로마로부터의 분리가 일어나 종교개혁의 제2, 제3의 주류가 되었다. 이 가운데 영국 국교회—즉 성공회(聖公會)—의 독립은 순수한 종교적 동기라기보다는 영국 왕실의 교황과의 정치적 분쟁 때문에 일어난 일이어서 교회제도나 신앙내용에 있어 가톨릭적 요소를 가장 많이 소유하고 있는데 반해 칼뱅의 개혁은 상당히 근본적인 종교개혁이라고 할 수 있다. 그 중에서 개혁의 원형이 되었던 것은 루터였다고 할 수 있다.

루터로부터 시작된 독일의 종교개혁은 두 시기로 나눌 수 있다. 제1기(1517~25)의 운동은 주로 루터의 인격을 둘러싼 종교적 · 내적 투쟁으로서 전개되었다. 루터는 처음 교황의 면죄부(indulgentia)에 대해 95개 조항의 의문을 게시하였고 그에 따른 가톨릭교회와의 논쟁을 통해 ① 인간이 구원을 얻는 것은 내적인 신앙에 의한 것이며 의례나 이른바 선행 등에 의한 것이 아니다(sola fide). ② 기독교 신앙의 근거는 신의 말씀으로서의 성서 가운데 있고 후세에 부가된 전승 가운데는 없다

42) 이것은 특히 개신교에서 현저하다. 트뢸취 등의 학자가 전반기를 '古프로테스탄트주의'(Altprotestantismus)라고 부르면서 그 이후와 구별한 것은 충분한 일리가 있다.

(sola scriptura)는 개혁의 근본 원리에 도달하였다. 이 원리들은 극단적으로 말하자면 당시의 교회 제도의 토대를 뒤흔드는 혁명적인 원리였다.[43] 사실 루터는 이 자각에 기초하여 가톨릭적 사제 제도와 교황제의 의의를 부정하여 '모든 성도가 사제이다.' 라고 주장하였다. 또한 금욕생활과 세속 생활의 우열이라는 중세적인 가치의 척도를 버리고 세속적인 것의 의의도 인정하기에 이르렀던 것이다.

루터 자신의 양심문제에서 발단된 운동은 제2기—1525년경부터 1555년 아우구스부르크 화의(Augsburg Confession)까지—가 되면 사회적 · 정치적인 양상을 띠기 시작한다. 이것은 그가 가톨릭교회의 모습을 부정하면서 다른 한편 대부분의 신비주의자들처럼 신앙을 전적으로 개인의 내적 관심사로 여기지 않고 집단생활의 의의를 중시하는 기독교의 전통에 충실했다는 것을 보이는 것이다. 그리하여 형성된 '복음적' 교회는 교황의 권위나 성인숭배 등 가톨릭 전승의 많은 부분을 배척하면서도 세례와 성찬 등의 의례와 삼위일체 교리 등은 보존하였다. 그것은 처음에 가톨릭교회로부터 격렬한 박해를 받았는데 곧 루터를 지지하는 봉건제후의 비호를 받은 아우구스부르크 화의에 의해 제도적으로도 존립의 권리를 인정받기에 이른다.

이 화의에서 채택된 원칙, 즉 '일정 지역에 대해 그 정치적 주권자가 선택한 종교의 신봉을 의무로 삼는 제도'(Cujus regio, ejus religio)는 교회와 정치적 단위로서의 국가 혹은 지방 군주를 밀접하게 결부시켰

43) 종교개혁은 복잡한 양상을 띠고 있어서 그 발생을 특정한 원인에만 귀속시켜서는 안 된다. 또한 그 원리도 매우 다의적임을 염두에 두어야 한다. 예컨대 '오직 믿음으로만'(sola fide)이라는 입장은 개인주의적인 의미를 가질 수 있는 것이기는 하지만 그렇다고 해서 종교개혁이 이른바 신앙의 자유를 주장했던 것은 아님을 간과해서는 안 된다. 또한 전승을 배척하고 성서로 돌아가려고 하는 성서주의도 그 성서를 낳은 것이 원시교회의 전승임을 생각할 때 자기모순을 포함하고 있는 것도 부정할 수 없다.

다는 점에서 고대 말기의 국가 교회제도를 부활시킨 것이라고 볼 수 있는데 그 결과 로마 가톨릭교회와 프로테스탄트 교회의 제도적인 대립이 시작되었던 것이다.

일단 시작된 개혁은 요원의 불길처럼 각지로 퍼졌고 중부 유럽은 연쇄적으로 개혁운동의 파도에 휩쓸렸다. 그것은 결코 통일적인 운동이 아니었지만 로마 가톨릭교회의 권위로부터의 이탈을 노렸다는 점에서는 서로 공통적이었다. 그 중에서도 역사적 영향으로 보아 가장 중요한 것은 스위스에서 시작되어 곧이어 영국과 네덜란드 등에도 퍼진 칼뱅주의의 흐름이다. 그것은 루터의 운동에 비해 사상적으로 그렇게 독창적이지는 않았지만 교회의 사회 형태에 관한 한 지극히 새로운 성격을 가지고 있었다. 그것은 루터처럼 신앙의 분야에 틀어박혀 그 결과 다만 기존의 정치권력과 타협하는데 그치지 않고 오히려 모든 생활의 성화(聖化)를 지향하여 그 가운데서 공화주의적인 색채가 강한 일종의 신정 정치를 낳았던 것이다. 그것이 근대 시민사회의 성립과 밀접한 관계를 가지고 있다는 것은 이미 많은 학자들에 의해 주장되고 있다.[44)]

나아가 종교개혁의 영향으로서 무시할 수 없는 것은 가톨릭교회 쪽에서의 반대 개혁이다. 그 추진력이 된 것은 스페인의 로욜라(Ignatius Royola, 1491~1556)가 창립한 '예수회'(Jesuit)였다. 또한 가톨릭교회는 개혁에 자극을 받아 트리엔트 공의회(1546~63)를 개최하여 교리·제도 등을 바꾸고 스페인의 정치 세력을 배경으로 하여 개신교의 격파를 꾀하였다. 그 결과 유럽은 가톨릭과 프로테스탄트 두 세력으로 나뉘어 거의 1세기에 걸친 종교전쟁에 돌입하게 된다. 그것이 어느 정도 종결된 것은 중부 유럽에서는 대략 베스트팔렌 조약(Peace of Westphalia, 1648), 영국에서는 명예혁명(Glorious Revolution, 1688), 프랑스에서는

---

44) M. 베버의 『프로테스탄티즘의 윤리와 자본주의의 정신』 등.

낭트칙령(Edict of Nantes, 1598) 폐지 이후인 1685년 경이다.

종교개혁의 폭풍이 지나간 후 기독교는 중세와는 전혀 다른 환경 가운데 놓이게 되었다. 그것은 한 마디로 말해서 '세속화'된 세계라고 부를 수 있을 것이다. 종교개혁을 전후하여 일어난 르네상스에 의한 기독교 이전의 문화와의 접촉이나 근대과학의 급속한 발달에 의한 세계관의 변화 등이 지금까지 강력했던 생활 각 분야에서의 종교의 영향을 점차 후퇴시켰던 것이다. 특히 18세기의 계몽주의는 세속화를 밀고 나아가려는 의식적인 운동이었다. 그 이후의 기독교의 과제는 따라서 그렇게 소외되어 간 세계와 어떻게 대결하고 또한 어떻게 그것에 적응하는가에 있었다고 해도 과언이 아니다.

세속화는 우선 사회적인 레벨에 있어 신앙상의 관용 및 그에 수반하는 정교(政敎)의 분리로서 표면화되었다. 이것은 처음부터 명백하게 의식되지 않았음에도 불구하고 실상은 교회 및 국가의 본질에 관한 새로운 이해를 전제로 하고 있음을 간과해서는 안 된다. 일반적으로 근대 사회에 있어 종교가 궁극적인 중요성을 가진 것이라 하더라도 그것은 개인의 자유 선택에 맡겨져야 할 사항으로 국가가 간섭해서는 안 되는 것으로 간주된다. 즉 국가는 어떤 특정한 종교(혹은 反종교) 집단에 특권을 부여하거나 또는 처벌을 내리거나 해서는 안 된다는 것이다. 이러한 사고방식에 의하면 교회는 결국 신자의 자유의지에 기초하는 종교적 목적을 위한 기초 결사이며 국가는 생명과 재산의 보호 등 현실적인 목적을 위한 기구가 된다는 점에서 양자는 확연히 구별되어진다. 이 신앙의 자유의 원칙은 중세는 물론 종교개혁에서조차도 알려지지 않았던 것이며 이후 근대사회를 특징짓는 중요한 키워드가 된다.

이와 같이 교회는 근대가 되어 다시금 이질적인 세계 가운데 놓이게 되었다. 어떤 의미에서 그것은 로마 국교화 이전의 상태와 유사하다고 할 수 있다. 다만 다른 것은 고대의 교회 환경은 전적으로 이교적인 것이었는데, 근대에 있어 그것은 새로운 전도 지역을 제외하면—즉 서구문화권에서는—중세를 거침으로써 어느 정도 기독교문화의 영향을 받았다는 점이다. 따라서 정교 분리나 그에 따른 국가 · 사회의 세속화도 반드시 항상 완전히 행해질 리가 없다.[45] 사실 일부 가톨릭 권이나 영국 및 북유럽 나라들에 있어 국교적인 형태가 오늘날도 존속하고 있다. 그러나 대세가 그러한 형태로부터 멀어지는 방향으로 가는 것은 부정할 수 없다.

나아가 사상 · 문화의 영역에 눈을 돌리면 여기에서도 최근 몇 세기를 통해 현저해진 것은 일관된 비기독교화의 경향이다. 특히 계몽사상 이후는 관용의 증대에 따라 교회의 교설에 대한 자유로운 비판 내지는 공격이 가능하게 되었다. 그때까지는 대립 항쟁은 있어도 모두 기독교의 토대 위에서 이루어진 것이었는데 이제 토대 그 자체가 문제가 되기에 이른 것이다. 그러한 전개를 촉발한 주된 원인은 말할 것도 없이 근대과학의 놀랄 만한 진보이다. 초기에 논쟁의 중심이 되었던 것은 주로 자연과학이었다. 그것이 낳은 합리적 · 기계론적인 세계해석이 신의 세계지배와 기적을 믿는 전통적인 유신론적 신앙과 충돌했던 것이다.

그러나 참으로 기독교에 큰 충격을 주었던 것은 19세기 이후에 특히 발달한 역사연구, 그 중에서도 성서의 문헌학적 비평이다. 지금까지 신의 계시로 여겨지고 따라서 오류가 없다고 믿어지고 있었던 성서의

---

45) 이론적으로도 정교 분리의 완전한 실행이라는 것은 많은 어려움이 있다. 왜냐하면 현실의 국가는 결코 단순한 생명 재산보호를 위한 기구에 그치지 않고 그 구성원으로부터 사회생활상의 일정한 규범을 지킬 것을 요구하는데 그것은 종종 종교가 가진 가치체계와 중복 내지 모순될 가능성을 가지고 있기 때문이다. 그것이 가장 현저한 것은 교육 및 가족관계(결혼) 입법 분야일 것이다.

성립과정이 명확하게 밝혀졌다는 것은 그 절대성이 타격을 입었다는 것을 의미한다. 이것은 성서를 유일한 전거(典據)로 삼고 있었던 개신교회에 있어 신앙의 기초 그 자체에 대한 중대한 위협이었다. 이러한 새로운 사태에 대해서 여전히 성서의 구절을 그대로 신성시하는 근본주의로부터 거꾸로 성서를 인간의 산물로 여기고 예수를 단순한 인간으로 간주하려고 하는 자유로운 모더니즘까지 다양한 해답이 제출되어 왔다. 이 도전에 어떻게 응답하는가 하는 것이 오늘날 기독교에 주어진 과제 중의 하나가 되고 있다.

그런데 기독교는 이와 같은 흐름에 다만 수동적으로만 대처하지 않았다. 당시의 관용의 증대는 다른 한편으로 국가의 속박을 완화시켜 종교운동의 자유로운 발전을 도운 측면도 있다. 그리하여 근대 후반에 이르러 교회(특히 개신교) 내에서 많은 새로운 교단이 생겨났는데 그 대부분은 오늘날까지 이어져 큰 영향을 미치고 있다. 대륙에서는 17세기 네덜란드의 칼뱅주의에서 출현하여 프랑스와 독일 등에 확산된 **경건주의**(Pietismus)가 가장 대표적인 것인데 영국에서 존 웨슬리(J. Wesley, 1703~91)가 시작한 **감리교**(Methodism)도 이와 유사한 경향에 속한다. 영국에서는 이 외에 종교개혁 시대의 재세례파(Anabaptists)에서 온 **침례교**(Baptists), 스코틀랜드의 **장로교**(Presbyterian Church) 및 크롬웰시대에 발생한 칼뱅주의 계열의 **회중교회**(Congregationalists), **퀘이커교**(Quakers) 등이 있다. 또한 이와 함께 기독교의 전통적인 도그마인 삼위일체설(trinity)을 인정하지 않는 **유니테리언주의**(Unitarians)도 발생하고 그 자유주의적인 태도에 의해 어느 정도 든든한 힘을 가지고 있다. 이들은 각각 새로운 신학을 구축하거나 사회사업과 전도에 힘을 쏟음으로써 기독교를 근대 사회 가운데서 중요한 지위를 인정받도록 하는데 크게 공헌하였다. 그 중에서도 그들은 전통적인 교회제도의 역사가 없는 미국에 진출하여 큰 발전을 이룩함으로써 '교파주의'(denominationalism)라 불리는 특이한 형태를 가지기에 이르렀다.

다른 한편 가톨릭교회가 이 시기에 새로운 활동을 시작했던 것도 간과해서는 안 된다. 그것은 일시 계몽사상 시기에는 교회 재산의 몰수나 수도원 · 교단의 폐지 등에 의해 큰 타격을 받았다. 이것은 특히 프랑스혁명의 영향 하에 있었던 지역에서 두드러진다. 그러나 19세기에 이르러서는 점차 부흥을 보이고 1870년 제1차 바티칸공의회에서 교황을 중심으로 한 강력한 중앙집권적 체제를 확립한 이후 그 영향력은 점차 증대하고 있다. 이것은 개신교가 그 성질상 많은 소 교파로 분열되고 각국의 사회적 · 문화적 조건들에 좌우되어 서로간의 유대관계가 약했던데 비하면 큰 강점이라고 할 수 있다.

교파로서의 기독교는 앞서 살펴 본 것처럼 지중해 문화권의 한 지역에서 발생하여 이후 주로 서구문화권에 확대되어 이들 지역의 종교생활을 지배해 왔다. 2000년에 가까운 역사를 통해 유대교로부터 받아들인 유신론적 사고형식 및 그에 따른 종교행위 양식은 사람들의 마음에 깊은 각인을 남기고 있다. 그리고 근대 이후 세계통일의 경향이 진행됨과 동시에 그것은 다른 대륙에도 전파되어 참으로 세계적인 종교로 발전해 왔다.

그러나 외적으로는 일견 큰 성공을 거둔 것처럼 보이는 기독교의 세계 전도에서도 실은 많은 문제가 야기되고 있음을 간과해서는 안 된다. 우선 첫째로 근대 사회에 있어 그 적응의 문제이다. 근대 이후 기독교는 그 토대였던 유럽에서 점차 강해지는 세속화의 경향에 위협을 받아왔다. 이 경향은 현대에도 계속되고 있고, 이 세속화에 어떻게 대처해야 하는가는 교회에 있어 극히 곤란한 문제라고 할 수 있을 것이다. 그 중에서도 특히 중요한 것은 교회 일치의 문제이다. 그 필요성은 특히 개신교 교파들 사이에서 절실하게 느껴져 20세기 들어와 교회일치 운동(ecumenical movement)이 다양한 형태로 시도되고 있다.

둘째로 단지 사회적인 측면만이 아니라 내적인 신앙의 자세에 관해서도 근대 문화와의 관계는 중요한 과제를 던져주고 있다. 전통적으로 형성되어 온 가치체계를 어떻게 오늘날의 사고와 조화시킬 것인가 하는 사고가 그것이다. 그리고 마지막으로 기독교가 직면하고 있는 새로운 과제는 다른 종교에 대한 태도를 어떻게 결정해야 하고 또 어떤 태도로 다른 종교와 대화할 것인가 하는 점일 것이다. 기독교의 앞으로의 운명은 틀림없이 이 문제들을 둘러싼 전개에 따라 결정될 것이다.

불 교

1. 불교 성립의 사상적 배경

불교는 기원전 2,600년경 인도의 고대종교인 브라만교를 배경으로 출현하였다. 브라만교는 베다 성전에 의한 다신(多神) 숭배를 기반으로 하여 브라흐마를 신앙한 종교이다. 베다 시대 인도인들의 삶 속에서 중요한 의미를 갖고 있는 것은 신들에 대한 찬미 혹은 기원과 관련된 의례와 제사였다. 베다는 원래 고대 인도인들에 의해 신에 대한 예배와 제사의식을 목적으로 만들어졌다. 그러나 신에 대한 의례들이 점점 복잡해짐에 따라 그 의례를 주관하는 사제의 직분도 네 그룹(hotr, udgatr, adhvaryu, brahman)으로 나뉘게 되었다. 베다도 이 그룹들에 의해 사용되는 용도에 따라 『리그베다』(*Rig-veda*) · 『사마베다』(*Sama-veda*) · 『야주르베다』(*Yajur-veda*) · 『아타르바베다』(*Atharva-veda*)로 집성되었다.

이 가운데 종교적으로 가장 중요하고 또 철학적 가치를 지닌 것은 『리그베다』이며 『아타르바베다』에서도 간혹 철학적 사변을 찾아볼 수 있다. 그 중에서 양적으로 방대하고 내용상 가장 중요한 것은 『야주르베다』에 속해 있는 「샤타파타 브라흐마나」이다. 브라흐마나는 그 내용상 제사의 방식과 규범을 취급하는 부분인 의궤(儀軌, Vidhi)와 본집의 여러 송가(頌歌, Mantra)의 의미, 어원 및 제사의 기원과 전설 등을 말해주는 부분인 석의(釋義, Arthavada)로 구분된다.

브라흐마나의 특징은 제사가 만능화 되었다는 것이다. 본래 제사는 신에 대한 감사의 표시이거나 혹은 신들의 호의를 기원하는 신 중심의 행위였지만 제사의식이 점점 전문화되고 정교해짐에 따라 제사 자체가 관심의 대상이 되었으며 사람들은 제사 자체의 효능을 믿는 나머지 신들조차도 제사 없이는 아무런 힘이 없다고 믿게 되었다. 우주의 질서를 유지하는 것은 신들이 아니라 바로 올바른 제사의 행위 자체이며 따라서 제사는 우주적 힘을 지녔다고 생각하게 된 것이다.

이처럼 제사가 우주적 의미를 지녔다고 생각하는 사상은 『리그베다』에도 나타나 있다. 뿐만 아니라 베다 자체와 카스트 제도도 이 제사로 인하여 생겨났다고 여겼다. 브라흐마나에서는 이런 제사주의적 우주관이 더욱 더 발전하여 의례를 구성하고 있는 여러 요소들을 우주의 여러 신들이나 힘들과 상징적으로 대응시켜서 의례가 우주질서 자체의 근본이 되며 의례의 힘이 우주의 힘 자체를 지니고 있다고 생각한다. 또한 이러한 의례를 주관하는 바라문계급도 신들과 동등한 지위의 존재로 간주되고 있다. 이러한 제사주의적 세계관으로부터 점차 철학사상이 싹트게 되었다.

먼저 '브라흐만'이라는 우주의 통일적 원리를 나타내는 개념의 전개이다. 이러한 개념은 베다에서 이미 발견되며 송가나 주술의 말 혹은 그 말에 깃들인 신비한 힘을 뜻했다. 그러나 의례의 권능을 강조하는 브라흐마나에서는 제사에서 사제들이 사용하는 말을 의미하게 되었으며 이 말은 제사의 핵심을 이루는 제사의 힘의 근원이므로 동시에 만물과 모든 신들의 배후에 있는 근원적인 실재 내지 힘을 의미하게 된 것이다.

다음으로는 행위의 인과율에 대한 믿음이다. 브라흐마나에서 행위는 주로 제사의 행위로서 올바른 방법으로 행한 행위는 자연의 법칙과 마찬가지로 신의 뜻에 관계없이 결과를 초래한다는 것이다. 『리그베다』에서 자연의 법칙을 의미했던 르타는 브라흐마나에서는 올바른 제사의식과 그 제사행위로 인해 반드시 얻어지는 행위의 법칙을 의미하게 된 것이다. 또 브라흐마나에서는 현상세계를 성립시키고 있는 근본

5원소설의 시초를 볼 수 있고 인간의 본질에 관해서 정신과 육체를 구분하여 파악하고 있다. 정신은 아트만(Atman) · 마나스(manas) · 프라나(prana) 등의 이름으로 부르고 있다.

우파니샤드 시대에 인간의 운명이란 카르마(業, karma)의 법칙에 따라 윤회의 세계에서 끝없는 생사를 되풀이하는 것이라고 믿었다. 따라서 우파니샤드의 철인(哲人)들은 어떻게 하면 이 윤회의 세계에서 벗어날 수 있는지를 고민했다. 행위는 반드시 결과를 초래하므로 아무리 선한 행위라도 윤회세계에서 벗어나게 하지는 못한다. 그러므로 우파니샤드의 철인들은 윤회의 세계에서 벗어나 절대적인 삶을 영위하기 위해서는 행위가 아니라 우주의 영원하고 절대적인 실재 자체를 아는 지식(jnana)이 필요하다는 것을 깨닫게 된다. 우파니샤드는 오랜 기간에 걸쳐서 형성된 다양하고 방대한 문헌으로 그 안에서도 여러 가지 다양한 사상적 흐름이 있어 하나의 일관된 체계를 지니고 있다고 볼 수는 없다.

초기의 우파니샤드는 산문으로 되어 있으며 이들은 종파적인 성격을 띠지 않는다. 초기의 산문체 우파니샤드에서는 순수하게 사색적인 측면이 강하고 후기로 갈수록 종교적인 숭배와 헌신에 관한 것이 많다. 우파니샤드의 사상은 여러 가지가 혼재되어 있어 일률적으로 말할 수 없지만 각 사상의 공통점은 '지식의 중시' 이다. 의례와 제사 대신에 사색을 통해 우주의 영원하고 절대적인 실재를 탐구하는 것을 중요시하게 된 것이다. 우파니샤드의 궁극적인 지식은 브라흐만을 아는 지식이다. 브라흐만은 원래 '브라흐마나에서 제사에 쓰이는 성스러운 말 혹은 이 말의 성스러운 힘 등을 나타내는 말'이었다. 이 개념이 우파니샤드에 와서는 더욱 더 형이상학적으로 발전하여 의례와 관련된 의미는 거의 없어지고 우주의 궁극적 실재 내지 힘을 의미하게 되었다.

우파니샤드에서는 세계의 다양성의 배후, 즉 모든 신들과 피조물들,

인간과 자연의 이면에 하나의 절대적 동일성인 최고의 브라흐만이 존재한다는 사상을 펼치고 있다. 브라흐만은 전 우주이며 생물이든 무생물이든 우주 안에 있는 모든 것이라고 일컬어진다. 이렇게 브라흐만을 우주와 동일시함으로써 우파니샤드에서는 모든 것 안에서 브라흐만을 보고 브라흐만 안에서 모든 것을 본다.

이처럼 우주의 절대적 통일원리가 통찰되는 가운데 그것은 인간존재의 동일성으로 파악되기도 하였다. 즉 우주의 궁극적인 실재인 브라흐만은 곧 다름 아닌 인간의 실재라는 것이다. 우파니샤드에서는 참된 자아를 아트만(Atman)이라고 불렀으며 무엇이 인간의 불변하는 자아를 구성하고 있는가에 대해서 깊이 성찰하였다. 인간존재의 근거로 숨(prana)을 거론하였으며 의근(意根, manas) · 의식(意識, vijnana) 등이 인간의 본질적 자아로 거론되었다. 이러한 자아는 모든 인간에게 공통된 자아이다. 인간을 포함한 세계는 하나의 궁극적 실재에 참여하고 있으며 브라흐만은 우주의 아트만이며 아트만은 인간에 내재하는 브라흐만인 것이다. 이것이 바로 범아일여의 사상이다. 이러한 범아일여의 진리를 깨닫고 체험하는 것이 곧 해탈(解脫, moksha)이며 윤회로부터 벗어나는 길이다.

바라문에 대하여 새로운 정신적 지도자로서 등장한 것이 사문(沙門, samana)이다.[46] 사문은 일정한 장소에 구애받지 않고 촌락이나 도시를 유행(遊行)하면서 걸식에 의해 생계를 유지하며 수행과 포교에 전념하는 출가자들이었다. 사문들은 베다 성전의 권위를 부정하고 예로부터 내려오던 계급제도를 무시하였다. 언어적으로도 바라문의 용어인 산스크리트어를 사용하지 않고 일반 민중의 말에 근거한 프라크리트어(俗

46) 사문이란 '노력하는 사람' 이라는 정도의 뜻으로 초기 우파니샤드에서는 단 한번 사용된 말이지만 이후의 여러 문헌에서는 매우 빈번하게 사용되며 일반적인 자유사상가의 총칭으로 쓰이고 있다.

語)를 사용하였다. 그들은 바라문교에서 규정한 네 가지 생활단계—스승 밑에서 학습하는 범행기(梵行期), 가정에서 생활하며 가장의 의무를 다하는 가주기(家住期), 가정과 재산을 물려주고 은거하는 임서기(林棲期), 완전히 무소유로 걸식하고 편력하는 유행기(遊行期)—에 따르지 않았다. 사문들은 그러한 규정에 얽매이지 않고 자유로운 시기에 출가하여 한 곳에 머물지 않는 유랑생활에 들어가 여러 가지 수행을 하면서 사람들에게 새로운 가르침을 설하였다.

바라문이 정통 사상가라면 사문은 이단적인 사상가라고 할 수 있다. 이와 같은 사문의 새로운 사상을 받아들인 것은 주로 신흥도시의 사람들이었다. 도시의 새로운 분위기에 젖은 사람들은 바라문에 대해서 종전처럼 반드시 추종하지 않았으며 오히려 사문이 설하는 바에 공감하였다. 특히 국왕이나 자산가와 같은 새로운 실력자들은 모든 사문들을 존경하고 지지하였다. 출가·유행(遊行)하는 사문들이 생활을 영위할 수 있을 만큼의 경제적 기반이 이루어져 있었고 언론의 자유가 있어서 사문들이 어떠한 주의나 주장을 설하여도 그것으로 인해 처벌받지 않았다. 이렇게 해서 갠지스 강 중류지방에는 각각 자유로이 출가유행하고 자유로운 사상활동을 실행하는 사문들이 나타나기에 이르렀다.

석가모니(釋迦牟尼)[47]가 창립한 불교사상 역시 당시 사문들의 사조의 일종으로 바라문 사조에 대항한 중요한 학설이다. 그것은 당시 다른 사문들의 사조의 영향을 받았으며 동시에 독창적인 주장도 내놓았다. 후에 석가모니의 인생철학 사상은 바라문철학을 압도하였고 따라서

---

47) 석가모니는 대략 기원전 624년에 오늘날의 네팔의 타라이 지방인 카필라(Kapila)국 사카(Sakya)족의 정반왕(淨飯王)과 왕비 마야(摩耶)부인 사이에 태어났다. 성은 고타마(Gotama, 최상의 소)였고 출가하기 전 이름은 싯달타(Siddhartha, 모든 일이 뜻대로 이루어진다)였다. 고타마 싯달타가 출가 수행하여 깨달음을 얻어 붓다(佛陀, Buddha)가 되자 사람들은 그를 석가모니(Sakyamuni), 즉 석가족 출신의 성자라고 불렀다.

점점 광범하게 전파되었다. 석가모니는 당시 이러한 바라문의 사상을 비판하고 부정했으며 또한 베다 문헌이나 제사가 인간이 진정한 해탈을 이루는데 도움을 줄 수 없다고 여겼다. 석가모니는 진정한 자아의 해탈을 목표로 현세를 부정하는 태도를 취했으며 또한 인간 자신이 독자적으로 사고하고 행동해야 함을 강조하였다. 따라서 석가모니는 고통스러운 현실의 원인을 인식하고 법을 바르게 깨닫고 수행함으로써 윤회의 세계에서 벗어나 해탈해야 한다고 설하였다. 이러한 석가모니의 교설이 비교적 원형 그대로 나타나 있는 것이 곧 근본불교이다

2. 근본불교의 가르침

현존하는 불교 전적에 따르면 석가모니가 가장 큰 관심을 가진 것은 종교 도덕의 실천 문제였는데 이것은 곧 인생철학의 문제로 귀결된다. 그는 당시 사상계가 공동으로 느끼고 논쟁을 전개한 본체론의 문제, 예컨대 세계는 변함이 있는가 없는가, 세계는 끝이 있는가 없는가, 생명과 몸은 하나인가 둘인가, 생명이 끝난 후는 있는가 없는가 하는 등의 모든 문제에 대해 말하지 않았다(無記). 그는 이러한 문제는 인생과 무관하다고 하여 이런 문제를 토론하는 것은 백해무익하다고 여겼다. 즉 사람이 독화살을 맞았을 때 먼저 독화살을 뽑아 치료를 하지 않고 먼저 이 화살이 무엇으로 만들어졌으며 활은 어떻게 생겼는가를 묻는 것과 같아서 이런 질문은 본말이 전도되어 조금의 이익도 없다고 했던 것이다. 이런 이유로 근본불교는 기본적으로 일종의 인생철학이라고 할 수 있다.

전승에 의하면 석가모니는 출가 후 깊은 산 속에 들어가 인생의 고(苦)를 벗어나려는 과정을 겪었다고 한다. 그는 먼저 고행을 실행했는데 7일간 한 끼만 먹고 사슴 가죽 나무껍질을 걸치고 사슴 똥, 소똥

위에서 잤다. 6년이 지나니 몸은 수척하여 생김새가 마른나무처럼 되었는데 얻은 것은 하나도 없었다. 나중에 그는 밥을 먹기로 결심하고 보리수 아래에서 정좌하여 깊은 명상에 빠지기를 7일 밤낮을 하니 마침내 인생의 苦의 근원이 인식상에서의 무명(無明)과 사상에서의 번뇌(煩惱)에 있음을 알았고 세계 만물이 변화하니 인생도 무상한 것임을 깨닫게 되었다. 그리하여 외부의 물질에 대한 추구를 버리고 사사로운 마음과 사특한 마음을 제거하고 권력에 대한 욕망을 끊어 많은 선을 행하면 내세에 좋은 운명을 만날 것이라고 결론지었다. 이렇게 하여 정각(正覺, 대지혜)을 얻고 붓다, 즉 불(佛)이 되었다.[48]

붓다가 깨달음을 얻어 법을 설하기 시작한 이후부터 입멸(入滅)한 후 최초의 교단이 분열하기 이전까지의 불교를 우리는 **근본불교**라고 부른다. 즉 불멸(佛滅) 후 100년경에 있었던 상좌부와 대중부의 근본분열 이전의 불교로서 초기교단에 아직 분파가 생겨나지 않은 시대의 불교를 말한다. 원시불교 또는 초기불교라고도 부른다.

근본불교와 초기불교를 나누어서 근본불교를 붓다와 그 직제자들의 불교, 다시 말해 붓다가 입멸한 후 30년 정도까지의 시기를 말하고, 초기불교를 그 이후 부파 분열에 이르기까지의 시기를 가리킨다고 하는 설도 있다. 그러나 오늘날에는 대개 근본불교와 초기불교 사이를 엄밀하게 구별하지 않고 두 가지를 통용하고 있다. 이 근본불교에서 붓다가 직접 가르쳤거나 또는 붓다의 제자들이 스승으로부터 받은 가르침을 자신들의 제자들에게 그대로 전한 것이 곧 근본 교설이다. 아직 교단이 분열되기 전이었으므로 붓다의 가르침은 다른 주장이나 견해가 비교적 적은 상태를 유지하고 있었다.

---

48) 붓다(크게 깨달은 자)가 되고 난 이후의 존칭으로는 각자(覺者) · 여래(如來) · 승자(勝者) · 응공(應供) · 정각(正覺) · 세존(世尊) · 석존(釋尊) · 능인(能忍) 등이 있다. 이하 '붓다'로 통일하기로 한다.

붓다가 입멸한 직후 붓다가 깨달음을 얻어 45년 동안 설했던 가르침은 일심으로 수행에만 전력을 기울여 두타 제일(頭陀第一)이라는 칭호를 받은 수제자 마하카샤파(大迦葉)의 제안에 따라 라자가하에 모인 500명의 출가 수행자들에 의해 경전의 형태로 정리되었다. 이것이 제1결집이다. 결집(結集, samgiti)이란 붓다의 교설을 함께 암송한다(合誦)는 의미로 성전을 편집하는 것을 말하는데 이때는 마하카샤파가 회의를 주관하고 계율을 잘 지켜 지계 제일(持戒第一)이라는 칭호를 들은 우파리(優婆離)가 율(律, vinaya)을, 붓다의 설법을 가장 많이 들어 다문제일(多聞第一)이라 불린 아난다(阿難)가 법(法, dhamma)을 송출(誦出)하고 참가한 모든 이에게 확인하였다고 한다.[49] 이렇게 모인 교리가 문자로 기록되기 시작한 것은 기원전 1세기 후반부터였으며 이로써 경장(經藏)과 율장(律藏)이 형성되었다.

근본교설은 주로 『아함경』(阿含經)에 바탕을 둔 것이며 붓다가 직접 가르쳤던 중심 교리들 가운데서 가장 핵심이 되는 것은 붓다의 깨달음의 내용인 연기설(緣起說) 그리고 연기설을 정형화해서 설명한 십이연기(十二緣起) · 사성제(四聖諦) · 삼법인(三法印) · 윤회와 업 등이라고 할 수 있다.

삼법인(三法印) 법인(dharma mudra)이란 법의 도장 · 징표 즉 진리가 되는 도장, 다른 종교와 구별되는 불교의 특징이라는 의미이다. 삼법인은 불교의 특징을 단적으로 나타내는 것으로 불교를 다른 종교나

---

49) 이외 붓다의 제자로는 지혜가 뛰어나 지혜(智慧) 제일로 불린 사리풋타(舍利佛), 신통술이 뛰어나 신통(神通) 제일로 불린 목갈라나(目犍連), 공의 경지를 잘 이해하여 해공(解空) 제일로 불린 수부티(須菩提), 설법을 잘 하여 설법(說法) 제일로 불린 푸르나(富樓那), 탁월한 이론을 잘 세워 논의(論議) 제일로 불린 카티야나(迦旃延), 두 눈이 멀었으나 마음의 눈으로 시방의 모든 것을 잘 볼 수 있어 천안(天眼) 제일로 불린 아누룻다(阿那律), 엄한 규칙 아래 수도에 힘써 밀행(密行) 제일로 불린 붓다의 아들 라후라(羅睺羅)가 있다.

사상과 구별하기 위한 하나의 기준이 된다. 삼법인을 제행무상(諸行無常) · 제법무아(諸法無我) · 일체개고(一切皆苦)라는 형식으로 나누기도 하는데 일체개고는 무상(無常)과 무아(無我)의 개념 속에 이미 고(苦)가 포함되어 있기 때문에[50] 대신에 열반적정(涅槃寂靜)을 넣어 제행무상 · 제법무아 · 열반적정의 형식을 많이 사용하고 있다.

제행(sava-samskara)이란 일체의 만들어진 것, 다시 말하면 물질적 정신적인 모든 현상을 가리킨다. 행(行)이란 본래 옮겨 다니면서 바뀐다는 뜻으로 계속 변화해 가는 사물과 현상을 말한다. 그런데 만물과 현상이 많기 때문에 제행이라고 한 것이다. 무상은 anitya를 번역한 말로써 항상됨이 없이 변화하고 변천한다는 말이다. 무상에는 특정 기간 존속하면서 부단히 변화하는 일기무상(一期無常)과 찰나와 찰나 즉 생각과 생각의 사이에도 멈춤이 없이 변화하는 념념무상(念念無常)이 있다. 제행무상이란 간단하게 말해서 세간의 모든 현상은 변화무상해서 세상에는 고요히 상주하거나 영원불변한 사물이 없다는 말이다. 세간의 일체 사물과 현상은 영원히 생멸 변화하고 무시무종(無始無終)하다.[51]

제법(sarva-dharma)은 모든 존재를 의미한다. 법은 사물 · 물건 · 존재를 뜻하는데 제법은 초현상과 피안 세계까지 총칭한 것이다. 무아(anatman)라는 말은 아(我)가 없다는 의미이다. 여기서 말하는 아란 생

50) 무상하고 무아인 모든 존재는 불완전한 것이며 불완전하기에 괴로운 요소를 지니고 있다고 보는 것이다.

51) 존재하는 모든 것은 한 순간도 멈추지 않고 바뀌고 변하고 있다는 것이다. 이 세상에서 변하지 않는 것은 아무 것도 없다. 산이나 바위 같은 것은 외견상 변하지 않는 것처럼 보이지만 이는 우리가 지각하지 못하는 것일 뿐 시시각각으로 변하고 있다. 존재란 여러 요소들이 여러 가지 조건에 의해 모여 있는 집합체에 불과하기 때문에 존재를 구성하는 요소와 조건들이 변하거나 사라지는 것이다. 따라서 존재를 구성하고 있는 요소들은 고정 불변한 것이 아니라 끊임없이 변화하는 것이다. 그래서 모든 존재도 무상한 것일 수밖에 없다.

멸 변화를 벗어난 영원하고 불변적인 존재인 실체 또는 본체를 말한다. 즉 우파니샤드에서 설하는 아트만과 같은 의미이다. 따라서 제법무아는 모든 존재에는 고정 불변하는 실체적인 아(Atman, 眞我), 즉 주재자가 없다는 의미이다. 모든 존재는 비실체적인 여러 가지 요소로 이루어져서 시시각각으로 변하면서 존재하는 것이기 때문에 그 속에 고정 불변한 실체적인 '아'가 없다는 것은 당연한 것이다. 여기서 주의해야 할 것은 제법무아라고 해서 현상적인 존재, 즉 행위의 주체인 자기(atman, 假我)를 부정하는 것은 아니라는 것이다. 부정하고 있는 것은 단지 고정 불변하는 실체적인 아뿐이다.[52)]

열반(涅槃, nirvana)이라고 하는 것은 '불어서 끄다'는 말에서 나온 것으로 탐욕(貪) · 분노(瞋) · 어리석음(癡) 등 번뇌의 불을 끈 상태를 말한다. 그래서 초기경전에서는 열반을 "탐욕의 사라짐, 분노의 사라짐, 어리석음의 사라짐, 이것을 열반이라고 한다."고 설명하고 있다. 열반적정은 긍정형식으로 논술되고 있다. 열반의 상태는 번뇌를 멀리 떠나고, 상(相)에 대한 얽매임을 끊으며 고요하고 괴로움이 없이 편안한 것으로 이를 적정(寂靜)이라고 표현한 것이다. 경전에서 열반이란 말을 멸(滅) · 적(寂) · 불사(不死) · 최상의 안락 등 여러 가지로 번역하

52) 무아(無我)이론의 특징은 모든 것에는 고정성이 없다고 하는 것이다. 고정성이 없는 것을 무자성(無自性)이라고도 한다. 자성이라고 하는 것은 그 자체로서 독립된 형이상적 존재를 가리키는 것이다. 고정불변한 형이상학적 존재를 인정하지 않는 것이 근본불교의 기본적 입장이다. 그렇기 때문에 불교를 올바로 이해하기 위해서는 모든 것이 무아임을 꿰뚫어 보아야만 한다. 따라서 근본불교에서는 고정불변한 존재로서 아(我) 대신에 존재라는 것의 전체로서 오온(五蘊)으로 설명하고 있다. 오온 이론에서 말하고자 하는 것은 인간존재란 5개의 요소로 이루어져 있고 이 각 요소들은 모두 비실체적인 것이므로 이와 같은 요소들로 이루어진 인간존재 역시 비실체적이라는 것이다. 거기에는 고정불변하며 초월적인 것은 없다. 따라서 브라흐만과 같은 초월적이고 비실재하는 존재는 없다는 것이다.

고 있다. 이것을 현대적으로 표현하면 최상의 행복을 의미하는 것이라고 할 수 있다. 열반은 불교에서 추구하는 궁극적 목적이자 최고의 이상이다. 불교의 모든 가르침은 결국 이 열반을 얻기 위한 것이다.

그렇다면 제행 · 제법 · 일체라는 존재 개념은 어떤 것인가? 그것은 결코 형이상학적인 것이나 초월적인 것이 아니다. 여기에서 중요한 것은 과연 이 모든 존재의 주인공(主人公)인 인간이 어떻게 구성되어 있는가 하는 것이다. 붓다는 그 구성을 두 가지로 분류하였다. 하나는 지수화풍(地水火風)으로 구성된 물질적 육체, 즉 색(色)이 있고 다른 하나는 느낌(受) · 생각(想) · 작용(行) · 식별(識)의 네 가지 정신적 요소가 있으며 이것이 우리 자신의 모든 것이라고 하였다. 이 육체(色)에 수 · 상 · 행 · 식을 더하여 오온(五蘊)이라고 한다. 이 오온설은 물질을 바탕으로 하면서도 정신의 독자성을 명백히 하고 있다.

이처럼 불교는 인간으로부터 시작된 존재 개념 아래 일체의 것을 인간이 인식할 수 있는 12처로 분류하고 그 존재를 무상과 무아의 불완전한 요소로 보았으며 그러한 상태를 벗어난 열반의 세계를 제시하고 있다.

사성제(四聖諦)와 팔정도(八正道) 사성제에서 제(satya)란 진리 또는 진실을 의미한다. 따라서 사성제란 네 가지의 성스러운 진리라는 말이다. 이것은 고(苦)성제 · 집(集)성제 · 멸(滅)성제 · 도(道)성제를 가리키는 것으로 간단히 고집멸도(苦集滅道)라고도 한다. 사성제를 좀 더 구체적으로 표현하면 고(苦) · 고가 일어나는 원인 · 고의 소멸 · 고의 소멸에 도달하는 방법이다. 사성제는 붓다가 깨달음을 얻은 후 녹야원(鹿野苑)에서 다섯 명의 제자들에게 처음으로 설한 법이다. 이 사성제의 가르침은 불교의 궁극 목표인 고로부터 해탈을 위해 만들어진 가장 구체적이면서도 간단한 교리이다. 붓다는 인생의 괴로움을 해결하기 위해 의사가 병을 치료할 때와 같은 방법을 사용한 것이다.

고제라는 것은 인생은 고로 가득 차 있다는 것이다. 고(duhkha)를 일반적으로 괴로움·고통·슬픔 등으로 번역하고 있지만 실은 이것보다 훨씬 더 넓은 의미를 가지고 있다. 그것은 단순히 신체적·생리적인 고통 또는 일상적인 불안이나 고뇌만을 말하는 것이 아니다. 우리 생존에 따르는 모든 괴로움을 총망라한 것이다. 고를 구체적으로 설명할 때 팔고(八苦)를 말한다. 태어남(生)·늙음(老)·병듦(病)·죽음(死) 등의 네 가지 고와 사랑하는 사람과 헤어지는 애별리고(愛別離苦), 미워하는 사람과 만나는 원증회고(怨憎會苦), 구하는 것을 얻지 못하는 구부득고(求不得苦), 오온의 집착에서 생기는 오온성고(五蘊盛苦) 등의 네 가지를 합쳐서 팔고(八苦)가 된다. 또한 고를 성질에 따라 고고(苦苦)·괴고(壞苦)·행고(行苦) 등 3종으로 나누기도 한다. 고고란 주로 육체적인 고통을 말한다. 보통 고통이라고 하는 것이 이 경우에 해당된다. 괴고란 파괴나 멸망 등에서 느끼는 정신적 고뇌를 말한다. 행고란 현상세계가 무상(無常)하다는 것을 조건으로 해서 느끼는 고이다. 유한한 존재인 인간이 끊임없이 변하는 현실 앞에서 느끼게 되는 괴로움이다.

집제에서 집(集)이란 samudaya라는 말을 번역한 것으로 '불러 모으다'는 의미를 가지고 있다. 이 집제에서는 고를 일으키는 원인을 밝힌다. 근원적인 고는 갈애(渴愛, tanha)와 무명(無明)이다. 정감(情感)의 측면에서는 갈애가 가장 큰 원인이고 이지적(理知的) 측면에서는 무명이 가장 큰 원인이다. 갈애는 모든 욕망의 근저를 이루는 것으로 채워지지 않은 욕망, 인간의 불만을 조성하는 욕망이다. 이것을 갈애라고 한 것은 목마른 사람이 물을 찾을 때의 강렬한 욕구와 비슷하기 때문이다. 갈애로 인해 인간의 생존이 계속된다. 갈애는 구체적으로 욕애(欲愛)·유애(有愛)·무유애(無有愛) 등 세 가지로 나뉜다. 욕애란 오욕(五欲)

즉 감각적인 쾌락을 추구하는 욕망을 가리킨다. 유애란 존재에 대한 욕망을 가리킨다. 오래도록 살고 싶다든지 죽은 후에 천상에 태어나서 영원히 살고 싶어 하는 등의 욕망이다. 무유애는 생존이 단절되기 바라는 욕망을 가리킨다.

멸제란 고는 멸할 수 있다는 것이다. 즉 고에는 갈애와 무명 같은 원인으로 인해 생긴 것이므로 그 원인을 초극하면 바로 그 경지가 열반이며 해탈이라는 것이다. 열반은 소멸의 의미를 가진 말로서 고가 소멸된 상태 혹은 고가 완전히 없어진 상태, 다른 말로 표현하면 고에서 완전히 벗어난 상태이다. 이는 마음이 갈애의 속박에서 완전히 벗어난 상태이므로 해탈의 경지이기도 하다. 마음 중에서 지혜가 먼저 해탈하는 것을 혜(慧)해탈이라고 하며 또한 번뇌를 모두 멸하여 마음 전체가 해탈하는 것을 심(心)해탈이라고 한다. 현재의 오온을 그대로 지닌 채로, 즉 살아있는 동안에 성취하는 열반을 생존의 근원이 남아있는 열반 즉 유여열반(有餘涅槃)이라고 한다. 유여열반을 이룬 사람이 죽으면 다시 육체를 받아서 태어나지 않게 된다. 이것을 생존의 근원이 남아있지 않는 열반, 즉 무여열반(無餘涅槃)이라고 한다. 무여열반은 완전한 열반으로 정신적 · 육체적 고가 모두 소멸된 상태의 열반이다.

도제란 고를 멸하는 데는 일정한 수행방법이 있다는 것이다. 여기서 도(道)란 열반에 이르는 길을 말한다. 이것은 중도(中道)라고도 부르는 것으로 양극단을 떠난 길이다. 즉 지나치게 쾌락적인 생활도 극단적인 고행생활도 아닌 몸과 마음의 조화를 유지할 수 있는 적당한 상태의 길을 말한다. 열반을 얻기 위한 수행의 길도 극단적인 고행이나 지나친 쾌락을 피하고 중도를 실천해야 한다. 이 중도를 구체적으로 말한 것이 팔정도이다.

팔정도는 여덟 가지 바른 길로서 여기에는 정견 · 정사유 · 정어 · 정업 · 정명 · 정정진 · 정념 · 정정이 있다.

① 정견(正見)은 바르게 보는 것, 즉 모든 존재의 실체를 잘 관찰하는 것을 말한다.

② 정사(正思)는 바르게 생각하는 것, 즉 생각할 바와 생각 안할 바를 마음속에서 잘 분간하는 것이다. 즉 탐욕스러운 생각, 성내는 생각, 해치려는 생각을 가지지 않고 온화한 마음, 자비스러운 마음, 청정한 마음을 가지는 것이다.

③ 정어(正語)는 바르게 말하는 것이다. 거짓말[妄語], 이간시키는 말[兩說], 욕하는 말[惡口], 꾸며대는 말[綺語]을 하지 않고 다른 사람을 칭찬하는 말, 성실한 말, 필요한 말을 하는 것이다.

④ 정업(正業)은 바르게 행동하는 것이다. 살생, 도둑질, 음란한 짓을 하지 않고 다른 존재들의 목숨을 구해주고 보시(布施)하고 청정한 생활을 하는 것이다.

⑤ 정명(正命)은 바르게 생활하는 것이다. 즉 정당한 방법으로 적당한 의식주를 구하는 것이다. 특히 출가 수행자의 경우에는 재가신도의 바른 신앙에서 우러나는 보시를 받아 생활하는 것이다.

⑥ 정정진(正精進)은 바르게 노력하는 것, 즉 끊임없이 노력하여 물러섬이 없이 마음을 닦는 것이다. 이미 생긴 선(善)은 더욱 자라도록 노력하고 아직 생기지 않은 선은 생기도록 노력하고 이미 생긴 악은 끊도록 노력하고 아직 생기지 않은 악은 생기지 않도록 노력하는 것이다.

⑦ 정념(正念)은 바르게 기억하는 것, 즉 반드시 생각하고 있을 것을 잊지 않는 것이다. 자기 자신이나 그 주변의 것을 바르게 알고 바르게 기억해서 반성하고 바른 의식으로 행동하는 것이다.

⑧ 정정(正定)은 바르게 마음을 집중하는 것이다. 정(定)을 닦는 구체적인 방법이 선이기 때문에 때로는 이를 선정 · 삼매(三昧, Samādhi)라고도 한다.

십이연기(十二緣起) 초기경전에서 연기는 항상 인간의 미혹과 깨달음을 문제로 설해지고 있으며 연기설을 바탕으로 해서 만들어진 여러 가지 연기의 형식이 등장하고 있다. 즉 5지(支), 8지, 9지, 10지, 12지 연기설로 구분되는데 이 가운데 가장 완성된 형태가 12지 연기이다. 십이연기는 열두 가지 지분을 갖춘 형태로서 12인연이라고도 한다. 십이연기란 무명(無明)·행(行)·식(識)·명색(名色)·육입(六入)·촉(觸)·수(受)·애(愛)·취(取)·유(有)·생(生)·노사(老死)이다. 12연기로써 때로는 생멸 변화하는 세계와 인생의 모든 현상을 설명하기도 하지만 근본 목적은 인생의 근원적인 문제인 고(苦)가 어떻게 해서 생겨나고 또 어떻게 해서 사라지는가를 밝히는 것이다. 십이연기는 훗날 다양하게 해석되는데, 십이지 각각의 의미를 살펴보기로 한다.

무명(無明, avida)이라고 하는 것은 지혜[明]가 없다는 말이다. 올바른 법, 즉 진리에 대한 무지를 가리킨다. 구체적으로는 연기의 이치에 대한 무지이고 사성제에 대한 무지이다. 무명은 근본 번뇌로써 일체의 미혹, 집착, 번뇌의 근원이 되며 이 근본 무명으로 인해 괴로운 현실이 전개되는 것이다.

무명을 조건으로 해서 행(行, samskara)이 있다. 행이란 행위, 즉 '업'을 가리킨다. 행에는 몸으로 짓는 신행(身行)과 언어로 짓는 구행(口行)과 마음으로 짓는 의행(意行)이 있다. 행은 진리에 대한 무지, 즉 무명 때문에 짓게 되고 그것을 지은 존재의 내부에 반드시 잠재적인 힘의 형태로 남게 된다.

행을 조건으로 해서 식(識, vijnana)이 있다. 식은 인식작용, 즉 인식 판단의 작용 또는 인식 판단의 주관을 말한다. 경전에서는 안식(眼識)·이식(耳識)·비식(鼻識)·설식(舌識)·신식(身識)·의식(意識) 등을 제시하고 있다. 식이란 표면적인 의식뿐만 아니라 잠재의식도 포함한다. 꽃을 볼 경우 꽃이라는 인식이 일어나게 되는 것은 전에 꽃을 본

경험이 잠재의식 상태로 남아있기 때문에 가능하다. 꽃을 보았다는 과거의 경험은 과거의 행위이다. 따라서 과거의 행이 없다면 현재의 인식작용이 일어날 수 없다.

식을 조건으로 해서 명색(名色, namarupa)이 있다. 명은 정신적인 것을 가리키고 색은 물질적인 것을 가리킨다. 식이 주관적인 면을 나타내고 있는 데 반해 명색은 그 대상인 객관적인 면을 나타내는 것이다.

명색을 조건으로 해서 육입(六入, sadayatana)이 있다. 육입은 대상과 감각기관과의 대응작용이 이루어지는 장소나 영역을 말한다. 구체적으로는 눈(眼) · 귀(耳) · 코(鼻) · 혀(舌) · 몸(身) · 마음(心)의 여섯 영역이 감각기관과 대상, 감각작용의 접촉을 위한 조건이 되는 것이다.

육입을 조건으로 해서 촉(觸, sparsa)이 있다. 고락(苦樂) 등은 감각기관(根)과 대상(境)과 감각작용(識)의 접촉에 의해 성립한다. 촉이란 지각을 일으키는 일종의 심적인 힘이다. 구체적으로 촉에는 눈에 의한 접촉 · 귀에 의한 접촉 · 코에 의한 접촉 · 혀에 의한 접촉 · 신체에 의한 접촉 · 뜻에 의한 접촉 등의 육촉(六觸)이 있다.

촉을 조건으로 해서 수(受, vedana)가 있다. 수란 대상의 인상(印象)을 받아들여서 생겨난 즐거운 감정(樂) · 괴로운 감정(苦) · 괴로움도 즐거움도 아닌 감정(非苦非樂)과 그 감수(感受) 작용을 말한다. 감각기관과 그 대상 그리고 인식작용 등의 3요소가 만날 때 거기에서 지각을 일으키는 심적인 힘이 생기게 되고 그 다음 수가 발생하게 된다.

수를 조건으로 해서 애(愛, trsna)가 있다. 애란 갈애라고 하는데 보통 목이 타서 갈증이 나면 오로지 물을 구하기에 그치지 않는 것처럼 항상 능동적으로 만족을 구하는 인간의 본능적 · 맹목적 · 충동적 욕망을 말한다. 경전에서는 애를 구체적으로 색애(色愛) · 성애(聲愛) · 향애(香愛) · 미애(味愛) · 촉애(觸愛) · 법애(法愛)라고 하는 인간의 여섯 가지 대상에 대한 욕망이라고 설하며 또 욕애(欲愛) · 유애(有愛) · 비유애

(非有愛)의 3애로 설하기도 한다. 유애는 영원히 살고 싶은 욕망이고 비유애는 이러한 욕망이 충족되지 않을 경우 그 밖의 경우에 일어나는 생명의 멸무(滅無)에 대한 욕망이다. 또 이 같은 근본적인 욕망이 외부로 작용할 때 인간의 감각대상이 되는 색・소리・냄새・맛・감촉・생각에 대한 욕망을 욕애라고 한다.

애를 조건으로 해서 취(取, upadana)가 있다. 취는 집착의 의미로서 인간의 미혹한 생존은 집착에 근거한 것이다. 어떤 대상에 대해 욕망이 생기면 뒤따라 그것에 집착을 일으키게 된다. 경전에서는 욕망에 의해 생긴 욕취(欲取), 견해의 주장에 집착하는 견취(見取), 계율이나 신조에 집착하는 계금취(戒禁取), 자아가 존재한다는 논의에 집착하는 아어취(我語取) 등으로 설명하고 있다.

취를 조건으로 해서 유(有, bhava)가 있다. 유란 생사의 세계, 생존을 말한다. 경전에서는 욕유(欲有)・색유(色有)・무색유(無色有)로 설명하고 있다. 여기서 생존이라는 것은 미혹한 생존・윤회하고 있는 생존을 말한다.

유를 조건으로 해서 생(生, jati)이 있다. 생이란 각각의 중생부류에서 각각의 중생이 생겨나는 것・출생하는 것・출생의 여러 가지 요소가 출현하는 것・모든 기관이 완비되는 것이다. 생이란 생겨나는 것이다.

생을 조건으로 해서 노사(老死, jara-marana) 등 여러 가지 고가 있다. 생이 있게 되면 필연적으로 늙음과 죽음이 있게 된다. 그리고 다른 여러 가지 고, 즉 근심・비애・고통・번뇌・번민이 발생하는 것이다.

십이연기를 관찰하는 방법에는 순관(順觀)과 역관(逆觀)이 있다. 순관이란 무명을 조건으로 해서 행이 있고, 행을 조건으로 해서 식이 있고, 식을 조건으로 해서 명색이 있다. 계속해서 육입・촉・수・애・취・유・생・노사가 있다고 관찰하는 것이다. 즉 순관은 고의 발생과정을 설명하는 방법이다. 이렇게 보는 연기를 유전문(流轉門)의 연기라고도 부른다. 그것은 존재가 무명과 욕망 등으로 말미암아 윤회의 세계에서 생사를 되풀이하는 과정을 설명하는 연기이기 때문이다.

이와 달리 역관이란 고가 소멸하는 과정을 설명하는 방법이다. 무명이 소멸하기 때문에 식이 소멸하고 식이 소멸하기 때문에 명색이 소멸한다. 그리고 계속해서 노사의 소멸까지를 설명한다. 이렇게 보는 연기를 환멸문(還滅門) 연기라고도 한다. 그것은 존재가 무명과 욕망을 없앰으로써 생사유전(生死流轉)의 세계에서 벗어나 열반으로 돌아가는 과정을 설명하는 연기이기 때문이다. 연기의 해석은 그 뒤 부파불교를 거쳐 대승불교의 각 파에 따라 다양하게 이루어지지만 처음부터 유전문과 환멸문이라는 연기관이 있었던 것은 아니다.

업과 윤회 붓다는 당시 유행하고 있는 대부분의 사상을 배척하고 비판하였으나 업과 윤회(samsara)에 대한 견해는 새롭게 해석하여 수용하였다. 초기 우파니샤드시대에 이미 선을 행하면 행복한 결과가 오고 악을 행하면 불행한 결과가 초래된다고 하는 선인선과(善因善果)·악인악과(惡因惡果)의 사상이 있었다. 또한 선한 사람은 사후에 천국낙토(天國樂土)에 태어나고 악한 사람은 악계지옥(惡界地獄)에 떨어진다는 사고는 이미 불교 발생 수백 년 전부터 존재한 것이다. 그러나 아직 윤회설로까지 발전하지는 않았다.

윤회에 대해서는 죽은 사람의 영혼은 브라흐만과 합일하는 상태로 돌아가는 경우를 제외하고는 모두 천상이나 지옥 그 밖의 곳으로 가므로 영혼은 같은 모습으로 있지 않고 다른 존재로 다시 태어나 얼마간 살다가 죽고 또 다른 존재로 태어나게 된다고 여겼다. 즉 삼세(三世)에 걸쳐 다시 태어나고 다시 죽음으로 인해서 여러 세계를 거쳐 가는 것을 의미하는 것이다. 이 윤회설이 성립한 것은 불교 발생 2, 3백 년 전인 우파니샤드 시대라고 여겨진다.

내생(來生)에 높고 낮은 신분이 되고 부자가 되거나 가난한 사람이 되는 것을 결정짓는 것을 업이라고 보았다. 전생의 업이 이승에서 일어나는 일의 원인이 된다는 것이다. 업 사상은 행위 하나 하나가 각자 반드시 어떤 결과를 낳게 마련이며 그 결과는 좋은 것이든 나쁜 것이든 끝까지 따라오게 된다는 것이다. 즉 자업자득(自業自得)을 기본원칙으로 하는 것이다. 이러한 업과 윤회의 관념은 점차 카스트 체계와 부합되어 설명되었다.

붓다는 업의 법칙을 유연하게 받아들여 어떤 카스트나 계급에 속한 사람이라도 마음이나 태도를 변화시킴으로 인해 전생에서 지은 죄에서 자유로워질 수 있다고 설했다. 붓다는 윤회를 주장했으나 영혼이 불멸의 실체를 갖고 있어서 이 생에서 저 생으로 윤회를 거듭한다는 것을 인정하지 않았다. 붓다는 당시의 사문과 바라문들이 인간의 길흉화복의 원인을 설명함에 있어 올바른 업보설을 채용하지 않고 그릇된 주장을 내세우고 있다고 보고 그 주장을 다음의 다섯 종류로 분류하고 이에 대해 비판하였다.

첫 번째로 자재화작인설(自在化作因說)은 신의설(神意說)이라고도 할 수 있는데 정통 바라문의 주장이 이에 해당한다. 그것은 이 세계도 인간의 운명도 모두 범천(梵天)이나 자재천(自在天) 등의 최고신이 만든 것으로 모든 것은 신의 의지에 좌우된다고 하는 주장이다. 여기에서는 인간의 자유의지가 인정되지 않으며 따라서 우리가 고통에서 벗어나기 위해서 수행하는 것도 무의미한 것이 된다. 세상의 일은 우리의 의지나 노력에 따르는 것이 아니고 신의 의지대로 움직이는 것이기 때문이다.

두 번째로 숙작인설(宿作因說)은 우리가 이 세상에서 받는 행복과 불행의 운명이 모두 우리가 과거세에서 행한 선과 악업의 결과로 얻어진 것이며 인간의 일생의 운명은 전생의 업의 결과로 우리가 태어난 때에 이미 정해져 있다고 하는 것이다. 우리가 이 세상에서 선한 행위를 하고 노력을 기울여도 그것은 내세의 운명을 규정하는 원인은 될 수 있을지언정 현세의 운명을 변화시킬 수는 없다고 하는 것으로 일종의 숙명론이다.

세 번째로 결합인설(結合因說)은 이 세계 인생의 모든 것은 지수화풍(地水火風) 등의 몇 가지 요소의 결합에 의해 발생하고 그 결합 상태의 좋고 나쁨에 의해 인간의 길흉화복이 정해진다는 주장이다. 그리고 이 결합상태는 우리가 태어난 때에 이미 확정되어 그것이 한 평생 일정하게 존속하기 때문에 현세의 노력에 의해 운명을 변화시킬 여지는 전혀 없는 것이다. 이러한 의미에서 결합인설도 일종의 숙명론이라고 할 수 있다.

네 번째로 계급인설(階級因說)은 인간은 태어나면서부터 흑(黑) · 청(青) · 적(赤) · 황(黃) · 백(白) · 순백(純白)의 여섯 가지 계급으로 구별되어 있어 그 계급에 따라 인간의 성격 · 지혜 · 환경 · 가계 등이 결정된다고 하는 것이다. 이것도 일종의 숙명론으로 후천적인 인간의 노력을 인정하지 않는 것이다.

마지막으로 우연인설(偶然因說)은 사회 · 인생의 운명이 인과업보의 법칙에 지배되는 것이 아니며 또 신의 은총이나 징벌에 의한 것도 아니라는 것이다. 길흉화복은 일정한 원인이나 이유에 의해 일어나는 것이 아니고 완전히 우연한 기회에 의해 일어나는 일시적인 것에 지나지 않는다고 하는 것이다.

붓다 당시 인도에서는 이상과 같은 여러 학설이 횡행하였다. 대체로 업과 윤회를 인정하되 그것을 결정론적으로 해석하는 경향과 업과 윤회를 부정하려는 경향으로 나눌 수 있다. 현재의 상황은 과거의 행위로 설명될 수 있지만 그러나 현재의 삶은 이미 정해져 있는 것이 아니다. 자신의 자유의지와 노력에 따라 운명도 조금씩 변화할 수 있는 것이다. 업과 윤회설에 나타나는 불교의 특징은 윤회의 주체로서 영혼을 인정하지 않고 업 자체가 윤회한다고 본 것이다. 또한 인간의 자유의지를 인정하여 우리의 노력과 수행에 따라 운명도 변화할 수 있다는 사고가 내포되어 있다.

중도와 일체법 붓다는 인간이 살아가는 데 있어 극단적인 두 가지 길이 있으니 하나는 관능(官能)이 이끄는 대로 욕망의 쾌락에 빠지는 일이고 또 하나는 고행으로 자기 자신을 의식적으로 괴롭히는 일이라고 했다. 쾌락에 빠지는 것은 비열하고 어리석어 무익하며 고행은 괴로울 뿐 이익이 없으므로 출가 수행자는 그 어느 쪽에도 치우쳐서는 안 된다는 것이다. 이것이 중도(中道)의 가르침이다.

중도란 '중간 길' 또는 좌우에 치우치지 않는 '한 가운데'라는 중용(中傭)이 아니다. 실제 인간생활에 적용되는 도리로 공리공론(空理空論)이 아닌 정도(正道)를 말하는 것이다. 좌, 우, 중간을 말할 때의 중간은 좌, 우에 대한 위치적인 처지를 말하지만 중도의 중(中)은 그런 고정적인 위치에서 벗어난 좀더 자유로운 자연 선을 뜻하는 것이다. 있는 그대로 보되 선입견이나 편견 등의 걸림이 없는 상태를 말하는 것이다.

붓다는 깨달음을 이루고 난 후 다섯 비구(比丘)들에게 "나는 쾌락도 고행도 무익하고 하등한 것이어서 다 버렸으며 두 극단을 버림으로써 중도를 깨닫게 되었고 중도를 깨달음으로써 인간세상의 일들을 바르게 통찰하고 바르게 인식하는 눈을 뜨게 되었다."고 하였다. 다시 말하면 붓다가 깨달은 연기의 법 · 무상 · 무아 등은 중도의 눈으로 관찰한 결과인 것이다.

오온 초기 경전에서는 일체가 무상 · 고 · 무아임을 여러 가지 방식으로 제시하고 있는데 그 가운데 대표적인 것이 오온 · 십이처 · 십팔계(十八界)이다. 즉 일체를 나타내기 위해 5종류, 12종류, 18종류를 열거하고 이것이 모두 무상 · 고 · 무아임을 설하는 것이다. 온(蘊, khandha)이라고 하는 것은 '모이고 쌓임'을 의미하므로 '오온'은 다섯 개의 요소가 모인 것이라는 뜻이다. 오온(skhanda)이란 색온(色蘊) · 수온(受蘊) · 상온(想蘊) · 행온(行蘊) · 식온(識蘊)이다.

색(色, rupa)은 빛깔이나 모양이 있는 것, 특히 육체를 가리킨다. 육체는 4가지 기본 요소인 사대(四大)와 사대에서 파생된 물질인 사대소조색(四大所造色)으로 이루어져 있다. 사대란 '지수화풍'으로 지(地)는 뼈 · 손톱 · 머리카락 등 육체의 딱딱한 부분이고 수(水)는 침 · 혈액 · 오줌 등 액체 부분이다. 화(火)는 체온이고 풍(風)은 몸속의 기체 즉 위장 속의 가스 같은 것을 가리킨다. 사대소조색이란 사대로 이루어진 다섯 가지의 감각기관인 눈 · 코 · 귀 · 혀 · 몸이다.

수(受, vedana)는 괴로움과 슬픔 등의 감수 작용이다. 수는 내적인 감각기관과 그것에 상응하는 외적인 대상들과의 만남에서 생긴다. 수에는 성질상 세 가지가 있다. 즉 고수(苦受) · 낙수(樂受) · 불고불락수(不苦不樂受)이다. 고수란 괴로운 감정이고 낙수란 즐거운 감정이며 불고불락수란 사수(捨受)라고도 하는 것으로서 괴로움도 즐거움도 아닌 감정을 가리킨다.

상(想, sanna)은 개념표상의 작용(取象作用) 또는 심상(心象)이다. 상 역시 감각 기관들과 그것에 해당되는 대상들과의 접촉에서 생긴다. 상은 대상들을 식별하고 그 대상들에게 이름을 부여한다.

행(行, sankhara)은 의지작용 및 그 밖의 정신작용이다. 넓은 의미로서의 행은 수 · 상 · 식을 제외한 모든 정신작용과 현상이다.

식(識, vinnana)은 요별(了別)이라고 설명되며 인식이나 판단의 작용을 가리킨다. 그러나 엄밀한 의미에서 식의 영역은 대상을 인식하는 데까지 가지 않는다. 그 전 단계인 주의 작용일 뿐이다.

오온의 설명은 인간존재는 색 · 수 · 상 · 행 · 식 다섯 가지 요소가 일시적으로 결합되어 있는 것에 지나지 않는다는 사실을 말하고 있다. 『잡아함경』(雜阿含經)에서는 이것을 "마치 여러 가지 재목을 한 데 모아 세상에서 수레라 일컫는 것처럼 모든 온이 모인 것을 거짓으로 존재라고 부른다." 라고 비유로써 설명하고 있다. 수레는 바퀴, 차체, 축 등 여러 요소가 모였을 때 비로소 존재할 수 있는 것이지 이 요소들과 관계없이 홀로 존재할 수는 없다. 인간존재도 마찬가지로 색·수·상·행·식 다섯 가지 요소가 모일 때 비로소 인간으로 존재할 수 있게 된다.

십이처 십이처(ayatana)란 여섯 개의 감각기관과 그것에 상응하는 여섯 개의 대상을 합친 것이다. 여섯 개의 감각기관을 육근(六根)이라고 하는데 눈(眼根)·귀(耳根)·코(鼻根)·혀(舌根)·몸(身根)·마음(意根)이다. 보는 작용은 눈을 통해서 이루어지고 듣는 작용은 귀, 냄새 맡는 것은 코, 맛보는 것은 혀, 감촉은 몸, 생각은 마음을 통해서 이루어진다. 이 육근에 상응하는 여섯 개의 대상을 육경(六境)이라고 한다. 육경(六境)은 빛깔과 형태(色境)·소리(聲境)·냄새(香境)·맛(味境)·감촉(觸境)·생각(法境)을 말한다. 정신작용이 일어나기 위해서는 반드시 감각기관과 거기에 상응하는 대상이 합쳐져야 한다. 여기서 육근은 주관적인 인식능력을 말하는 것이고 육경은 객관적 대상을 말하는 것이다. 십이처설은 일체 존재를 구성하고 있는 요소에는 불변적인 것은 아무 것도 없다는 것을 합리적으로 설명한 것이다.

십팔계 십팔계(dhatu)는 십이처, 즉 육근과 육경에 육식(六識)을 합한 것이다. 어떤 것을 인식하기 위해서는 반드시 인식기능을 가지고 있는 기관(根)과 인식대상(境)과 인식작용(識)이 필요하다. 눈을 통해서 빛깔이나 형상을 보기 때문에 이것을 식별하는 작용이 있게 된다. 이것을 안식(眼識)이라고 한다. 귀로써 소리를 들음으로 이식(耳識)이, 코로써 냄새를 맡기 때문에 비식(鼻識)이, 혀로써 맛을 보기 때문에 설식(舌

識)이, 몸으로 접촉하기 때문에 신식(身識)이, 마음으로 무엇을 생각하기 때문에 의식(意識)이 일어나는 것이다. 이것이 인식기능인 육식(六識)이다.

3. 불교의 역사적 전개: 부파불교와 대승불교

부파불교란 초기교단이 상좌부(上座部)와 대중부(大衆部)로 분열한 이후의 전통적인 교단의 불교를 말한다. 불멸(佛滅) 100년경에 초기교단은 붓다의 가르침을 충실히 지키려고 하는 보수파의 장로들을 중심으로 한 상좌부와 승단의 규율에서 진보적인 입장을 취한 대중부로 나뉘었는데[53) 이를 근본분열(根本分裂)이라고 한다. 이 근본분열의 원인에 대해 남방불교에서는 십사(十事)를 둘러싼 계율해석을 위해 바이샬리에서 모인 제2차 결집으로 인한 것이라고 하며 북방불교에서는 인도 마우리아제국의 아쇼카(Ashoka, BC 273~232년) 왕 시기에 승려 마하데바(大天)가 오사(五事) 즉 아라한(阿羅漢, arahat)의 권위를 격하시키는 다섯 가지 항목을 주창한 것을 계기로 하여 분열되었다고 한다.

이어서 상좌부와 대중부 각각에서 다시 분열을 되풀이한 것을 지말분열(枝末分裂)이라고 한다. 상좌부는 7회의 분열에 의해 11부로 나뉘었고, 대중부는 본말을 합해 9부이기 때문에 상좌부와 합해서 20부가 된다. 그래서 근본의 2부를 제외하고 18부의 분열이라고 한다. 부파교단의 불교는 붓다의 직계제자인 마하카샤파와 아난다 등에 의해 전해진 불교가 스승으로부터 제자에게 계승되어 발전한 것이다. 따라서 부파 교단의 불교는 '제자의 불교 · 배우는 불교'이며 남에게 가르치는 입장의 불교는 아니다. 이러한 수동적인 불교였기 때문에 대승교도들

---

53) 부(部)란 원래 설(說)의 뜻이다. 상좌부는 소수 장로의 주장이며 정통파에 속한다. 대중부는 여러 승려의 주장이며 비교적 발전을 강조하는 유파이다.

로부터 성문승(聲聞乘)이라고 불렸다. 성문이란 불타의 말씀을 들은 사람, 즉 제자라는 뜻이다.

부파불교 교리의 특징은 출가주의라는 점이다. 출가하여 비구나 되고 계율을 엄격하게 지키면서 수행한다. 재가와 출가의 구별을 엄격히 하고 출가자는 국왕이나 장자들의 지원 아래 경제적으로 안정된 생활을 누리면서 교리연구와 수행생활을 해 나갔다. 다음으로 부파불교는 은둔적인 사원(寺院) 불교이다. 승가(僧伽)가 점차 조직화되고 안정된 경제적 기반을 갖춤에 따라 출가자들은 재가신자들을 찾아다니면서 교화하고 걸식하는 생활을 하지 않게 되었다. 그들은 사원에 안주하며 명상과 열반의 적정(寂精)만을 추구하는 생활을 하고 학문과 수행에 전념하였다. 타인의 구제보다는 먼저 자기의 수행의 완성을 목표로 삼았다. 그 때문에 대승(大乘) 교도로부터 소승(小乘)이라고 불리고 천시되었다. 이처럼 국왕이나 장자들의 경제적 지원에 의해 승단은 유행걸식하지 않으면서 출세간주의(出世間主義)를 관철하여 연구와 수행에 주력했으며 이로써 분석적이고 치밀한 불교교리를 완성시켰다. 이것이 아비달마(阿毘達磨; abhidharma, 법에 대한 연구) 불교이다.

대승불교에서 대승은 마하야나(maha-yana)의 번역으로 큰 수레라는 의미이며 소승은 히나야나(hina-yana)의 번역으로 작은 수레라는 의미이다. 히나에는 '버려진 · 천한 · 열등한' 이라는 의미도 있어 히나야나란 대승교도가 부파불교를 경멸하여 천시한 호칭임을 알 수 있다. 즉 부파불교에서는 스스로를 소승이라고 부르지 않았다.

대승과 소승의 승은 교리를 말하는 것이다. 가르침을 실천함으로 미혹의 현실세계에서 깨달음의 세계로 건너갈 수 있으므로 수레에 비유한 것이다. 대승불교와 부파불교의 교리적 차이는 많지만 그 중에서 가장 큰 것은 자리(自利)와 이타(利他)의 차이이다. 대승불교에서는 '남을 구제함으로써 자신도 구제된다.'는 자리이타원만(自利利他圓滿)의 가르침을 설한다. 이에 비해 유부나 상좌부에서는 번뇌를 끊고 자기 자신의 해탈을 얻는 것이 수행의 목적이 되고 있다. 해탈을 얻어 열반에 드는 것을 추구하며 자신이 해탈을 얻은 후에 남을 구제하는 것을 이상으로 삼지 않았다.

부파불교는 철저히 출가 위주의 불교이다. 즉 출가자는 성불(成佛)을 이상으로 삼지만 재가자는 이러한 이상에서 배제되어 단지 출가자에게 보시하고 공양하는 일차적인 의무밖에 주어지지 않았다. 이에 비해 대승불교에서는 출가와 재가 모두가 성불할 수 있다고 가르치며 이러한 가르침의 근저에는 누구에게나 붓다가 될 수 있는 소질이 갖추어져 있음을 믿는 것을 전제로 하고 있다.

붓다를 보는 입장을 보면 소승불교는 일반적으로 석가모니불을 깨달은 자이고 교조라고 생각하는 반면 대승불교는 붓다의 신은(神恩)과 타력 구원을 강조하여 붓다를 초인적 존재로 생각한다. 소승불교는 붓다를 하나의 인간, 곧 석가모니로 보는데 반해 대승불교는 시방(十方) 세계에는 여러 붓다, 즉 아미타불 · 비로자나불(毘盧遮那佛) · 약사불(藥師佛) · 미륵불(彌勒佛) 등이 있다고 생각한다. 이것은 한 걸음 더 나아가 붓다가 우주역량의 체현이며 붓다는 모든 세계와 극락정토의 주재자임을 선양한 것이다.

추구하는 이상을 보면 대승불교는 성불(成佛)을 목적으로 하지만 소승불교는 아라한을 이루는 것을 궁극목적으로 삼는다. 소승불교는 개인의 해탈에 치중하고 대승은 일체 중생의 해탈에 온 힘을 기울인다. 소승이 추구하는 해탈은 번뇌를 제거하고 생사를 끊는데 치중하지만 대승의 공종에서는 보리(菩提, bodhi), 즉 깨달음을 목표로 삼는다.

수지(修持)의 방법을 보면 소승불교는 인생 고(苦)의 원인이 인생의 본질에 있다고 생각하였다. 곧 모든 행위(業)와 모든 번뇌(惑)로 말미암아 고과(苦果)가 만들어지므로 교(教)와 문(聞)을 존중하여 업을 끊고 미혹을 없애서 다시는 태어나지 않는 것을 이상으로 삼는다. 그러므로 사람들로 하여금 사회로부터 멀리 떠나게 하고 은둔과 금욕을 주장하였다. 이에 반해 대승불교는 인생문제가 고립적으로 해결되는 것은 아니며 전면적으로 해결되어야 한다고 생각하였다. 그래서 자기의 고를 없앨 뿐만 아니라 다른 사람의 고도 없애야 한다고 하여 중생의 **공업적(共業的) 공동전화(共同轉化)**를 강조하였다. 그들은 행위를 중히 여겨 현실을 피하지 말고 현실과 대면하고 현실을 이해하며 자신의 실천이 세간을 벗어나지 않도록 노력하고 현실 속에서 해탈을 구할 것을 강조하였다. 이로 인해 대승불교는 초기에 특히 출가를 중시하지 않고 재가를 중시하였다.

이러한 기본적인 차이에서부터 점차로 교리상의 차이가 생긴 것이다. 소승불교에서는 육신이 멸하여 열반에 드는 것을 최후의 목표로 삼았지만 대승불교에서는 영원히 열반에 들지 않는 것을 설하고 있다. 즉 **문수 · 보현 · 관음보살** 등은 성불하지 않고 중생의 구제를 위해 열반에 들지 않는다. 이러한 교리를 가능하게 하기 위해서 대승에서는 공(空) 사상이 심화되고 연기(緣起)에 대해서도 다른 해석을 했다. 동시에 붓다에 의한 구제의 교리로서 악한 사람이나 약한 사람도 구제하는 타력이행(他力易行)의 교리가 나타난다. 이러한 관념은 이전에 보이지 않는 대승불교의 특색이다.

소승불교는 인무아(人無我)라 하여 인간은 결코 독립적이고 영구적인 실체가 아닌 공이라 하지만 우주 만유는 공이 아니라 유(有)라고 생각한다. 이것이 **인공법유설(人空法有說)**이다. 그러나 대승불교는 인공(人空)뿐 아니라 법공(法空)까지 주장하였다. 즉 우주 만유도 독립적이고 영구적인 실체가 없다고 하여 공이라 한 것이다. 이를 **일체개공(一切皆空)**이라 부른다.

소승불교의 아라한에 해당되는 **보살**은 bodhisattva를 음사하여 줄인 말이다. 보디(bodhi)는 깨달음이며 삿트바(sattva)는 유정(有情)을 가리키므로 보살이라는 말의 뜻은 깨달음을 얻은 유정 또는 깨달음을 추구하는 유정이 된다. 그러나 이후에는 '붓다의 깨달음을 추구하고 일체중생을 구제하고자 노력하는 사람'으로 설명된다. 이를 단적으로 보여주는 것이 '위로는 깨달음을 구하고 아래로는 일제 중생을 교화한다.'(上求菩提, 下化衆生)는 표현이다.

이 보살이란 말은 불전문학(佛傳文學)에서 제일 먼저 사용된 것으로 추정된다. 불전문학에서는 이미 성불한 붓다의 전생을 탐구하여 깨닫기 이전의 상태를 나타내는 말로 보살이라는 말을 사용했다. 따라서 보살의 기원적 의미는 '깨달음을 추구하는 유정으로서 깨달음이 확정되어 있는 유정'이다. 구체적으로는 불전문학 중에서도 석가모니가 연등불(練燈佛)로부터 석가모니불이 될 것이라는 예언을 받았다는 이야기인 연등불 수기(燃燈佛授記) 사상에서 보살의 관념이 생긴 것으로 보고 있다. 따라서 석가보살은 이미 성불이 결정된 보살로서 오직 단 한 명뿐이다. 이러한 석가보살의 이념은 부파불교에 그대로 수용되어 보살은 붓다의 성불 이전 단계를 지칭하는 이름이 되었다.

불전문학에 등장하는 석가보살의 수행을 통하여 조직된 보살도(菩薩道)는 붓다가 되고자 하는 서원을 세우는 것, 모든 사람들을 구제하고자 하는 대자비심을 가지고 육바라밀(六波羅蜜) · 방편(方便) · 사무량심(四無量心) 등을 실천하는 것, 공덕을 쌓기 위하여 모든 부처님을 섬기고 공양하는 것 등의 단계를 거쳐 실천의 완성에 도달하는 것이다. 불전문학에서 제시된 보살이라는 관념은 점차 그 의미가 확대되고 보편화되었다. 따라서 붓다의 전신(前身)뿐만 아니라 붓다가 되기 전의 모든 중생을 보살로 간주하게 되었다. 즉 수행을 완성한 사람뿐만 아니라 붓다가 되기 위해서 노력하는 모든 중생을 보살이라고 하는 생각이 싹트기 시작한 것이다. 이러한 관념들은 점차 경전에도 나타나게 된다.

대승경전에서는 미륵(彌勒, Maitreya) · 관음(觀音, Avalokiteśvara) · 보현(普賢, Samantabhadra) · 문수(文殊, Manjusri)처럼 수행이 완성된 대보살(大菩薩)과 대승의 가르침을 믿고 지니며 실천하고자 노력하는 범부보살(凡夫菩薩)이 등장한다. 이처럼 대보살이 윤회의 사슬에서 벗어나지 않고 세상에 나와 중생을 제도한다는 것과 재가와 출가를 불문하고 남녀 · 빈부 · 귀천을 불문하고 붓다의 깨달음을 추구하여 보살행을 닦는 사람은 누구나 보살이 될 수 있다는 사상은 기존의 보살관념에서는 볼 수 없었던 것이다. 누구나 보살이 될 수 있다는 범부보살의 사상은 기존의 부파 교단과는 별도로 불탑신앙(佛塔信仰)을 중심으로 하는 불탑교단의 사람들에 의해 전개된 것으로 여겨진다. 불탑신앙자들은 그들의 수행의 이상형을 석가보살로 삼았으며 석가보살의 수행을 통해 자신들도 깨달음을 얻을 수 있다고 생각하였을 것이다. 왜냐하면 붓다의 전신(前身)인 석가보살의 수행은 단순한 수행이 아니라 깨달음을 위한 인행(因行)의 성격을 띠고 있기 때문이다.

미륵과 관음은 현재에도 존재한다는 점에서 석가보살과 다르며 수행의 완성이라는 점에서 범부보살과도 다르다. 이는 기존 부파에서 찾아볼 수 없는 새로운 형태의 보살이다. 이러한 대보살은 실제로 존재했던 보살이기 보다는 이념적인 존재들로서 석가보살로부터 비약된 보살들이다. 즉 붓다에 대한 신앙이 발전함에 따라 그 필요에 따라 여러 보살들이 설정된 것이다. 불전문학에서의 보살은 석가보살 단 한 명만이 제시되어 있으며 또한 붓다의 전신(前身)이므로 반드시 과거에만 존재한다. 그러나 대승의 보살은 붓다가 되기 위해 노력하는 자는 누구나 보살이므로 그 수를 헤아릴 수 없으며 보살이 존재하는 시간도 과거는 물론 현재에도 가능하다. 대보살이나 범부보살은 과거에도 존재하였고 현재에도 존재한다. 대승보살의 가장 큰 특징은 불전문학의 보살이 업(業)에 의해 태어나는데 반해 대승보살은 자신의 서원에 의해 태어난다는 것이다. 즉 수행이 완성되면 윤회의 세계에서 벗어나는데 이들 대보살들은 중생을 구제하겠다는 서원에 의해 윤회의 세계에 나와서 중생을 제도하는 것이다.

대승불교 운동이 전개되고 수많은 경전이 생겨나자 이에 대한 이론적 근거를 확립할 필요가 생겼다. 이에 따라 대승사상의 이론적 근거를 마련한 사람은 서력 기원후 2~3세기 무렵에 출현한 나가르쥬나(龍樹, c. 150~250)이다. 그의 저서들에서는 주로 『반야경』(般若經)의 공 사상을 논리적으로 밝히고 있으며 공사상에 입각해서 여러 견해들을 논파하고 있다. 용수는 불교의 근본 진리를 연기로 보고 『중론』(中論)에서 연기를 생멸(生滅) · 거래(去來) · 단상(斷常)의 차별적인 대립을 넘어선 것으로 해석하고 있다. 현실 세계에서 경험되는 모든 것은 다른 것과의 상호관련 속에서만 존재할 뿐 그 자체로서 존재하는 것은 아무것도 없으며 따라서 일체는 공(空)하다고 설하고 있다. 이처럼 나가르쥬나는 연기 · 무자성(無自性) · 공의 이론을 확립하여 대승불교의 기반을 다졌다.

나가르쥬나에 의해 이론적 기반을 다진 대승불교는 다양한 관점에 따라 새로운 경전이 생겨나면서 발달된 교리체계를 형성하기 시작했다. 이들 새로운 경전은 공 사상을 기반으로 하면서 미혹과 깨달음의 주체인 마음의 본질에 대해 논의하고 있다. 즉 마음은 깨달음의 세계를 낳는 원천이지만 다른 한편으로 미혹의 세계를 낳는 씨앗이 되기도 한다. 마음은 보리의 바탕인 동시에 윤회의 주체이기도 한 것이다. 전자는 마음이 바로 부처라고 하는 이상적 측면에서 고찰한 여래장설(如來藏說)이고 후자는 마음의 현실적 기능의 분석에서 출발하는 유식설(唯識說)이다.

여래장은 인간이 여래가 될 수 있는 가능성(佛性)의 문제와 관계가 있다. 아슈바고사(馬鳴, 100?~160?)의 『대승기신론』(大乘起信論)에 의해 아뢰야식(阿賴耶識)과 융합하여 대성된 여래장에서는 인간의 마음의 본래적 부분인 불생불멸의 절대계와 활동하는 부분인 생멸하는 상대계의 상호작용에 의해 일체의 법을 설명하고 있다. 유식사상은 일체의 분별망상이 비롯되는 인간의 의식을 심층적으로 분석하고 그것의 전환을 통해 진여(眞如)와 열반의 성취를 목적으로 하는 이론으로 3~4세기 무렵 출현한 아상가(無着, 310~390)와 바스반두(世親, 320~400)에 의해 완성되었다. 나아가 여래장사상과 유식사상을 동일시하여 양자 간의 융합을 모색하려는 경전과 논서도 생겨나게 되었다.

그러나 대승불교의 이론이 점차 체계화되고 정비되어 감에 따라 이전의 아비달마 불교처럼 대단히 번쇄하고 어려워 이해하기 힘들게 되었다. 또 이때 힌두교가 날로 흥성하게 되자 불교는 신도들을 끌어들이기 위해 힌두교의 방법을 채용하게 되었다. 즉 불교는 힌두교와 당시 유행하던 미신 사상을 받아들여 새로운 교파를 형성하였는데 이것이 밀교(密敎)다. 밀교는 자연히 초기 대승불교의 순수성을 상실하였고 이전의 불교와는 성격이 다른 것이 되었다. 대략 7세기에서 12세기까지를 밀교 시대라고 부르는데 이 종파를 밀교라고 부르는 이유는 몸(身)·말(語)·뜻(意)의 삼밀의 상응행(相應行)으로써 세간을 벗어나는 과(果密)를 얻고자 한 데서 기인한다.

밀교는 중관·유식의 두 대승불교 철학을 하나의 이론적 체계로 결합하여 다라니(陀羅尼)나 진언(眞言), 만다라(曼多羅)나 인계(印契)를 포함한 의례를 통해 종교적 경지를 실현해 보려는 것이다. 이처럼 밀교는 주술·의례·저속한 신앙을 특징으로 하며 철학사상은 매우 보잘 것 없다. 가장 주된 학설은 '육대 연기설'(六大緣起說)이다. 밀교는 우주의 본체와 현상은 둘이면서 하나라고 주장한다. 즉 이 두 가지는 모두 육대(地·水·火·風·空·識)로 구성되어 있어서 우주 만유는 모두 육대법신(六大法身)의 현현인데 이 육대법신이 곧 붓다의 진신(眞

身)이라고 한다. 이는 우주 만유가 모두 붓다의 화신(化身)이고 산물이라는 뜻이다. 인도의 불교는 이런 극도의 신비주의적 교설로써 그 역사의 최후를 장식하게 된다.

이후 불교는 서력 기원전후 동쪽으로 진출하여 중국에 전해지기 시작하였는데 그 후 수(隨)·당(唐)시대에 이르기까지 수많은 경론들이 번역됨으로써 새로운 국면을 맞이하게 된다. 인도의 불교는 오랜 시간 동안 넓은 지역에 걸쳐 전개된 것이었으므로 어떤 일정한 체계를 갖춘 것이 아니었다. 즉 경론 간에 서로 다른 해석과 주장이 있게 되고 경론이 중국에 들어올 때 시대별로 들어온 것이 아니었기 때문에 중국의 불교인들은 번역된 온갖 경론들에 대해 체계성을 부여할 필요를 느끼게 되었다. 그리하여 그들은 각기 나름대로 불교의 일체 경론을 분류하고 해석하였는데 이를 교상판석(敎相判釋)이라고 한다. 이러한 교상판석에 따라 마지막으로 설해진 것 또는 가장 뜻이 깊은 것으로 간주된 경론들을 중심으로 하여 마침내 종파들이 성립하게 되었다. 불교의 종파는 이미 동진시대(東晋時代)나 남북조시대(南北朝時代)에 여러 경론이 번역되고 그것에 대한 활발한 연구가 이루어지면서 나타나기 시작하지만 당나라 시대에 이르러 마침내 수많은 종파가 성립하게 된다.

중국에는 예로부터 13종파가 있었지만 그 중에서도 우리나라는 물론이거니와 중국 후대에 이르기까지 가장 큰 영향을 끼쳤던 것은 『법화경』(法華經)의 일승(一乘)을 대승불교의 근본으로 간주하는 천태종(天台宗), 『화엄경』(華嚴經)의 중중무진(重重無盡)의 법계(法界)를 깨달음의 본질이라고 주장하는 화엄종(華嚴宗), 정토계 경전에서 설하고 있는 아미타불의 본원력(本願力)에 의지하여 정토의 실현을 추구하는 정토종(淨土宗), 그리고 경전을 중심으로 하는 이전의 여러 종파들과는 달리 불립문자(不立文字)·교외별전(敎外別傳)·언어도단(言語道斷)·이심전심(以心傳心)을 표방하는 선종(禪宗) 등이 있다.

4. 불교의 신앙생활

불교의 신앙생활을 가장 잘 나타내고 있는 것은 삼귀의(三歸依)와 사홍서원(四弘誓願)이다. 사람들은 무엇인가에 의지하야 살아가고 있는데 이 속세의 모든 것들은 영원한 것이 아니기 때문에 인간이 그것들에 의지할 경우 더욱 심한 고독과 고통에 빠지기 마련이다. 따라서 오히려 마음을 괴롭히고 번뇌의 원인이 되는 것을 의지할 수는 없는 것이다. 그런 이유로 불교에서는 가장 기본이 되는 세 가지 보배, 즉 삼보(三寶)에 의지한다. 통상 삼보는 붓다(佛寶) · 붓다의 가르침(法寶) · 그 가르침을 실천하고 수행하는 공동체(僧寶)를 말한다. 삼보는 불교를 신앙하는 사람들의 의지처인 것이다.

이 세 가지를 보배로 꼽는 이유는 붓다와 그 가르침과 수행자들이 모두 거룩하고 변치 않는 대위덕(大威德)을 지녀서 마치 보배와 같이 고귀하다고 생각하기 때문이다. 불보에는 우리 스스로가 붓다와 같은 삶의 모습과 원만하고 무량한 공덕을 갖추도록 노력해야 한다는 의미가 담겨 있다. 법보에는 우리 스스로가 붓다처럼 모든 중생에게 교법을 그들 각각의 근기(根機)에 맞추어서 가르쳐야 한다는 의미가 담겨 있다. 승보에는 우리 스스로가 붓다처럼 모든 불보살(佛菩薩)들에게 공양(供養)을 올리고 교법에 따라 깨달음의 마음을 내고 수행에 정진해야 한다는 의미가 담겨 있다.

이러한 삼보에 대해서는 다양한 해석이 있다. 먼저 불 · 법 · 승 삼보를 조직(組織) 삼보라고도 하는데 그 각각은 교주(教主), 교리(教理), 교단(教團)을 의미한다. 둘째로 동체(同體) 삼보란 참되고 한결같은 진여 법신(法身)에 본래 갖추어진 완전무결한 영각(靈覺)으로서의 불보, 참되고 한결같은 진여 법신에 본래 갖추어진 고요한 법성(法性)으로서의 법보, 참되고 한결같은 진여 법신에 본래 갖추어진 덕상(德相)으로서의 승보를 뜻한다. 셋째로 별상(別相) 삼보란 시방 삼세(三世)의 모든 붓다로서의 불보, 모든 붓다의 가르침인 법보, 교법에 따르는 수행자인 승보를 말한다. 넷째로 주지(住持) 삼보란 불상과 탱화 등의 불보, 경·율·론 삼장(三藏)의 법보, 출가 수행자인 승려들의 승보를 말한다.

또한 앞서 살펴본 것처럼 불교에서는 깨달음과 중생구제를 목적으로 실천 정신하는 사람을 보살이라고 한다. 이타(利他)와 각타(覺他)의 봉사정신으로 중생의 이익을 위해서는 어떤 희생이라도 사양하지 않는 사람이 곧 보살이다. 보살에게는 중생을 구제하는 일이 곧 자기완성의 길이다. 보살은 그 실천요강으로 사홍서원과 정신적 자세를 확립하는 표본인 삼취정계(三聚淨戒) 그리고 중생제도의 방편인 사섭법(四攝法)을 지니고 산다.

보살은 이와 같은 큰 서원을 세우고 세세토록 그 목적을 향해 한길로 나아가 최후에는 온 중생과 함께 불도를 성취하는 것이 최상의 목표이다. 이를 위해 끝없는 자기의 번뇌를 끊고 한없는 중생을 건지겠다는 비장한 서원이 앞서야 한다. 자신은 열반에 들지 않아도 먼저 고통 받는 중생을 구제하겠다고 서원하므로 대심중생(大心衆生)이라고도 부른다.

사홍서원은 일체의 중생을 다 건지겠다는 맹세(衆生無邊誓願度), 다함이 없는 번뇌를 다 끊겠다는 맹세(煩惱無盡誓願斷), 광대무변한 법문을 다 배우겠다는 맹세(法門無量誓願學), 가장 존귀한 불도를 다 이루겠다는 맹세(佛道無上誓願成)이다. 『심지관경』(心地觀經)에 그 원형은 나타나지만 이상의 형태로 정립된 것은 천태종의 개조인 천태대사 지의(智顗, 538~597)에 이르러서였다.

보살이 지녀야 할 계법(戒法)인 삼취정계는 모든 행동을 바르게 하고(攝律儀戒), 모든 일을 착하게 하고(攝善法戒), 모든 중생을 이롭게 하라(攝衆生戒)는 것이다. 부파불교에서도 이것을 설하나 섭선법계와 섭중생계는 대승불교 특유의 것이다. 둘째 섭선법계는 적극적으로 일체의 선을 실행하는 것이며, 셋째 섭중생계는 일체의 중생을 모두 섭수(攝受)하여 이익이 되도록 하는 것, 즉 자비심을 갖고 중생을 위해 진력하는 일체의 이타행위를 말한다. 섭률의계와 섭선법계는 자리(自利)이며 섭중생계는 이타행위이다. 자리 중에서 섭률의계는 악을 타파하는 것이고 섭선법계는 선을 행하는 것이라 할 수 있다. 일체의 계법은 그 어느 것이라도 이 세 가지에 포함되는데 청정하기 때문에 정계(淨戒)라고 한다. 취(聚)는 집적(集積)의 뜻이다.

중생을 섭수하고 거두는 데는 네 가지 길이 있는데 이를 사섭법이라고 한다. 첫째 보시섭(布施攝)은 남에게 조건 없이 베풀어 줌을 말한다. 물질적인 재시(財施)이건 교육적인 법시(法施)이건 정신적 위안인 무외시(無畏施)이건 간에 어떠한 형태로든 남에게 베풀어 주는 것을 말한다. 둘째 애어섭(愛語攝)은 친절하고 부드러우며 인자한 말로 중생을 거두는 방법을 말한다. 셋째 이행섭(利行攝)은 말 뿐만 아니라 중생에게 실제로 이익을 베푸는 실천행위를 가리킨다. 즉 신체의 행위(身業)·언어행위(口業)·정신행위(意業)의 세 가지 업에 의한 선행으로 사람들에게 이익을 주는 것이다. 넷째 동사섭(同事攝)은 중생과 더불어 함께 괴로워하고 함께 기뻐함을 말한다. 이것이 사섭법 가운데서 가장 어렵고 중요하다.

보살은 끝없는 생사의 바다에서 중생과 같이 윤회하며 모든 고통을 낙으로 생각하고 괴로운 현실세계를 그대로 참된 도량(道場)으로 삼는다. 그리고 보살은 중생의 세계에서 중생과 함께 살면서도 연꽃이 흙탕물에 더럽혀지지 않고 그 맑음을 지니듯이 언제나 청정한 마음으로 중생제도의 길로 매진하는 것이다. 불교의 미래는 이러한 가르침을 얼마나 잘 실천하는가에 달려 있다고 할 것이다.

이슬람교

1. 이슬람의 형성과 전개

이슬람은 모하메드(Mohammed, 570~632)의 가르침과 행위를 중심으로 하여 성립된 종교이다. 교조 모하메드의 이름을 따서 모하메드교(Mohammedanism)이라고도 칭한다. 이슬람은 유대교·기독교와 함께 하나의 신을 섬기는 유일신교이다. 역사 속에서 그것은 또한 유대교·기독교와 같이 아브라함으로부터 유래하는 공통의 믿음의 뿌리를 가지고 있으며 이슬람교도인 무슬림들은 아브라함의 자손으로 간주되어 왔다.

이슬람 발생 이전의 시대를 무슬림들은[54] 자힐리야(jahiliyah) 시대라 부른다. 자힐리야란 이슬람 이전의 '무지의 시대' 또는 그 시대의 생활양식을 가리키는 말이다.[55] 넓은 뜻으로는 고대 남아라비아의 여러 왕국이나 북아라비아의 나바타이 왕국·팔미라 왕국시대까지도 포

---

54) 이슬람(Islam)은 '신에 복종하는 것'을 뜻하는 아라비아어로 '신에 복종하다.' 라는 뜻의 동사 '이슬라마'의 명사형이다. '신에 복종하는 사람,' 즉 이슬람교도는 '무슬림'이라고 부른다. 무슬림이란 자율적으로 그리고 진지하게 이슬람의 삶의 방식을 받아들이고 진실 되게 이슬람의 가르침을 실천하는 자를 말한다. 모하메드는 처음엔 그의 종교에 특별한 이름을 붙이지 않았으나 유대교도와의 논쟁과정에서 그들의 종교와 구별하기 위해 '이슬람'이라는 명칭을 채용하여 현재에 이르고 있다.

55) 이 명칭은 아라비아사람들이 이슬람에 개종한 이후에 붙인 것으로 '무지'라는 뜻 외에도 신앙의 암흑시대라는 뜻도 숨어 있다. 또 이 시대를 아랍 알 야움(그날의 아라비아인)으로도 부른다. 즉 철부지 시절의 아라비아사람이란 뜻이다. 이 두 명칭은 은연중 이슬람을 광명으로 보는 시각에서 나온 말이다.

함하지만 일반적으로는 이슬람 성립 전 1세기 남짓한 시대를 가리킨다. 이 시대는 바로 아라비아 부족 사이의 투쟁기이다. 사람들은 자기 부족을 위해서 싸우고 그것을 자랑으로 여겼다. 이 시대에 후세까지 사람들의 사랑을 받는 시가 생겨났고 카힌이라고 불리는 샤먼이 신과 접하여 사람들에게 신탁을 전하였다. 사막에서는 진(jinn, 영혼)이 사람에게 위해를 끼친다고 하여 공포의 대상이 되었고 돌을 성스러운 돌 · 신적인 상이라고 하여 숭배하였다. 이 시기는 이슬람의 수임 기간이라 볼 수 있다.

이슬람이 발생한 직사각형의 아라비아반도는 그 넓이가 약 300만 평방킬로미터로서 인도대륙에 버금갈 정도로 크다. 그러나 반도의 남쪽에 위치한 예멘을 제외한 다른 지역은 강우량이 적어서 대부분 사막과 같은 건조지역이다. 중앙지역에 높은 산들이 있기는 하나 만년설이 쌓일 정도로 높지는 않아 하천에 물을 일년 내내 흘러 보내지 못한다. 간혹 비나 눈이 내릴 때에만 하천 역할을 하는 물길을 아라비아인들은 와디라 부른다. 반도의 내륙에는 광대한 사막이 펼쳐 있고 그 주변에는 넓은 초원지대가 형성되어 있다. 그리고 반도 곳곳에는 오아시스가 흩어져 있다. 이런 반도에는 사막의 유목민인 베두인족(Bedouin)과 오아시스의 정착민이 거주하고 있었는데 둘 다 부족 단위로 공동생활을 영위하였다. 베두인은 넓은 사막을 배회하면서 초원을 찾아 방목하여 생활을 꾸려 나갔으며 오아시스의 정착민은 농경 생활을 영위하거나 상업 활동을 통하여 생계를 이어 나갔다. 이 반도의 부족들은 늘 서로 싸웠으며 부족의 구성원들은 자기 부족을 위해 싸우는 것을 명예로 알았다.

당시 아라비아 반도의 신앙형태는 다신교였고 애니미즘적 성격이 강한 원시적인 것이었다. 기원 70년경 예루살렘 성전이 파괴된 후에 유대교의 아라비아 반도의 침입은 시작되었다. 홍해 연안을 따라서 남하한 유대교도는 야스리브(메디나)와 예멘에 정착하게 되었다. 반도 북부 변경에는 기독교 단성론과 네스토리우스파가 들어왔다. 중부의 히자즈 지방이나 남부의 나즈란에도 많은 기독교인들이 정착하고 있었다.

6세기 후반에 들어 비잔틴 제국과 페르시아의 사산왕조 간의 오랜 전쟁으로 말미암아 아프리카와 아시아를 왕래하던 대상들은 다른 지역보다 아라비아 반도를 더욱 안전한 통행로로 선호하게 되었다. 이런 가운데 몇몇 도시들은 성장하여 이와 같은 교역의 신장을 주도하고 이익을 취하게 되었다. 그 중에서 가장 두드러진 도시는 메카(Mecca)였다. 570년경 이 도시의 지배 부족이며 아브라함의 아들 이스마엘의 자손이라고 주장하는 쿠라이시족(Quraysh)으로부터 모하메드가 출생한다. 그는 쿠라이시족의 하심가에서 출생했으며 어려서 고아가 되었다. 그는 삼촌에 의하여 양육되었다. 성인이 되어 부유한 하디자(Khadija)에게 봉사하다가 그녀와 결혼하여 경제적 안정을 얻게 되면서부터 중년에 이르도록 부유한 상인으로서의 생활을 계속한다.

610년경 그는 신들린 상태의 종교적 체험을 겪게 되는데[56] 이 체험

---

56) 무슬림 전승에 의하면 그는 메카의 북쪽에 있는 히라산(Hira) 밑에 있는 동굴에서 며칠씩 명상을 하였다. 어느 날 밤—무슬림들은 이 밤을 '권능과 명증의 밤'이라고 부른다—갑자기 신의 사자인 천사가 '복창하라'며 가까이 나타났다고 한다. 환상을 본 후 그는 흥분하여 급히 집으로 돌아왔다. 『코란』은 이 종교 체험의 확실성에 대해 다음과 같이 말하고 있다(53장): "가라앉은 별에 걸고 / 그대들의 친구는 길을 잘못 든 것도 아니요 틀린 것도 아니다. / 욕망을 말하고 있는 것도 아니다. /그것은 그에게 틀림없이 계시된 영감이다. / 그에게 가르친 것은 놀랄 만한 힘의 소유자 / 뛰어난 지혜의 힘을 가지신 분이다. / 그는 일어나서 그 모습을 가장 높은 지평선에 나타냈다. / 그리고 내려와서 가까이 다가 왔다. / 활 두 개가 가로누운 거리보다 더 가까운 데까지 다가와서 / 그의 종에게 그 분의 계시를 내렸다. / 그의 마음이 본 것은 거짓이 아니다. / 그대들은 그래도 그가 본 것에 대해 논쟁하고 있는가?"

은 그 자신의 생애뿐만 아니라 궁극적으로 전 세계의 많은 부분을 변화시키는 것이었다. 당시 아라비아 반도의 주민 대다수는 다신교를 믿고 있었으며 기껏해야 아라비아어로 신을 뜻하는 '알라'(Allah)라고 불리는 한층 강력한 신의 우월성을 어렴풋이 깨닫고 있었을 따름이었다. 그러나 모하메드는 종교적 체험을 통하여 알라 이외에는 신이 없다는 유일신 사상을 갖게 되며 신이 그에게 계속 보내오는 메시지를 바탕으로 유일신 사상을 주변에 전파하려고 애쓴다. 그러나 그의 이런 노력은 쿠라이쉬 부족 지도자들이 그들의 이해에 반한다는 생각 때문에 배척되었고 그로 인해 커다란 성공을 거두지 못하다가 622년에 수 백 명의 추종자와 함께 메디나로 이주한다. 이해는 후에 이슬람 역사의 원년이 된다.

모하메드는 메디나(Medina)에서 이슬람 공동체인 움마를 만들었는데 이것이 아라비아 반도에서 최초로 생성된 이념 공동체이다. 모하메드는 이 공동체를 세우고 아라비아 반도에서 단위 부족의 요직인 부족장, 점술사, 중재자 및 전시 지도자의 기능을 자신의 한 몸에 집중시킨다. 즉 그는 신의 사도로서, 중재자로서, 군사령관으로서 제정일치의 모든 권한을 쥔, 여느 부족장들과는 다른 강력한 종교적 · 정치적 지도자로 등장하게 된다. 그는 메디나의 유대교인을 몰아내고 메카와 세 번에 걸친 전쟁 끝에 무슬림 군대를 이끌고 630년 그가 죽을 때까지 이슬람 깃발 아래에 아라비아 반도의 대부분 지역을 통일한다. 이리하여 모하메드는 신의 말씀을 전하는 예언자로서 이슬람의 경전인 『코란』(Qur'an)을 세상에 남겼을 뿐만 아니라 정치적 지도자로서 그의 가르침을 바탕으로 한 이슬람 공동체를 실질적 정치 세력으로 아라비아 반도 내에 형성시켜 놓는다.

모하메드의 사후에 무슬림 공동체는 여러 집단으로 쪼개지기 시작했다. 이러한 과정에는 신학적이거나 철학적인 것만큼 정치적인 요소와 문화적인 요소가 중요했다. 이슬람사상의 발전에 있어 형성기는 사상의 흥미진진한 전쟁터였으며 결국 정통 수니파(Sunni)로 일반적으로 알려진 분파로 귀결되었는데 이 수니파는 이란을 제외한 대다수 무슬림들이 따르는 확립된 교조가 되었다. 주요 이슈는 믿음과 행위 · 운명예정과 자유의지 · 계시와 이성 · 신의 유일성이 함축하는 것 · 『코란』의 영원성 · 『코란』을 문자 그대로 해석할 것인지에 관한 것들이었다.

모하메드가 622년 9월에 메디나로 도망을 간 것이 이슬람 시대의 기원을 이루었고 632년 6월의 그의 죽음은 상당한 권력과 명예를 갖는 국가를 세우는 데 성공케 했다. 이 짧은 10년의 기간 동안 사막에 거주하는 아라비아의 베두인 부족들 대부분은 이슬람의 예언자와 동맹을 맺겠다고 서약했으며 이것은 아라비아 반도를 넘어 알라신의 새로운 신앙을 계속해서 확장할 수 있는 기반이 되었다. 하지만 모하메드의 죽음은 유아기의 이슬람 공동체에 첫 번째 주요 위기를 가져다주었다. 이어지는 위기는 이슬람 공동체에서 필경 수니파와 시아파(Shi'a, 분파라는 뜻)로 영원히 나뉘도록 한 것의 시초가 되었다.

모하메드가 살아있는 동안 무슬림들은 그가 이슬람의 계시된 메시지에 따라 가장 훌륭한 지시를 내려주는 것을 당연하게 여겼다. 그가 메디나에서 죽자 (적어도 다수파의 관점에서 보면) 예언자가 그의 후계자에 대한 형식적 지시나 유언을 남겨놓지 않았기 때문에 무슬림들은 심각한 혼란상태에 빠졌다. 계속되는 토론 가운데서 단 한 가지 점에서는 즉각적인 합의가 이루어졌다. 신의 계시를 통하여 모하메드는 '예언자들의 봉인'(Seal of the Prophets)이라는 것이 이미 알려졌기 때문에 예언자의 후계자는 또 하나의 예언자가 될 수 없다는 것이었다. 하지만 효과적인 지도력을 가지고 이슬람 공동체와 국가의 지속성을 확실히 할 수 있는 후계자를 질서 있게 선출하는 것이 여전히 중요했다.

결국 많은 논쟁을 거쳐 이슬람 최초의 개종자들 중 한 사람이자 모하메드로부터 큰 신뢰를 받은 동료인 아부 바크르(Abu Bakr)가 후계자로 선출되었다. 그는 칼리파트 라술 알라(Khalifat Rasul Allah, 신의 사자의 후계자)라는 호칭을 받았으며 이 호칭은 곧 칼리파트(영어로는 '칼리프')로 단순화되었다. 이처럼 예언자의 첫 번째 후계자가 선출됨으로써 이슬람의 독특한 칼리프 제도가 또한 생긴 것이었다. 바로 그러한 시초에서부터 칼리프직은 공동체의 종교적 · 정치적 지도력을 함께 통합시켰다. 초기 무슬림들은 종교와 국가, 종교적인 권위와 세속적인 것 사이의 차이점을 알지 못했다. 사실 질서에 대한 엄격한 신정주의적인 구상은 이슬람이 단순히 종교일 뿐만 아니라 도덕적 · 영적인 통치수단이자 사회적 · 정치적 것으로서 신이 위임한 완전한 체계라는 것인데 이러한 구상은 모하메드의 언행을 통합한 것이었다.

아부 바크르의 칼리프 직은 2년 동안 지속되었으며 634년에 그가 죽기 전에 그는 개인적으로 우마르('Umar)를 후계자로 지목했다. 644년에 암살당한 우마르는 자신의 후계자의 선출을 위한 새로운 절차를 도입했는데 그것은 초기 동료 6명의 위원회에서 그들 가운데 새로운 칼리프를 선택한다는 것이었다. 머지않아 중요한 메카인 씨족 중의 한 사람인 우트만 브 아판('Uthman b 'Affan)이 선출되어 3대 칼리프가 되었다.

시아파 이슬람의 시작 다른 한편 모하메드가 죽자마자 메디나에서는 모하메드의 사촌이자 사위(모하메드의 딸 파티마와 결혼)인 알리 브 아비 탈리브('Ali b Abi Talib)가 아부 바크르나 다른 어떤 후보자보다도 예언자의 뒤를 잇기 위해 가장 자질이 있다고 믿는 소수 집단이 나타났다. 이 소수집단은 시아트 알리(Shi'at 'Ali)로 알려졌고 시아로 다시 단순화되었다. 알리의 후계자 승계는 메디나에 있던 그의 일당의 지지를 받게 되었고 곧 시아파는 교리를 만들었으며 그들의 교리는 보다 폭넓은 인식을 받아들였다. 시아파는 모하메드가 사실은 후계자를 지명했으며 그 사람은 바로 알리라고 믿었다. 그들은 후계자를 영적인 지도자로 부르기를 좋아하여 이맘(Imam)이라고 하였다. 알리와 그의 동료들은 선거제를 통하여 예언자의 후계자를 선출하는 행위에 대해 반기를 들었다. 이것이 무슬림 다수파로부터 시아파를 분리시키게 된 바로 그러한 반란이었다.

시아파의 교리에 따르면 이맘들(알리와 그의 직계 후손들)은 종교적인 지시를 내릴 수 있는 유일한 근거였으며 가장 중요한 논점은 이슬람의 교리와 종교적 주장의 해석에 관계된 것이었다. 이것은 그들이 『코란』의 가르침과 이슬람의 성스러운 율법인 샤리아가 인간을 뛰어넘는 곳에서 나온 것이며 따라서 인간이성으로는 파악될 수 없는 진리를 담고 있는 것이라는 것을 알기 때문이었다. 따라서 이슬람 계시의 참된 의미를 이해하기 위해서는 이맘이라고 하는 종교적인 권위자가 필요하다고 시아파들은 인식했다.

알리는 마침내 4대 칼리프가 되었는데 시아파는 그가 첫 번째 진짜 칼리프라고 믿고 있으며 11명의 다른 칼리프들이 뒤를 이었다. 시아파의 눈에 비친 알리의 후계자로서의 독특한 자질은 모하메드의 유언을 통해 표현된 대로 신의 명령에 의해 임명되었다고 하는 또 다른 중요한 차원을 갖는 것이었다. 이것이 의미하는 바는 알리가 신적인 영감을 갖고 있으며 오류와 죄가 무결하고 따라서 그의 지식에서나 예언자의 뒤를 이은 가르치는 권위자로서나 그는 완전하다고 하는 것이다.

그들의 믿음 때문에 시아파는 이맘의 수에 근거하여 '12인'이라고 알려졌다. 12번째 이맘이 878년에 신비하게 사라지자 이맘 직은 끝이 나고 울레마(Ulema)라고 하는 시아파 종교학자들의 집단조직이 그의 직위를 대신했고 그가 다시 '정당하게 지명된 자'로서 돌아오기를 기다리고 있다. 현재의 아야톨라(Ayatollahs, 신의 표적)는 자신들을 역사

끝에 오게 될 이맘의 지위를 공동 관리하는 자로서 인식한다. 하지만 후계자 계승이 모든 시아파의 동의를 받은 것은 아니었고 또 다른 집단이 떨어져 나와 '7인'이라고도 하는 이스마엘파(Ismaelis)가 되었다. 이유는 정당한 7대 이맘(그래서 마지막 이맘)은 무사 알 카짐(Musa al Kazim)이 아니라 어릴 때 죽은 그의 형 이스마엘이라는 분쟁이 있었기 때문이다.

이러한 '분열'의 결과를 대체로 다음과 같이 결론지을 수 있겠다. 정통 수니파 이슬람은 기본적으로 『코란』이 최종적인 권위를 가지며 더 이상의 계시는 없다고 믿는다. 시아파 이슬람은 정당한 이맘은 『코란』의 메시지를 추가할 수 있는 신적인 영감과 알라의 권위를 함께 갖는다고 믿는다. 이처럼 시아파 이슬람은 2개의 주요 분파 중 보다 급진적인 형태를 띤다. 여러 세기 동안 많은 사람들이 차기 '이맘'이라고 주장하면서 자신들의 특별한 주의로 무슬림들을 재통합하려고 시도하였는데 불행히도 이것은 지하드(이교도에 대한 성전)로 자주 표출되었다.

초기 시절에는 더 많은 분열이 무슬림 공동체에서 있었으나 여기에서는 이슬람 신비주의를 대표하는 수피즘(Sufism)만 언급하기로 한다. 신비주의적 사고는 AH(이슬람 기원) 1세기부터 이슬람사상의 흐름으로 들어오기 시작했다. 하지만 수피교단(Sufi orders)의 기원은 그 의식만큼이나 신비스럽다. 어떤 사람들은 그것이 아라비아인들이 사용하는 좌상인 수페(suffe)라는 단어에서 나왔다고 주장한다. 모하메드의 가까운 지지자들이 정기적으로 와서 수페에 앉아 그의 설교를 듣고 지혜를 배웠을 때 그들은 점차로 수피로 불렸다는 것이다. 이러한 수피 대부분은 집을 떠나 산이나 사막 혹은 반도로 가서 고독과 알라에게 가까이 가기를 구했다는 것이다. 세상의 육체적 안락을 포기하고 조용한 기도와 명상을 추구하면서 그들의 궁극적 목적은 세속의 삶을 뛰어넘어 알라와 하나가 될 수 있는 천상의 영원한 정적에 이르고자 했던 것이다. 다른 사람들은 이 분파가 수프(suf)라는 아라비아어 단어에서 나왔다고 하는데 이 단어의 의미는 양모를 뜻하며 초기 무슬림 신비주의자들이 입던 긴 간편 의상의 재료를 말해주고 있다는 것이다.

기원에 관한 문제가 있음에도 불구하고 수피즘은 일반적으로 무슬림 신비주의자로 여겨지고 있는데 많은 수피파들 자신은 사실 자기들이 정통 이슬람의 참된 근간이라고 주장한다. 수피즘의 중심 교리는 와다트 알 우주드(wahdat al-wujud, 존재의 단일성)이다. 그들은 상대적인 것이 절대적인 것과 다른 실체를 갖는 것이 아니며 유한한 것이 무한한 것과 다른 실체가 아니라고 가르친다. 이슬람에서 사람은 『코란』을 통해서 절대성과 무한성에 접근할 수 있다. 그들은 또한 『코란』에서 가르치는 것에 추가해서 영적인 정결을 추구하기 위해 현명하고 경험이 많은 스승이나 안내자로부터 도움을 얻거나 가르침을 받아야만 한다는 믿음을 견지하고 있다. 사랑의 삶과 알라에 대한 순수한 헌신을 요구하면서 수피파들은 알라에게 다가서는 영적인 과정을 개발해냈다. 이러한 과정은 경건(maqamat)의 다양한 단계와 영지주의적인 단계(ahwal)로 구성되며 모든 수피들은 그러한 과정을 통과해야 한다. 경건의 단계라는 개념은 성인들은 기적을 행할 수 있다는 믿음과 함께 이슬람 성인의 단계라는 개념으로 이어진다.

엄격한 정통 이슬람은 종교의식에서 음악을 사용하는 것을 꺼리지만 수피즘은 노래와 타악기 등 다른 악기 등을 이용하여 다양한 예배방법을 발전시켰다. 이러한 의식들은 곧잘 어떤 형태의 춤이 포함되기도 하는데 서구에서 가장 잘 알려진 것으로는 터키 메블레비(Mevlevi) 교단의 '탁발승의 회전 무용'(whirling dervishes)이라는 춤이다. 오늘날 이슬람 전역에 많은 수피교단이 있으며 학파의 선생이나 그 위치에서 이름을 따오기도 한다. 이러한 분파들 외에도 이슬람에 포섭되는 아주 다양한 집단들이 있다. 어떤 경우에는 이슬람과 비 이슬람 요소가 결합하여 종교혼합적인 집단을 형성하기도 하는데 가장 유명한 것으로는 인도의 시크교(Sikhism)가 있으며 그것은 이슬람과 힌두의 신앙 및 의식을 결합하고 있다.

2. 모하메드의 가르침

이슬람은 유대교 · 기독교의 역사를 모하메드가 나타나기 이전의 역사로 간주한다. 그리하여 이슬람의 교리나 실천 가운데는 이들 종교와 공통되는 것이 많다. 그 기본은 '육신'(六信)과 '오주'(五柱: 五行)이다. '육신'이란 알라 · 천사 · 성전 · 예언자 · 내세 · 예정이라는 여섯 가지의 신앙조항을 가리킨다. 그리고 '오주'란 무슬림으로써 반드시 행해야 할 신앙고백 · 기도 · 자선 · 단식 · 순례의 5가지 주요 의무이다. 먼저 '육신'에 대해 살펴보자.

① **유일신**(Allah) 『코란』에서 되풀이하여 강조하고 있는 것은 '그대들의 알라[57]는 유일한 신'이라는 엄격한 일신교 원리이다.[58] 알라는

---

57) 알라는 영어 'the God'에 해당한다. 무슬림들은 '하나님'이란 단어보다는 '알라'를 더 선호하여 사용한다. 이슬람의 삶의 방식은 알라에 대한 전폭적인 순종에 기초하고 있다. 이것은 현재의 삶이나 죽음 이후의 삶에서 공통적으로 평화를 얻는 동일한 방식이다. 아라비아 기독교인들도 무슬림들과 마찬가지로 신에 대한 개념(창조성 · 전지전능함 · 편재성)을 나타내는 데에 알라라는 용어를 사용한다. 그러나 유의해야할 것은 같은 용어를 사용한다 해도 기독교인들이 뜻하는 알라와 무슬림들이 뜻하는 알라가 차이가 있다는 것이다.

58) 따라서 다른 신을 유일신과 동급으로 취급하는 것은 가장 커다란 죄악이 된다. 나무 조각이나 돌로 만들어진 많은 신과 여신을 숭배하는 전통적인 아라비아인들은 분명히 이 죄를 지었다. 나아가 무슬림들은 기독교의 삼위일체의 신도 인정하지 않는다. 왜냐하면 그들은 세 분이 하나라는 개념을 다신론적인 것, 즉 삼신

절대 유일하고, 전지전능하며 인간을 포함한 천지만물의 창조자 · 지배자이다. 이 세상에서 일어나는 것으로서 알라의 의지와 힘에 의하지 않는 것은 하나도 없다. 알라가 유일하다고 하는 것은 '알라에 비교할 수 있는 것은 아무 것도 없다.'는 뜻이다. 그것은 알라는 반려를 가지지 않는다고 하는 것일 뿐만 아니라 그 본질 · 속성에서 인지를 넘어서고 피조물과의 비교를 거부하는 초월신이라는 것이다.

이와 같이 알라와 피조물의 단절성이 강조되는 한편 알라는 또한 '각 사람의 목의 혈관보다도 가까이'에 있고 인간의 말로 자기의 뜻을 말하며 인간처럼 보거나 듣고 화내거나 생각하는 인격신이기도 하다. 알라는 또 악인을 벌하고 자신을 믿고 올바른 행동을 하는 사람에게는 좋은 보상을 한다. 다른 한편으로는 '회개하고 돌아오는 사람에게는 모든 것을 기꺼이 용서하는' 자비로운 신이기도 하다. 인간은 다만 알라의 말에 순종하며 살아가는 수밖에 없다. 왜냐하면 그는 창조자이며 최후의 심판 날에 무슬림들을 세계의 멸망에서 구하고 천국으로 인도해 줄 유일한 심판관이기 때문이다.

그러나 알라의 '인도'에 관한 많은 언급 중에서 한 부분은 서로 다양하게 해석될 여지를 지니고 있다. 알라는 인간을 인도할 때 그에게 자유의지를 주었는가 아니면 이미 그의 운명을 결정하였는가?(예정설) 『코란』의 어떤 부분은 자유의지를, 어떤 부분은 예정론을 지지한다.[59]

론(三神論)으로 받아들이기 때문이다.

59) 이에 대한 『코란』의 구절은 다음과 같다. 자유의지를 지지하는 입장은 "보라, 진리는 주로부터 왔다. 믿고 싶은 자는 믿고, 믿고 싶지 않은 자는 믿지 않아도 좋다." 메카에서 받은 계시 중에 "만일 그대들이 선한 일을 하면, 그대들 자신을 위해 선한 일을 한 것이 된다." 이것은 메디나에서 받은 계시 중에 "너희에게 떨어진 재난은 전부 너 자신으로부터 생긴 것이다." 라는 구절과 비슷하다. 자유의지를 지지하는 입장은 알라의 자비를 주장하는 다음과 같은 구절들에 나타나 있다. "무슨 나쁜 짓을 하고 어떤 해를 자신에게 끼쳤다 해도 곧 알라의 용서를 구하면 알라께서는 언제든지 관용을 베풀어주실 것이다." "알지 못하는 사이에

이 다양성은 어떻게 보면 당연한 것이다. 모하메드는 20여 년 정도를 엑스타시 상태에서 예언했던 예언자이다. 그는 체계적인 신학을 형성했다기보다는 오히려 그에게 귀를 기울이는 사람들에게 메시지를 전달해 주었다. 수니파 무슬림들은 『코란』이 예정론의 입장을 지지하고 있다고 주장하고 있는데 이 점에 대해 골드지허(I. Goldziher)는 그의 『모하메드와 이슬람』(*Mohammed and Islam*, 1917)에서 다음과 같은 적절한 설명을 하고 있다.

> 『코란』에 '알라는 자기가 원하는 자를 인도하고 그렇지 않는 자는 헤매게 한다.'는 구절이 많이 나온다고 해서 이 구절이 후자에 속하는 사람들을 직접 나쁜 길로 보낸다는 의미를 함축하고 있는 것은 아니다. 아달라(adalla)라는 핵심적인 용어는 인간에게 고통을 준다거나 나쁜 길을 알려준다거나 또는 헤매게 한다는 의미보다는 헤매는 것을 허락한다는 의미를 가지고 있다. … 사막을 고독하게 방황하고 있는 사람을 상상해 보라. 인도와 방황에 관한 『코란』의 구절들은 이런 상황 속에서 나온 것들이다. 방황하고 있는 사람은 자기가 가고자 하는 올바른 길을 찾기 위해서 광야를 헤맨다. 삶의 과정 속에서 방황하고 있는 사람도 마찬가지다.

나쁜 일을 저지르고 곧 나중에 회개하는 사람들에게 알라는 용서의 관용을 베푼다." 그러나 『코란』의 다른 구절들은 알라가 인간들의 행위를 이미 완벽하게 알고 있을 뿐만 아니라 그들의 자유의지도 관장한다고 주장한다. 알라의 선견지명에 대해서는 "알라는 그대들을 흙으로 빚어 만든 날부터, 그대들이 아직 어머니의 자궁 속에 있을 때부터 잘 알고 있다." "알라는 누구든 마음에만 있으면 바른 길로 인도한다."는 구절에 잘 나타나 있다. 알라는 "이런 사람들을 뽑아서 바른 길로 인도하였다."라고 실제로 선언하였다. 더욱이 알라는 인간의 내적인 삶을 지배한다. "알라는 인도하겠다고 마음에 새긴 자는 그 사람의 가슴을 이슬람을 위해 넓힌다. 그러나 그 길을 헤매게 하겠다고 마음에 새긴 자는 그 가슴을 좁고 불편하게 한다." 초기 계시 중의 한 구절은 "하지만 알라의 마음에 들지 않는다면 그대들은 소망조차 하지 못한다."고 좀 더 분명하게 밝히고 있다. 그러나 어떤 구절들은 양극단의 중간 입장을 취하고 있기도 하다.

> 알라는 신앙과 올바른 행위를 통해서 알라에게 잘 보인 사람들을 그 보답으로 인도해 준다. 신은 나쁜 행위를 한 사람들을 그대로 내버려둔다. 알라는 그들을 그들의 운명에 맡기고 보호해 주지 않는다. 알라는 그들을 인도해 주지 않는다. 그러나 그렇다고 해서 그들을 나쁜 길로 직접 보내지는 않는다. … 인도는 올바른 행위의 보답이다. '알라는 사악한 자들을 인도하지 않는다.'

알라의 유일성 문제도 신의 초월성과 내재성 · 인격성을 그 본질 · 속성과 관련하여 어떻게 통일적으로 이해하는가 하는 것이 후일의 신학적 논의의 최대 주제가 된다. 즉 『코란』이나 모하메드 언행(Sunna)의 전승인 하디스(Hadīth)에서의 알라의 의인적 표현을 문자 그대로 해석하는 입장과 그와 같은 표현을 모두 비유라고 해석하고 피조물에 공통되는 속성을 모두 부정하는 입장이 있다. 이들을 양극단으로 한다면 정통파는 의인적 표현으로 나타낸 알라의 속성을 긍정하면서도 그것을 신의 초월성과 모순되지 않도록 해석하려고 한다.

② 천사(malak) 이슬람과 같은 철저한 일신교에서도 알라와 인간의 중간적인 초자연적 존재로서의 천사를 인정하고 있다. 이들은 알라의 명령에 충실하게 따르며 여러 가지 역할을 수행한다. 예언자 모하메드에게 알라로부터의 계시를 전하고 또 '성령'으로서 '예수'를 강하게 만들었던 **가브리엘**(Gabriel),[60] 나팔을 불며 천지의 종말을 알리는 **이스라필**(Isrāfīl), 만물의 질서와 생명을 감시하는 **미카엘**(Michael), 죽음을 관장하는 **아즈라엘**(Azrael)의 4대 천사가 있다. 이 밖에 하늘의 옥좌를 받치고 언제나 신을 찬양하고 있는 천사, 각 사람의 선악의 행위를 모두 기록하는 천사, 지옥을 지키는 천사들이 있다. 이와 함께 신의

60) 가브리엘은 조로아스터교의 영향을 암시해 주는 용어로 '충실한 천사' 그리고 '성스러운 천사'로 묘사되고 있다.

명령을 어기고 인간을 유혹하는 **사탄**(Shayṭān) 또는 이블리스(Iblis), 진(djinn)이라고 불리는 영귀, 진 가운데서도 특히 힘이 센 이프리트('Ifrīt)가 있다. 악마는 자만 때문에 타락한 천사이며 현재는 저주받은 유혹자이다.

③ **성전**(al-Kitaab) 『코란』을 의미한다.

④ **예언자**(nabee) 알라의 피조물에 불과한 인간이 모든 것을 주관하고 지배하는 절대적인 신 앞에서 안전하게 생활하고 또한 내세의 구원을 얻기 위해서는 인간의 지혜나 지성으로서는 불충분하다. 알라의 계시가 없으면 암흑에 놓여 있는 것과 같다. 그러므로 알라는 인류의 조상 아담의 창조 이후 계속해서 예언자를 각 공동체에 보내서 올바른 신앙과 행위규범을 전하게 했다. 아담을 비롯하여 기독교의 성서에 나오는 노아 · 아브라함 · 이삭 · 요셉 · 모세 · 다윗 · 솔로몬 · 요한 · 예수 이외에 후드 · 살리 · 슈아이브 등 28명의 이름이 『코란』에 기록되어 있다.

전승에 따르면 그 모든 예언자들의 수는 약 12만 4000명이라고 하는데 정확한 숫자는 알려져 있지 않다. 이러한 예언자 중 최후의 예언자가 모하메드이다. 그 중에서도 모세 · 다윗 · 예수 · 모하메드는 각각 하늘의 계시로서 「율법」, 「시편」, 「복음서」 및 『코란』을 특별히 받았다. 이들 일련의 계시 및 성전들의 내용은 보편적 일신교라는 점에서는 본질적으로 같은 것이며 『코란』은 최후의 성전으로서 그것들을 최종적으로 확인하고 보완하는 것이라고 한다. 즉 현실에 존재하는 『코란』 이전의 성전들은 왜곡되어 있어 본래의 계시를 올바르게 전하고 있지 않으므로 알라는 최후로 모하메드를 보내어 인간이 지켜야 할 신조와 규범을 완전히 나타내고 그것을 사람들에게 올바르게 전했다는 것이다.

⑤ **내세**(aakhira) 천지만물이 과거의 한순간에 알라에 의하여 창조되었듯이 영원한 것은 아니고 얼마 후에 종말의 시간을 맞게 된다. 최후의 심판에 대해서 모하메드가 받은 계시의 내용은 조로아스터교·유대교·기독교의 종말론과 유사하다. 처음에 종말은 천지이변으로서 나타나지만 그것이 언제인지는 아무도 알 수 없다. 한순간 후의 일인지도 모르고 아득한 장래의 일인지도 모른다. 초기의 계시에는 종말이 눈앞에 다가왔음을 생각나게 하는 것이 많다. 모든 것이 멸망하고 난 후 죽은 사람은 생전의 상태로 소생하고 알라 앞에 나와 생전의 신앙과 행위에 대한 심판을 받는다. 알라를 믿고 올바르게 생활한 사람은 천국에서 평안한 생활을 영위하고 알라를 믿지 않고 불의를 저지른 사람은 지옥에서 영원한 벌을 받는다. 이에 관한 『코란』의 기술은 구체적이고도 사실적이다.[61]

알라는 믿지 않는 자들을 저주하여 그들에 화염을 준비하였다.
그들은 그 화염 속에서 영원히 살리라.
보호자도 구원자도 찾지 못하리다.
그들은 화염 속에서 얼굴을 돌리면서 '알라에게 복종하고 사도들을 따랐으면 좋았을 것을' 하고 말한다.

죄 많은 사람들의 음식물은 녹은 구리가 끓는 것처럼
위 속에서 끓고 있다.
"이 사나이를 잡아 불 속에 집어넣어라. 형벌로 머리 위로부터 끓는 물을 퍼부어라."

61) 『코란』의 모든 구절인용은 알베리(A.J. Arberry)의 『코란 주해』(*The Koran Interpreted*)를 사용함.

자 맛보아라, 그대는 참으로 힘이 세며 고귀한 사나이다.
이것이야말로 그대가 의심해 온 것이다.

경건한 자는 안전한 곳에 있다. 즉 낙원과 샘물 사이에 명주나 비단을
두르고 서로 마주 앉는다.

비단 침대 위에 마주 보고 기댄다.
영원의 삶을 가진 소년들이 그 주위를 돌며 술잔과 주전자와 샘에서
새로 뜬 가득 찬 잔을 올린다.
두통도 취하는 일도 없다.
그들은 기호에 따라 과일을 고르고 짐승이나 새의 고기도 원하는 대로
얻을 수 있다.
눈이 크고 피부가 흰 처녀도 있다. …
우리는 그녀들을 순결한 처녀로 만들어 놓았다.
비슷한 나이 또래로 해 놓았다.
이것들은 오직 오른 쪽에 있는 자들을 위해서다.

⑥ **예정**(qadar) 과거 · 현재 · 미래에 인간 및 세계에서 일어나는 것 또 인간의 행위도 모두 미리 정해져 있다는 것이다. 모든 것은 '하늘에 보관되어 있는 서판'에 미리 기록되어 있다고 한다. 그러나 『코란』에는 '악을 저지른 자에게는 그에 따른 응보가 돌아가고 선을 행한 자에게는 최고의 보상이 주어진다.'는 말처럼 인간의 자유의지에 대해 말하는 부분도 많다. 이 자유의지와 예정의 문제도 타우히드(tawḥīd, 알라의 유일성)의 문제와 더불어 여러 가지 해석을 낳았고 훗날 신학적 논의의 중심주제의 하나가 되었다.

결국 인간의 의지적 행위에 대한 신의 관여를 부정하는 자유의지설은 이단으로 간주되었고 다른 한편 인간 자신의 의지적 관여를 일체 부정하는 극단적인 예정설도 이단으로 간주되었다. 다만 인간이 자기

의 행위에 대해 지니는 윤리적 책임과 조화되는 형식의 예정설이 정통설로서 받아들여지게 되었다.

이 밖에 다음과 같은 것이 정통신조로서 인정되고 있다. 즉 『코란』은 알라의 말씀이며 창조될 수 없다는 것, 신앙인는 내세에서 최대의 행복으로 신을 본다는 것, 죽은 사람은 무덤 속에서 문카르(Munkar)와 나키르(Nakir)라는 두 천사의 심문을 받는다는 것, 죄에 의해 신앙은 증감되지 않는다는 것, 큰 죄를 지은 사람을 위해 사도들은 신에게 중재할 수 있다는 것 등이다. 또한 모하메드는 깨어 있는 상태에서 영육이 함께 하늘 위로 올라갔다는 것, 성자의 기적은 진실이라는 것, 예언자 다음으로 뛰어난 인간은 정통 칼리프들인 초대 아부 바크르, 2대 우마르, 3대 우스만, 4대 알리 순이라는 것이다. 그리고 이맘(칼리프)은 눈에 보이는 형태로 존재한다는 것, 죄인 뒤를 따라서 예배를 보더라도 그 예배는 유효하다는 것, 성자가 예언자의 영역에 이르거나 인간이 신의 명령과 금지가 필요 없는 영역에 이르는 일은 없다는 것 등이다.

다음으로 무슬림으로써 반드시 실천해야 할 의무인 '오주', 즉 '오행'을 살펴보자.

① **신앙고백**(shahada) 샤하다는 '알라 이외에 다른 신은 없다. 모하메드는 그분의 사자이다.'(la ilaha illa Allah. Muhammad rasul Allah)라고 고백하는 것이다. 이것은 신자가 될 때에 고백하는 말이고 또 예배나 그 밖의 경우에 신자가 항상 나타내는 표현이다. 이런 형식의 말은 『코란』에는 없으나 그것은 단적으로 신자가 되는 것 또는 신자라는 것을 표명하는 것이다. 즉 전반 부분에서는 일신교의 원리를, 후반 부분에서는 모하메드가 신의 사도라는 것을 인정하고 그에 따라 모하메드를 통하여 신이 계시한 말, 즉 『코란』을 진실이라고 인정하는 것을 뜻하는 것이다. 신도는 어려서부터 늙어 죽을 때까지 하루에도 몇 번씩

이 신앙고백을 하게 되어 있다.

② **기도**(salat) 피조물인 인간이 창조주인 신 앞에서 자기를 갖추고 신의 위대함과 영광을 찬양하는 의례적 행위이다. 하루 다섯 번(새벽 · 정오 · 오후 · 일몰 후 · 밤) 일정한 시간에 규정된 형식에 따라 진행되며 개인적으로 수시에 행하는 기도는 두아(Dua)라고 부른다. 특히 기도를 시작할 때는 무슬림 기도서(fathia)를 단순하게 반복하는 것이 통례이다.

> 온 세상의 주인이신 알라를 찬송할지어다.
> 참으로 자비로우시고 자애로우신 분,
> 심판 날의 주재자
> 당신을 우리가 믿고 당신에게 구원을 청하나니
> 우리를 옳은 길로 인도하여 주소서.
> 당신께서 은총을 내려주신 사람들의 길로.
> 노여움을 산 사람들이나 길 잃은 사람들이 간
> 그런 길이 아닌 곳으로.

금요일 정오에는 모스크(Mosque)에서의 집단예배가 거행되고 그 밖에 단식 직후의 제례나 희생제 · 기우제 등의 특별한 경우에도 거행된다. 또한 예배를 할 때는 메카의 카바(Ka'bah)를 향하여(키블라qiblah) 행한다.[62]

---

62) 무슬림 공중의식의 가장 뚜렷한 특징의 하나는 의식 참가자의 사회적 신분이 무시된다는 점이다. 이 점에 대해 저명한 무슬림 학자인 모하메드 알리(M. Muhammad Ali)는 그의 책『이슬람의 종교』(*The Religion of Islam*, 1950)에서 다음과 같이 말한다. "모스크의 문안에 들어서기만 하면 모든 무슬림들은 평등과 사랑의 감정을 느낀다. 알라 앞에서 그들은 모두 어깨를 마주 대고 서 있다. … 어떤 경우에는 왕과 부자라도 뒷줄에 자리를 잡게 되며 알라 앞에 기도 의식

③ **자선**(zakaat) 사다카가 자발적으로 수시로 행하는 자선인 데 비해 자카트는 일정량 이상의 재산에 부과되는 종교세 · 자선세라고도 할 수 있다. 돈 · 곡물 · 가축 등의 종류에 따라 과세율이 정해져 있다(예컨대 돈은 2.5%). 이런 방법으로 모인 자카트는 가난한 사람 · 나그네 · 고아 등의 극빈자에게 주기로 되어 있다. 세속화의 경향에 있는 오늘날의 많은 무슬림 국가들에서는 자카트 헌금은 개인의 뜻에 맡겨져 있다. 국가재정의 기본이 되며 비이슬람 국가에서는 선교기반이 이루어지는 데 필요불가결한 무슬림의 의무 중의 하나이다.

④ **단식**(sawm) 이것은 성년인 무슬림이 이슬람력(Hegira Calendar)의 제9월인 라마단(Ramaḍān) 동안 주간에 음식 · 흡연 · 향료 · 성교를 금하고 과격한 말을 삼가며 가능한 한 『코란』을 독송하는 것을 가리킨다. 단 음식은 흰 실과 검은 실의 구별이 안 될 만큼 어두워진 야간에는 허용된다. 병이나 여행 때문에 할 수 없는 사람은 다른 달에 같은 날 수만큼 단식하든가 가난한 사람에게 음식을 대접함으로써 보상될 수 있다. 단식은 인간의 최대 욕망인 식욕과 성욕을 극복하고 동시에 먹을 것이 없는 사람에게 대해 새롭게 생각하며 알라가 베풀어주신 음식에 다시 한 번 감사드릴 수 있는 기회라고 한다. 라마단이 끝나고 다음 달이 왔음을 알리는 초승달이 하늘에 떠오르면 단식 완료의 축제가 시작되는데 화려한 의상을 입은 군중들이 거리로 쏟아져 나와 서로 축하하는 풍습이 있다.

⑤ **순례**(hajj) 이슬람력의 제12월인 둘 히자(Dhu'l-Hijjah)에 7~10일 동안 '신의 집'인 메카의 카바 신전 및 메카 북동쪽 교외에서 열리는

을 행하기 위해서 앞줄에 서있는 노예와 빈자의 발에 이마를 대기도 한다. … 지위, 재산 그리고 인종의 차이는 사라진다."

대제에 육체적 능력이 있는 신자가 적어도 일생에 한 번은 가야 하는 의무로 되어 있다. 능력이 없는 자는 순례, 즉 하지를 못해도 죄가 되지 않는다. 해에 따라 일정하지는 않으나 현재도 매년 약 200만 명에 달하는 신도가 순례에 참가하고 있다. 메카 다음가는 성지는 메디나에 있는 모하메드의 묘를 중심으로 하는 지역, 예루살렘의 여러 성지 등이 있으며 또 시아파의 무슬림은 알리의 묘가 있는 나자프, 알리의 아들 후세인의 묘가 있는 카르발라, 이란 동부의 메시에드 등을 성지로 하여 순례하는 사람이 많다.

이상의 '오주'를 이바다트('ibadat)라고 하는데 이것은 알라에 대한 인간의 봉사의무를 가리킨다. 이에 대해서 일상생활을 해나가는 데 있어서의 인간 상호의 관계, 예컨대 혼인 · 상속 · 계약 · 매매 · 재판 · 형벌 · 성전(지하드) 등을 규제하는 인간의 의무관계, 즉 법적 규범을 무아말라트(mu'amalat)라고 한다. 이 이바다트와 무아말라트가 이슬람법의 내용을 이루고 이슬람 법학을 규정한다. 이슬람이란 이와 같은 생활 규범 속에 나타나 있는 신의 명령에 따라서 일상생활을 영위하는 것이다. 이런 뜻에서 이슬람은 생활과 밀착된 종교라고 할 수 있다. 그러므로 무슬림이 되는 것은 어떤 특별한 생활을 하는 것이 아니라 일상생활을 자각적으로 올바르게 영위하려는 것이다. 이슬람은 이것을 추상적인 도덕으로서 뿐만 아니라 구체적인 생활규범으로도 밝혀놓고 있다. 그와 같은 생활 가운데 현세의 복지와 내세에서의 구원이 있다.

또한 이슬람 신앙은 필연적으로 공동체적인 형태를 띠게 되고 나아가서는 국가적인 형태를 가지게 된다. 이슬람의 이 실천적 신앙은 가장 고도로 발달한 학문이 신학이 아니라 법학이라고 하는 것에 잘 나타나 있다. 그것은 이슬람의 교리가 단순 평범하다는 것에서도 기인하지만 무슬림에 최초로 직면하는 문제가 '무엇을 해야 하는가' 즉 '어떻게 행동하면 신의 뜻에 맞는가?' 하는 구체적인 행위규범인 것에서도 기인

한다. 그것을 위한 첫째 근거가 되는 『코란』을 어떻게 올바르게 해석하느냐 하는 것에 따라 코란학이나 문법학 등이 생겼고 이슬람법 해석의 방법론을 밝히는 법 이론 그리고 신학이 생겼다.

이슬람 윤리 수세기 동안 『코란』은 무슬림들에게 일상생활에 대한 포괄적인 지침을 제시해 주었기 때문에 이슬람 법학자들은 남녀를 불문하고 모든 무슬림들이 태어나서 죽을 때까지 견지해야 할 행위규범을 제정할 수 있었다. 『코란』을 살펴보면 이들이 제정한 규범이 얼마나 포괄적이고 혁신적인지 알 수 있다. 남녀의 관계를 규정하고 여자에게 좀 더 높은 지위를 인정하는 조항뿐만 아니라 술과 도박을 금지하는 법 조항들은 모하메드의 초기 추종자들에게 좀 더 나은 도덕적 생활을 위해 필요한 것들로 간주되었음에 틀림없다. 그 구체적인 조항들을 살펴보면 다음과 같다.

> 경건한 신앙심이란 알라와 최후의 심판일과 천사와 『코란』과 예언자들을 믿고 친척 · 고아 · 빈민 · 여행자 · 거지에게 재산을 나누어주고 노예를 자유롭게 하고 예배를 지키고 자선을 행하는 것이며 일단 약속을 하면 지키고 불행이나 곤궁한 역경에 처해서도 인내하는 것이다. 이와 같이 행하는 자만이 성실한 자이며 신을 공경하는 자이다.
>
> 빈곤이 무서워서 자식을 죽여서는 안 된다.
> 우리들이 그들이나 너희들을 길러준다.
> 그들을 죽이는 것은 큰 죄악이다.
> 간음해서는 안 된다. 그것은 부끄러운 일이며 사악한 일이다.
>
> 고아에게는 그의 재산을 넘겨주어라.
> 나쁜 것으로 좋은 것을 대치해서는 안 된다.
> 그와 같은 짓을 하면 큰 죄를 범하게 되는 것이다.

…

불법으로 고아의 재산을 취득하는 자는 결국 불덩어리를 삼키게 되고 타오르는 불에 타게 될 것이다.

그대들 중의 독신자, 경건한 종 및 하녀들을 결혼시켜 주어라.
비록 그들이 가난하여도 알라께서는 풍성케 하실 것이다.
그 분은 널리 모든 것을 아신다.
혼인 자금이 없는 사람들은 알라의 은총으로 풍성하게 될 때까지 절제하여라.

만약 그대들이 처와 이혼하여 정한 기일(3개월)에 이르렀을 때는 자기 곁에 머물게 하든지 자유롭게 하든지 간에 친절히 해주어라. 결코 고통을 주어 무리하게 억류해서는 안 된다.

알라를 위하여 그대들을 적대시하는 자들과 싸워라.
그러나 적대감을 가져서는 안 된다.
알라는 침략자를 좋아하지 않으신다. …
박해가 없어질 때까지
종교가 알라의 것이 될 때까지 그들과 싸워야 한다.
그러나 상대방이 멈추면 부당한 자에 대해서는 별도지만
적의를 버려야 한다.

믿는 자들이여. 술 · 화살 내기 · 도박 · 우상 · 활을 가지고 하는 점은 어느 것이나 사탄의 소행이다. 그러므로 이를 피하라. 그렇게 하면 너희들은 아마 번영할 것이다. 사탄은 술과 화살, 내기 등으로 그대들 사이에 적의와 미움을 갖게 해서 너희들이 알라를 생각하고 예배를 지키려는 것을 방해하려 하고 있다. …
알라의 말씀에 순종하고 사도의 말씀에 순종하라.
그리고 잘 경계하라.

모하메드의 독창성 이상과 같은 모하메드의 가르침은 당시 아라비아의 사회적 · 종교적 상황에서 생각해 보면 어떠한 획기적인 요소를 가지고 있음에 틀림없다.

우선 첫째로 모하메드가 설한 알라신은 전 세계 전 인류의 원초(창조)로부터 종말(심판)에 이르기까지 모든 것을 지배하는 신, 즉 부족 · 씨족 · 친족 등 모든 혈연적인 유대를 초월하는 신이었다. 모하메드는 신으로부터 파견된 최후의 예언자인데 그렇다 하더라도 절대적 신 앞에서는 한 인간에 불과하다고 여겨졌다.

둘째로 최후의 심판의 피안인 '내세'의 궁극적 가치가 강조되고 '이 세상'의 가치가 완전히 폄하되고 있다. 이런 이유로 이슬람은 지상의 현실세계를 구체적으로 이상세계로 개조하려고 하는 사고방식으로 전개되었다고 할 수 있다. 물론 이것은 어느 정도 근본주의적인 성격을 띠고 있는데 그 실천을 강조하다 보면 다른 문명 혹은 종교와 갈등을 일으킬 수도 있다.

셋째로 인간이 혈연, 즉 씨족 · 부족 · 친족을 떠나 '개인'으로서 파악되고 있다. 이것은 심판 날에 신 앞에 서는 것은 각 개인이며 그곳에서는 형제 · 자매 · 배우자라 하더라도 서로 힘이 될 수 없다는 일견 비정해 보이기까지 하는 주장에 잘 나타나 있다. 말하자면 인간의 문제를 해결하기 위한 조건을 인간의 극한점까지 순수화하고 있다고 할 수 있는 것이다.

요컨대 신관 · 세계관 · 인간관 어느 측면에서 보더라도 모하메드의 가르침은 전통적인 아라비아 사회를 특징짓고 있었던 혈연적 유대 · 부족중심의 종교와 관습으로부터의 비약적 탈피를 보여주고 있다. 모하메드가 가르친 것은 이러한 전통적인 사회구조나 종교 관념과 근본적으로 모순 · 대립하는 것이었는데 예언활동의 초기에는 크게 문제가 되지 않았다. 모하메드는 아라비아에 흔히 있는 무당의 한 사람으로 여겨졌고 처 하디자와 몇몇 근친을 제외하고는 그의 말에 귀를 기울이는 사람이 거의 없었기 때문이다. 그러나 곧 그의 주변에 모이는 사람들의 수가 늘어나고 그것이 하나의 새로운 집단을 형성하게 되자 메카의 지배자들은 모하메드의 예언이 가진 사회 · 정치적 의미의 중대성을 깨닫게 되었던 것이다.

그들이 모하메드를 박해하기에 이르렀던 동기에 대해서는 많은 설이 있다. 모하메드의 일신교적 교설이 부족 전통의 우상 숭배적 다신교와 충돌했다는 것도 사실이다. 또한 쿠라이시족의 유력자들이 모하메드의 예언활동에 의해 카바 신전과 결부되어있던 그들의 경제적 번영이 무너지는 것을 두려워했던 것도 사실일 것이다. 그러나 보다 근본적으로는 모하메드와 그의 가르침을 중심으로 점차 형성되어 온 새로운 집단이 전통적인 종교와 결부되어 있던 현실의 전통적 사회구조 그 자체를 위협하는 성격을 가지고 있었다는 것이 중요하다. 막스 베버의 표현을 빌리자면 전통적 권위에 의한 '가부장적' 지배체제와 새로운 '카리스마적 권위'의 대립이었다.

그렇다면 이슬람은 과연 어떠한 종교인가? 우리가 지금까지 살펴본 것에 따르면 그것은 단순히 '종교적' 신념의 복합체라고 규정될 수가 없다. 왜냐하면 이슬람은 삶의 양식이며 철학 · 예술 · 문학을 포함한 포괄적인 문화복합체이기도 하기 때문이다. 우리는 세계의 다른 종교전통과 마찬가지로 변화와 성장 그리고 다양성을 지향하는 내적인 충동에서 결코 벗어날 수 없는 이슬람전통의 여러 구성 요소들을 살펴보아야만 이슬람의 여러 다양한 측면을 제대로 이해할 수 있을 것이다.

□ 참고 문헌

가이슬러, 『기독교 윤리학』. 기독교문서선교회, 1991.
_______, 『종교철학개론』. 기독교문서선교회, 1982.
강영안, 『도덕은 무엇으로부터 오는가?』. 소나무, 2000.
겔　렌, 『인간학적 탐구』. 이문출판사, 1998.
고형곤, 『선의 세계(1): 서양 철학과 선』. 운주사, 1995
그레이슨, 『한국종교사』. 민족사, 1995.
금장태, 『한국유교의 이해』. 민족문화사, 1989.
김용옥, 『동양학 어떻게 할 것인가』. 통나무, 1989.
김용표, 『불교와 종교철학』. 동국대학교출판부, 2002.
김종욱, 『불교에서 보는 철학, 철학에서 보는 불교』. 불교시대사, 2002.
김준형, 『전쟁과 평화로 배우는 국제 정치 이야기』. 책세상, 2006.
김철현, 『예언자 연구』. 이문출판사, 1983.
______, 『예수 연구1,2』. 목원대학교출판부, 1998.
김형효, 『원효에서 다산까지』. 청계출판사, 2000.
내　쉬, 『기독교 생태윤리』. 한국장로교출판사, 1997.
노사광, 『중국 철학사(송명편)』. 탐구당, 1988.
다카쿠스 준치로, 『불교철학의 정수』. 대원정사, 1989.
데이비스, 『종교철학 입문』. 이문출판사, 1996.
도　딘, 『공자』. 한길사, 1998.
되에링, 『칸트철학 입문』. 중원문화, 1985.
두몰린, 『禪과 깨달음』. 고려원, 1989.
드　보, 『구약시대의 종교풍속』. 성서연구사, 1993.
란트만, 『철학적 인간학』. 형설출판사, 1994.
레데커, 『슐라이에르마허 생애와 사상』. 대한기독교출판사, 1985.
레에우, 『종교현상학입문』. 분도출판사, 1995.
로렌츠, 『현대의 철학적 인간학』. 서광사, 1997.
로울리, 『고대중국과 이스라엘의 예언과 종교』. 성지출판사, 1991.
루카치, 『이성의 파괴 I』. 열음사, 1993.

르 낭, 『예수전』. 홍성사, 1986.
르벨 · 리카르, 『승려와 철학자』. 창작시대, 1999.
매쿼리, 『20세기종교사상』. 나눔사, 1989.
몬 딘, 『인간: 철학적 인간학 입문』. 서광사, 1996.
몰트만, 『인간: 기독교 인간학』. 향린사, 1983.
바이스마르, 『존재론』. 서광사, 1990.
________, 『철학적 신론』. 서광사, 1994.
바 하, 『비교종교학』. 민음사, 1988.
반 퍼슨, 『몸 · 영혼 · 정신』. 서광사, 1985.
방립천, 『불교철학개론』. 민족사, 1989.
베 버, 『프로테스탄티즘의 윤리와 자본주의 정신』. 문예출판사, 1988.
벨 테, 『종교철학』. 분도출판사, 1998.
부흐텔, 『철학과 종교』. 서광사, 1988.
불트만, 『기독교 초대교회 형성사』. 이대출판부, 1993.
사토 시게키, 『원효의 화쟁논리』. 민족사, 1996.
샤에플러, 『종교철학』. 이론과 실천, 1994.
샤 프, 『종교학』. 한울아카데미, 1986.
셸 러, 『우주에 있어서의 인간의 지위』. 형설출판사, 1982.
_____, 『철학적 세계관』. 박영사, 1988.
소광희 외, 『철학의 제문제』. 지학사, 1984.
손봉호, 『고통의 철학』. 서울대출판부, 1998.
슐 츠, 『철학자의 신』. 사랑의 학교, 1995.
스미스, 『종교의 의미와 목적』. 분도출판사, 1991.
스트랭, 『종교학 입문』. 대한기독교서회, 1973.
신옥희, 『실존 · 윤리 · 신앙』. 한울 아카데미, 1995.
심광섭, 『탈형이상학의 하느님』. 이문출판사, 1998.
아 더, 『하나님의 이름』. 프리셉트성경연구원, 1992.
아우구스티누스, 『참된 종교』. 분도출판사, 1989.
안본영부, 『종교학』. 김영사, 1983.
야스퍼스, 『철학적 신앙』. 이대출판부, 1990.
_______, 『초월자의 암호』. 이문출판사, 1992.
엘리아데, 『종교학 입문』. 성균관대학교출판부, 1982.

_______, 『성과 속: 종교의 본질』. 학민사, 1983.
_______, 『우주와 역사: 영원회귀의 신화』. 현대사상사, 1976.
오경웅, 『동서의 피안』. 가톨릭출판사, 1989.
오경환, 『종교사회학』. 서광사, 1979.
오 토, 『성스러움의 의미』. 분도출판사, 1987.
왕치심, 『중국고대종교사상사』. 이론과 실천, 1988.
요나스, 『책임의 원칙』. 서광사, 1994.
위 탱, 『신비의 지식, 그노시즘』. 문학동네, 1996.
유명종, 『한국사상사』(개정판). 이문출판사, 1995.
윤주병, 『종교심리학』. 서광사, 1986.
융, 『인간과 무의식의 상징』. 집문당, 1983.
__, 『종교와 심리학』. 경문사, 1980.
이동희, 『조선조 주자학의 철학적 사유와 쟁점』. 성균관대, 2006.
______, 『주자: 동아시아 세계관의 원천』. 성균관대, 2007.
______, 『동아시아 전통문화와 현대한국』. 계명대, 2008.
이양호, 『막스 셸러의 철학』(제3판). 이문출판사, 1999.
______, 『초월의 행보』. 담론사, 1998.
______, 『논술세대를 위한 철학·윤리강의』. 이문출판사, 2001.
이와자끼 다께오, 『서양철학의 흐름』. 이문출판사, 1986.
이완재, 『공자에서 퇴계까지』. 이문출판사, 2001.
______, 『동양철학을 하는 방법』. 소강, 1997.
이 익, 『星湖雜著』. 삼성문화재단,, 1972.
장립문, 『퇴계철학입문』. 퇴계학연구원, 1990.
장윤수, 『정주철학원론』. 이론과실천사, 1994.
___(외), 『한국전통철학사상』. 소강, 1997.
___(외), 『중국철학의 이해』. 예문서원, 2000.
정대위, 『기독교와 동양인의 세계』. 한국신학연구소, 1986.
정상양치, 『사람은 왜 사는가』. 분도출판사, 1995.
정의채, 『형이상학』. 성바오로출판사, 1985.
제임스, 『종교적 경험의 다양성』. 한길사, 2000.
지승원, 『의미를 추구하는 인간 법률인』. 이문출판사, 2007.
진교훈, 『철학적 인간학 연구(Ⅱ)』. 경문사, 1994.

채필근, 『비교종교론』, 대한기독교서회, 1989.
_____, 『철학과 종교의 대화』, 대한기독교서회, 1989.
체스니, 『삶의 문제에 대한 제종교의 해답』. 이문출판사, 1983.
최재목, 『퇴계 심학과 왕양명』. 새문사, 2009.
_____, 『내 마음이 등불이다』. 이학사, 2003.
_____, 『동아시아의 양명학』. 예문서원, 1996.
칭, 『유교와 기독교』. 서광사, 1993.
카워드, 『종교다원주의와 세계종교』. 서광사, 1990.
칼루파하나, 『불교철학』. 천지, 2000.
_________, 『불교철학사: 연속과 불연속』. 시공사, 1996.
_________, 『원시근본불교철학의 현대적 이해』. 불광출판부, 1993.
케언즈, 『동양과 서양의 만남』. 마음의 샘터, 1976.
코 온, 『예수와 흑인혁명』. 청사, 1978.
콤스톡, 『종교학』, 전망사, 1990.
큉, 『신은 존재하는가(1)』. 분도출판사, 1994.
큉 · 칭, 『중국종교와 그리스도교』. 분도출판사, 1994.
토인비, 『역사가의 종교관』. 일지사, 1988.
틸리히, 『폴 틸리히의 그리스도교 사상사』. 한국신학연구소, 1987.
패터슨, 『중세철학입문』. 이문출판사, 1996.
페이걸스, 『영지주의 신학』. 한국로고스연구원, 1998.
풍우란, 『중국철학사』. 형설출판사, 1989.
프레이저, 『황금의 가지』. 을유문화사, 1975.
한국사상사연구회, 『인성물성론』. 한길사, 1994.
한숭홍, 『문화종교학』. 장로회신학대학출판사, 1987.
한형조, 『주희에서 정약용으로』. 세계사, 1996.
허재윤, 『인간이란 무엇인가?』. 이문출판사, 1985.
헤 겔, 『종교철학』. 지식산업사, 1999.
헤 센, 『가치론』. 서광사, 1993.
_____, 『서양철학입문』. 이문출판사, 1999.
_____, 『종교 철학의 체계적 이해』. 서광사, 1995.
_____, 『현대에 있어서 삶의 의미』, 이문출판사, 1984.
황선명, 『종교학 개론』. 종로서적, 1982.

희, 『종교철학』. 동문선, 2000.
__, 『하느님은 많은 이름을 가졌다』. 창, 1991.
힐쉬베르거, 『서양철학사』(상)(하). 이문출판사, 1983/87.

Ali, M.M., *The Religion of Islam.* Lahore, 1950.
Albright, W.F., *Yahweh and the Gods of Canaan.* London, 1968.
Allport, G.W., *The Individual and His Religion.* NY, 1950.
Andrae, T., *Mohammed.* Harper Torchbook, 1960.
Arberry, A.J., *The Koran Interpreted.* George Allen & Unwin, 1955.
Baeck, L., *The Essence of Judaism.* NY, 1961.
Bevan, E., *Christianity.* London, 1959.
Brandon, S.G.F., *Jesus and the Zealots.* NY, 1968.
Brooke, R., *Jung and Phenomenology.* London, 1991.
Brunner, E., *Religionsphilosophie.* München, 1948.
Buber, M., *Between Man and Man.* New York(=NY), 1965.
______, *Eclipse of God.* NY, 1952.
Burtt, E.A., *Man Seeks the Divine.* NY, 1957.
Ch'en, K., *Buddhism in China.* Princeton, 1964.
Chadwick, O., *The Reformation.* Baltimore, 1964.
Clark, W.H., *The Psychology of Religion.* NY, 1958.
Collins, J., *The Mind of Kierkegaard.* Princeton, 1983.
Comstock, W.R., *The Study of Religion and Primitive Religions,* NY, 1972.
Conze, E., *Buddhism: Its Essence and Development.* NY, 1959.
Cragg, K., *Alive to God: Muslim and Christian Prayer.* NY, 1970.
______, *The Mind of Koran.* London, 1973.
Cullman, O., *Early Christian Worship.* London, 1953.
Daniel-Rops, H., *The Church in the dark Ages.* NY, 1964.
Deeken, A., *Process and Permanence in Ethics.* NY, 1974.
Dewey, J., *A Common Faith.* New Haven, 1934.
Diem, H., *Kierkegaard's Dialectic of Existence.* Edinburgh, 1959.
Eisler, R., *Kant-Lexikon,* Hildesheim / NY, 1977.
Eliade, M., *From Primitive to Zen.* NY, 1967.

Evans-Pritchard, E.E., *Theories of Primitive Religions.* NY, 1985.
Freud, S., *Die Zukunft einer Illusion.* Leibzig, 1927.
Frings, M.S., *Max Scheler.* Pittsburgh, 1965.
Fromm, E., *Psychoanalysis and Religion.* NY, 1971.
Gehlen, A., *Der Mensch.* Wiesbaden, 1986.
Gibb, H.A.R., *Mohammedanism.* NY, 1949.
Gilson, E., *Mittelalterliche Philosophie.* Wien, 1950.
Goldziher, I., *Mohammed and Islam.* Yale UP, 1917.
Hammer, F., *Theonome Anthropologie?.* Hague, 1972.
Heinemann, F., *Neue Wege Der Philosophie.* Leibzig, 1929.
Henrich, D., *Der ontologische Gottesbeweis.* München, 1960.
Hessen, J., *Religionsphilosophie(I).* Essen, 1948.
______, *Religionsphilosophie(II).* München / Basel, 1955.
Heth, W.A., *Jesus and Divorce.* Nashville, 1984.
Hick, J., *The Existence of God.* NY, 1964.
Humphreys, C., *Exploring Buddhism.* London, 1974.
Jaspers, K., *Die geistige Situation der Zeit.* Berlin, 1965.
Jayatilleke, K.N., *Early Buddhist Theory of Knowledge.* London, 1963.
Jonas, H., *The Gnostic Religion.* Boston, 1963.
Kant, I., *Kritik der reinen Vernunft.* Hamburg, 1956.
_____, *Kritik der praktischen Vernunft.* Hamburg, 1974.
Kaulbach, F., *Immanuel Kant.* Berlin, 1969.
Kees, H., *Der Götterglaube im alten Ägypten. Berlin,* 1956.
Kierkegaard, S., *Either / Or (II).* Princeton, 1987.
___________, *The Sickness unto Death.* Princeton, 1980.
Kitagawa, J.(ed.), *The History of Religions.* Chicago, 1967.
Landgrebe, L., *Philosophie der Gegenwart.* Frankfurt a. M., 1958.
Lang, A., *Wesen und Wahrheit der Religion.* München, 1957.
Ling, T., *History of Religions: East and West.* NY, 1970.
Löwith, K., *Wissen, Glaube und Skepsis.* Stuttgart, 1985.
Nock, A.D., *St. Paul.* NY, 1963.
Otto, R., *Mysticism East and West.* NY, 1932.

______, *Mysticism East and West.* NY, 1957.
Percheron, M., *Buddha and Buddhism.* NY, 1957.
Radhakrishnan, *East and West.* NY, 1956.
Robertson, R., *The Sociological Interpretation of Religion,* Oxford, 1970.
Robinson, J.A., *Honest to God.* Philadelphia, 1963.
Schaeffler, R., *Religionsphilosophie.* München, 1985.
Scheler, M., *Vom Ewigen im Menschen.* Bern, 1954.
Schulz, W., *Philosophie in der veränderten Welt.* Weinsberg, 1972.
Smart, N., *Philosophers and Religious Truth.* NY, 1970.
______, *The Religious Experience of Mankind.* NY, 1976.
Smith, W.C., *Faith and Belief.* Princeton, 1979.
______, *Islam in Modern History.* Lahore, 1943.
______, *Questions of religious Truth.* NY, 1969.
______, *Religious Diversity.* NY, 1976.
Spiegelberg, H., *The Phenomenological Movement(I).* Hague, 1960.
Staal, F., *Exploring Mysticism.* Berkeley, 1975.
Staude, J.R., *Max Scheler 1874～1928.* NY, 1967.
Swinburne, R., *The Christian God.* Oxford, 1994.
__________, *The Coherence of Theism.* Oxford, 1995.
Tillich, P., *Systematic Theology(I).* Chicago, 1951.
Troeltsch, E., *Die Absolutheit des Christentums.* München, 1969.
Wach, J., *Sociology of Religion.* Chicago, 1945.
______, *Types of Religious Experience.* Chicago, 1951.
______, *Understanding and Believing.* NY, 1968.
Wallace, A., *Religion: An Anthropological Views.* NY, 1966.
Ware, T., *The Orthodox Church.* baltimore, 1967.
Watt, W.M., *Islamic Philosophy and Theology.* Edinburgh, 1962.
Weber, M., *Wirtschaft und Gesellschaft.* 1925.
Wells, D., *God, Man, and the Thinker.* NY, 1964.
Wilhelm, R., *Laotse Tao Te King.* München, 1991.
Wright, A., *Buddhism in Chinese History.* Stanford, 1959.
Yinger, J.M., *The Scientific Study of Religion.* NY, 1970.